天

Borderless

下

博稽古今 融汇天下

中国现代思想的起源

超稳定结构与中国政治文化的演变

（第一卷）

金观涛 刘青峰 著

The Origins of Modern Thoughts

The Evolution of Chinese Political Culture from
the Perspective of Ultrastable Structure

(Volume I)

法律出版社
LAW PRESS · CHINA
北京

青年時代的經歷，使我們開始用系統演化理論思考中国社會結構問題，並提出中国社會超穩定系統的論說。從1980年代探討中国傳統社會（《興盛與危機》）到1990年代迄今，我們把這一研究綱領擴展到對中国社會及其思想觀念轉型的一系列著述中（《開放中的變遷》、《中国現代思想的起源》、《觀念史研究》、《中国思想史十講》）。我們始終認為：每當人們面臨"不確定的年代"，就會以千年的大歷史眼光反思當前的迷茫。

金观涛 刘青峰

2024年12月

刘青峰/绘

1988年金观涛（左一）和刘青峰（右一）于北京

2021年金观涛（左一）和刘青峰（右一）于深圳

目录

第一版序

自从1993年我们完成了《开放中的变迁——再论中国社会超稳定结构》一书后，就开始了本书的写作。想不到这是一场看不到尽头的探索。就在这漫长的写作过程中，我们迎来了世纪之交。而且正是在这段时间，中国社会和思想界发生了静悄悄的变化。随着20世纪80年代思想启蒙的中断和市场经济迅速发展，中国知识界似乎不再对重大的理论问题感兴趣。“历史无规律”成为新信条，任何探讨社会变迁宏观模式和思想文化深层结构的研究都有“科学主义”嫌疑，或干脆斥之为空疏和缺乏学术水平。但我们则顽固地拒绝思想探索已不再时兴的事实，仍然对那些未曾解决的重大理论和思想问题抱有热忱。六年多来，我们沉浸在自己的思考中，任凭草稿在身边堆积如山、积满灰尘，留下一层又一层的铅笔印痕……

其实，在这广告、演员、政治作秀盛行的市场社会中，思想研究不仅在中国是多余的，即使在西方学术界，观念史和思想社会宏观结构的探讨也不再时兴。大多数高明的历史学家和社会学者，把眼光集中在经济中、区域史和各种文化以及生活架构方面，思想史成为一小撮知识分子的事。似乎思想在历史上的作用正如它在今日市场社会中的地位一样是无关紧要的。在很多人看来，这些历史上存在过的过于精巧的思辨似乎只是少数人有兴趣的纯学术，不可能对社会有什么影响。因此,思想史研究在今天常常被看作一种脱离社会的学院式隐士工作。自从柯林武德(R. G. Collingwood)去世以后,半个多世纪以来再也没有人敢如此自信地宣称:"一切历史都是理念的历史。"然而在这种潮流中,我们毅然从社会史转向思想史领域却不是心血来潮,更不是什么"从思想向学术退却"。相反,我们深切感受到,如果知识分子要重新恢复思想的能力和批判意识,就应该先到思想史研究中去寻找资源和磨炼自己的分析武器。

今天,社会最普遍的病症正是批判意识的丧失。20 世纪末的知识分子是如此的侏儒化:不仅 19 世纪的思想巨人不复存在,20 世纪上半叶的行动巨人亦无影无踪,甚至连横跨几个学术领域的雄心都荡然无存。知识分子已成为市场、分工和专业的奴隶。丧失批判意识的根源之一,是人们失去了从整体上把握知识和思想的自信和能力。过去人们曾经拥有这种能力,但却是凭藉上一个世纪或本世纪(20 世纪)初思想家的创造。其中最有代表性的是马克思主义和韦伯学说。马克思主义产生于现代市场社会刚刚兴起的时代,当时资本主义还没有表现出今天那样的全球性和复杂性,但现代市场社会的种种问题和对文化的挑战已经显现。马克思用经济决定论建立了有关现代资本主义起源、演进和未来的宏大理论。即使这种理论存在种种错误,但人们却可以凭藉它站在高山之巅,展望人类社会的走向,并以一种"问我们从哪里来"的彻底反省精神指点江山。韦伯(Max Weber)为了纠正马克思主义经济决定论的错误,致力于揭示观念如何推动社会变迁。虽然,他是采用诸如资本主义精神起源和宗教社会学等细致的分析,来勾画西方现代社会如何形成,但其理论架构背后仍然有一幅宏观整体的图画:这就是认为人类社会的变迁有一个基本方向,就是现代化;现代化的本质乃是工具理性扩张,即理性化。然而,令人感慨万千的是,这两种基于 19 世纪人类社会变迁经验的理论,都不能涵盖 20

世纪的历史经验,以至于当21世纪即将来临之际,当代人不得不面临我们先辈从未有过的历史整体图画的粉碎。

对韦伯学说的最大冲击,正在于20世纪人类历史经验展现了另外一种不同于资本主义的现代社会形态。众所周知,这就是20世纪大规模的社会主义、共产主义革命在众多国家兴起并建立政权。而资本主义严重危机导致两次世界大战,正表明人类社会变迁的主线并不是什么理性化。无论是极权主义,还是乌托邦社会工程,其运作和组织机制也并不是韦伯学说所能涵盖的。当然,由于极权主义和乌托邦社会工程的衰落,20世纪末人类社会再次摆向资本主义,资本主义的发展似乎仍然是工具理性的扩张。但是,除非对20世纪社会主义的变迁这一重大历史现象视而不见,人们很难相信韦伯学说已经勾画出人类社会演进的普遍图画。

在那些宏大历史理论解构的废墟中,20世纪90年代初自由主义就以空前未有的自信宣称:历史已经终结。固然,自由主义在捍卫个人尊严和揭示现代社会组织原理方面是极为出色的,但是它有一个不可克服的先天盲点,就是对现代市场社会的起源缺乏洞察力。无论是柏林(Isaiah Berlin)对消极自由的定义,还是海耶克(Friedrich A. von Hayek)的《自由秩序原理》(Constitution of Liberty),都预设了市场机制本身具有无须质疑的合理性。毫无疑问,20世纪的经济学作为社会科学的主体,对市场机制的研究获得了人类历史上从未有过的成就,正是在此基础上才可以形成今天洋洋大观的全球经济体系。但当代经济学尚未解决市场社会起源问题。这样一来,从知识论上检讨市场社会的局限就成为当代知识体系特别是自由主义的先天缺陷。例如,某些经济学家居然把政治组织和意识形态的起源看作是为了减少交易成本。在这一假定中,市场和市场机制这种本是社会发展到特定阶段的产物,就被想象成永恒的存在:它既是人类社会组织萌发的温床,也是支配社会其他组织发展的前提。由于这些理论明显和历史事实不符,它们显得相当贫乏和空洞。尽管如此,出于对市场机制的崇拜,仍有不少哲学家和经济史家乐此不疲。他们不断变换名目,用不同的词语来表达那些本已被证明没有生命力的概念,建立新理论和发表文章,犹如妇女每日化妆换衣,时髦亮丽,令人目眩,其实毫无新意。

自由主义试图用具体的甚或虚假的历史图画,来填满宏大理论解体而让出的空间,这本身说明人类是不可能没有关于自身历史、生存方式和意义的某种整体理论的。不仅对现代市场社会的理解与反思需要依赖这一整体图画,而且知识分子恢复价值、道德和观念上的创造和洞察力,也需要某种对历史的整体解释和哲学意识。这一整体历史图画的再呈现,也许是 21 世纪理论家最重要的任务。毋庸置疑,重现整体图画的关键是将人类过去的历史和 20 世纪的经验整合起来。21 世纪的理论家之所以有可能超过马克思和韦伯,是因为他们可以凭藉 20 世纪的经验。也就是说,思想家在寻找人类社会演进的整体图画时,必须考虑三个方面的整合。首先,它应像马克思主义和韦伯学说那样,有一套自洽的理论去说明资本主义的起源和 19 世纪以前的历史经验;其次,它要涵盖 19 世纪末现代市场的危机以及 20 世纪社会主义的实践,这是马克思和韦伯都未曾经历的。另外,我们认为,离开和无视中国文明来勾画人类社会演进的整体图画,根本是不可能的。以中国文明为参照系,不但可以弥补以往理论家基于西方社会历史经验来绘出人类社会普遍图画时的偏颇,而且更重要的是,无论是革命乌托邦的兴起,还是不同于马克思和韦伯所想象的另一种现代社会形态的实践,主要是在非西方社会,特别是在对人类文明演进有举足轻重影响力的中国进行的。离开中国的历史经验,就不可能完整地理解 20 世纪人类社会的演化以及其中的崭新因素。

从青年时代开始,我们就被勾画这幅宏伟图画吸引,二十多年来我们的主要研究可以说都是围绕这一目标展开的。1984 年我们研究中国传统社会变迁的著作《兴盛与危机——论中国社会超稳定结构》

出版。该书试图采用系统演化论的方法研究中国传统社会在两千年历史中朝代循环的机制。我们发现无论马克思还是韦伯所刻画的社会演化动力,都不能有效解释中国历史。社会演进并非由经济决定,也不是单纯的理念推动,它是依赖于政治、经济和文化三个子系统交互作用的方式。在人类不同文明社会中,三个子系统相互作用方式、演化机制及形态也各不相同。《兴盛与危机》一书,主要研究中国传统社会的政治、经济、文化三者特有的互动方式,我们将这种组织形态称为一体化结构。在它的规定下,社会的演进既不是马克思所讲的上层建筑顺应经济基础发展而变迁,也不是由理性化推动的由传统向现代的转型。中国传统社会超稳定系统不同于西方及日本社会,它是一种"崩溃—修复"新类型。即中国社会在崩溃以后被不变的意识形态蓝图修复,就在这种崩溃再修复的反覆震荡中,社会基本组织方式和结构通过改朝换代的方式维持不变,而不能演化到新形态中去。我们正是通过这种社会类型研究,才能理解为什么中国传统社会没有发展出资本主义。

1989 年后,我们进一步把这种方法推广到中国近现代社会变迁的探索中,以便实现古代史与近现代史的统一。由于中国革命的反传统性质,不少历史学家都认为中国革命与中国传统无关,中国近现代社会的确立因此被认为是传统社会的断裂。但我们却惊奇地发现,中国现代社会组织方式与中国传统一体化结构竟然是同构的。这样,中国近现代社会变迁也就可以用"西方冲击下传统一体化结构解体—意识形态更替—新一体化结构建立"这种模式来概括,它是传统王朝循环的现代变构。《开放中的变迁》一书,可以说是我们第二阶段研究的一个总结。

完成《开放中的变迁》后,我们仍然坚持将研究提纲向更细致化方向推进。一方面,我们力图反省我们亲身体验的历史,即理解为什么会发生大跃进和文化大革命,最后又导致意识形态的解魅;另一方面,我们希望通过对中国文化和历史的清晰理解,获得对有关西方社会变迁乃至人类社会历史和现代社会起源的一般理解。然而在这一尝试过程中,我们碰到了巨大的困难。与其说困难是由于对史料和西方历史体验不足,还不如说是理论上的。我们发现,在前两本著作中用于理解中国文化、社会和历史的基本概念,存在若干未曾言明的前提。例如,中国社会超稳定假说的一个核心环节,是传统王朝解体时儒家意识形态对社会的修复功能;但为什么儒家意识形态不会随社会结构解体而瓦解,反而能成为大动乱中社会重建的思想基础呢?这一点对于中国历史来说是显而易见的常识,而在世界文明史中,大多数意识形态都随着社会的解体而消失,并不具有重新修复社会的功能。在《兴盛与危机》一书中,我们并没有对这种显而易见的常识追问为什么。而《开放中的变迁》虽然讨论了西方冲击导致传统一体化结构解体时,中国出现了意识形态更替,但我们也未能更深入地研究意识形态更替的机制。我们感到,如果不去探讨思想文化如何与社会互动,就无法对中国社会历史经验获得更深入的认识,也不能从中得到更为普遍的理论构架,以理解西方社会变迁。正如前面所说,我们在写作《兴盛与危机》一书时,已意识到马克思式的经济决定论和韦伯式的观念决定论均有问题,社会演化是取决于政治、经济和文化三个子系统交互作用方式,而在不同的文明中三个子系统作用方式是不同的,但是为什么它们会不同呢?我们从未深究过这些问题。要解决这些问题,就必须将思想文化变迁的内在理路与社会变迁对思想的影响联系起来考察,这恰恰是观念史探索中最困难的地方。

众所周知,由于社会史和思想史长期被划分成两个不相干的领域,在处理思想观念与社会、经济、政治生活关系时,一般取两种简化模型:一种是马克思式的,将观念当作生活的反映;另一种是韦伯式的,将观念动机作为社会行动的原因。然而,人人都知道,这两种简化都偏离了二者互动的事实。因此,正确地把握社会演化模式,就必须结合马克思与韦伯。但是如何做到这一点呢?困难不仅是缺乏清晰的概念来梳理这种互动,还在于人类历史特有的对观念价值的健忘。海涅(Heinrich Heine)在谈到观念史时说过一句名言:“观念先于行动,犹如闪电先于雷声”。其实,正如闪电和雷声本是同时发生一样,任何一种社会行动都是在动机和观念支配下的行动,而价值追求一定会通过行动表现出来,观念和行动本是水乳交融、互不可分的。这一点在现实生活中人人皆知。但在分析历史上的观念和行动的关系时,就不是这样简单明了了。由于观念和动机只有当事人或社会行动发生的那个时代的人才能理解,而行动作为历史事件却造成了长远影响,当这些事件的雷声透过漫长时空传到今天历史学家耳中时,支配它们的观念早已如闪电消失得无影无踪了。这使得历史上的观念变得不好捉摸,很难理解它们同事件之间的关系。为了把握这种互动,并从中抽取不同文明中思想与社会不同的互动方式,唯有先去长程而连续地考察一个民族的思想变迁,并将抽出的模式同其他文明比较。

正因为如此,我们开始沉入中国思想史研究中去了。由于这种研究必须是宏观而长程的,不能人为设立阶段,即为了理解现代的中国社会,我们不仅须讨论“五四”和晚清思想,甚至要一直追溯到宋明理学、汉代和先秦。而且,我们的目的是研究思想和社会的互动模式,做法也就不同于一般思想史和社会史研究。我们最感兴趣的是抽取思想与社会制度的关系,特别是思想在重大社会变故和自身内在演化动力双重作用下的变化。而且我们对中国的思想与社会互动的研究,总是援引与西方社会思想演进的比较来加以验证,以使得我们可以理解人类社会演进的一般图画。这样,本书虽然是我们有关中国社会和历史宏观研究的第三部著作,但它与《兴盛与危机》和《开放中的变迁》不同,重点放在我们以往忽略的思想史内在理路。本书的中心问题是:中国现代思想(即20世纪思想)如何由传统思想演化而来?它又如何参与中国20世纪的社会演化并受其制约?这些问题虽已有众多学界前辈探讨过,但并不能真正解答我们的疑问。

与其说我们这本新著是思想史，不如说是观念史。我们知道，思想史的宏观研究（观念史）比社会史困难得多，它耗时日久。身处当今社会对思想的冷漠和不断增长着的虚无，更是对研究者求知意志的考验。幸好，我们有香港中文大学中国文化研究所这样好的工作环境，使我们可以潜心思考、专心地写作。不知不觉，六年多过去了，我们始终对自己的研究不甚满意。如果没有某种意外的动力，本书很可能要再过五年或十年以后才能问世。1997 年在香港研究资助局（RGC）资助下，我们开始了“中国现代政治观念形成的计量研究”这一新课题。计量研究使得宏观思想变得更为清晰。1998 年 2 月，我们的思想史研究又被纳入香港中文大学中国文化研究所的卓越学科领域（AoE），为此我们不得不把比较中国文化如何吸收佛教与西方冲击下的演变作为一个专题抽出，以完成研究报告。这样就促使我们将有关研究分成三卷，而本书是与上述两个课题关系密切的第一卷。由于卓越学科领域的推行，钱文忠先生曾来香港中文大学修读中国近现代思想史博士学位，他的参与加快了本书完稿。此外，我们还要感觉吴嘉仪小姐细心和认真地反复录入文稿，其后林立伟先生与她共同编辑本书，戚立煌先生参与校稿，没有他们的投入，本书在 20、21 世纪之交问世，也是不可能的。

由于这部书的内容是顺应着我们长期研究碰到的问题而提出的，因此，无论从思想方法和写作风格上看，它同时代和学术界兴趣都不相符，这使本书有某种自言自语的性质。尽管如此，我们仍希望它的出版能引起学术界的讨论和批评。但我们更多的是想到青年时代读马克思著作时印象很深的一句话：“既然我们已经达到了我们的主要目的——自己弄清问题，我们就情愿让原稿留给老鼠的牙齿去批判了”。

金观涛　刘青峰

1999 年 10 月于香港中文大学

作为思想的思想史研究
——简体字版序

探讨中国文化在近现代如何融合西方文化，并与魏晋南北朝消化佛教的第一次文明融合相比，是《中国现代思想的起源》的主题。它作为我们论述中国传统社会超稳定结构的第三本著作，与《兴盛与危机》、《开放中的变迁》不同，力图通过梳理中国传统思想（主要指儒学）深层结构，来揭示其演变以及响应外来文明冲击的内在逻辑。

如同登高看地形那样，时间离得愈远，就愈能看清楚历史上存在过的思想体系整体的结构及其演变脉络。我们认为，原则上是不能离开儒学的深层思维模式来理解中国近现代思想起源的。如果把席卷20世纪中国的新意识形态核心价值称为革命乌托邦，那么，其道德是革命人生观，社会投射则是共产主义理想。而要探讨中国现代思想的起源和演变，就必须研究革命乌托邦和宋明理学的关系以及它怎样付诸实践。为此，我们拟订了一个研究计划，它可分成三个部分。首先，我们必须分析儒学如何吸取和消化佛教演变为宋明理学，并提炼出中国文化融合外来文明的模式，再以这种模式考察中国文化近现代在西方文明冲击下的反应，剖析革命乌托邦的起源；其研究结果就是本书。接下来要处理1895年后革命乌托邦的兴起与中国文化学习现代性的互动，描述中华帝国向现代民族国家的转型以及中华民族认同的形成。然后,再研究新道德意识形态的形成,及其如何转化为社会实践并走向解体。研究纲领的后面部分构成本书的续编,即后两卷。《中国现代思想的起源》在香港出版后,不少读者向我们问起,这一整体研究和写作计划进行得如何?在此,我们要向读者致歉的是,虽然本书已出版十一年了,后两卷至今尚未完成。

整个研究纲领之所以进展缓慢,是因为在完成第一卷之后,我们不得不花十年时间转入观念史研究。首先,对《中国现代思想的起源》一书中提出的中国道德系统演变模式的概括,尚需要更确切的证据,这就需要寻找用经验证据来检验观念变迁的方法。其次,我们知道,意识形态是观念系统,它由观念组成。要研究观念系统的起源和展开,即新道德意识形态的形成和演化,就必须追踪、考察一个个中国现代观念的起源和内涵。为此,我们发展出以关键词为中心的利用计算机数据库为辅助工具的分析方法。

通过对中国现代汉语中若干重要政治术语的研究,我们发现在观念层面上去看,中国近现代思想的宏观演变有三个阶段:第一个阶段是甲午战争以前,是用儒学观念对西方现代观念选择性吸收时期;第二个阶段是1895年至1915年大约二十年,是中西二分二元论盛行以及在公共领域对西方现代观念的学习时期;第三个阶段是新文化运动,这是对西方现代观念全面重构的时期。经过这三个阶段,西方现代观念被中国文化深层结构(儒学一元论思维模式)重构变成中国式现代观念,它们是建构新意形态的基础元素。由此可以看到,“五四”时期对马列主义的接受以及马列主义中国化,都是第二次文化融合逻辑展开链条中的不同环节。因此,只有在完成《观念史研究:中国现代重要政治术语的形成》一书后,我们才有可能从事《中国现代思想的起源》续编的写作。

回想1993年我们投入本书研究写作时,中文思想界盛行两种思潮,一是批判中国近代以来的激进主义,特别是新文化运动的全盘反传统主义;二是自由主义成为热门的话题。当时令我们感到不安的是,这两种思潮都缺乏历史意识。而《中国现代思想的起源》本身是对这些思潮的回应。思想者碰到的最大挑战往往是社会思想变化比对思想的研究快得多。本书2000年在香港出版时,正值世纪之交,90年代的思潮已是明日黄花,新世纪的面貌还不那么清楚。十年后的今天,高达9.5米的孔子的塑像在天安门广场落成,似乎要召唤已跃升为世界第二大经济实体的中国恢复昔日传统文化的荣耀,同时也想借儒家道德文化为已严重失范的社会重整纲纪。

虽然思想史研究的性质决定了其永远落后于思想本身,但它却如时代浪花之下的深海洋流一样,表面上不那么引人注目,却在更深层次上发挥着持久的影响力。因此,如果离开对历史上发生过的两次中外文明大融合的经验研究和深刻反思,就很难展望今后中国文化的走向。其实,只要对思想变迁有历史感,认真地去了解我们前辈的思考和尝试,就会发现那些为了解救当今中国所面临的道德沦丧、终极关怀缺位的种种急就章是多么苍白无力。

生活在21世纪,我们常常想,在举世普遍不再对思想探索有兴趣的潮流中,思想及其探索者可以藏身于何处?当思想者退入历史丛林、对思想的注重变成思想史的专业研究时,或许重大的思想命题将会以思想史面貌呈现出来。这时,中国现代思想起源的研究就有可能成为新的问题星座。如果本书简体字版的出版能促进中国思想史研究,把沉思的视野带入中国近现代思想和对终极关怀方兴未艾的探索中,我们将深感欣慰。

金观涛、刘青峰

2011年4月10日于台北木栅化南新村

第一章　导论：文化融合的模式

我们试图了解历史，其目的是要看透人类，抓住人的思想。

——阿克顿(Lord John Acton)

1.1　一个被历史遗忘的课题

20世纪早期知识分子对魏晋南北朝的兴趣——思想史宏观研究的条件：知识活动和感情体验的结合——毛泽东思想是中国文化大传统融合外来文化的结果——80年代一系列严肃的历史发问——了解现代文化必须研究共产党政治文化的形成——90年代文化的转向——如何恢复我们的历史记忆和创造能力。

大约70～80年前，中国知识分子曾有一种朦胧的愿望，想把当时中国文化受到西方冲击的格局和魏晋南北朝受佛教冲击做历史性比较。他们之中有些人感到五四知识分子个性大解放和魏晋时期类似，有些学者则感慨中国又处于像魏晋南北朝那样权威崩溃、社会动荡的时代，想从魏晋南北朝时期消化外来文化的历史汲取经验，为中国的文化建设寻找出路。一时，魏晋南北朝的历史和文化成为研究热点，如章太炎(1869～1936年)、鲁迅(1881～1936年)、刘师培(1884～1919年)、陈寅恪(1890～1969年)、汤用彤(1893～1964年)、冯友兰(1895～1990年)、钱穆(1895～1990年)、宗白华(1897～1986年)、贺昌群(1903～1973年)、刘大杰(1904～1977年)等曾先后对魏晋南北朝历史文化发生极大的兴趣。随着时间的推移，很多研究者成为著名的历史学家和中国哲学史专家。魏晋南北朝史、佛学和中国思想史的研究在他们推动下出现了群星灿烂的局面。但是，促使人们进入研究魏晋文化研究领域的最初动因却被历史遗忘了。至今，尚没有学者完成中国古代思想史和近现代思想变迁的比较研究。历史的研究者本身也在现代化进程中变成历史。

汤因比(Arnold J. Toynbee)说过："追求历史的好奇，不仅是一种知识的活动，而且是一种感情的经验。"[1]在促使知识活动和感情体验这两大前提结合的机缘来到之前，进行这种宏观文化对比研究是注定要落空的。五四时代，知识分子出于某种切身体验而萌发比较研究的热忱，但当时中国文化接受西方冲击形变而产生新文化的过程尚在进行之中，新文化的面貌还未呈现，这时真正的比较研究是无从做起的。到20世纪50年代，马列主义、毛泽东思想等新意识形态已确立起霸权地位，它们正是中国文化响应近百年西潮冲击的结果。50年代虽具备了进行比较研究的知识条件，但人们已不具有五四知识分子的心态。在他们眼中，任何研究必须纳入马列主义框框，至于魏晋和近代两次文化融合的比较研究，则完全不在历史唯物论的视野之中，因而也是不值得去做的。

而且，表面上看，中国在西方冲击下孕育毛泽东思想的过程与魏晋南北朝确实毫无可比之处。就外来思想传入机制而言，魏晋

---

〔1〕 汤因比(Arnold J. Toynbee)：《历史研究》(下册)，陈晓林译，(台湾)远流出版事业股份有限公司1987年版，第1650页。

南北朝时佛教之所以能构成对中国社会的大冲击，并不是它本身有什么力量，而是因为它在价值取向上和黄老思想、神仙道术以及老庄哲学相符合。佛教是借助魏晋玄学大肆泛滥并征服中国士大夫心灵的。[1] 近百年西方冲击则挟工业文明的武力和廉价商品而来，中国知识分子接受马列主义似乎是出于民族主义，几乎看不到中国传统本身对此有什么影响。所以很多学者都把马列主义传入看作中国传统文化的中断。更重要的是，如果比较中国文化如何消化外来思想的过程，这两次融合似乎更是南辕北辙。魏晋南北朝以后，中国文化对佛教的同化与消化，表现为中国文化大传统——儒学的自我改造，文化融合的结果是儒学达到宋明理学的新高峰。[2] 毛泽东思想虽然被称为中国化的马列主义，但在大多数学者眼中，这种消化与中国文化大传统无关，毛泽东思想被认为是全盘反传统主义，其中的中国文化基因至多被认为是"兵家"和农民思想。很多人把共产党文化和毛泽东思想当作全新的文化价值系统来接受。

在相当长的时间内，上述信念是如此强大和坚不可摧，以至于很少有人认为值得把中国古代思想史同近现代思潮变迁进行比较研究。直到文化大革命爆发，毛泽东思想突然展现出种种人们未曾想到的面貌时，情况才有所改变。今天尚没有人可以讲得清楚为什么中国会走向文化大革命，但对于这场大动荡的亲身经历者，有一种感受却是共同的，就是发现中国共产党文化同传统政治文化的相似性。"文革"以批判《海瑞罢官》开场，稍有一点历史常识的人都会看出，这是一场骇人听闻的文字狱。使人们感到毛骨悚

---

〔1〕 镰田茂雄：《简明中国佛教史》（第一部分，第二章），郑彭年译，上海译文出版社 1986 年版。葛兆光：《七世纪前中国的知识、思想与信仰世界：中国思想史第一卷》（第四编，四一六节），复旦大学出版社 1998 年版。

〔2〕 徐洪兴：《思想的转型——理学发生过程研究》（中篇，第一章，第一节至第三节），上海人民出版社 1996 年版。

然的是:这种本来以为早随着封建帝王被推翻而成为历史故事的文化现象居然如此大规模地卷土重来,而且是以无人敢反对的马克思主义为名义。毛泽东主张的"斗私批修"、"群众是真正的英雄",与其说是马列主义,还不如说更像儒家道德理想主义大传统。传统的"修身"和王守仁(字伯安,也称阳明先生,1472~1528年)的"满街是圣人",以毛泽东"六亿神州尽舜尧"的著名诗句表现出来。"文革"后期,毛泽东的声望达到巅峰,他的语录展现了一个传统政治文化与现实生活互相交织不可分辨的世界。正因为人们普遍感到毛泽东思想的传统特质,"文革"一结束,批判封建主义立即成为20世纪70年代末和80年代初学术研究的主调。当时学术界很多人把毛泽东思想看作是与儒学同构的"道德理想主义"。人们发现"文革"中反智主义和反精英主义盛行,特别是毛泽东对刘少奇《论共产党员的修养》的批判,更有点像明末王阳明心学和理学的争论。一些中国思想史学者在私下讨论中甚至把刘少奇思想说成是"理学式"的,而毛泽东思想为"陆王心学式"的。[1]

照理说,当人们发现毛泽东思想是马列主义与中国儒家文化大传统结合的产物时,就应该触动一系列严肃的历史发问:儒家道德理想主义传统同外来文化的结合与新文化创造是一种什么关系?马列主义同儒学结合与儒学消化佛教过程有没有共同之处?进一步还可以对马列主义传入是否意味着中国传统文化的中断提

〔1〕 这方面典型的例子是金观涛《儒家文化的深层结构对马克思主义中国化的影响》一文所引起的讨论。这篇文章直接提出毛泽东和刘少奇的思想是与儒学同构的道德理想主义,并称马列主义中国化为马列主义儒学化。该文在1988年曾发表于王元化先生主编的《新启蒙》(第2期),湖南教育出版社1988年版,并在报刊上摘要刊登。当时中国大陆思想史界对这篇文章反应热烈。包遵信先生阅后曾告诉作者:很多学者都认为这是五个值得研究的新方向,并说人们在议论:认为毛泽东思想类似于传统陆王心学,而刘少奇思想更接近理学。王元化给作者的信中,直接把毛泽东思想同颜习齐相比,认为毛泽东在青年时代接受了颜习齐的影响。可以说,在80年代末的思想讨论中,研究毛泽东思想与中国传统文化关系已成为当时的热点。

出质疑,即在西学东渐的一个多世纪中,为何众多的西方思想中唯独马列主义最有影响?它对中国知识分子的征服是否也同中国内部传统有关呢?也就是说,在新的视野下宏观对比中国历史上融合外来文化与近现代思潮变迁并不是无稽之谈。但是这种回到五四时代的历史感犹如一道瞬息即逝的闪电划过 80 年代思想的天空,它很快就被社会剧变的滂沱大雨掩盖了。

在人类思想的成长历程中,只要思想运动没有结下确实的理论研究之果,那种凭借感情力量而滋长的反思意识和历史感是不可靠的。只要热情退潮,时代关切的问题改变,人们的情绪完全可以随之逆转。80 年代热衷于启蒙运动的知识分子做梦都想不到,90 年代取代启蒙思潮的居然是传统文化和新保守主义。正是在人们抛弃马列主义之时,发现不得不再次面临西方冲击,很多人为了寻找文化认同,只能回归儒学大传统。新儒学悄然兴起,传统文化的复兴如同巨大的暗流在填补思想真空时把人们吞没了。社会似乎患上历史失忆症,近百年来中国传统文化不能应付西方冲击才被迫让位于新思潮的痛苦,因此被遗忘了。很多人简单地认为:中国之所以到今天这样文化失范地步,是因为我们过激地抛弃了传统。五四精神被斥为浅薄的科学主义和激进主义。似乎中国只要告别近代以来一系列的革命,回到清王朝的洋务和立宪,就早已现代化了。传统主义的毒素与思想上的腐败、麻木和不负责任的玩世后现代主义结成联盟,正在摧毁本来已千疮百孔的中国文化躯体。

中国往何处去?中国文化往何处去?在这百年来建设和破坏留下的一片废墟之上又如何重建中国新文化?毫无疑问,在寻找今后的出路之前,最重要的是恢复我们民族的历史记忆,即我们必须去理解为什么中国文化会走到今天这一地步。于是,把中国在历史上消化融合外来文化的经验同中国近百年来思想变迁一起放到理性的审视之下,也就成为历史学家和思想史研究者必须面对的任务。

1.2 有没有思想变迁的长程模式?

比较古代思想同近现代思想的可能与方法——历史真的存在长程模式吗——对两千年不变之社会整合方式的分析——中国能够保持大一统官僚政治稳定的原因——县以下的中国基层社会的整合——"士族化"和"地主化"——士绅连接上层官僚机构同基层宗法家族——王权、官僚、地主、家长的大网——两千年基本不变的社会组织方式同思想史的关系。

要把中国近现代思想变迁同过去千百年文化历史作跨时代的长程比较,首先要面对的问题是:古代思想演化是否可以同近现代思想变迁进行比较?如果可比,又怎样着手研究?陈寅恪先生在谈到比较方法时曾指出:"比较研究方法,必须具有历史演变及系统异同之观念。"[1]既然这一比较的实质,是探讨魏晋南北朝中国文化融合佛教与近现代吸收西方文明的异同,并把握支配两者更深层的规律,那么,它必定潜含着一个前提,就是认为中国文化在其两千年变迁中存在某种尚未被我们认识的深层结构。在后现代主义盛行的今天,这似乎是一种过时的思想方式。而且即使人类文化观念的变迁存在某种模式,它能横跨古代和近代、在两千年历史长河中屹立不变吗?历史真的存在如此长程的规律吗?法国历史学家布罗代尔(Fernand Braudel)在讨论支配历史现象模式时,把社会变迁分为三类,第一类是长期趋势,他称为"长时段"(la

---

[1] 陈寅恪:"与刘叔雅论国文试题书",载《金明馆丛稿二编》,上海古籍出版社1982年版,第223~224页。

longue dur);第二、三类是"中时段"和"短时段",它们相当于历史长河中的"局势"和"事件"。布罗代尔认为,左右这三类变迁的模式是不同的,构成"局势"和"事件"的短时期兴衰和突发事变转瞬即逝,对整个历史发展只起微小的作用;而决定事物发展"长时段"规律的是结构,它必须是在历史上经常起作用的深刻而长期不变的因素。[1] 我们寻找支配魏晋南北朝中国文化变迁和近现代思想发展的共同性,是属于文化思想变迁的长时段研究。长期变迁中规律的存在,必须有赖于千百年来基本不变的结构。那么,在中国历史上有没有千百年不变的基本结构呢?我们发现,这种结构确实存在,它就是从秦汉开始延续至清末的社会整合方式。这样一来,从历史研究方法论来看,如果真的存在支配中国文化融合外来文明的一般模式,它必定与这种两千年来不变的基本结构有关,比较研究方法也必须由它导出。于是,分析中国两千年不变的社会整合方式,也就成为本书逻辑的起点。

众所周知,早在秦汉时代,中国就建立了大一统帝国,实现了一个人口众多、幅员辽阔的农业社会整合。如果我们撇开社会结构的细节,只考察社会组织方式,就可以看到,从西汉到清末,中国社会都是由上、中、下三个层次整合而成的。社会上层是以王权为中心的大一统官僚机构,中层是士族缙绅对地方和农村事务的管理,下层是宗法家族组织。中国传统社会最不可思议之处在于:不仅是这三种形态完全不同的社会组织在漫长的历史变迁中保持着罕见的稳定,更重要的是这三个层次大致能够实现良好整合。正是因为它们的互相整合,中国才能成为人类历史上唯一一个存在了两千年之久的大一统帝国。在有关中国传统社会这三个组织层次的研究中,最受重视或者说经过比较透彻理论探讨的,是中国社

[1] Fernand Braudel, "Histoire et Sciences Sociale", *Annales*, *Économies*, *Sociétés*, *Civilisations* (October-December 1958).

会的上层组织。从30年代开始,中国传统社会大一统官僚政治的特点和性质,就成为中国文化学术诸重大问题中最令人关注的焦点。学术界公认,一般来说,农业社会由于小农经济的分散性,而不能形成持久稳定的跨地域的政治组织。然而,中国在两千多年前就建立了稳定有效的大一统官僚机构,它服从中央号令,执行对辽阔地区的行政管理,有效地保持着这个庞大农业社会的统一,很少出现分裂和闹独立。马克思曾根据小农经济自给自足的特点指出,农业社会几乎不存在一个可以游离于土地之外、可以建立广泛社会联系的阶层,从而不能"形成任何一种政治组织"。[1] 布洛赫(Marc Bloch)曾讨论过封建国家的异化(alienation)趋势,认为在近代之前,它常常导致统一政府的解体。[2] 那么,中国为什么与世界上其他农业文明不同,可以保持大一统官僚政治的长期稳定呢?

中国历代官僚体制不尽相同,官员人数也从数万到十几万不等,但有一个基本的共同点,就是必须从儒生中选拔官员。我们在《兴盛与危机》一书中系统地论证过,儒生阶层的存在如何使中央王权获得可以打击封建割据的有效力量,从而克服了封建国家难以避免的贵族化趋势。[3] 也就是说,正是从儒生中选拔官员保证了官僚机构对皇帝的忠诚和大一统政府的稳定。其实历史学家早就意识到,中国形成大一统官僚政治结构同建立从儒生中选官的制度是一个同步的过程。[4] 最近,一些学者进一步指出,自从汉代儒家学说的倡导者掌握了候补文官教育权力后,统一的文官制度

---

〔1〕 马克思:"路易·波拿巴的雾月十八日",载《马克思恩格斯选集》(第一卷),人民出版社1966年版,第693页。

〔2〕 金观涛、刘青峰:《兴盛与危机——论中国社会超稳定结构》(增订本),(香港)中文大学出版社1992年版,第二章。

〔3〕 金观涛、刘青峰:《兴盛与危机——论中国社会超稳定结构》,第34~41页。

〔4〕 周予同:"博士制度和秦汉政治",载朱维铮编:《周予同经学史论著选集》(增订本),上海人民出版社1996年版,第728~753页。

才真正有效地得以确定。[1] 这表明,儒家学说是统一官僚机构得以建立的文化基础,儒生则构成了将分散小农社会结合成大一统国家的组织力量。历代王朝政府机构的基本单位是县,西汉有1577 个县,清代县的数目是 1305 个。县的数量变化不大,表明中国社会上层组织方式两千年的基本不变。

在古代农业社会,仅仅依靠建立上层社会组织——官僚机构并不能保证社会有效地整合。因为官僚机构社会整合力再大,其末梢只是延伸到县一级。在清代,每个县平均不到五名政府官员,却要管理平均人口为 25 万人的地区。一个县政府的数名官员是无法处理如此庞大人口的种种管理事务的。[2] 在某种意义上讲,农业社会的县政府已是国家管理能力深入农村的极限,而社会整合还必须做到上层组织和县以下社会的中下层组织联成一体。在中国传统社会里,县以下社会组织是依靠地主和家族的。我们将地主管理乡村称为社会中层组织,家族则是社会最基层组织。当地主的权力和家族过于强大时,就会损害统一政府的运作。正因为如此,古代世界上大多数农业社会不能实现真正的整合,即使建立了大一统帝国,也会因为上层组织不能同中下层整合而解体。但是中国社会从汉代开始,就产生了一种奇妙的组织方法,有效地克服了上层组织同中下层组织的冲突。这就是利用儒家文化的社会功能消除地主权力和家族组织与国家之间的对抗,使地主的乡村统治和宗法家族对村庄的管理成为大一统官僚机构的延伸。这样,社会上层结构和农村中下层组织便牢固地结合成一个整体。

众所周知,秦汉帝国初建时,国家官僚机构与农村地主统治和宗法家族是不太协调的。汉初曾实行移徙大族往西北的政策,就

---

〔1〕 朱维铮:“孔子与教育传统”,载《音调未定的传统》,辽宁教育出版社 1995 年版,第 69 ~ 86 页。

〔2〕 金观涛、刘青峰:《开放中的变迁——再论中国社会超稳定结构》,(香港)中文大学出版社 1993 年版,第 29 页。

是害怕强大的地方和宗族势力损害王权而不得已采用的措施。汉武帝以后,国家开始系统利用儒家文化的社会功能来消除王权与地主权力、国家和宗族之间的对抗。它表现为如下两个方面:一是推行儒家的道德教化,强调“家”与“国”、“孝”与“忠”的同构,使家族权力的合法性建立在儒家伦理之上。二是通过种种措施,使信奉儒家文化的士人和农村中地主、家族族长身份合一。这就是士和宗族结合的“士族化”以及士和田产结合的“地主化”。〔1〕随着这两个过程迅速进行,中国古代知识分子发生了一个基本的变化,他们从战国时期无根的“游士”,转变为具有深厚社会经济基础的“士大夫”。其实,所谓“士族化”和“地主化”,讲的正是儒生向地方精英和宗族领袖转化之过程,它是上层官僚组织开始同社会中下层组织整合的标志。余英时曾系统论述士族在汉代社会组织中的功能,以及它在西汉灭亡之后东汉王朝建立中的不可取代之作用。〔2〕这表明,到了西汉后期,“士族”(即“地主化”和“宗族化”的儒生)已成为把大一统官僚机构与宗法家族整合起来的社会中层组织。

隋唐以后,由于实行了科举制,下层知识分子入仕参政的可能性大大增加,大多数官员并非来自名门望族,士族衰落了。但是地主与儒生身份合一成为社会中层组织这一特点非但没有消失,反而得到强化。当时称县以下的地方精英为缙绅。缙绅的人数比士族更多,他们和政府有千丝万缕的联系,同时又是地主、地方领袖和家族族长。其社会整合功能同士族一样,是由两方面组成的:一方面,由于缙绅信仰儒家学说,自觉依照儒家伦理来指导自己的行动。他们主动与政府合作,从事地方公共事业,把官僚机构的管理

〔1〕余英时:“古代知识阶层的兴起与发展”,载《中国知识阶层史论·古代篇》,(台湾)联经出版事业公司1980年版,第86页。

〔2〕余英时:“东汉政权之建立与士族大姓之关系”,载《中国知识阶层史论·古代篇》,第109~130页。

职能向农村延伸;另一方面,绅士儒生大多是家族组织的核心。由于他们的存在,上层官僚机构就可以同基层宗法家族连接起来。在农业社会中,没有一种基层组织能如家族那样,将每一个社会成员组织进去,并控制每一个人的行为。汉以后,宗法家族不仅是依据儒家伦理组织起来的和国家存在同构对应,而且正是依靠缙绅这一中介与官僚机构联成一体,使得家族可以作为政府管理职能放大而存在。故从汉朝到清末两千年中,宗法家族组织在相当程度上执行着基层政府的功能,如协助征税、维系治安和教化等。这在其他农业社会是不可思议的。

这里我们看到,两千年来中国之所以能实现农业社会的整合,其关键因素就是依靠儒家文化将王权、官僚政治、地主权力和家长制组成一个自上而下的统一大网。在这种组织结构中,具体制度在历史长河中虽有某些变化,但儒家文化一直是社会上、中、下三个层次的合法性来源和组织的基础,这是从汉到清两千年不变的基本结构。我们将这种组织方式表示为图1.1。右边为社会组织的三个层次,左边为儒家文化。由图可见,正因为儒家文化独特的功能,中国社会上、中、下三个层次得到了整合,成为人类文明史上唯一庞大而持久的超级农业帝国。[1]

在《兴盛与危机》和《开放中的变迁》这两本书中,我们将图1.1所示的中国传统社会整合方式,称为传统一体化结构。我们曾花大量篇幅论证,这种两千年不变的社会组织方式,不仅规定了王朝周期性更替和传统社会长期延续,还支配着中国社会的近现代转型。表面上看,社会的整合方式仅仅是左右社会变迁的长程因素,它同思想史并没有太大的关系,我们为了揭示那千百年不变在长时段中存在的思想方式,居然到两千年中不变的组织结构去找

〔1〕 金观涛、刘青峰:《兴盛与危机——论中国社会超稳定结构》,第二章;《开放中的变迁——再论中国社会超稳定结构》,第一章。

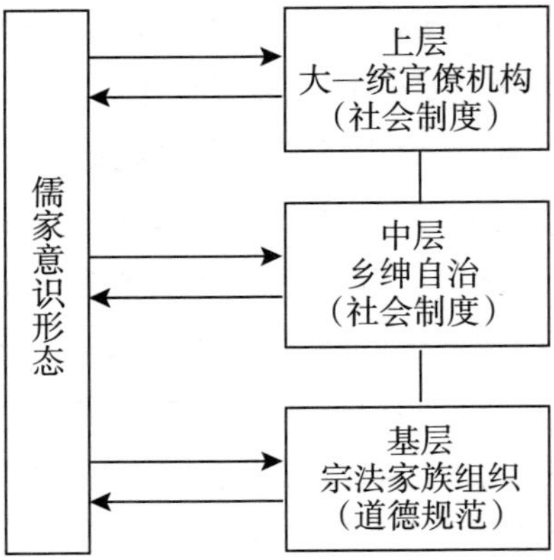

图 1.1　中国传统社会整合方式

根据，这似乎完全走错了路。但是，中国传统社会的特殊性正在于社会组织各层次的整合是依靠文化系统的功能实现的。发挥文化系统功能的前提是用某种思想方式将各种观念与价值结合为统一的整体，也就是说，当社会整合依赖于各种价值观念的互相整合时，文化系统社会功能的存在则依赖于某种使不同价值与观念整合起来的思想方式。这里我们看到，两千年不变的社会组织方式一定与长时段起作用的思想方式有关。换言之，一种观念或思想方式之所以不被历史忘却，这是因为人们经常在使用它。而对任何一种文化观念最深沉、最持久的使用，莫过于将其凝固在某种我们赖以生存的组织机制之中。事实上，依靠价值系统和观念系统的互相整合而形成社会各个部分互相维系的组织机制，不仅在汉代到清朝两千年传统社会中存在，而且支配着中国社会近现代变迁甚至今天的社会生活，它构成我们称为普遍一体化结构的模式存在。而我们所说的支配中国思想长时段变迁的那种模式，特别是长时段不变的思想方式，恰恰是普遍一体化结构的一部分。

1.3 一体化结构中的意识形态

全书的理论预设——什么是“意识形态”——为什么说儒家学说是最古老的意识形态——意识形态与政治、社会组织一体化的三重含义——圣王合一与中国皇权的卡里斯玛——儒生阶层身兼三重角色是整合的前提——一体化结构与极权主义组织方式有本质不同——社会制度与道德理想合一——道德有立法之意义及道德规范与法律不可区分——一体化结构对意识形态的两个基本限定——“天人合一”和“道德价值一元论”——从普遍到特殊与从特殊到普遍。

为了揭示中国社会两千年不变的整合方式如何塑造思想变迁的长程模式,我们必须先对图 1.1 所示的结构做若干理论概括。如果用社会学理论来分析儒家文化的社会整合功能,我们就可以发现,在两千年漫长的历史中儒家文化一直承担着意识形态在社会行动中所扮演的角色,它是人类历史上最古老而完备的意识形态。

意识形态(ideology,法文为 idéologie)一词最早由法国特拉西(Destutt de Tracy)发明,原意是表达如何形成一种抽象观念的理论。19 世纪后,它日益成为社会科学和人文研究中的重要概念。其定义是形形色色、因人而异的。马克思主义视意识形态为建立在经济基础之上的上层建筑。而曼海姆(Karl Mannheim)更多地从团体生活与社会情势中思想起源的角度来定义意识形态,强调意识形态是决定观念的社会因素。帕累托(Vilfredo Pareto)把意识形态看作受不明的本能或非理性动机所决定的思想或信仰。[1] 不管意识形态的定义如何不同,学术界在使用这一概念时有如下共识:信仰或观念系统要成为意识形态,必须满足一个特定的前提,这就是人们可以用它来为某种政治制度辩护,以致为实现某种社会秩序提供根据和方法。[2] 换言之,所谓意识形态,是指那些可以成为政治、社会组织合法性根据和运作基础的观念系统,或者说它必须对政治系统具有默顿(Robert K. Merton)所说的显功能。从这个意义上讲,西方传统文化基督教不是意识形态,因为它虽可以承认某种世俗的政治制度,甚至有调节政治系统稳定的功能,但这种功能是隐性的,不言明的。因为基督教不把世俗世界作为自己的终极关怀,韦伯(Max Weber)将此称为基督对俗世的冷漠态度,[3] 基督教不是西方传统社会政治结构的合法性和运作基础。西方传统社会中人们服从权力或是出于习惯,或是臣服于魅力型领袖,而意识形态是近现代的事物。显然只有当人们早已习惯了的传统统治合法性受到破坏,社会才有重新论证新政治权威合法性的必要。西方传统社会秩序的合法性是被启蒙思想摧毁的,因此思想史家大多公认,西方意识形态是在法国大革命以后才出现的。例如,华特金士(Frederick M. Watkins)和克拉姆尼克(Isaac Kramnick)将1750年以后称为意识形态时代。他们认为自由主义、保守主义、民族主义、社会主义、社会民主主义、共产主义和法西斯主义这些林林总总的观念系统均是现代意识形态,它们各自向民

---

[1] 华特金士(Frederick M. Watkins)、克拉姆尼克(Isaac Kramnick):《意识形态的时代——从1750年到现在的政治思想》,张明贵译,(台湾)联经出版事业公司1983年版,第1~2页。

[2] Martin Seliger, *Ideology and Politics* (London: Allen and Unwin Ltd., 1976), pp. 119-20.

[3] 韦伯:《宗教社会学》,刘援、王予文译,张家铭校阅,(台湾)桂冠图书股份有限公司1993年版,第337~341页。

众提供一套建构新社会秩序的原则。[1] 西方社会学家没有把中国历史纳入视野，因此也不会发现中国早在汉代就系统地利用儒家学说为社会秩序提供合法性，并有意识地用意识形态的认同来实现庞大社会的整合。因此，我们可以运用一个新概念来把握上一节提出的中国社会两千年来不变的整合方式，这就是意识形态与政治（社会）组织的一体化，我们将其简称为一体化结构。

意识形态与政治（社会）组织一体化的实质，是用意识形态认同所产生的组织力量来实现社会整合，它包含三重含义，这三重含义均同左右观念系统长程变迁模式有关。

第一重含义是社会各层次政治组织的合法性都来自统一的意识形态，它给出一种历史社会学家尚未进行理论概括的新统治类型。韦伯在讨论权力（政治组织）的合法性来源（即人们为何会服从权力）时，曾列出三种纯粹的“支配类型”。第一种是“卡里斯玛支配”（charisma）；第二种是“传统型支配”；第三种为“法制型支配”。表面上看来，中国传统社会组织中，上、中、下三个层次的服从方式似乎可以分别归为韦伯提出的三种纯粹类型。如皇帝统治为“卡里斯玛型”；大一统官僚机构的权力基础类似于“法制型支配”；而社会中层绅士统治乡村以及家庭成员对家长之服从，则属于“传统型支配”。其实这种说法是错误的。

中国皇权之所以有卡里斯玛的支配能力，是因为儒家意识形态所规定皇帝和天道的关系，皇帝越接近儒学对理想君主的要求（所谓圣王合一），对社会就越具有卡里斯玛魅力。此外，中国传统社会地主对农村统治和父权制家族权力结构与西方最大的不同，就在于它的基础不仅仅是传统，而是儒家伦理。同样，对于中国传统社会的官僚机构，因其“法制型支配”背后存在意识形态合法性

〔1〕 华特金士、克拉姆尼克：《意识形态的时代——从1750年到现在的政治思想》，张明贵译。

基础,使得中国古代官僚制度虽然是理性化的,但也与西方官僚机构和科层制度不同。[1] 也就是说,正因为中国的皇权、官僚机构、绅权和族权背后的合法性根据出于同一意识形态,它们才可以互相整合起来。而韦伯在讨论这三种支配类型时,是将它们对应于不同的政治实体,并未考虑过三者互相整合的情况。实际上社会学家常用这三种类型更替来解释历史上政治制度的变迁。[2] 正是基于中国和西方的差别,我们把意识形态与政治(社会)一体化定义为与韦伯所说的三种纯粹支配类型不同的一种新类型,在这种支配类型中,政治制度的整合力量来自观念系统内部的整合。这样只要社会三个层次不同的制度整合是一种在历史长河中不变的现实,那么,意识形态内部一定存在相应的观念系统整合方式,它们就是长时段显现的规律。

第二重含义是认同统一意识形态的阶层成为社会的组织者。显然,中国传统社会实现上、中、下三层次整合的前提是儒生阶层身兼三重角色:入仕即为国家政府官员,赋闲在家耕读即为地方精英,实行乡村自治,同时又充当宗族族长和家长。他们如同混凝土般把社会上、中、下三个层次黏合起来。将这一特点概括为一般的社会组织原理,就是信仰统一意识形态的阶层成为社会组织者,或者说,中国的社会整合是通过社会组织者意识形态认同来实现的。这一点对观念系统中是否存在长时段不变的模式极为重要。因为一旦社会中存在一个具有统一意识形态并以社会整合为己任的阶层,他们就会成为政治文化的载体,这一阶层认同的文化观念即成为中国文化的大传统,而且从此以后中国政治文化的变迁都与这一特定载体(在古代是士阶层,现代为政党党员)的组织方式有关。

---

〔1〕 金观涛、刘青峰:《开放中的变迁——再论中国社会超稳定结构》,第341~347页。

〔2〕 韦伯(Max Weber):《支配的类型〈韦伯选集Ⅲ〉》,康乐编译,(台湾)允晨文化实业股份有限公司1985年版。

我们知道,在西方要到20世纪才开始出现用意识形态实现社会整合,只有在极权主义(totalitarianism)政体中这一组织方式才得到普遍运用。极权主义国家把某种意识形态当作政权合法性基础,用意识形态认同来实现社会整合,而且产生了列宁主义政党或与其相类似的那种保持全党意识形态一致的组织,并实行以党治国、以党统军。极权主义社会的形态可能千差万别,但其基本组织方式却是利用信仰统一意识形态阶层作为社会组织者。而中国早在汉代就存在这种社会组织方式,并在两千年中盛兴不衰,这确实是令人惊异的。然而,我们必须看到,一体化结构这种组织方式虽同现代极权主义组织方式类似,但两者的本质是不同的。西方极权主义制度因道德和理性危机而造成,极权主义的意识形态不仅不可能是道德理想主义的,而且绝大多数是反道德的。而中国的一体化结构虽是利用儒生统一意识形态所产生的凝聚力来整合社会,但儒生对意识形态价值的认同,却是出于对道德理想之追求。这样一来,只有在意识形态中,始终将道德与社会制度合一,遵循道德规范的力量才能转化为大一统的组织力和把国家、社会、家族三层次互相整合的力量。

根据中国传统社会和极权主义政体差别,我们可以得到意识形态与政治(社会)一体化的第三重含义,这就是社会制度与道德理想的合一。我们知道,在一般社会系统中,人们主动去维系某种社会制度同追求道德理想是两回事,社会制度同道德理想也不一定有关。这样,并非任何意识形态都能建立一体化组织,只有主张道德目标与社会制度等同的观念系统才能成为一体化结构中的意识形态。总之,我们将具有这三种含义的一体化结构用图1.2A、1.2B和1.2C表示。图1.2A左边表示统一意识形态的组织功能,右边表示社会上、中、下三个层次的整合;图1.2B则表明统一意识形态的阶层成为社会组织构架;图1.2C表示道德价值如何转化为社会正义和世界秩序;在中国古代表现为道德规范如何通过一系列外推放大成为家庭伦理和社会制度。这三个图结合起来涵盖了一体化的三重意义。显然,图1.2是由图1.1结构抽象而得出的,但经抽象后得出的东西比原先的模型更具普遍意义。因为图1.1这种结构相应的只是从汉到清的中国社会整合,它虽保持了两千多年,但到近现代就不再存在。而图1.2不仅包括中国传统社会整合,还涵盖了南京国民政府和中国共产党所建立的社会整合。它是一种包括传统和近现代中国社会在内的组织方式。因此,我们称图1.2所示的组织方式为普遍一体化结构。根据本节所讨论的意识形态与社会组织一体化的三重含义,我们认为,既然从汉代到今天这种组织方式一直在起作用,那么所有长时段的历史现象都应和它有关。现在我们就用它来导出两千年来不变的思想方式。在本书后两卷,每当我们去揭示历史如何制约当今文化发展时,都会回到普遍一体化结构这些基本特征,以锻炼思想史的分析武器。

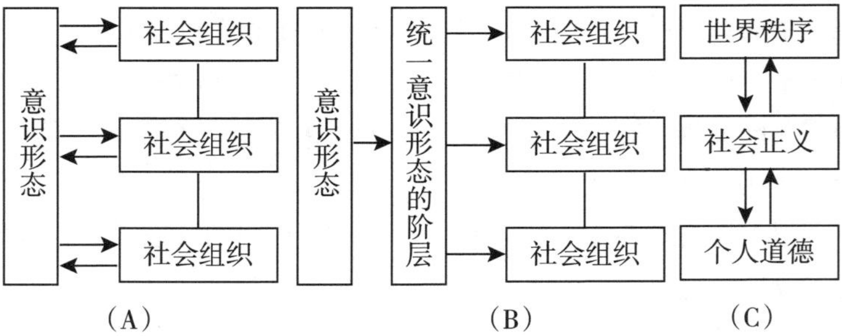

图1.2　意识形态与社会(政治)组织的一体化

为了揭示和这种普遍一体化结构相关联的思想方式,我们首先要进一步分析一体化结构道德理想与社会制度合一的基本限定。社会制度通常表现为立法和法律条文,道德规范与社会制度的合一意味着道德有立法之意义及道德规范与法律不可区分。众所周知,这正是中国社会不同于西方的一个最显著特征。[1] 梁治

〔1〕 瞿同祖:《中国法律与中国社会》,中华书局1981年版。

平曾将这一特征概括为“道德的法律化”和“法律的道德化”。[1]表面上看，“道德的法律化”和“法律的道德化”刻画的是一体化中道德规范与社会制度是如何合一的，同思想方式无关，但是只要我们把一体化结构的第一重意义和它联系起来考虑，追溯社会制度背后的观念系统，那么支配道德规范与法律等同的就是一种将观念系统整合的方法。这就是所谓社会制度合法性根据与道德价值的合一。

这一点在图 1.1 中看得清楚，我们所说的社会制度和道德规范合一，是图右边社会组织三层次制度的整合，而制度整合的前提是图左边观念系统的整合。显而易见，传统一体化结构的上、中、下三个层次背后的理论根据是不同的。下层组织规范是家庭伦理，其背后的理念基础是道德价值；中层组织表现为缙绅自治，其依据的理念为士大夫的道德精英主义；上层组织由政府行为来体现，其合法性基础是儒家的国家学说，而凌驾于官僚机构之上的王权合法性则源于天道或宇宙秩序。虽然，这些观念都属于儒家意识形态，但不同的组织层次则对应于意识形态中宇宙论（哲学观）、社会观（理想制度）、家庭伦理观和个人道德（价值观）等不相同的部分。通常即使同一种意识形态中，这几个部分的价值并不相同，它们各自展开的方向也不一定一致。在一体化结构中，既然意识形态这几个部分分别为社会的上、中、下三个层次制度提供合法性根据，社会组织规范的整合要求这些观念系统必须在历史变迁中始终互相整合；这样，我们得到中国

---

〔1〕“道德的法律化”是指赋予道德（包括规范和经典文献）以法律的性质。如董仲舒以《春秋》决狱，就是把儒家经典变为法律。本来道德规范重在自觉遵守，而法律具有强制性，道德的法律化意味着大一统帝国把礼和儒家道德规范作为如法律那样，具有强制性不容违背的东西。而“法律的道德化”则是指用推行道德教化的办法来看待法律，并在实施法律过程中用道德评价来代替法律条文的判决。在实行法律过程中需强调法律的普遍性、准确性和形式结构，一旦法律道德化，法官对法律形式程序之遵守就受到损害，司法过程变成了宣教活动，而法庭是道德教化的场所（梁治平：《寻求自然秩序中的和谐——中国传统法律文化研究》，上海人民出版社 1991 年版，第十、十一章）。

传统社会一体化结构对主导意识形态的两个基本限定，这就是：意识形态应具有“天人合一”和“道德价值一元论”的结构。“天”是宇宙秩序，它是王权和一体化上层组织的合法性来源。“人”代表家族家庭和社会关系，它对应着一体化结构的中下层组织背后的观念系统。“天人合一”结构是指意识形态把家庭伦理乃至个人道德看成宇宙秩序的一部分，道德伦理从宇宙秩序导出。正如张岱年所说：“宇宙本根，乃人伦道德之根源；人伦道德，乃宇宙本根之流行发现。本根有道德的意义，而道德亦有宇宙的意义”。[1] “道德价值一元论”则为一种把个人道德外推到家庭和社会的思维模式，其目的是达到个人道德、家庭伦理和社会正义之同构。

就思想方式的社会功能而言，“天人合一”和“道德价值一元论”指向同一目的，即为了达到一体化结构三个层次背后合法性基础的合一，必须使宇宙、社会制度、家庭伦理、个人道德理想这些意识形态不同方面互相打通，成为一个由道德价值主宰的统一思想体系。那么，为什么我们要用两个不同的概念来定义观念系统整合的方法？关键在于：如何用道德价值将宇宙论、社会正义、家庭伦理和个人道德几个层面统一，可以有两种做法。一种做法是先假定宇宙是有道德的（或某种宇宙秩序就是道德），然后从普遍的宇宙论（规律）出发，推出社会正义、家庭伦理和个人道德。这是一条从普遍到特殊之路。而另一种做法是以个人道德为起点，从个人道德推及家庭伦理的意义，并进一步把家庭伦理放大到社会和国家，推出一般社会正义和规范之正当性，最后甚至将道德价值充满整个宇宙，达到“万物皆备于我”或“宇宙皆吾心”的状态。与前一种做法相比，它是一条从特殊（个人）到普遍（社会和宇宙）的推广道德价值之路。由于是从人的道德感推出宇宙也有道义，必须假定宇宙离不开个人的感觉而存在。这种把宇宙建立在心灵之上的推理方式，似乎说服力不强。所

---

〔1〕 张岱年：《中国哲学大纲》，中国社会科学出版社1985年版，第173页。

以在“道德价值一元论”推理中，从社会到宇宙之间存在某种断裂。“道德价值一元论”一般只能实现个人道德和家庭伦理以及社会正义的整合，而很难推出宇宙秩序也是道德的。它是一种比天人合一推理模式更具人文色彩但整合力较弱的思想方法。在本书中，我们使用“天人合一”这个词时，既是指宇宙论与社会正义和个人道德的整合，也是指一种从宇宙秩序推出道德的过程，它代表了一种从外向内将宇宙观、社会观和道德统一起来的思维模式。而在使用“道德价值一元论”这个词的时候，仅仅指个人道德和社会正义的整合，不涉及宇宙论。道德价值一元论代表以个人内心道德感出发推出家庭伦理和社会制度，这是一种从内向外将道德、家庭和社会正义统一起来的方向。

1.4　道德价值一元论和天人合一结构

独立于意识形态具体内容而存在的思想方法——秦汉之交一体化结构实现农业社会整合——道德价值一元论的长时段性质——先秦儒学与一体化结构要求之间的两个差距——一体化结构的要求是诸子百家发展演化的动力——为什么儒学成为中国文化的主导——今文经学与大一统的关系——为什么道家与黄老学说成为独尊儒术的前奏——董仲舒的理论体系——人的道德和天的道德——以宇宙论为中心的儒学。

如果上述分析正确，那么可以说“天人合一”和“道德价值一元论”是可以独立于意识形态具体内容而存在的思想方式。它们仅被普遍一体化结构规定，随着一体化结构这种组织方式的出现被普遍采用。当传统一体化结构转化为近现代形态时，它们也以近现代形态呈现。事实真是如此吗？“道德价值一元论”这种思想方法在中国出现得相当早，但它被普遍接受，成为中国人广泛认同的思想方式,却是在秦汉之交,这正是一体化结构建立之际。众所周知,“道德价值一元论”是孔子在文化上最惊人的创造。孔子说:“克己复礼为仁”。这里的“礼”本是指社会制度和行为规范,孔子将它的实现等同于道德价值的“仁”。这把传统社会制度规范转化为一种道德价值,从此儒学成为一种独特的道德理想主义文化。在这种文化中,社会制度与道德目标始终是合一的。而且孔子特别注重从个人内心道德感出发,推出孝道和家庭伦理,并将道德价值外推到社会制度中去,他说:“德之流行,速于置邮传命”。孟子更提出王道和仁政,把道德作为政治制度的合法性基础。可见先秦儒家一开始就具有“道德价值一元论”结构的观念系统。然而这并不等于先秦时期中国人已普遍具有“道德价值一元论”这种思想方法。实际上,“道德价值一元论”是因儒学的普及而被认同的。非常有趣的是,儒学之所以成为中国文化大传统,很大程度上要归之于一体化结构对“道德价值一元论”的需要。

秦汉之交,中国开始用一体化结构实现农业社会的整合,这一体化整合又必须依赖意识形态,所以我们只能从春秋战国形成的众多流派中寻找适合的意识形态。在先秦诸子中,“儒术看上去具有最为强烈的意识形态色彩。”[1]其实,正因为儒学具有“道德价值一元论”的推演方式,道德就可以成为社会制度合法性来源,于是人们可以用某种观念系统作为政治制度合法性根据。意识形态终于被创造出来。进一步分析当时存在的各种历史条件,可以发现儒学已相当符合一体化结构对意识形态的各种要求。因为儒学重视孝道、纲常礼教和教育,它特别适合于当时中国宗法社会。在春秋战国几百年演进中,先秦各家没有一家像儒家那样产生那么多重要的继承者。[2] 早在孔子在世时,儒家因重视教育,学生就多

---

〔1〕 阎步克:“秦汉之际法、道、儒之嬗替片论”,载《学人》(第四辑),江苏文艺出版社1993年版,第214页。

〔2〕 韦政通:《中国思想史》(上册),大林出版社1980年版,第457~458页。

于墨家和道家,到秦汉之交,儒家已几乎征服了整个士阶层。[1] 传统一体化结构要求信仰统一意识形态的社会阶层作为社会整合的基本力量,当儒生已成为士阶层的主体时,选用儒学作为实现一体化结构的意识形态,似乎是不可避免的结果。而"道德价值一元论"这种思维模式,也随着儒学成为中国文化大传统而普及起来,成为两千年乃至今天仍主导着中国人道德推演的思维模式。

至于"天人合一"这种思想方法的起源,则远比"道德价值一元论"复杂。由于先秦儒学没有"天人合一"的结构,这种从宇宙中推出个人道德的思想方法就不能依靠选择某一种思想系统作为官方意识形态而形成。但是,分析"天人合一"结构如何在汉初确立,同样可以看到它同一体化结构的互相依存关系。如前所说,汉代建立一体化结构,只有选择儒学作为官方意识形态,但是先秦儒学同一体化结构对意识形态之要求尚有两个差距:第一,先秦儒学虽已把道德理想和社会制度等同,但孔子所说的"礼",主要是指周朝社会制度及规范,并不直接等同于汉代建立的大一统帝国的社会制度。第二,古代建立大一统帝国,不仅要靠由儒生组成的文官系统,更须确立凌驾于文官制度之上的皇权;而皇帝受命于天,皇权的合法性基础只能是宇宙秩序。[2] 只有从宇宙秩

---

〔1〕 俞启定:《先秦两汉儒家教育》,齐鲁书社 1987 年版。

〔2〕 根据韦伯的分类,至高无上的皇权属于卡里斯玛支配类型。卡里斯玛支配类型中统治者可以是立法者。皇帝或领袖之所以具有至高无上的权力,是因为他具有普通人不可能具有的特殊力量或品质。在较原始的社会中,这种特殊力量是巫术的一部分。在古代,卡里斯玛君主统治都必须依赖于"君权神授"或君主与"天"和超自然力量之间的关系。韦伯认为,一个领袖卡里斯玛的例行化却会使统治权力丧失神秘的性质,使得卡里斯玛支配只能存在于初始阶段,无法长久维持稳定,终究会被传统化或理性化(韦伯:《支配的类型〈韦伯选集Ⅲ〉》,康乐编译,第 69 ~ 81 页)。因此,皇权要在继承之中不丧失卡里斯玛性质,一定要建立皇权合法性基础和宇宙秩序稳定的联系。我们知道,中国皇帝的卡里斯玛权力可以一代又一代继承,权力并没有因卡里斯玛的例行化而失去其神秘性质(甚至当一个王朝被推翻时,新的于帝仍具有卡里斯玛统治权威)。其原因正在于一体化结构中皇权的合法性来自意识形态。当意识形态中的宇宙论与道德价值合一时,皇帝统治权威和合法性来源便是意识形态中的"天道"和"宇宙秩序"。全社会的意识形态认同使皇帝权力具有卡里斯玛性质,而不会因继承、王朝更替而改变。

序推导出儒生的道德规范,才能将儒生追求道德的力量转化为对皇权的维护。先秦儒学就很难做到这一点,因为先秦儒学虽具有“道德价值一元论”结构,尽量把个人的道德规范扩大到家庭和社会中去,但很少谈到宇宙秩序。特别是在孔孟那里,儒学主要是生活哲学,人伦道德和“天”有相当距离。荀子更主张天人相离,把道德和宇宙秩序看作不相关的领域。[1] 儒学要成为大一统帝国中占主导地位的意识形态,就必须在这两个方面进行重大改造。

事实上,宏观地审视战国末年到秦汉之际的社会思想变迁大趋势,就可以看见,如何满足一体化结构对意识形态的需求,正是推动诸子百家发展演化的动力。人们通常将儒学顺应大一统帝国政治需求的变化称为儒家的法家化。儒家法家化不仅包括法家所重视的“法、术、势”为儒家所用,还意味着汉儒放弃孟子的“君轻”和荀子的“从道不从君”,代之以法家的“尊君卑臣”,以至于大批法家改头换面成为儒生。如果从图 1.1 所示的一体化结构三个层次整合分析战国末期儒家学说的变化,所谓儒家法家化大多是在制度层面将儒家道德伦理和大一统帝国的需求合一。例如,把法家的“刑”纳入儒家所谓的“礼治”结构、家庭中的父权制权威推广到君臣关系等。对于一体化结构来说,社会制度整合的前提是制度合法性根据的整合。因此,与儒家法家化同时展开的是作为制度合法性根据的意识形态重构。我们用“今文经学”兴起与儒学获得“天人合一”结构来概括这一意识形态重构过程。

所谓今文经学,是指汉初用通行隶书记录的儒学经典之学。当时,因秦始皇焚书坑儒,古代经典大多都付诸一炬。秦灭亡后,汉儒靠记忆把经文默写出来,并采用当时的文字书写,故称今文经。今文经学主张用微言大义来解释儒学经典,并尊孔子为汉制

---

〔1〕 岛一:“孔孟和荀子在天人论方面的异同”,魏常海译,载《中国哲学史研究》1983 年第 1 期,第 97 ~ 108 页。

法的素王,力图把孔子向往的古代社会制度与汉代大一统社会联系起来。汉初儒士最重视的是《春秋公羊传》,《公羊传》一开首的一句话就是讲大一统:"何言乎王正月?大一统也。"这句话中"王正月"的意思,本是说按周历来统一历法,汉武帝却用它来作为大一统的根据。[1] 《春秋》本是孔子所作的鲁国编年史,记载了从鲁隐公元年到哀公十四年共242年间发生的人和事。它开启了用儒家道德标准来评价政治制度的传统。《春秋》通过对历史的道德裁判,确立一种代表道德理想的社会制度。在汉初微言大义的今文经学中,《春秋》所刻画的社会理想被说成是汉代的大一统。[2] 显然,今文经学对儒学的改造,实质上是通过对经典的重新选择和创造性诠释,有效地克服先秦儒学所主张的社会制度与汉代大一统两者不一致的缺陷。但是先秦儒学并不具有"天人合一"结构,无论怎样对经典创造性诠释,都推不出宇宙具有道德,以使大一统皇权得到道德的支持。要做到这一点,就必须借助外部资源整体性改造先秦儒学的结构。

在先秦诸子中,道家具有较为明确完备的"天人合一"结构。老子哲学在价值取向上和儒学相反,在结构上则是强调宇宙论、社会观和个人价值高度合一的体系。老子提出"人法地,地法天,天法道,道法自然",[3] 把"道"作为宇宙秩序和个人价值的统一来源。《庄子》内外篇的杂篇中推崇的理想君主黄帝,是执道德、轻仁义、菲薄礼治,可见帝王统治合法性同天道已连成一片。从战国后期到秦汉之交,"天人合一"结构主要是通过来自道家并结合法家、阴阳家思想而成

---

〔1〕 皮锡瑞:《经学通论》,中华书局 1982 年版,第 87 ~ 88 页。

〔2〕 皮锡瑞:《经学历史》(三),周予同注释,中华书局 1961 年版,"经学昌明时代";周予同:《中国经学史讲义》(中编),"经学史诸专题",第三章第一节"董仲舒与今文经学",载朱维铮编:《周予同经学史论著选集》,第 881 ~ 883 页;"'春秋'与'春秋学'","君经概论",载《周予同经学史论著选集》,第 492 ~ 507 页。

〔3〕 老子:"老子·象元第二十五",载刘殿爵、陈方正主编:《老子逐字索引》,商务印书馆(香港)有限公司 1996 年版,第 71 页。

的黄老之学发展起来的，同儒学关系不大。那么，儒学要获得“天人合一”结构，就必须向道家学习，借助黄老之学的有关资源。

当我们考察秦汉之交官方意识形态的发展时，可以发现在汉武帝宣布独尊儒术之前，黄老之学曾盛极一时，为汉初帝王推崇半个多世纪之久。不少学者在解释汉初黄老之学盛行时，大多强调它正好迎合了汉初与民休息和无为而治的帝王术。[1] 而从我们的观点来看，黄老之学在汉初的凸显，正好代表了一体化结构对意识形态应具备“天人合一”结构的历史需求。近年来，已有不少学者论及黄老之学对汉代官方意识形态最后形成的重要作用。余明光讨论了《黄帝四经》对董仲舒的影响；[2] 吴光也曾指出黄老之学是先秦儒学过渡到具有天人感应结构的汉代儒学的中间环节。他认为，董仲舒的“王道三纲”并非继承于孔孟，而是吸取黄老之学的主张；天人感应学说的理论核心也可以从《黄老帛书·十六经》及《淮南子·时则训》中找到根据。[3] 黄朴民则把董仲舒建立的具有“天人合一”结构的理论称为新儒学，而把黄老之学称为新道家。他认为汉初新儒学实为响应新道家的挑战而形成的，董仲舒正是在新道家强大压力下建立儒学新体系，不得不吸收新道家的很多内容。[4]

既然董仲舒是借助道家的基本结构来实现“天人合一”，那么在他的理论体系中，宇宙秩序的道德内容只能是把儒家道德注入道家“天人合一”结构的结果。我们知道，道家讲“天人合一”，无论是“人法地，地法天”，还是“天法道，道法自然”，其核心的方法是人必须去模仿天或自然。事实上，这也是董仲舒理论的基本架构。劳思光曾指出，董仲舒有一根本假定，认为“人”为“天”之模本。[5]

---

〔1〕 吕锡琛：《道家、方士与王朝政治》，湖南出版社 1991 年版，第 79～82 页。

〔2〕 余明光：“董仲舒与‘黄老’之学”，载《道家文化研究》（第 2 辑），上海古籍出版社 1982 年版，第 209～222 页。

〔3〕 吴光：《黄老之学通论》，浙江人民出版社 1985 年版，第 237～238 页。

〔4〕 黄朴民：《董仲舒与新儒学》，文津出版社 1992 年版，第 28～52 页。

〔5〕 劳思光：《中国哲学史》（二），三民书局 1981 年版，第 27 页。

人以天为模本,实际上是规定人和天应该是相似的、同构的、同类相通的。董仲舒曾十分明确地指出“以类合之,天人一也”。[1] 例如,一年有四时,十二个月,三百六十天;由于人是模仿天而生成的,故人有四肢(和四时相对应)、大关节十二、小关节三百六十(和月、日相对应)。人有五脏也与天的五行相对应。[2] 董仲舒又用“美事召美类、恶事召恶类”来说明天人之间同类事物的互动。[3]

如果把天看作与人同构并互相感应的,那么,把人的道德映射到天就得到所谓天的道德。从理论上讲,也可以说人的道德是模仿天的道德,人的道德最终可从宇宙秩序中推出。这就带来两个重要后果。首先是对天的描绘和定义变得极端复杂。韦政通指出,在天人感应理论中的“天”,起码有如下六种含义:(1)某些时候天被当作有人格的至上神;(2)天被当作万物之本;(3)天常常作为道德善恶的代名词;(4)在更多的时候天是自然界;(5)天有十端(十数),它用来表达“王者制官”的社会制度和秩序;(6)天有时为人君理想人格的化身。[4] 表面上看,这六种含义各不相干,其实这六种含义只是在不同场合中,根据同构原则将人和社会的某一种性质映射到天上而得到的信条。例如,当天代表自然之天时,它并不包含那些与人和社会相关联的性质;天被视为人格神时,就将人的意志映射到天上去了;天的十端,则是社会制度在天上的表现;在讨论君王的人格时,就要用代表理想人格的天来加以论证。把天与人和社会互相对应而导致的另一个结果,是对自然界现象的奇特看法:自然界的正常状态对应着人和社会的正常状态,它代表

[1] 董仲舒:“阴阳之义第四十九”,载刘殿爵、陈方正主编:《春秋繁露逐字索引》,商务印书馆(香港)有限公司1994年版,第55页。

[2] 董仲舒:“人副天数五十六”,载刘殿爵、陈方正主编:《春秋繁露逐字索引》,第59页。

[3] 董仲舒:“同类相动五十七”,载刘殿爵、陈方正主编:《春秋繁露逐字索引》,第59页。

[4] 韦政通:《董仲舒》,东大图书公司1986年版,第66~71页。

着的道德价值是德治;至于自然界的异常状态,则意味着社会和君王偏离德治。这样,灾异就成为上天对帝王失德的警告。

我们看到,儒家发展到汉代,已极大地偏离了它在先秦时期的文化取向。先秦儒学本为"生活之哲学",经孔孟的阐发,逐步进展为"德性之哲学"。[1] 但是到了汉代,孔子成为汉制法的素王,儒学就变成一个主张"天人感应",并把阴阳五行、男尊女卑、朝代循环、时序声色等观念整合在一起的大哲学体系。汉代官方意识形态是一种以宇宙论为中心的儒学。[2] 本来,"子不语怪力乱神",但汉代儒生大多相信天具有人的道德力量。文化逐渐陷于天人感应的迷信之中,先秦儒学的人文精神似乎出现了大倒退。人文精神的倒退,正是因为"天人合一"结构终于成为儒家意识形态的思维模式。在宇宙论为中心的儒学中,天本身就是具有感情、意志和道德的"百神之君"。[3] 作为天之子的皇帝,是天的"大使者",[4] "天"的道德往往借助皇帝的政治行为来表现。[5] 这样,社会制度也从天那里获得道德意义。儒生追求道德目标,就应该模仿上天并为大一统君王服务。天的道德通过社会制度和为帝王服务,转化为人的道德。这是一种典型的从外到内、从天到人的道德推理模式。

"天人合一"结构在汉代的确立,表明我们所讲的将观念系统整合起来的基本结构,是可以超越某一时代意识形态内容而存在,

---

〔1〕 劳思光:《中国哲学史》(二),第10~13页。

〔2〕 劳思光先生把汉代儒学称为"宇宙论中心之哲学",它有别于先秦孔孟子"心性论中心之哲学"(劳思光:《中国哲学史》(三上),第3页)。在本书中我们把汉代官方意识形态称为以宇宙论为中心的儒学或宇宙论儒学。

〔3〕 董仲舒:"郊义第六十六",载刘殿爵、陈方正主编:《春秋繁露逐字索引》,第67页。

〔4〕 班固:《汉书·卷五十六·董仲舒传》(第八册),中华书局1962年版,第2500页。

〔5〕 苏与:《春秋繁露义证》,钟哲点校本,中华书局1996年版,"郊义第六十六"。

它是比观念系统更为基本和稳定的模式。事实上,当宇宙论儒学随着东汉王朝的灭亡而式微时,"天人合一"结构并没有因意识形态变化而解体。它既可以存在于魏晋的般若学中,也可以表现为宋儒对天理世界的追寻。在20世纪,无论是五四时期中国知识分子对马列主义的认同,还是毛泽东对马列主义的再诠释,我们都可以看到将道德从宇宙秩序中推出的基本结构。这种长期支配中国人的深层思想模式,或代表实现良好社会整合的意欲,或表现为实际政治需求对观念系统的选择,或存在于儒生"为天地立心,为生民立命,为往圣继绝学,为万世开太平"的心态之中。它们作为普遍一体化结构所要求的思维模式,规定了中国文化大传统在两千年历史变迁中的宏观面貌。

1.5　"应然"的扩张:中国文化连续性之谜

意识形态在何种条件下可以被证伪——社会危机如何导致合法性危机——哈贝马斯理论的局限——"实然"和"应然"混淆或"应然"的扩张——社会弊病被等同于道德原则遭破坏——一再重演的历史图画——对新价值和新意识形态追求的中断——超稳定系统在相对与世隔绝条件下的行为模式。

"天人合一"结构和"道德价值一元论"的思想方法,造就了中国文化第一个宏观特征,就是政治文化在两千年的发展中具有高度稳定性和连续性,意识形态破天荒地具有可以抗拒社会变迁而保持自己存在的能力。儒学自西汉中期确立为官方意识形态后,一直到清代它仍是官方意识形态。清儒在考虑中国政治制度改革时,仍然使用今文经学的语言。一种意识形态理论在两千年后依然有效,并被人们作为政治制度变迁的合法性根据,这在人类历史上极为罕见。在西方和其他文明中,无论古代还是近代,意识形态即使出现,却大多会随着社会生活变迁而过时。

意识形态之所以会被社会变迁证伪,是因为某种观念系统给出了社会制度设计蓝图和理论根据,制度一旦出现问题,就会直接冲击其背后的观念基础或蓝图,令人们抛弃旧意识形态。观念系统与社会规范之间的联系越强、越具体,制度危机对观念系统的冲击也越强。韦伯在讨论宗教和世俗规范关系时,就指出过这一点。他曾用现实生活对宗教禁令无可避免的破坏,来说明某些宗教规范中有意允许例外的惯例。例如,在伊斯兰教中固定形式的教规与反复无常以致完全不可预测的例外是同时存在的。韦伯还指出,宗教所制定的规范所碰到的危机还会导致宗教本身发生某些变化,如变成不承认任何神的法律,只接受一个可能鼓励在不同处境中用不同准则行动的"神圣内在宗教状态"。[1] 一般来说,只有那些避世性宗教,因其教义本来同现实制度关系不大(或很含混),才能避免受到制度危机的冲击。与避世性宗教相反,意识形态乃是现实权力或社会制度合法性根据,任何权力行使中的问题或社会危机一般都会冲击其合法性根据,这样,意识形态通常会受到质疑,出现合法性危机。

哈贝马斯(Jürgen Habermas)将马克思社会危机论述与韦伯社会学研究结合起来,进一步研究社会危机是如何导致合法性危机的。他认为,根据韦伯对理性权威的论证结构,某种权威被视为合法的,常常基于两个前提:第一,它必须正面确立规范秩序;第二,依法结合的人们必须相信规范的正当性。当社会规范不足以解决社会问题或人们对规范正当性质疑时,合法性危机就会导致理性权威的动摇。这时,如果权威是由意识形态提供,理性权威的动摇就导致人们开始怀疑甚至批判意识形态。当然,由于哈贝马斯所关心的主要是西方当代社会的合法性问题,他认为现代社会中理性权威并没有提供充

〔1〕 韦伯:《宗教社会学》,刘援、王予文译,张家铭校阅,第275页。

分的正当性根据，以及现代西方文化不能使社会成员产生足够的参与意识而带来合法化危机。[1] 他并没有进一步讨论在一般社会系统中，社会危机如何否定意识形态的正当性。但是，显而易见，因为任何制度都有缺陷，都会在某一天不再适用于变动的社会生活，故经常会发生社会危机证伪意识形态，从而导致合法性危机。因此在人类历史长河中，很少看到一种意识形态长期稳定的存在。

但是，意识形态一旦具有"天人合一"和"道德价值一元论"结构，情况就完全不同了。这两个将观念系统整合起来的长时段的思想方式，使得社会制度和宇宙秩序成为道德不可分割的一部分。这带来思想史上罕见但极为重要的现象，就是"实然"与"应然"的混淆，甚至打成一片。实然（is）是指"实际发生了什么"，应然（ought to be）是指"人应该如何行动"，这本是两个完全不同的领域。道德实践所注重的是"人应该如何行动"，它属于应然领域；宇宙论则属于"实然"领域。在社会生活和制度中，哪些属于"实然"，哪些属于"应然"，本应一清二楚。但基于"天人合一"和"道德价值一元论"，宇宙论所包含的自然规律和秩序以及理想社会制度都成为道德的一部分，它们也就变成了"应然"领域。我们称这种情况为"实然"与"应然"的混淆，或"应然"领域的高度扩张。正是这一特性，使得儒家意识形态在文化变迁中具有抗拒被证伪的机制。

为什么能这样讲？因为道德活动同其他社会行动有一个根本的不同，就是人不能因为"实际上发生了什么"（实然），作为自己不实行道德原则的理由，即"实然"不能否定和质疑"应然"。中西伦理学思想形形色色，有内在主义、超越主义、快乐论、功利主义、进化论、厌世论、自律论、直觉论和完备主义等种种流派，但从道德规范和外部世界的关系角度，却可以分为两种基本立场：一种视道德

---

〔1〕 哈贝马斯（Jürgen Habermas）：《合法化危机》，刘北成译，严敏惠校阅，（台湾）桂冠图书股份有限公司 1994 年版，第 130～135 页。

规范为达到幸福或其他更高目的的工具(如功利主义);另一种视道德本身为目的。凡是把道德本身作为最终目的的哲学家,都十分强调道德活动不受外界条件影响,道德准则不能被它实际上带来什么后果甚至用因果律去质疑。例如,康德(Immanuel Kant)早就指出,道德作为“善良的意志”,必须摆脱感性因素的困扰和因果律的影响。因为道德以其本身作为目的,那么所有不以遵守道德为目的的行为都是不道德的。他曾这样论证:“善的意志之为善,并非由于其结果或成效,即非由于它宜于达成任何一项预定的目的,而仅由于意欲;也就是说,它自身就是善的,而且就它本身来看,其评价必须无可比较地远远高于它为任何一项爱好……所能实现的一切”。[1] 为了使道德彻底同因果律划清界限,康德认为道德法则只要满足普遍性和规范性就可成立,他称其为“自然法则底程序”。[2] 道德规范之所以必须具有自然法则般的普遍性,意义正在于当社会每个成员都实行这一规范时,其后果是自洽的,不会带来互相矛盾,也就是规范的推行会形成理想而有效的秩序。康德对道德规范的这一限定,使得人们不可能将社会秩序的破坏的原因归之于道德规范。[3] 我们知道,儒家文化有别于西方和其

---

〔1〕 康德:《道德底形上学之基础》,李明辉译,(台湾)联经出版事业公司1990年版,第10页。

〔2〕 康德:《道德底形上学之基础》,李明辉译,第43~46页。

〔3〕 某些学者曾一度认为,儒家提倡的道德常常不具有康德所说的自然法则般的普遍性。如一群人在抢购时,“必须排队”是一项可以普遍化的道德规范,每个人都遵守这一个规范,立即形成一种秩序。如果把“礼让”作为道德原则,每个人都“礼让”是无法建立有效秩序的,故有人认为讲“礼让”的儒家道德不具有康德所说的可普遍化要求。(何怀宏:“现代社会与道德原则的普遍化”,载《二十一世纪》,香港中文大学中国文化研究所1993年6月号)其实,上述批判是建立在对儒家道德的误解之上的。儒家的“礼让”并非无休止地推让,而是根据伦常等级实现“理分”。虽然,这种基于爱有差等的差序格局,不如康德所说的在道德规范面前人人地位平等,但儒家文化所推崇的道德规范大部分满足康德所规定的条件,即可以普遍化。无论是长幼有序、父慈子孝的家庭伦理,还是国家与家庭同构原则,它们在总体上可构成一有秩序的社会。

他文化,是从不把“神存在”、“上帝”以及“功利”当作道德的基础。人必须追求道德理想,这是因为道德本身就是目的,“成仁成圣”是儒生的终极关怀。因此,儒家文化从一开始就十分强调不能用“实然”来质疑或否定“应然”。而且在中国古代,儒生就经常进行这种同康德类似的将道德原则普遍化的思辨,认为只要每个人都普遍服从儒家伦理,就一定会造就一种理想和谐之社会。这种康德式的普遍化想象,使儒家伦理不可能由社会危机质疑。

确实,在道德实践中,如果允许人们用各式各样的实际原因不履行义务,或容许因道德活动会损害个人利益而不付诸实行,道德规范就变得毫无意义了。但是,一旦把这种对道德活动的要求推广到社会制度和宇宙秩序,社会制度本身的缺陷也就不可能被发现了。当实行某种社会制度(法律或政策)时,有两种会引发社会危机的弊病可能出现:第一种可能是社会制度本身无问题,弊病是由于没有切实推行制度(或推行过程中发生形变)所致;第二种可能是弊病由社会制度本身造成。一旦把推行某种社会制度等同于实行道德规范,而道德规范本身又是不能质疑的天经地义,那么,弊病就只能属于第一种情况,即推行道德规范不力或违背了道德规范。

这里我们看到,在一体化结构中,意识形态是现实社会制度的设计模板,现实社会的秩序被当作意识形态所规定的宇宙秩序和社会制度的实现。本来任何一种意识形态在社会实践中碰到问题时,就会促使人们去反思意识形态的内容,可见社会危机会导致人们否定社会行动的指导思想或证伪意识形态蓝图。但是在中国传统社会一体化结构中,既然宇宙秩序与理想社会和道德规范一起被当作“应然”领域,人不能因“实然”发生了什么来作为自己不实行道德原则的理由,那么,儒家意识形态各个部分在实践过程中碰到的问题甚至带来的弊病,便都不能成为质疑意识形态的理据。社会弊病就变为道德原则遭破坏的同义语。所有复杂的社会危机都可以获得一个简单明快的解释是：君王、政府、民众没有履行圣人规定的道德原则所致。儒家经济伦理就十分典型。根据“道德价值一元论”，儒生把家庭伦常等级推广放大到社会，以确立社会政治秩序，并赋予道德价值。由于任何一种政治秩序都需相应的经济制度来维持，因此儒家把与伦常等级和大一统官僚政治相配合的经济秩序规定为正当的、符合道德的。在儒家意识形态中，经济制度是偏离伦常等级的，如经济地位僭越名分就被认为是不道德的；竞争和商业可能导致经济制度严重背离社会伦常秩序，因而也不被儒家经济伦理所提倡。[1] 这样一来，每当王朝中后期由于商业高度发展，农业人口向城市集中而出现社会问题时，儒生大多认识不到应根据经济发展来建立新制度，甚至不能从经济本身来讨论应怎样解决这些问题，而是将其看作对理想经济秩序（它是与理想伦理政治秩序配合的，也是符合道德的）的偏离，认为正确的办法是回到一个王朝初建时的理想状态中去。这样，经济再发展，也不会改变儒生对经济制度的看法，他们也不可能去追寻探讨新的经济制度。这种把经济问题看作偏离理想状态，是用道德目标来判别社会制度合理性的典型表现。同样的分析，可以推广到社会制度的所有方面。“应然”的高度扩张如同一副有色眼镜，使儒生只能用是否达到道德理想的范式来审视意识形态与社会变迁之间的关系。

于是，我们可以看到如下的图画在中国历史上一再重演。当一个王朝初建时，由于社会上、中、下三个组织层次尚处于良好整合状态，因此被当作实现了仁政所代表道德目标。社会变迁则被视为对良好整合状态的偏离，社会弊病也被认为是贯彻道德理想不力。历代王朝末期的政治问题，大多由官僚机构膨胀、吏治腐败和帝王专制引致。经济问题则主要表现在土地兼并使自耕农渐渐

[1] 金观涛：“中国近现代经济伦理的变迁”，载《亚洲研究》1994年第8期。

失去土地，商品经济发展、国家税源减少，使农民负担加剧，失去再生产能力。儒生将这一切问题都归咎于未实现道德理想：皇帝昏庸、外戚宦官干政当然可以看作皇帝无视圣人教诲，没有以身作则成为道德的典范；官僚机构腐败无能亦顺理成章地和大小官吏的个人道德败坏画上等号。经济问题同样可以归咎为没有实行“仁政”和“德治”的结果。甚至连民变都可以用道德教化不力来解释。总之，几乎所有的社会问题特别是那些不可抗拒的社会变迁，在道德实践透镜的折射下，反映到思想文化层面，就都变成了是否达到道德理想的问题。于是，儒生在纯化道德意志和修身模式主导下，面临社会危机时反而会加深对原有意识形态的坚定信念。

我们看到，由于儒生混淆了“实然”与“应然”，就有效地中断了他们在社会变迁中追求新的价值和意识形态。原有意识形态的制度设计功能非但不会因社会危机而失效，反而因道德实践的力量得以加强。所以当严重的社会危机摧毁旧王朝时，儒家意识形态却仍能坚如磐石地屹立着，成为设计修复新王朝的模板。只要大动乱以极其残酷的方式有效地消除了腐败和土地兼并等这些使一体化结构三层次组织偏离良好整合状态的因素，一个新王朝就可以建立，并逐步走向太平盛世。这导致中国传统社会在相对与世隔绝条件下发生一种奇特的双面现象，就是意识形态的长期延续与社会结构断层的同时存在。换言之，一方面是周期性的改朝换代，另一方面是儒家意识形态则能够通过一次次王朝更替而延续两千年之久。

我们曾把中国传统社会一体化结构这一特点称为超稳定系统在相对与世隔绝条件下的行为模式，并用它来解释中国封建（传统）社会为何会长期延续。[1] 显而易见，把超稳定系统相对与世隔绝条件下的行为模式投射到文化上，就是中国文化连续性之谜。

---

〔1〕　金观涛、刘青峰：《兴盛与危机——论中国社会超稳定结构》。

确实,在人类文明史上,除中国之外没有一个社会的官方意识形态可以延续两千年之久而不曾中断。[1] 西方后结构主义哲学家福柯(Michel Foucault)甚至认为,不同时代的社会文化观念必然是断裂的,要了解古代思想文化就必须像考古学那样去挖掘断裂的地

[1] 当文化或宗教具有意识形态功能即它们是社会组织合法性来源时,社会组织的危机会导致人们证伪或质疑相应的文化和宗教价值。因此在古代文明中,宗教和社会组织互动的后果大多是古代文化(宗教)随着古代文明的解体而消失。这是大多数古代文明(宗教和文化)中断甚至完全被遗忘的原因。然而,在公元前一千年左右,希腊、以色列、印度和中国这四大文明分别作出了伟大的文化创造,以至于希腊对自然秩序及规范的主智主义、希伯来的宗教、印度的解脱主义和中国先秦的儒道人文精神,至今仍然是近代西方、印度和中国文明的基础。为什么这些古代价值系统和宗教可以越过几千年的社会变迁而保留至今?社会学家对此的解释,是人类在那一时期进入了高级文化阶段。如雅斯贝斯(Karl Jaspers)将其归为轴心时代(axial age)的超越突破(transcendental breakthrough)(Karl Jaspers, *The Great Philosophers* ,vol. 1 [New York: Harcourt, Brace & World, 1962]);帕森斯(Talcott Parsons)称为"哲学的突破"(philosophic breakthrough)[Talcott Parsons, "'The Intellectual': A Socital Role Category", *On Intellectuals*, ed. Philip Rieff [New York: Doubleday, 1970)];艾森斯塔(S. N. Eisenstadt)从知识分子的出现、世俗与超越之间的紧张,以及精英阶层对世界秩序的重构来讨论轴心革命的性质[S. N. Eisenstadt, ed., *The Origins and Diversity of Axial Age Civilizations* (Albany: State University of New York Press, 1986)]。从我们对中国传统社会与文化的研究来看,所谓高级宗教和超越性文化的产生,意味着文化和意识形态出现了某种抗拒被证伪的机制,使这些文化不至于随同旧社会解体而同归于尽。原则上,这种抗拒证伪的机制可以有两种:第一种如出世性宗教那样,它可以是道德的基础,但不再是政治制度的合法性根据,即不是意识形态;即如某些历史学家所断言的:轴心时代前的宗教主要用于维持宇宙和社会秩序,轴心时代后的宗教则主要追求拯救或解脱(希克[John Hick]:《宗教之解释——人类对超越者的回应》,王志成译,四川人民出版社1998年版,第25页)。这方面典型的例子是基督教和佛教。第二种如中国用"道德价值一元论"和"天人合一"结构将意识形态等同于道德。显然,中国文化比印度、希腊、希伯来文化更具有抗拒社会解体而保存自己的能力,这种力量来自于道德与社会制度强有力地合一。与中国不同的是,西方和其他民族中凡是那些能超越两千年社会变迁而保留下来宗教和文化,要么是避世型的,不具有意识形态功能;要么都经历了一个不断从社会组织功能中退缩以避免被证伪的过程。

层。[1] 儒家意识形态之所以成为知识社会学中罕见的特例,其原因正在于"天人合一"和"道德价值一元论"所导致的"应然"领域无限扩张,使得意识形态具有抗拒证伪的机制。

1.6 外来冲击影响中国文化的方式:道德可欲性的破坏

外来冲击造成的问题为何与社会内部危机不同——什么是道德——道德活动的三个子系统——道德可欲性的两重含义——可欲性定义的扩大——儒家道德不能退出社会组织造成的后果——中国文化对待外来文化的两种相反模式——文化融合能力是中国文化特有的性质。

在一体化结构中,意识形态要具有抗拒证伪的机制还须有一个前提,就是导致社会制度危机的根源是来自社会内部,即危机是在社会组织者实现意识形态规定社会蓝图时发生的;这样,危机的原因才能归于儒生、官僚和君王实行道德理想不力。一旦社会危机由外来冲击引起,任何明眼人都知道这时危机的原因绝不是什么政策执行者违背道德原则,而是社会制度本身出现问题。它们或变得不可能实现,或实现了并不代表善。在社会制度和道德规范等同的前提下,社会制度不可实现或不再代表善,则意味着道德规范不可欲。这样外来冲击导致社会制度的失效引发了一个人类文化史上极为罕见的现象,我们称为道德可欲性的破坏。它规定了外来文化融入中国文化奇特的机制:外来冲击是通过道德可欲

[1] 傅柯(Michel Foucault):《知识的考掘》,王德威译,(台湾)麦田出版有限公司 1993 年版。

性破坏来影响中国文化的。为了理解这一点,我们必须更详细地讨论什么是道德可欲性及其破坏。

哲学家一般把道德看作由美德、规则和原则组成,其含义是人们有义务培养美德并将其付诸实践。[1] 我们分析中国文化中道德活动的逻辑结构,可以发现它是由如图 1.3 所示的三个子系统组成的:第一个子系统是行为规则和将各项规则组织起来的原则,我们称其为行为规范;第二个子系统是行为规范背后的价值,或称为行为规范的价值定位,它在价值系统中对应着善,或称为美德;第三个子系统是人的意志,它指向善的价值;因为并非一切善均为道德,只有那些凭借人的意志指向的善才是道德。或者说,向善的意志构成应然,它规定人有义务去追求美德,执行善的行为规范是内心的意志所致,而非利益所驱。

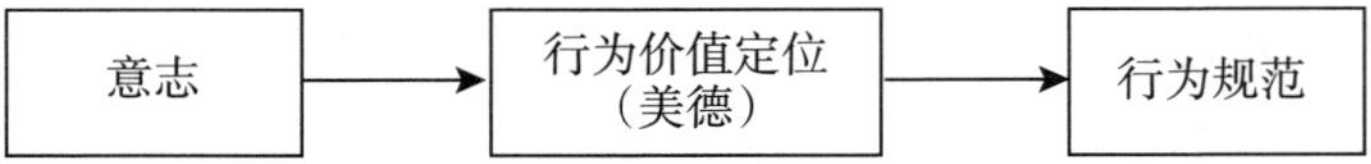

图 1.3　道德活动的结构

根据图 1.3,我们看到道德活动是由内向外两段组成的:首先是人具有向善的意志(内心的活动),其次是善的意志指向道德规范的实践(伦理),这样,道德活动表现为自律。所谓道德的可欲性通常有两重含义:第一重含义为人内心活动中向善的可能性,即善是可以做到的或可以欲求的;第二重含义为外在道德规范的可行性,或实行后带来善的后果。在一般道德哲学教科书中,第二重含义称为伦理学必须可以实行原理,即判别某种伦理规范是否成立,除了看它自身是否自洽外,还必须以其能否付诸实践为标准,这一标准称为指导原理(leading principle)。[2] 指导原理讲的正是道德

〔1〕 米尔恩(A. J. M. Mile):《人的权利与人的多样性——人权哲学》,夏勇、张志铭译,中国大百科全书出版社 1995 年版,第 31 页。

〔2〕 张东荪:《道德哲学》,中华书局 1934 年版,第 125 页。

规范必须具有可行性。显而易见,由于在内心活动层面人总可以“向善”,向善意志的可欲性不成问题,否则道德也就没有意义了。在一般道德哲学或道德原理的形而上讨论中,可欲性专指向善的意志。因此,人们认定道德活动的可欲性是自明的、不用怀疑的,故道德哲学几乎不考虑道德不可欲这种情况。在此,我们扩大了可欲性的定义,认为道德的可欲性不仅是内心向善,还要求道德规范具有可行性。我们认为,在研究道德活动的社会和历史时,必须考虑道德不可欲的情况,因为不同时代道德规范可以不同,社会条件变化时,某种道德规范是否可以实行,或实行后是否再代表着“善”,是明显可变的。

显而易见,道德规范越具体,它在社会组织中担负的功能越强,那么在社会变迁或面临外来冲击时,原先可行的道德规范变成不可行的可能性也就越大。例如,“人不应说谎”作为单一的道德原则变成不可行的可能性极小,因为人人说假话很难形成一种稳定的社会秩序,“不说谎”这一道德原则差不多在任何时代任何社会组织中都适用。又如,现代社会将私德与公德分开,私德在社会组织中担负功能较弱,出现不可行的可能也就较少。一般来说,当道德规范承担着社会组织功能时,外来冲击使这种规范不再可行,最常见的结果不是立即引发道德系统不可欲,而是原有道德系统退出社会组织。社会组织虽不再以这种道德规范作为自己的组织原则,但这种道德仍然成立。它的有效范围退缩到与社会组织无关的生活领域,基督教、印度教所规定的道德规范在历史上都经历过这种过程,因而道德规范的可欲性破坏在世界史上是一种不太经常发生的现象。显然只有道德系统不可能退出社会组织时,外来挑战所导致的社会危机才构成对原有道德系统的证伪。这恰恰是中国文化面临强大外来文明冲击时出现的格局。

在一体化结构中,儒家意识形态笼罩着个人、家庭、社会与国家全部政治生活空间。道德退出社会组织是不可能的。“天人合一”与“道德价值一元论”将个人道德、家庭伦理、社会制度高度整合起来。不仅大一统社会制度和道德规范不可区分，甚至连宇宙秩序都是道德规范的延伸。这时，道德目标的可欲性就等同于社会制度的可实现性，当某种原先可实现的社会制度变成不可实现时，与它等同的道德目标也就从可欲转化为不可欲。那么，在什么条件下原先可实现的社会制度会变成不可实现呢？显然，当一体化结构受到外来冲击时，极有可能发生这种情况。在相对与世隔绝的条件下，一体化结构上、中、下三个层次的良好整合是可以实现的，中国历史上每一个大一统王朝初建时的社会结构就代表了这种状态。一旦一体化结构受到外来文明冲击，它所处的外部大环境变化，原先可以实现的良好整合状态或变得不可实现，或实现后不再代表“好”或“善”的状态，这时与社会制度相一致的道德理想也就会被认为是不可欲的。这就导致原先意识形态处于内外危机的夹攻之中。“实然”不能否定“应然”本来是防止官方意识形态被社会内部危机否定的有效武器，当外来冲击使人们意识到意识形态包含的宇宙观、社会制度不再是道德理想，它们也不再属于“应然”领域，那么社会内部危机当然也就不能归咎为贯彻理想不力。这样，意识形态的抗证伪机制也随即消失。这时社会问题就会成为人们反思批判原有意识形态的巨大动力，引发严重的合法性危机，中国文化在内外夹攻下不得不面临痛苦的巨变。[1]

---

〔1〕 这里我们可以看到，中国传统社会理性权威和社会危机的关系与哈贝马斯的论述完全不同。哈贝马斯认为，传统社会中的认同危机是因社会内部原因造成。他曾举了一个典型的例子，在传统社会中社会规范的论证系统不能公开允许剥削，但在社会发展中，阶级的分化和剥削的加剧会导致阶级斗争，其后果是颠覆上述规范的论证系统，建立新的规范论证系统（哈贝马斯：《合法化危机》，刘北成译，严敏蕙校阅，第27~28页）。这里讲的正是社会危机对理性权威的证伪效应。但是哈贝马斯的这一论证并不适用于中国传统社会，因为根据哈贝马斯的分析，传统社会权威危机因社会内部变迁造成。他设计了一个表，以表示社会组织类型和认同危机之关系（表1.1）。

这里我们看到,历史上中国文化对外来文化的冲击有两种截然相反的模式。当外来冲击不够有力,即尚不足以破坏一体化结构的社会整合时,中国文化往往漠视外来文化的存在。外来影响只处于极边缘的地位,主流文化一直严密地置于官方意识形态的道德价值笼罩之下,任何外来冲击带来的问题,都被认为是对道德理想的偏离。然而,一旦外来冲击强大到使一体化整合面临解体危险时,由于道德可欲性的破坏,外来文化如潮水般涌入,而且在"天人合一"的支配下,道德可欲性破坏的冲击将影响到中国大传统的所有方面,从宇宙论、社会制度到个人终极关怀统统面临前所未有的认同危机。中国也就开始了一个全面吸收外来文化、创造新文化的特殊时期。

表1.1　关于社会组织原则的图示

社会形态	组织原则	社会整合与系统整合	危机类型
原始社会	亲缘关系:主导角色(年龄、性别)	社会整合与系统整合没有分化	外因诱发的认同危机
传统社会	政治阶级统治:国家权力与社会—经济阶级	社会整合与系统整合发生功能分化	内因决定的认同危机
自由资本主义社会	非政治阶级统治:工资劳动与资本	具有系统整合功能的经济系统也承担着社会整合任务	系统危机

转引自哈贝马斯:《合法化危机》,刘北成译,严敏蕙校阅,第31页。

根据这个表,中国传统社会的危机类型应是"内因决定的认同危机",即意识形态合法性被社会内部危机所填覆。但是在一体化结构中,道德与社会制度合一使意识形态具有抗拒证伪机制,只要儒家道德理想是可欲的,任何一个王朝末期的社会危机都被当作实现儒家道德不力。事实上,只有在一体化结构受强有力的外来冲击时,意识形态才会被社会危机证伪。由此可见,只有将中国社会历史经验与西方经验结合起来,才能得到普遍有效的社会理论。

1.7 价值逆反对外来文化的选择性吸收和创造性重构

对一体化结构的两次大冲击——两次冲击都源于原有道德可欲性的破坏——价值逆反——全盘性价值逆反和部分价值逆反——为何一种道德系统不可欲时会出现价值逆反——西方社会的道德活动结构——道德价值逆反和以道德本身为终极关怀的关系——为什么说中国现代文化的形成是两次融合的结果?

在中国历史上,一体化结构曾经受到两次外来文明的大冲击:一次是魏晋南北朝时期,在少数民族大量迁入中原和佛教传入等因素干扰下,再也不能沿用汉代的社会组织方式去实现农业社会的整合,于是出现了长达二三百年的动荡分裂。这是中国文化第一次大规模融合外来文化的时期,我们称为第一次融合。另一次在晚清,在西方工业文明的船坚炮利和廉价商品冲击下,中国被迫签订一系列丧权辱国条约,这时中国原有社会整合方式不再代表“好”的价值,中国开始进入不可抗拒的西学东渐、欧风美雨时代,我们称为第二次融合。本书的重点是探讨中国文化在魏晋南北朝时期融合佛教与近现代思想变迁的共同模式,也就是着重研究在道德可欲性破坏时中国文化的演变过程。那么有没有一些共同的思想变迁长时段规律支配这两次融合呢?

这两次融合中,中国文化所受到的外来冲击完全不同。如果我们着眼于外来文化的性质,就很难将它们作跨时代的历史比较。但是就中国接受外来文化的机制而言,两者都取决于道德可欲性的破坏。我们发现,道德可欲性的破坏不仅使外来文化对于中国大传统的冲击呈现出惊人的类似性,而且决定了中国文化吸收外来文化的共同模式。因为在以道德本身为终极关怀的文化系统中,当人们普遍认为某一道德价值是不可欲的,特别是当它对应着“恶”时,那么相反的行为就会被认为是有价值的。例如,“子为父隐”是一种道德原则,当人们认识到它不可欲、是错误的时候,相反的行为——儿子举告父亲——被认为是“大义灭亲”,它就成为道德的。这一方面因为意志直接与善整合,另一方面由于道德标准非坏即好的两极性,当某种道德规范不可欲时,就会认为与原有规范相反的系统是可欲的,它们成为新的道德价值,我们称这种机制为道德价值的逆反,或简称价值逆反。本来,宇宙论和社会观变迁是很少受价值逆反影响的,但是“天人合一”和“道德价值一元论”把宇宙论和社会观与道德等同,于是价值逆反所支配的不仅是道德内容,而且是包括宇宙观和社会观在内的整个文化系统。

进一步分析图 1.3 可以发现,道德可欲性破坏时,存在两种不同情况:一种情况是道德规范不可实现;另一种情况是道德规范虽可以实现,但它实现后不代表好或善的价值。显然,这两种情况出现的价值逆反是不完全相同的。在前一种情况,由于是外部目标不可实现而导致人们放弃原有道德理想,人们极可能在放弃具体外部规范的同时,对追求任何外在社会目标都表示失望,把道德追求落实到纯个人行为或逃避此世的方向上,这时善这一价值同行为规范之间就出现了结构性断裂。我们将其称为全盘性价值逆反。全盘性价值逆反除了把取消一切规范作为新道德价值外,还否定人积极入世地去实现外部目标,以无为作为最高道德。针对原来道德的强制性,全盘性逆反还把反强制本身也变成道德原则,这就是对“自然”的偏好。至于第二种情况,原有道德目标是可以实现的,只是它不再代表善,这时避世的道德追求就不易出现,人们通常只是改变入世的道德目标或规范,我们称为部分价值逆反。在部分逆反中,人们必须积极有为地去打破一切规范,将追求自由和冲决罗网的解放作为新道德。它通常表现为对革命乌托邦的追求。很明显,魏晋南北朝时期儒家道德理想的不可欲,所导致的是全盘性价值逆反。第二次融合时出现的只是部分价值逆反。逆反价值作为文化融合时期中国人普遍认同的意义结构,从内部规定了人们亲和于什么样的外来文化。也就是说,当逆反价值正好与外来文化有某种类似性时,我们就可以看到中国社会对外来文化的选择性吸收。一种和原先意识形态价值相反的新价值,左右了新意识形态(或新文化系统)的塑造。

魏晋南北朝时期,以无为为核心的魏晋玄学是如何左右着中国士大夫亲和与佛教,已被不少学者研究过了。那么中国近代受到西方冲击时,部分价值逆反机制又是怎样影响中国文化对西方现代价值的吸收呢?为了理解这一过程,我们必须搞清楚部分价值逆反的具体过程。显然道德价值逆反的实现是分两步完成的:第一步是当传统社会制度或行为规范随着历史变迁变得弊病丛生之际,冲破传统社会制度和取消原有规范的主张会被认为是正当的,例如个人自由以及强调人不受传统社会规范约束的自主性在社会转型过程中获得正面价值。第二步为向善的意志再次同反规范和平等这些新价值进行整合。我们在上一节指出,道德活动的本质是向善的意志,那么,当自由和否定原有社会规范的行动获得正当性后,只有向善的意志和它直接整合,它们才能成为新道德。否则新的价值不是应然,只是一种非道德的正当性。向善的意志是否同新价值再次整合,则取决于终极关怀的基本结构。

古希腊爱智传统将求知当作终极关怀,道德被认为是求知的结果。柏拉图和亚里士多德都认为,人之所以做出不道德的行为,是因为他们并不知道什么是真正的善。[1] 这种道德活动的结构如图 1.4A 所示,意志先指向知识,再同道德价值发生关系。在这种

---

〔1〕 Alasdair MacIntyre, *A Short History of Ethics* (New York: Macmillan Publishing Company, 1966).

结构中,向善意志和行为规范的整合会随社会转型而断裂,道德价值的逆反就不会发生。因为意志是通过知识认知与善整合,当人们发现知识是“实然”,道德是“应然”;由于不能从“实然”推出应然之时,求知活动的意志就不再指向善;这时新价值只能是一种非道德的正当性。另一个例子是希伯来传统中道德活动的结构:人的终极关怀是信仰上帝,道德是上帝的戒律。人的意志先指向上帝,然后再与价值系统整合(图 1.4B)。一旦人们认为道德不再来自上帝,意志就不会自动指向行为规范的价值系统,这时新的价值也不能变成新道德。我们知道,西方传统社会的道德活动结构是希伯来传统和在希腊传统的综合。当 17 世纪西方社会开始从传统向现代转型时,由于人们意识到知识不能推出道德,上帝也不再成为社会伦理的来源,意志同价值系统的整合出现结构性断裂。自由和高扬人的自主性的权利概念是在这种前提下获得正面价值的。因此它们在英美经验主义传统占主导地位的国家只能是一种非道德的正当性,而并没有成为一种新道德。〔1〕 然而如果在传统道德结构中,人的意志直接与价值系统整合(图 1.3);或虽然通过知识与上帝这些中介与行为规范整合(图 1.4),但在社会转型过程中没有发生中介消失而导致的断裂;自由与平等即使获得正面价

〔1〕 麦金太尔(Alasdair MacIntyre)曾指出,西方自 17 世纪启蒙时代以来,所有对道德的论证都失败了。如人们发现欲望不能成为道德的基础,“实然”不能推出“应然”,表明求知不能成为道德基础。此外,他还指出从理性也不可以推出何种道德规范是善的(Alasdair MacIntyre, *After Virtue* [Notre Dame, Ind. : University of Notre Dame Press, 1984])。麦金太尔所说的启蒙运动后西方对道德基础论证的失败,正好证明西方社会由传统向现代转型过程中,意志与行为规范的价值定位之间出现了结构性的断裂。他认为,正是这一断裂带来西方当今普遍的道德危机。我们认为,西方近代道德基础论证的失败与自由和权利这些不等同于道德的正当性观念的形成,是同一个事物的两个方面。我们可以想象一下,如果意志始终与行为规范的价值系统整合良好,那么自由和人的权利就会变成一种新道德。众所周知,这正是与英美经验主义不同的另一种西方现代价值形态——法国式启蒙思想,以及从中演化出来的乌托邦追求。它与中国文化中部分价值逆反所创造的新价值同构。

值;也只能是一种新道德,而不是非道德的正当性。西方近代思想中的积极自由和平等作为公共意志和无政府主义乌托邦思潮都与将自由平等当作新道德有关。

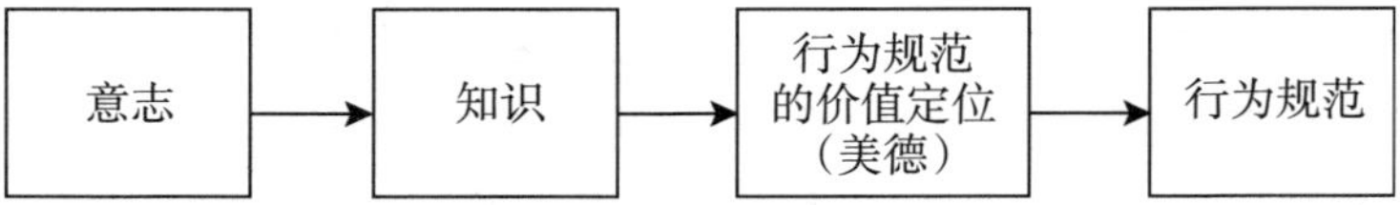

图 1.4A　古希腊哲学家所推崇的道德活动结构

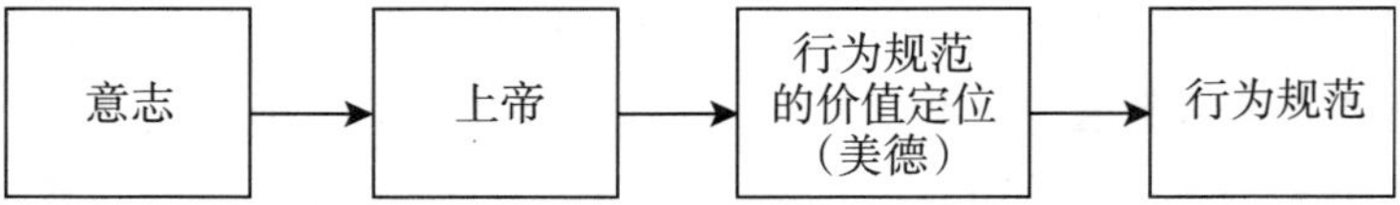

图 1.4B　希伯来传统中的道德活动结构

众所周知,自从孔子和孟子开始,道德一直是中国知识分子的终极关怀,向善意志直接同行为规范和价值系统整合,两者之间从未有过断裂。中国文化具有最为典型的如同图 1.3 所示的结构。因此在道德系统不可欲时,价值逆反必将普遍地发生。只有那些和逆反价值相似或相合的外来价值随着价值逆反过程不断壮大,并通过这种逆反价值的同化才能成为中国的新文化。这里,我们看到,传统道德转型过程中的部分价值逆反机制,不仅使得人权和自由这些非道德的正当性不会在中国文化中出现,而且中国文化在接受它们时,只能将其理解为一种新道德。这样,部分价值逆反对西方文化的选择性吸收表现为拒斥自由主义,而亲和于革命乌托邦和马克思主义。

1.8　常识理性、文化融合以及本书的内容和结构

两次融合在结构上相似的三个环节——意识形态认同破坏——逆反价值对外来文化的选择性吸收——社会再整合对新意

识形态的塑造——意识形态后设层面是如何形成的——文化融合与道德变迁的模式——中国文化常识理性的形成——从汉代到文化大革命思想变迁是一个连续的过程。

现在我们看到,虽然两次融合时隔千余年,而且面临外来文化的性质完全不同,但它们都由下面三个环节组成:

第一个环节为外来冲击导致道德规范不可欲,它迅速瓦解原有的意识形态认同。在外来冲击下,人们对官方意识形态的态度发生了从捍卫到抛弃的一百八十度大转折。随着旧意识形态被抛弃,出现严重的权威和合法性危机,社会整合逐步解体。

第二个环节为逆反价值对新文化的创造,其标志为道德价值逆反的普遍发生,逆反价值成为人们在乱世中认同的意义构架。这时虽然原有的社会组织解体了,但"天人合一"、"道德价值一元论"这两种早已习惯的思想方式,仍然潜在地支配着新文化的成长;也即它们规定了取代旧意识形态的新观念,仍然是一个宇宙论、社会观和个人道德高度整合的文化系统。逆反价值对新观念的创造是与外来文化传入同步发生的,只有那些与逆反价值结构相似或相合的外来观念,才能迅速传播并在中国生根。因此我们也可以称第二个环节为价值逆反对外来文化的选择性吸收与创造性重构。

第三个环节为社会整合对意识形态的塑造。当新文化已经形成,下一个历史任务就是社会的再整合,于是出现了社会再整合需求对新文化的塑造。需要注意的是,全盘性价值逆反和部分价值逆反造成的后果是不同的。全盘性价值逆反使士大夫丧失了积极干预世事的精神,逆反价值所缔造的新文化系统也不能有效地成为政治制度合法性来源和设计蓝图,这时它只能作为意识形态后设层面而存在。社会的再整合,必须等到外来干扰消失,儒学重新成为可欲的。至于社会整合对新文化的塑造,则表现为这后设层面和儒学复杂而漫长的互动。在部分价值逆反过程中,人没有丧失改造世界的入世精神,故部分价值逆反所吸收和创造的新文化系统可以成为新意识形态。所谓社会再整合,是指新意识形态成为社会的上、中、下各个层次的合法性根据,并将社会组织上、中、下各层次再次结合为一个整体。新意识形态既是人们认同的新道德,也是对抗外来冲击的武器。我们称这一过程为建立新一体化结构。显然在新一体化结构建立过程中由价值逆反塑造(或接受)的道德理想只是一个革命乌托邦,要实现社会整合必须提出现实可行的政治制度,故新意识形态还必须根据社会整合的实际需求对自己进行改造。

以上三环节所造成的最终结局是外来文化成为中国文化不可分割的一部分,或者说中国文化在接受外来文化之际,同时创造出属于自身范式的新文化,我们可以称为文化融合。总之,如果高度简化地概括文化融合的机制,可以说因为道德是中国文化的终极关怀,在“天人合一”、“道德价值一元论”这些基本结构的制约下,道德变迁的规律也就左右了中国文化长程演变的模式。由于道德活动具有表1.2所示的两种不同状况,即道德目标十分坚定与道德可欲性破坏;与它相对应,传统一体化结构中的文化系统也有表1.3所示两种变迁模式。也就是说,一体化结构中的文化系统在受到外来文明冲击(或干扰)时,和在与世隔绝条件下表现出完全不同的行为模式。在相对与世隔绝的条件下,由于道德活动中“实然”不能质疑“应然”,这就有效地维护了政治理想和价值系统的稳定不变。其行为特征是周期性改朝换代和官方意识形态的长期延续,这是中国文化具有惊人连续性的原因。在外来冲击条件下,道德可欲性被破坏,文化变迁就由“意识形态认同解体、逆反价值对外来文化选择性吸收、社会整合对新意识形态塑造”三个环节组成。在第二次融合中,这三个环节更表现为“传统一体化结构解体——意识形态更替——新一体化结构建立”这三个阶段。我们在《开放中的变迁》一书中,将之称为超稳定系统在对外开放条件下的行为模式,并用它来解释中国近现代史。而本书则是探讨西方冲击下中国近现代思想变迁的模式,研究重点正是超稳定系统在对外开放条件下行为模式的文化意识形态方面。这样,超稳定系统受到外来冲击时的行为模式,是本书可以对两次融合进行跨时代比较的方法论基础。

表 1.2　人在道德系统可欲和不可欲前提下的不同反应

对社会危机的看法 道德目标的可欲性	对社会制度危机的看法	对理想社会制度的看法
可欲	社会危机因执行理想制度不力引起。	社会危机越深重,对原有理想制度信仰越坚定。
不可欲	意识形态要为社会危机负责,社会危机对意识形态实行证伪。	证伪意识形态蓝图带来价值逆反,否定或冲破原有规范成为新道德。

表 1.3　超稳定系统两种行为模式

行为模式 一体化结构面临外部环境	第一阶段(社会危机出现)	第二阶段	第三阶段
与世隔绝	社会危机为执行理想制度不力引起。	强化对原有意识形态的信仰。	原有意识形态作为建立新王朝的模板。
受到外来文明冲击	社会危机对意识形态实行证伪。	逆反价值支配意识形态更替。	新意识形态实行社会整合,当新意识形态不适用于社会整合时,只有等外来冲击减弱后由儒家意识形态实现社会整合。前一种情况表现为新一体化结构建立,后一种情况意味意识形态后设层的确立。

必须注意,超稳定系统假说是我们在研究中国社会制度历史变迁时总结出来的,将这种研究社会变迁的方法运用到思想史研究中时,应该看到思想系统演变同社会制度演变有相当大的不同。如果说社会制度在王朝周期性更替中可以一再重建而延续的话,那么,与此不同,思想即使表达同以前差不多的内容,都会吸收上次表达中的经验教训。因此,在用一体化结构受到外来冲击来把握两次文化融合共同模式时,我们必须意识到,第二次融合是在第一次融合前提之下发生的。第一次融合的结果会在第二次融合过程中发生作用。第一次融合对中国文化造成的最重大后果,就是中国文化常识理性的形成。早在春秋战国时期,在孔孟的思想方法中,已经蕴涵着视人之常情和常识为合理之精神。或者说它本是存在于先秦儒学中的,但这种思想方法同意识形态不能分离。正是第一次融合过程中,常识合理精神被结合到道家玄学的自然追求中,成为论证万物的基本方法。由逆反价值主导的观念系统创造了意识形态的后设层面,它成为常识合理深层结构成长的温床。常识理性作为第一次文化融合的结晶,终于在隋唐时代成熟。[1] 从此以后无论传统的“天人合一”结构和“道德价值一元论”的推理方式,还是价值逆反过程的运行,都必须在常识合理精神的审视之下进行了。它导致了第二次融合过程的种种特点以及不同于第一次融合的复杂性。

本书虽以两次文化融合的比较研究为目的,但重点仍放在近现代中国思想演变方面,故将书名定为《超稳定结构与中国政治文化的演变》。为了在研究中国近现代思想史的过程中展开文化融合的机制和理论的讨论,本书分成三卷。第一卷讨论第一次融合和第二次融合的关系。我们先简明地分析魏晋南北朝期间中国文

---

〔1〕 金观涛:“中国文化的常识合理精神”,载《中国文化研究所学报》,香港中文大学中国文化研究所1997年第6期。

化是如何消化外来文化的,并揭示常识理性是如何形成并成为中国文化深层结构的,它和“天人合一”和“道德价值一元论”这些长时段规律一起,规定了中国文化历史结构,这是第二次融合发生的舞台。接着展开西方近现代思想变迁的基本结构,讨论它与中国文化的互动。例如,我们用强化事功的变异来讨论外来冲击下中国大传统的变异,并用常识理性推动下的价值逆反来证明革命乌托邦的起源,这正是中国近代接受马列主义和共产主义的内在原因。第一卷所讨论的是五四以前已在中国普及的新思想,当时这些价值还没有被冠以20世纪人们熟悉的名称,但我们已可以明确看到它们与20世纪价值的相似性。故我们将第一卷的主题归结为“中国现代思想的起源”。如果说第一卷的重点是对两次融合做结构性比较,寻找近现代思想变迁的中国文化之源,那么第二卷的重点则是以新文化运动为中心,讨论意识形态更替的具体过程。我们将理念型分析与关键词的计量讨论结合起来,以证明新文化运动中的意识形态更替是被两种内在力量所左右的,一是道德价值逆反对外来观念的选择性吸收,二是现代常识理性的形成和对观念系统的重构。这使得五四后出现的中国现代思想,在本质上表现为中国文化大传统的某种变构。第三卷为社会整合对新意识形态的塑造,它包括党文化的成因以及揭示文化大革命和中国文化大传统的关系。我们将运用大量史料证明,无论马列主义、毛泽东思想,还是三民主义,均是中国传统道德理想主义意识形态的现代变构,因此用这些道德主义意识形态来实现社会整合,与西方极权主义是不尽相同的。例如,只能用道德理想主义结构,才能理解批判对立面的群众运动是如何起源的,以及中国为什么会走向文化大革命,并在20世纪70年代末被迫开始第三次文化融合。本书的雄心是用简明的逻辑将汉代思想一直贯穿到文化大革命,证明那些曾被历史学家因专业所限分成一段一段不连贯的思想乃是一个整体。文化是一个民族不朽的生命,文化的迷惘和它盲目的力量暴戾成灾,乃是因为它被人为地割断和失去理性的驾驭。在历史研究中,没有什么比一个后继者能去追溯几千年前先辈如何思想,以及这些思路如何演变为他童年养成的思想习惯更令人神往的了。我们相信,读者是有兴趣去阅读这漫长的三卷,同我们一起探索的。

第二章　第一次融合

我们大有可能正站在一个新时代的门槛上。在这个新时代，历史对世界的重要，将如1600年至1900年间的自然科学对世界的重要。

——柯林武德(R. G. Collingwood)

文化的深层结构是如何形成的？通常可能有两种假想模型。一种是将其视为自然过程，如同水成岩慢慢积淀而成那样，人在一代又一代的生活中将某些习惯固定化为深层结构。另一种是把人的文化创造比作绘制巨大的图画，随着社会结构的变迁，原先绘制的草图被一次又一次擦去和重画。在不断地擦去和重画的过程中，某些痕迹积累起来，形成不依赖于某一特定时代的深层结构，成为后人创造新文化的基础。中国文化演变的漫长历史告诉我们，第二种假说可能更接近历史的真实。

2.1 “应然”世界面临的三大冲击：古文经、天灾和少数民族入侵

保守型的古文经取代应变型的今文经——今文经学的适用时期——天灾被当作偏离正常道德秩序——太阳黑子衰落期冲击天人感应学说——少数民族南侵如何动摇原有的社会整合。

中国文化为什么在东汉后期受到外来冲击，并被迫开始第一次融合的痛苦历程？如果我们先撇开佛教的传入以及北方民族大量南移这些外部因素，单纯分析汉代官方意识形态内部原因，就可以看到：宇宙论儒学虽然满足“天人合一”和“道德价值一元论”的要求，实现了大一统社会制度与道德理想的合一，在相对与世隔绝的条件下它是可欲的，并具备抗拒证伪的能力，甚至西汉和东汉两个盛大王朝的太平盛世也可以当作是宇宙论儒学的实现；但是它有一个阿喀琉斯的脚踵，就是今文经学的抗证伪能力和天人感应学说的可欲性很容易被某些干扰破坏。

第一个干扰是古文经的发现。所谓古文经，是指那些用先秦文字记录的儒家经典。秦始皇焚书坑儒虽然使这些典籍失传于一时，但它们始终会被人知晓。汉王朝建立后，流传于民间或埋在地下的先秦古文经典陆续被发现，它们立即冲击今文经的权威性。今文经学为了把大一统秩序纳入儒学，强调以经典中的微言大义解释经典，把孔子著《春秋》当作为汉制法。但是只要能读到古文的原典，就会感到今文经的解释并不总是符合孔子原意的。古文经中孔子强调“述而不作，信而好古”，《周礼》是周朝社会制度，《春秋》只是鲁国的编年史，并不是为汉制法。这样一来，记录理想社会的便不是《春秋》，而是《周礼》了。

如果从意识形态在一体化结构中承担的功能来看今文经与古文经,可以发现它们分别属于“应变”与“保守”两种类型。所谓应变型,是适用于一体化结构刚建立时或在外来冲击下必须调整自己以应变的时期的意识形态;保守型则适用于传统一体化结构建立后维系其稳定不变的历史时期。今文经学以《春秋》为群经中心,强调大一统和孔子为汉制法,其精神是以微言大义解释经典,主张创造性地设计一体化结构中各种制度以应付新局面。今文经学的这种精神无疑赋予儒家经典相当大的重新解释和应变能力,故属于应变型。古文经学则以《周礼》为群经核心,《周礼》记载了周代的政治、经济、军事、宗教和艺术以及典章制度。它们本是用宗法家庭(关系)扬弃当时村社礼俗传统的产物,[1]即代表了用宗法家族整合农业社会的基本模式。战国后期和秦汉之交,儒生在整编《周礼》并将其列为儒家经典的过程中,又进一步把道德价值贯注其中。因此,我们可以说,儒家经典以《周礼》为核心,实际上是以放大家庭伦理和宗法组织来整合农业社会所绘出的理想蓝图。显然,当大一统和王权合法性稳固时,突出《周礼》对于维系农业社会的伦理秩序和抗拒商品经济及阶级分化就特别重要了。此外,古文经学主张的“述而不作,信而好古”精神,比今文经学的微言大义更有利于保持某种传统结构,因此古文经学无疑是一种保守型。

根据这种功能分析,今文经学作为儒家正统经典(理想社会蓝图)只适合于两个特殊时期:一个是传统一体化结构刚建立的汉代;另一个是传统一体化结构面临西方冲击而不得不应变的清末。当一体化结构面临外来冲击时,用经典微言大义重新解释是十分重要的,而汉代一体化初建时碰到的问题在结构上与应变时很类

〔1〕 吴予敏:“论周礼的建构及其对村社礼俗传统的扬弃”,载《学人》(第一辑),江苏文艺出版社 1991 年版,第 254 ~ 283 页。

似。汉作为秦亡后建立的王朝,必须否定暴秦并宣称继承周朝。但是西汉前期的人还保持着相当浓厚的战国心态,明显意识到西汉的大一统制度不同于周朝。这时理想社会蓝图必须上继周制,但同时又要从周朝的阴影中走出来。[1] 主张孔子作《春秋》为汉立法的今文经学既继承周统,又超越了周朝,正好符合这一历史需要。然而当大一统王朝已稳固,需要强调以宗法家庭为基础来整合农业社会,并抵抗商业发展引起的社会分化时,古文经学又显然胜于今文经学了。因此,一旦一体化结构稳固建立,今文经学便不能代表儒家道德理想,微言大义比起忠于原典的态度就显得道德意志不那么纯粹了。因此,汉代官方意识形态从创立时已经蕴涵着今后解体的宿命。

换言之,只要今文经不再代表圣人的道德理想,意识形态在社会实践中所导致的危机就不能归咎于贯彻道德理想不力,这就会加深士人对今文经的不信任。西汉末年,由于土地兼并严重、政府税源枯竭,汉初建立的很多制度(如庙制)已明显不适用。这些制度又是由今文经所规定,质疑庙制等就意味着怀疑今文经的正确性。因此,很多儒生已转而相信古文经。汉代对今文经的怀疑和批评正是因社会危机所引起,[2] 社会危机越深重,否定今文经学的思潮也越普遍。周予同分析了今文经学与古文经学的四次大争论,一次发生在西汉末年(公元前6~1年),另外三次发生在东汉(公元25~55年、公元76~99年、公元147~182年)。到后两次,古文经学已明显占优势,以至于在《后汉书》上记载的著名今文经学家寥寥可数,而古文经学家皆声名昭著。[3] 东汉后期今文经学

---

〔1〕 陈燕谷:"汉代今古文经学的春秋观",载《学人》(第二辑),江苏文艺出版社1992年版,第257~283页。

〔2〕 陈燕谷:"汉代今古文经学的春秋观",载《学人》(第二辑)。

〔3〕 周予同:"经今古文学",载《周予同经学史论著选集》(增订本),上海人民出版社1996年版,第13页。

已明显衰落。东汉以后,古文经成为儒家经典之正统。当时即使没有其他外来冲击,汉代官方意识形态也不可能再持续下去,它不得不面临巨变。

对宇宙论儒学第二个更大的干扰是天灾及对灾异的解释。在天人感应学说中,天是有道德的,天的道德实际上是把人的道德映射到天上的结果。由于把人和天看作是同构的,人和社会的正常状态(有德治)与天的正常状态对应,这样,天灾和异常就意味着社会偏离德治。也就是说,根据天人感应理论,皇帝作为天之子必须以孝事天,天的道德通过天子的德治表现出来。如果天子实行德治不力或有道德缺陷时,上天必然有所表示,这就是用自然灾害来警诫。天人感应学说的功能,在于它简单直接甚至是强有力地把大一统王权和儒生追求的道德理想统一起来。由于这种直接对应,也使它具有先天缺陷,这就是自然灾害不能太多。灾害被视为皇帝道德失落的表征,如果次数太多、太猛烈、太频繁,皇帝即使再实行德治,也会被认为违背了上天、没有体现道德了。

本来,自然灾害不是由人的意志控制的,而德治却和统治者的意志有关,天人感应学说将这两个本来无关的领域互相联系在一起,它导致的后果是道德可欲性直接取决于天灾的多少。如果天灾不多,帝王可以用下诏罪己解决问题。例如,文帝、宣帝、光武帝、明帝、章帝等都因日蚀下诏罪己,为上天的不常之变负起道德责任。但后来天灾频频,皇帝就不得不把天灾的责任转移到三公身上,造成不少丞相自杀或被杀的事件。[1] 顾颉刚曾十分形象地叙述过天灾异常的频频发生,如何使皇帝将杀大臣作为一项应变的制度。公元前43年,春霜夏害,汉元帝命丞相于定国缴上侯印。公元前15年,汉成帝因陨星和日蚀罢免丞相薛宣。公元前7年,荧惑星守住心星,凶应皇帝,于是丞相翟方进被赐死。此后,《汉仪

〔1〕 韩政通:《董仲舒》,(台湾)东大图书公司1986年版,第98页。

注》里规定了一条残酷的法典，当天地大变时，皇帝应派侍中持使节，乘四匹白马带酒十斛、牛一头到丞相家，将殃咎告知丞相。法典规定当侍中走到半路时，丞相即应上书告病；侍中回朝，还没有复命时，尚书就应把他的死讯报与皇帝。[1] 假如天灾太多，即使制定因灾异杀大臣的制度也不足以应付。皇帝无论做什么，不管实际上是否实行了德治，天灾都一再显示社会秩序不正常，也就是皇帝失德，这时皇帝就会感到被上天抛弃，儒生也会怀疑由宇宙论儒学所规定的上天道德是否虚妄。也就是说，当天灾多到一定程度，意识形态所规定的德治也就成为不可欲的了。

劳思光曾指出，汉儒严重混淆"实然"与"应然"两个不同的领域。追求某种道德价值和道德规范属于"应然"，而自然界发生了什么是"实然"。"应然"之意只包含"普遍性"与"规范性"，与"有无"、"真伪"、"必然不必然"等问题完全不同，它属于另一范畴。[2] 混淆"应然"和"实然"，把"实然"的自然现象当作人可选择控制的"应然"领域，其后果是"应然"领域所要求的人有选择自由就不再成立，即破坏了道德可欲性，道德目标也变成不可欲的了。

无独有偶，东汉王朝最后的半个多世纪恰好遇上太阳黑子衰弱期，强度是前后一千年间的最小值，自然灾害和灾异频频发生。自公元107～219年的112年中，特大天灾便达150次。[3] 东汉末年皇帝照例按天人感应学说，下诏赈贷贫困、察举贤良、大赦天下，或策勉大臣，以求上天宽恕；但天灾和异常现象是如此频繁，以致无论皇帝和朝臣做什么，上天都一再用灾难警示。于是，天灾终于动摇了天子体现上天道德的信念，也极大地震撼了儒生的内心世界。不少学者详细论述过关于汉代天灾和灾异对儒臣和帝王信念

---

〔1〕 顾颉刚：《汉代学术史略》，东方书社1941年版，第37～38页。

〔2〕 劳思光：《中国哲学史》(二)，(台湾)三民书局1981年版，第102页。

〔3〕 马良怀：《崩溃与重建中的困惑——魏晋风度研究》，中国社会科学出版社1993年版，第36～44页。

的打击,如顾颉刚曾谈到灾异如何动摇西汉的国运;[1]萧公权则进一步讨论灾异论的极度盛行对董仲舒学说本身的影响。他把汉代元帝、成帝两朝视为天人革命(即"天人合一"与王朝循环)思想盛极而衰的时期,并认为到哀、平之世,邹董的天人感应说已名存实亡。[2] 近年来,马良怀还描述东汉末年频频发生的灾异如何使帝王不知所措,从而有被上天抛弃的感觉,有的帝王甚至"立黄老、浮屠之祠"以寻找新的庇护者。而不可控制的灾异也动摇了广大儒臣"君权神授"的信念,即天人感应学说本身是被灾异粉碎的。[3]

我们认为,思想史研究的重点,不仅是揭示灾异大量发生打击天人感应学说的史实,还应该分析其中机制。理论上看,只要灾异频度不是很高,而且不是发生在王朝末期社会危机不可克服的时期,就不仅不会动摇天人感应学说,反而可以为帝王道德与天同构提供证据,否则天人感应学说也就不会被汉儒广泛信奉。当灾异多到一定程度,以至于帝王根据灾异推行强化德治政策,上天仍一再降灾警告时,就等于宣告德治无效。灾异频率超过某一临界值,就一定会破坏宇宙论儒学所规定的儒家道德的可欲性,这确实是董仲舒等人提出天人感应学说时始料不及的。这里我们几乎可以看到,东汉以后中国文化开始有第一次融合的内在必然性。天人感应把宇宙秩序和道德联系起来固然有利于维护大一统王权,但应然领域的过度扩张使得天灾居然成为破坏道德可欲性的原因。今文经学通过微言大义精神有效地扩大儒家经典的适用性,但这种对孔子的神化和任意解释的极度延伸又导致谶纬的盛行。[4] 因

[1] 顾颉刚:《汉代学术史略》,第39～45页。

[2] 萧公权:《中国政治思想史》(上册),(台湾)联经出版事业公司1982年版,第325～328页。

[3] 马良怀:《崩溃与重建中的困惑——魏晋风度研究》,第36～77页。

[4] 钟肇鹏:《谶纬论略》,辽宁教育出版社1992年版,第77～82页;周予同:"纬书与经今古文学",载朱维铮编:《周予同经学史论著选集》,第45～55页(第二、三、四部分)。

此,东汉末年皇帝和儒臣之所以被灾异和各种谶纬预言搞得惶惶不可终日,其根源正是“应然”领域高度扩张对道德可欲性的破坏。

汉代是中国历史上第一个大一统王朝。东汉后期,宇宙论儒学和今文经学的式微大大削弱了儒家意识形态的社会整合功能。东汉灭亡后,出现了豪强称霸、三国鼎立的分崩离析局面。从某种意义上讲,正是一体化结构中意识形态修复王朝功能的受损,使得东汉末年的社会大动乱,成为中国历史上最残酷、杀伤力最强的一次。东汉中后期,公元 156 年人口尚有 5007 万,到公元 263 年,魏蜀人口加起来只剩 537 万,大动乱令人口损失十分之八九。[1] 大动乱中,一方面汉族人口骤减,另一方面少数民族大举南移,迅速改变中原地区汉族与少数民族的比例。在短暂的西晋王朝,内迁的少数民族高达 870 万,据此数推算占当时总人口的 54% 以上。[2] 这正是东汉末年乃至西晋时期,官方意识形态受到的第三个十分重要的干扰。由于少数民族的政治制度和基层家族组织和汉人大不相同,再也不可能用大一统的一体化结构及其相应的意识形态去整合全社会。也就是说,东汉灭亡后,中国历史进入一个十分特殊的时期。这时,以汉族为主体建立的大一统农业帝国,面临少数民族大量内迁和印度佛教传入的双重冲击。单就少数民族大量内迁而言,已不可能实现原有的社会整合。在社会制度与道德规范等同的前提下,不可能实现大一统也就证明了儒家道德理想的不可欲。近五百年一直占据官方意识形态位置的宇宙论儒学的可欲性终于被彻底摧毁了。

---

〔1〕 司马彪:《后汉书・志第十九》(郡国・一),第十二册,中华书局 1965 年版,第 3388 页。

〔2〕 金观涛、刘青峰:《兴盛与危机——论中国社会超稳定结构》(增订本),(香港)中文大学出版社 1992 年版,第 205~206 页。

2.2　价值逆反以及“天道无为”

价值逆反左右道德理想的转型——无为的三重含义——作为不干预和自然的“无为”——作为入世精神否定的“无为”——将人的自然感情当作善的“无为”。

宇宙论儒学的解体使得道家学说甚嚣尘上，几乎占领了整个思想空间。为什么对汉代宇宙论儒学的否定会导致士大夫阶层迅速认同“无为”、“不干预”和“取消一切人伦规范”的道家学说？历来对此众说纷纭。不少人将道家学说的兴起归因为当时社会大动乱和政治的黑暗，特别是“天人感应”与今文经学的烦琐堕落。[1]但这种说法无法解释为什么不是古文经学取代与其对立的天人感应今文经学。重视文化变迁内在理路的学者，常常强调当时人们注重《周易》、《太玄》以及“名理”之辨对于道家思想压倒儒学所作的贡献。[2] 但为什么那个时代的人会格外重视《周易》和《太玄》呢？有人从魏晋之际兴起的谈论之风来探讨玄学兴盛的原因。[3]很明显，所谓玄谈之风只是价值转向的外在表现而已。我们认为，当某种道德理想不可欲时，价值逆反将左右道德理想的转型。只要分析宇宙论儒学的具体内容和特殊结构，并考察它在东汉末年不可欲的各种条件，就可以发现正是价值逆反推动了道家学说兴起。

所谓价值逆反，是指当某种道德理想成为不可欲时，打破这一

---

〔1〕 刘大杰：《魏晋思想论》，中华书局1939年版，第1～18页。

〔2〕 汤用彤：“魏晋思想的发展”，载《魏晋玄学论稿》，人民出版社1957年版；牟宗三：《才性与玄理》，台湾学生书局1983年版，第231～285页。

〔3〕 何启民：《魏晋思想与谈风》，台湾学生书局1976年版。

道德规范或与其相反的价值会成为主宰人行为的新道德。由于宇宙论儒学的道德价值涵盖宇宙秩序、国家社会制度、家庭伦理和个人道德各层面,因此我们可以从这些不同层面的内容来分析与它相反的形态是什么。先讨论宇宙秩序。在天人感应学说中,宇宙的正常状态对应德治,天灾和异常则被理解为对道德的偏离。天既然具有人格和道德意志,为何会允许宇宙秩序的失德?唯一合理的解释是天用天灾来警告人间失德。正如《汉书·董仲舒传》所说:"国家将有失道之败,而天乃先出灾害以谴告之,不知自省,又出怪异以警惧之。尚不知变,而伤败乃至。以此见天心之仁爱人君而欲止其乱也。"[1]也就是说,为了论证皇帝道德缺失与种种异常有关,必须把天灾解释成上天对人间失德的一种干预。我们在上一节中已论及东汉末年越来越频繁的天灾与皇帝专制、党锢、外戚宦官干政、官僚机构腐败和种种社会危机恰好同时发生,这些王朝后期的社会弊病,在儒生心目中从来都是"坏"的,天灾只不过是雪上加霜,强化了儒生的看法。在儒生看来,皇帝的无道和天的无常是一致的。天灾作为天对人间的干预是无道的,而干预的反面便是不干预。于是由这种逆反原则可以提出天是以"不干预"、"无为"为自己的道德。把不干预作为新的道德理想,正是在宇宙论领域中对原有道德价值逆反得到的结果。早在西汉末年,一些儒生已意识到天人感应的种种问题,并开始顺应价值逆反的思路寻找新价值。大儒扬雄(字子云,公元前53~公元18年)在抨击神仙之说、未卜先知、问龙求雨等错误信念时,仿《易》作《太玄》,将《太玄》看作高于天道的存在。东汉初王充(字仲任,27~约97年)走得更远,他提出"天道无为"。[2] 但一直到东汉末期大规模天灾连

---

〔1〕 班固:《汉书·卷五十六·董仲舒传》(第八册),中华书局1962年版,第2498页。

〔2〕 韦政通:《中国思想史》(上册),(台湾)大林出版社1980年版,第530~531页。

年不断之前,扬雄、王充的观点并没有太大影响。[1] 东汉末年,宇宙论儒学明显变得不可欲了,价值逆反才普遍发生,“天道无为”成为士人的共识。

必须注意,我们讲汉代“天道无为”观念时,一定要防止掉进一个思想陷阱,即将其看成一种唯物论倾向的哲学,或如先秦儒学中荀子所主张的天人相离,认为天无所谓道德,只有人才能讲道德。表面上看,“天道无为”强调天不干预,似乎包含着天人相离,但是只要我们仔细考察汉代“天道无为”的原意,就可以发现,几乎所有天道无为的提倡者仍将“天”视为和“人”是密切相关、不可分割的。例如,王符(字节信,约 85 ~ 162 年)在《潜夫论·叙录》中肯定天人之间存在“天题厥象,人实奉成”的关系。仲长统(字公理,179 ~ 220 年)在论证中也常运用天人感应的灾异说。甚至连王充也说过“天,百神主也”(《论衡·辨崇》)、“太岁,天别神也”(《论衡·难岁》),似乎相信天有意志和人格。一些研究者据此认为这是王充和仲长统等人在理论上的不彻底和自相矛盾。[2] 其实,真正的原因是汉代异端思想大多只把无为作为一种道德,而没有达到天人相离。[3] 确实,在“天人合一”结构的强有力限定下,几乎不可能

[1] 范晔:《后汉书·卷四十九·王充传》(第六册),注引《袁山松书》曰:“充所作《论衡》,中土未有传者。蔡邕入吴始得之,恒秘玩以为谈助。其后王朗为会稽太守,又得其书,及还许下,时人称其才进。或曰:不见异人,当得异书。问之,果以《论衡》之益,由是遂见传焉。”中华书局 1965 年版,第 1629 页。可见王充《论衡》在东汉末之前,影响尚不大。

[2] 黄朴民:《董仲舒与新儒学》,(台湾)文津出版社 1992 年版,第 217 ~ 219 页。

[3] 这方面王充比较特殊,他的观点处于“天人合一”和“天人相离”之间。正因为如此,有人根据王充将天理解为自然之天的言论倾向于把《论衡》解释为主张唯物论(金钟美:《天、人和王充文学思想——以王充文学思想同天人关系思想的联系为中心》,社会科学文献出版社 1994 年版,第 89 页。)很多学者又发现王充并未真正做到天人相离,认为把王充哲学观点完全归为唯物论是不妥的(蒋祖怡:“三十年对王充的研究”,载《王充卷》,中州书画社 1983 年版,第 52 ~ 65 页)。

将天与人的道德看作无关。汉末儒生视“无为”、“天不干预”为道德,正好证明在原有道德不可欲时,价值逆反机制会左右人的思想。

宇宙道德秩序的逆反是无为,那么,社会制度、道德价值的逆反又是什么呢?众所周知,正因为东汉灭亡后的诸多干扰和少数民族大量内迁,已不可能建立稳定的大一统王朝,中国迎来了政治最黑暗混乱的时期。在长达数十年的战乱中,皇帝被军阀玩弄于股掌之间;大臣、宫女和太监在兵荒马乱中更难免饿死的命运。儒生不仅报国无门,还切身感受到参政有可能惹来杀身之祸,不参政比参政更好、更实际。这时,向来视入世参政为实现道德理想的儒生,就会赋予不参政以正面的道德意义。大一统政治秩序长期不能确立,终于引发了全盘性价值逆反,读书人纷纷认同不参政和取消儒家伦理规范为新道德。正如1.6节指出,道德理想的不可欲可以分为两种情况:一种是道德目标和规范不可实现;另一种是道德规范可以实现但不代表“好”或“善”的价值。前者导致否定入世参与精神的全盘性价值逆反,后者往往出现部分价值逆反。东汉末年以后,宇宙论儒学的不可欲,无疑属于第一种情况。无论是社会长期动乱、大一统帝国不能建立,还是天灾频频降临,使天人感应学说中正常的代表有道德的宇宙秩序不能恢复,其意识形态含义都是代表宇宙论儒学的道德理想中的社会制度不可能实现。当不能达到外在道德规范时,知识精英就极有可能将道德追求转向非社会的个人精神层面和非行动的言谈方面。对儒家道德规范和社会制度不可实现的感受越强烈,转向反社会的个人精神追求之动力也就越不可抗拒。东汉末年,知识精英由清议转化为清谈,最后变成谈玄,道德活动中用言谈取代行动正表明全盘性价值逆反是如何发生的。

本来,道德活动由向善的意志和这一意志去实现行为规范两段组成,所谓入世精神,是指把内在的善变为代表善的行为规范。

东汉末年,儒生入世精神受挫,内在的善和行为规范也就失去联系。也就是说,全盘性价值逆反使得善和行为规范之间出现了结构性断裂(图 2.1),道德活动变成纯粹个人的和内在的,知识精英普遍认为内在的善不可能转化为外部的规范。这种言和行、意义和符号、善与规范之间的断裂,沿着“天人合一”结构和“道德价值一元论”贯穿整个文化领域。人们开始主张名实不一定相符,甚至语言也不一定能表达意义,这正是当时“名理”之辨兴起的原因。显而易见,从全盘性价值逆反逻辑来看,特意地去把善变成社会规范反而会导致罪恶,天灾和严重的社会危机正是由此引起;相反,只有放弃实现道德规范的追求,遵循无为和不去“实行某种规范”即为善的原则,才能恢复宇宙正常秩序。这里我们看到,宇宙及社会秩序的道德理想的逆反价值之间互相强化、互相证明,它们所指向的正是老庄和玄学,而不是古文经学。

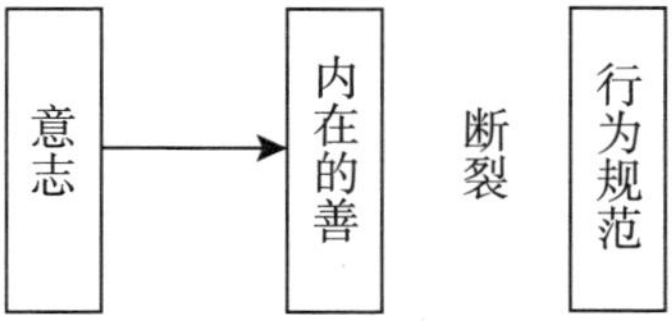

图 2.1　向善意志与行为规范之间的断裂

在家庭伦理层面,儒家道德仍是可以实现的,似乎道德理想的可欲性不应受到怀疑。但是我们不要忘记,由于“天人合一”结构和“道德价值一元论”将家庭伦理与社会制度、宇宙秩序牢牢联系在一起,宇宙道德秩序和社会道德秩序的不可实现,使人们认为儒家家庭伦理也是不可欲的,人伦关系和孝道受到史无前例的怀疑和攻击。例如,孔融将人伦归于情欲和自然过程。他这样论证:“父之于子,当有何亲?论其本意,实为情欲发耳。子之于母,亦复奚为？譬如寄物缶瓦中，出则离矣。”[1]西晋束晳对逸民生活的描绘，所谓“妇皆卿夫，子呼父字”，典型地反映出用逆反价值对家庭关系的重构。[2] 当人伦关系的道德价值受到质疑时，人的自然感情也就成为道德的。然而，毕竟家庭伦理实际上仍是可以实现的，只是因为它与“天道合一”才变得不可欲，这使得大多数士大夫把对家庭伦理的遵循和对其评价分离开来。就是那位在言论上彻底否定人伦关系的孔融，实际上是州里有名的孝子。[3] 这证明，在人们的观念中，某种道德规范是否可欲，并不取决于道德规范本身，而与道德价值笼罩下的整个“应然”领域有关。因此，东汉灭亡后，逆反价值对新道德的塑造就发生在宇宙论、社会观和家庭人伦关系的所有层面。

2.3 道德形而上学化与放诞之风气

形而上学被当作道德学的最后基础——价值逆反导致魏晋本体论代替宇宙论——对才性的崇拜是“道德一元论”的变构。

价值逆反将道家的“无为”和“不干预的自然状态”作为道德系统的核心价值，这就赋予“天人合一”结构和“道德价值一元论”全新的形态。所谓“天人合一”的思维模式，是指从宇宙秩序推出人的道德价值。我们在 1.4 节曾论证过，汉代“天人合一”结构来源于黄老之学，人的道德价值之所以与宇宙秩序有关，是借用了道家

---

〔1〕 范晔：《后汉书 · 卷七十 · 孔融传》（第七册），中华书局 1965 年版，第 2278 页。

〔2〕 束晳：“近游赋”，载《全晋文》（卷八十七），见宁稼雨：《魏晋风度——中古文人生活行为的文化意蕴》，东方出版社 1992 年版。

〔3〕 范晔：《后汉书 · 卷七十 · 孔融传》（第七册），第 2262 页。

“人法地，地法天”的推理。在先秦的道家思想中，天并非最终价值的来源，在“人法地，地法天”后面，还有“天法道，道法自然”，而“道”和“自然”是超经验的形而上存在。一旦把道德价值注入“人法地，地法天，天法道，道法自然”这一推理模式，就会得到一个前所未有的思辨性推论，这就是人的最终道德来源应该是在超经验的形而上学领域中。在汉代宇宙论儒学的“天人合一”结构中，只有“人法地，地法天”这半段，宇宙秩序虽然被看作道德来源，但尚未进一步把形而上学当作道德的基础。在先秦道家学说中，这种推理更是不可能的。因为老庄否定向善的意志，其价值追求是情意我，而非道德，在这种结构中，形而上的推理并不同道德推衍发生关系。东汉灭亡后，情况就不同了。价值逆反将无为与自然当作道德基础，这样在“天人合一”的道德推衍方式中，“天法道”和“道法自然”也就被整合进去。这时，道德基础已不是宇宙秩序，而是超经验的形而上的“道”；也就是说，形而上的“道”破天荒地被认为是道德哲学的最后基础。众所周知，西方要到近代才认识到这一点。17 世纪以后哲学家终于发现：一个由“实然”构成的经验世界不能推出“应然”的道德世界；因此道德基础的形而上学论证才是必需的，这是形而上学哲学在今天仍有意义的原因之一。中国哲学家居然在近两千年前就执著于道德的形而上探索，确实令人惊叹。

思想史研究者每每论及从汉到魏晋士大夫思想方式巨变时，差不多都认为这是一种从宇宙论（cosmology）到本体论（ontology）的转化。[1] 确实，魏晋以后，士大夫似乎失去了汉儒那种对宇宙构成的兴趣，而把关注的重点放在“有与无”、“一与多”、“体与用”这些属于形而上学的概念中来。所谓魏晋玄学的兴起，正是指这一变化。为什么魏晋时期本体论会代替宇宙论？为什么此后中国知

〔1〕 汤一介：《郭象与魏晋玄学》，湖北人民出版社 1983 年版，第 71 页。

识阶层一直以形而上学思辨作为自己的哲学框架？长期以来学术界对这个问题存而不论。根据我们的分析，其原因相当明确，这正是道德理想变迁中全盘性价值逆反带来的意想不到的结果。因为一旦“天人合一”结构中的道德基础论证越出宇宙秩序之外，并和超经验的形而上学建立联系，这种关系就会永远存在。至今中文语言将老子《道德经》中道和德联用，以表达 moral 和 virtue，就足以证明这种联系是多么牢不可破。众所周知，在老子那里，“道”为形而上实体，是实有义。而“德”的含义是：“以心观道，心遂离物，心依于道，乃成其德”，故“德”为自觉之意境，是实践义。[1] 换言之，道德的原意是人对形而上学的情意我境界的追求。魏晋以后，道德获得了今天它在中文里的含义；这十分形象地刻画了形而上学是如何成为中国人的道德基础。

然而我们必须看到，道德基础的形而上学化只是将超经验的“道”纳入“天人合一”结构所带来的非意图结果。在老子的思想体系中，“道”除了有“超经验的形而上学规律”这一重意义外，还有永恒的含义。老子把经验世界看作变动不已，万物向自己反面转化，唯有“道”是永恒不变的。“天人合一”结构强调人对道的模仿，必定是全方位的。这样，逆反价值和“天人合一”结构的结合除了导致道德必须以形而上学为基础外，还包含了人应模仿永恒不变的“道”，它促使追求长生不老的兴起。劳思光曾指出，自汉代开始人们日益误解老庄哲学的“养生”、“全生”的意义，不再将其视为代表超越意义的情意我，而误以为形躯不死，超越经验的自我也因此转化为一种神秘力量，道教由此兴起。劳思光称这种现象为“超越我”的形躯化。[2] 从形态上看，“道德追求的形躯化”同“道德推理的形而上化”是两种完全相反的趋势，这两种相反的趋势之所以同

[1] 劳思光：《新编中国哲学史》，（台湾）三民书局 1997 年版，第 213 ~ 252 页。

[2] 劳思光：《中国哲学史》（二），第 18 页。

时存在,正是基于“天人合一”结构中人对“道”的模仿。显然,道德追求的形躯化同人的道德主体性完全不相干,故道教在其发展中日益脱离中国文化的大传统,成为一种民间信仰。

价值逆反不仅塑造了“天人合一”新形态,同时也赋予“道德价值一元论”全新的内容和评判标准,这就是士人对才性的推崇。所谓“道德价值一元论”,是把个人的道德价值外推到家庭和社会。由于在价值逆反过程中“无为”和“自然”取代孝道在道德推衍模式中的位置,以致人的天赋才能也获得道德的含义,并迅速地被家庭、社会承认,推崇才性蔚然成风。对才性的肯定,不仅表现在当时社会用才能和“自然之性”作为鉴别人才的标准,还表现在士人把才性放到与汉代道德品行相等的位置。刘邵(字孔才)的《人物志》中居然将圣人列为才性最高者。[1] 在自然才性中最显见的是人的容貌,魏晋时代士大夫对美貌的赞扬和追求是古今中外罕见的,美貌甚至可以代替美德,这种联系至今令人惊讶,而在当时却是十分普遍的思想方法。荀粲(字奉倩)公然宣称:“妇人德不足称,当以色为主。”裴頠(字逸民,267～300 年)也深以为然,认为“此乃是兴到之事,非盛德言”。[2] 被视为“珠玉”的卫玠(字叔宝,286～312 年),居然被那些爱慕他近于疯狂的女子长时间观赏而“看杀”。[3]

在“道德价值一元论”结构中,个人道德价值外推至家庭,并进一步转化为普遍的社会正义。而逆反价值推崇无为,主张善的价值不变成任何规范,这样,一体化结构中由个人道德转化为家庭伦理再进一步变成社会制度的放大过程不存在了,但与此相应的个人价值转化为社会价值的推衍之路仍然畅通无阻。反规范的自然

---

〔1〕 劳思光:《中国哲学史》(二),第 152 页。

〔2〕 刘义庆:《世说新语校笺·惑溺》(下册),徐震堮校笺,中华书局 1984 年版,第 490 页。

〔3〕 刘义庆:《世说新语校笺·容止》,徐震堮校笺,第 337～338 页。

之性顺应“道德价值一元论”的逻辑化，遂形成率性放诞的社会风气，士人的放浪形骸在“越名教而顺自然”的口号下愈演愈烈。魏晋玄学分成“名理”与“才性”两派，“名理”是形而上的探讨，代表了“天人合一”的新形态，“才性”则与放诞风气在相当大程度上可视为“道德价值一元论”的变构。

2.4 修身与佛教

魏晋士人趋向佛教乃是渴求修身——什么是修身？——中西纯化向善意志方法的差异——汉儒修身方法：注经、克服不道德欲望、约束自己的行为——宇宙论儒学解体导致修身的空白——佛教如何在修身的追求中兴起。

我们之所以要论证魏晋玄学实际上是将“无为”与“自然”纳入“天人合一”和“道德价值一元论”的结果，是因为上述分析有助于揭示佛教传入中国并大肆泛滥的内在机制。众所周知，早在汉代，佛教已经传入，但因与儒生积极入世的道德理想格格不入，它仅被当作一种阴阳术数和黄老方技，甚至是神仙之术，[1]没有多大影响。魏晋时期，佛教通过玄学为中介迅速传播，中国士大夫是通过“格义”从玄学进入佛教的。所谓“格义”正是把佛教的概念规定为中国固有的类似概念，[2]所以魏晋时期的佛教通常也被称为格义佛教。[3] 为什么士人对玄学的探讨会指向佛教？以往学术界的解释是，佛教思想与魏晋玄学暗合，以及当时存在对佛教的精神需

---

〔1〕 汤用彤：《汉魏两晋南北朝佛教史》，商务印书馆1938年版，第51页。

〔2〕 吕澂：《中国佛学源流略讲》，中华书局1979年版，第43~65页。

〔3〕 镰田茂雄：《简明中国佛教史》，郑彭年译，上海译文出版社1986年版，第27~37页。

要。现在我们可以用价值逆反来分析这种对佛教的内在需求是如何出现的。

简单地说,魏晋时期士大夫趋向于佛教的精神动力可以归为对修身的渴求。在先秦道家中“无为”和“自然”并没有道德意义,庄子的逍遥只是精神的解放,并非道德境界,追求道德目标的修身活动在老庄那里并不重要。而魏晋士人顺应价值逆反逻辑重新解释老庄,最大的改变是把“无为”、“自然”作为新的道德理想,这时就引发了一个应该如何修身的问题。

所谓修身,是人在追求道德过程中把认识道德目标与纯化自己向善意志本身当作最终意义的一种活动。它是以道德为终极关怀的文化系统的特有现象。西方基督教文化也要求人们纯化道德意志,但并不是靠修身。因为道德规范来源于上帝,遵循道德的力量是来自对上帝的信仰,因此纯化向善的意志就是去信仰上帝,向上帝忏悔自己的罪恶。正如施莱尔马赫(Friedrich Schleiermacher)所说,宗教是一种“绝对依赖的感觉”,服从神是十戒的首位,道德的意义在于人认识并服从神律(Divine Law)。[1] 郝大维(David L. Hall)和安乐哲(Roger T. Ames)进一步指出,西方道德意志纯化是一种赞美神的秩序的形式崇拜。由于道德像圣餐、祈祷和忏悔之类的礼仪一样,包含着遵从,所以它也具有展现一个人信奉圣明秩序的质量的作用。[2] 换言之,西方纯化向善意志本质上是宗教活动的一部分,离开宗教活动谈纯化道德意志是没有意义的。

同样,当意志通过知识与善整合时,道德活动也不需要修身。古希腊某些哲学家把人不能遵守道德规范的原因归为人不知道什么是善,因此为了实现道德目标,认知活动就成为道德追求的关键。在这种道德哲学中,纯化道德意志和追求知识等同。在中国

---

〔1〕 郝大维(David L. Hall)、安乐哲(Roger T. Amers):《孔子哲学思微》,蒋戈为、李志林译,江苏人民出版社 1996 年版,第 179 页。

〔2〕 郝大维、安乐哲:《孔子哲学思微》,蒋戈为、李志林译,第 179 页。

这种意志直接与善整合的文化系统中,道德活动所依赖的纯化向善意志既不能通过对上帝的信仰达到,也不能由追求知识来实现;只要道德活动存在,纯化向善意志的锻炼又是必不可少的,于是就出现了以认识道德价值和纯化向善意志自身为目标的活动,这就是所谓的修身。

修身活动大致分为三方面。第一,是要认识什么是符合道德的行为。由于圣人经典最早阐述道德准则,因此学习经典的读书活动是修身的第一步;第二,明确道德目标后,还必须天天纯化自己向善的意志,包括克服不符合道德的欲望,用纯化向善的意志来解决人生中碰到的各种难题;第三,必须去扩充自己实行道德规范的能力,这就是注重"事功",并将修身的道德活动落实到治家报国。当道德规范是社会制度的一部分时,为别人作出示范的"行"和"行为训练",也是修身的重要组成部分。显而易见,在以道德本身为终极关怀的文化系统中,由于修身活动是如同盐与粮食那样不可缺少的东西,在不同历史时期、不同派别中对修身三个方面的侧重或有所不同,但从总体上讲都以保持纯化向善意志的修身作为安身立命的活动。而一旦文化传统中原有道德目标不可欲、逆反价值成为新道德时,新道德的内容和结构是否能为满足修身活动提供必不可少的资源,就会成为一个重大的精神问题。

我们知道,汉儒的修身活动是相当丰富和全面的,涵盖了学习注释儒家经典、克服不道德欲望、约束自己的行为和为帝王服务这三个方面。当道家的无为代替宇宙论儒学成为士大夫追求的道德目标时,他们就会由入世变成遁世。在遁世形态的修身中,参加社会实践变得不重要,精神层面的纯化意志和研读经典却几乎成了一切。正如我们在上一节所说,在全面价值逆反所形成的道德结构中,内心的善是不能转化为社会规范的。除了熟读、注释经典外,汉儒熟悉的各种修身活动都在修身活动中淡化了。由逆反价值所支配的修身活动主要是依靠思辨而不是行动,也就是说,修身主要表现为个人学习经典以及思辨玄谈和玄想。道德思辨的有效性往往依赖于思辨体系的深度,而道家学说在这方面提供的资源却相当贫乏。就学习经典而言,道家经典以老庄的著作为核心,不仅文字太少,更没有建立完整的思辨体系。对于每天必须进行修身活动的人而言,修身资源的贫乏是必须解决的问题。这正是具有深刻思辨体系和丰富庞大典籍的佛教能征服魏晋士人的重要原因之一。

翻开魏晋时代的思想史,我们几乎毫无例外地看到,一开始人人注释老庄,继而这种注释很快被翻译佛经所压倒。知识阶层终于发现,佛教提供了一种相当深刻而丰富的学说,可以让人们在学习经典与冥想中纯化“无为”和“无欲”的意志。换言之,研究佛教比注释和学习老庄更适合于修身活动。佛教的基本教义是把人的欲望看作一切痛苦的根源,主张人从欲望中解脱出来并舍离此世。所谓四法印,前三个“诸行无常”、“诸行皆苦”、“诸法无我”所讲的正是人生处于反复无常、欲望不能满足的痛苦之中,不能自主。而四法印中的“涅槃寂静”以及四谛“苦”(Dukkha)、“集”(Samudaya)、“灭”(Nirodha)、“道”(Magga),则是针对人生痛苦而提出的在冥想中自我解脱之法。显而易见,佛教主张去除欲望的精神锻炼,比老庄的自我精神解放更接近于把“无为”作为一种道德时那种纯粹思辨的精神活动。正因为魏晋时期士人追求修身而步入佛教,所以他们最早对佛教产生强烈兴趣的是在玄谈中发现老庄哲学和佛教的共同之处。[1] 东晋时,已有大量和尚参与玄谈,名士十分欣赏深通玄理的和尚,[2] 他们渐渐感到自己不是和尚的对手,一些士人甚至去做和尚。《高僧传》立传的公元四世纪的80名僧人中,有11名是士大夫出身,他们扮演着向士大夫阶层传布

---

〔1〕 汤用彤:《汉魏两晋南北朝佛教史》,商务印书馆1938年版,第145页。

〔2〕 孔繁:《魏晋玄谈》,辽宁教育出版社1991年版,第223~246页。

佛教的重要角色。[1]

2.5 中国文化对佛教选择性吸收和创造性重构

为什么中国士大夫亲和大乘佛教？——中国道德形而上学基础与般若学的差别——道德主体的肯定与妙有之理——佛性论与唯识论——逆反价值对佛教思想的重构——天台、华严以及心性论式的佛教。

由于佛教宗派极多，其传入中国过程漫长复杂，所以至今很难梳理出一条清晰的思路来说明中国文化是如何吸收佛教的。我们在上一节分析了士大夫趋向佛教是出于修身需求，那么，由逆反价值规定的道德结构也在暗中规定了他们认同佛教的形态。众所周知，佛教自释迦牟尼创立之后，分为大乘和小乘两支。[2] 小乘注重自我解脱，而大乘除自我修行外，教义中还强调普度众生和救世。本来佛教的自我解脱与道德结构中的向善意志距离甚远，但大乘佛教使解脱越出个人自我并推广到众生，解脱就具有了善的含义。显然，大乘佛教比小乘佛教更接近于向善意志的纯化，它一开始就与魏晋时期士大夫的修身结构暗合。因此，虽然在印度小乘佛教

---

〔1〕 许里和(Erik Zürcher)：《佛教征用中国》，李四龙、裴勇译，江苏人民出版社1981年版，第10～11页。(按：作者中文名一般作“许理和”)

〔2〕 大乘的梵文是Mahāyāna，由Mahā(大)与yāna(乘)两字构成。“大”的意义是“优越、伟大”。而小乘的梵文是Hīnayāna，由Hīna(小)与yāna(乘)两字构成。Hīna在梵文中是一个贬抑字眼，故没有一个佛教教派会称自己是“小乘”。事实上，释迦牟尼死后，佛教进入部派时代，大乘佛教是从传统部派佛教中发展出来的一支教派，它自认比传统佛教优越，称传统部派为“小乘”。现代很多学者仍沿用“小乘”来指称大乘未出现以前的十八个主要佛教部派，特别是南传上座部(Theravādins)和一切有部(Sarvāstivādins)(周伯戡：“早期中国佛教的大乘小乘观”，载《文史哲学报》，台湾大学1990年第38期，第244～245页。

一直是主流，但中国士大夫所接受的基本上是大乘佛教。

大乘佛教在印度的演变大致呈两个阶段：第一阶段是公元二世纪龙树（Nagarjuna）提出“中观”（Madyamika）及“空论”（Sunyavada）。其内容是一套深刻的思辨哲学，论证外界的一切均自性，即一切法（自然和社会现象和景观）都不能独立于人的主体而存在，它们只不过是欲望投射的幻象。因其以般若经典为根据，故又称“般若之学”。第二阶段是公元四世纪无着（Asanga）和世亲（Vasubandhu）兄弟建立“唯识论”（Yogacara 或 Vijnanavada）。唯识论是基于般若之学概念的进一步精确化之上的，因为般若空宗谈空，把一切归为虚幻，必须有一个前提，就是世界为空幻之理。这种理是一种非实体的存在，但却是某种“有”，佛教称为“妙有”。于是大乘佛教继般若空宗的重大发展就是强调“妙有”的唯识论。[1] 由逆反价值主导的道德价值结构对佛教的选择性吸收，不仅表现在中国士大夫对大乘佛教的亲和，还呈现为“天人合一”与“道德价值一元论”这两种道德推衍（修身）模式与般若学及唯识论的互动与彼此改造。

先是“天人合一”结构迅速引用般若学作为表达自己的语言。正如2.3节所说，士大夫将逆反价值纳入“天人合一”结构所产生的最重要后果，是他们热衷于道德形而上学基础的探索。从超经验的形而上学推导出“无为”，本质上是属于“有”与“无”的本体论思辨，而般若空宗对空的论证正好在理论体系上提供了类似的模式。般若空宗认为世上一切事物、语言、观念的存在都不是“实有”的，它们都不能脱离人的主体而存在；世界作为人欲望的投射，本质上只是“幻”，因而人们应该意识到整个世界的存在实际上都是“空”。人的心智若能自觉体悟到这一点，就达到了最高完美境界，这就是所谓“般若”。般若空宗的著名偈颂“一切有为法，如梦幻泡

〔1〕 劳思光：《中国哲学史》（二），第180~194页。

影，如露亦如电，应作如是观”，正是围绕世界不能独立于人的主体而存在、其本质上属空幻的形而上学论证。[1] 如果我们仅仅把外部世界严格限定为和人的情意有关的事物，不谈认知客观对象和道德世界，般若学的论证及其思辨体系是十分深刻和严密的，它把世界的存在归为主体的投射进而再从理论上否定它，也极为机智。一位学者称其为否定的辩证法。[2] 显然，这一套学说正好满足了玄学家思辨“无”以及探索形而上的需要。于是，到南北朝时期佛教大盛，在思想上已压倒了魏晋玄学。

然而，必须指出，中国士大夫对道德形而上学基础的思考在结构上与般若学是不同的。般若学用世界无自性（不能离开人的主体）来论证“空”，其论证方法是把主体看作世界存在的前提。“天人合一”结构的论证模式，则是从超经验的形而上学中推出道德，道德内容虽然是“无”，但它却来自个人内心世界之外。这种推理结构同般若学恰好相反。因此，中国知识精英虽然因为对“无”的形而上思索进入般若学，但囿于“天人合一”结构，无法真正理解佛教般若学的准确意义。当时盛行的诸如“本无、即色、识含、幻化、心无、缘会”等所谓六家七宗，均为中国式道德形而上思辨模式对般若学的误解。正如劳思光所说，从道德形而上学的“本体义”来看般若空义，主体性既不显，则何能知般若。[3]

这种普遍的误解直到鸠摩罗什来华，全面准确地翻译了佛经才得以消除。十分有趣的是，当中国士大夫搞清楚般若学中“无”和“空”的准确意义后，他们对般若之学的兴趣反而大大减弱了。魏晋南北朝后期，般若学衰落，被佛教的其他宗派取代。般若之学的衰落，证明佛教对中国士大夫的吸引，脱离不开逆反价值所主导

---

〔1〕 吕澂：“初期大乘佛学”，载《印度佛学源流略讲》，上海人民出版社 1979 年版，第 85 ~ 88 页。

〔2〕 周伯戡：“早期中国佛教的大乘小乘观”，载《文史哲学报》，第 248 页。

〔3〕 劳思光：《中国哲学史》（二），第 233 ~ 245 页。

的修身模式。

必须注意,大乘佛教把外部世界看作不能独立于人主体的存在,这种从人的主体推出外部整个世界的方法更接近于“道德价值一元论”。而魏晋时代“才性”之总的基础正是“道德价值一元论”,自般若空宗衰落后,中国士大夫用于理解佛教的主要方法已不是“天人合一”结构,而是“道德价值一元论”所规定的价值推衍模式。公元四世纪般若学的概念进一步精确化,佛教哲学开始意识到论证空幻之理是某种非实体的有,这种妙有应该是“无”的前提,佛教中讨论妙有的经典迅速扩充。它同中国士大夫“道德价值一元论”一拍即合,产生了中国特有的追求佛性的佛教流派。佛性的梵文原语是 Buddhata,有时亦称为佛界、佛藏、如来界、如来藏等。顾名思义,所谓佛性是佛的本性,它是能否成佛的根据。释迦牟尼逝世后,成为佛教徒心目中的至上神,在部派佛教时期,成佛的仅有释迦牟尼一人,其他人都不具有佛性。印度佛教关心的是人如何从盲目的欲望支配中解脱,并没有将佛性作为讨论重点。小乘佛学大多主张“无常”、“无我”,认为众生不具佛性。印度大乘佛教也不重视佛性。龙树的般若学,主要思想是“空”和“幻”,并没有讲到佛性。妙有之说虽把般若学的概念精确化了,但在印度并没有成为讨论佛性的基础。在印度只有极少数经典主张众生有佛性,如《涅槃经》、《胜鬘经》、《如来藏经》等,它们并不流行。而在中国士大夫心目中,妙有极像是人内心存在的道德主体,对道德主体的肯定不仅指向人们认同妙有之理,而且人皆有成德的可能性,这很容易使谙熟“道德价值一元论”的中国人从妙有进一步推出人皆有佛性。晋宋之际,高僧竺道生(本姓魏,约 355 ~ 434 年)在讲六卷《泥洹经》时,创造性地提出众生有佛性,人人可以成佛,一时佛教界大哗。[1] 不久,北方本《大般涅槃经》译出,道生的说法在

〔1〕《大正新修大藏经》(卷七十),大正一切经刊行会 1930 年版,第 137 页。

经典里找到根据,佛教界很快信服。即自北方本《涅槃经》传入后,佛性思想迅速传开,代替了原先占主流地位的般若学。[1]

在讨论代替般若学的中国众多佛学流派时,学术界大多认为它们与般若学注重“无”、“空”的形而上思辨不同,普遍具有心性论倾向。所谓心性论,即从人内心的道德感出发来理解道德和普遍的善,它是“道德价值一元论”思想方式的典型表现。心性论式的追求佛性的佛教流派取代般若之学,正表明“道德价值一元论”代替“天人合一”结构,成为左右人们接受佛教的基本模式。与“天人合一”结构根据自身逻辑来选择性吸收并误解般若之学类似,“道德价值一元论”对基于妙有分析的佛教经典的吸收,也表现出极为相似的情况。颇为典型的例子是,中国佛教在重视佛性论的同时却排斥唯识论。如前所述,唯识论是印度大乘佛教发展到第二阶段的产物,是在般若学基础上从“妙有”之说发展出来的。当妙有与心对应时,它可以分成两种形态:一种是从与佛的共通思想来考察心,这就是主张佛性的说法,如如来藏说,其代表为《如来藏经》、《胜鬘经》、《涅槃经》等。另一种形态是从现实机能来分析心,[2]即先把外部世界建立在心的机能之上,再进一步证明它们是无自性的空幻,劳思光称为用现象学方法对世界的建构,[3]这就是唯识论。正如前面所说,第一种形态如来藏说在印度不甚流行,但传到中国却孕育了中国人主张人人可成佛的佛性论。而在印度占主导地位的始终是唯识论。唯识论著重于用“百法”和“八识”对世界进行现象学的建构,它对佛性的看法与中国佛教不同,主张有五种种性,最低种性者为一阐提(icchantika),是不能成佛的。显然,注重外部世界现象学式建构的唯识论,与“道德价值一元论”中对道德

[1] 赖永海:《中国佛性论》,上海人民出版社1988年版,第51~57页。

[2] 颜尚文:《隋唐佛教宗派研究》,台湾师范大学历史研究的1980年版,第46~47页。

[3] 劳思光:《中国哲学史》(二),第202~209页。

主体的注重风马牛不相及。所以，中国士大夫认同佛性论而对唯识论一直不感兴趣。

准确一点说，要等玄奘取经后才真正引进唯识论。唐朝初年，高僧玄奘（本姓陈，名祎，602～664年）出于对中国佛教中有关佛性问题的疑惑（如佛性是本有还是始有），决定到佛教发源地印度考察清楚。他在印度留学15年，深得印度佛教真法。回国后，他在中国翻译传播印度大乘佛教第二阶段的主要成果——《成唯识论》。玄奘忠于原典精神，一反中国佛教人人皆有佛性之说，坚持认为一阐提不能成佛。玄奘开创的法相唯识宗也在唐王朝支持下曾盛行一时，并由玄奘弟子窥基（本姓尉迟，字洪道，632～682年）发展到顶点。但由于五种性说与中国佛教注重道德主体性的人人可成佛矛盾，加上中国文化对说明虚幻世界的现象论建构不感兴趣，玄奘引进的法相唯识宗便很快衰落了。[1] 这表明“道德价值一元论”对印度大乘佛教第二阶段成果的吸收，也有高度选择性。[2]

纵观“天人合一”结构与“道德价值一元论”及它们与佛教众流派的互动，我们可以很清楚地看到，逆反价值一直是支配中国士大夫吸收外来思想的基本模式。一开始，往往表现为对外来思想的误解；当人们对外来思想有了较清楚的认识之后，只有那些符合逆反价值的外来思想才被选择性吸取。逆反价值始终将自身的意义结构投射到外来思想上，只有那些根据逆反价值意义重构过的外来思想，才能成为中国文化的一部分。所谓佛教中国化，正是根据

〔1〕 赖永海：《中国佛性论》，第67～70页。

〔2〕 事实上，唯识论自从衰落后，几乎被中国佛教界遗忘。一直到近现代才重新引起中国知识分子的注意。富有戏剧性的是，唯识论真正对中国思想界产生影响居然是新文化运动后。熊十力借助唯识论的现象论来破除中国人在道德建构方面的唯物主义，并借用“妙有”之精神重新肯定道德主体，成为当代新儒家的先驱者。这里我们可以十分清楚地看到，外来文化对中国文化的影响一直是顺应着中国文化自身演变逻辑需要而展开的。

道德的价值逆反思想方式对印度佛教的创造性重构。无论是道德形而上思维将般若学本体化,还是"道德价值一元论"思想方式对唯识论的排斥,都可以证明这一点。而且在中国式佛教的成长过程中,逆反价值中道德主体的重要性是一个不断扩大的过程。从道生根据道德属于应然这一特点重构佛教的善,最早提出"善不受报",以及慧远进一步讲"明报应说",到"一阐提可以成佛",将成德的可欲性运用到成佛,都是十分明显的例子。

在中国式佛教的典型流派"天台宗"和"华严宗"中,这种创造性重构的印痕更为明显。钱穆指出,这两个流派最大的努力是将佛教编成佛教史和佛教思想史,这在不重视历史观念的印度佛教中是不可思议的。[1] 其实,中国佛教与印度佛教最大不同仍在义理方面,天台、华严两宗的整个教义几乎都是根据道德主体性结构重塑而成的。首先,它们是极为明显的讲佛性的流派。虽然天台宗由般若学发展出来,华严宗广义上属于唯识学一系,但两者都是心性论式的。佛性等同于道德主体性不仅表现在人人皆可成佛上,而且成佛破天荒地被赋予只有道德主体才可能有的自由与生生不息之精神。我们知道,道德主体既可以向善,但善是一种选择,任何时候人都有其他选择的自由,即人可由"凡"入"圣",但"圣"也随时可能下堕为"凡"。印度佛教在讨论人的解脱过程时则很强调"不退转",认为人只要修炼到一定程度,就可保障自身永不堕落。天台宗与华严宗既然用德性的自由来看待成佛,那么也就不可能认同修炼的不可退转性,反而强调人在任何时候都处于自主的必须选择的十字路口,即中国式佛教是用德性的自由和不息来重新定义成佛过程。天台宗的"一念三千"以及华严宗的"法界观"、"六相圆融"等,所注重的正是修身过程中类似于德性自由的

---

〔1〕 钱穆:《从中国历史来看中国民族性及中国文化》,(香港)中文大学出版社1979年版,第79~80页。

结构，并要求向善的意志必须如德性之不息。

总之，中国文化对佛教的吸收以至于形成中国式佛教的过程，是逆反价值根据自身的结构对印度佛教的选择性吸收和创造性重构，这也是中国文化吸收外来文化的最重要和基本的模式。当中国在近现代与西方相遇时，也正是这一规律左右着中国知识分子对革命乌托邦和马克思主义的认同。

2.6　魏晋玄学的三个阶段

全盘性价值逆反只能造就意识形态的后设层面——门阀制度背后的意识形态基础——魏晋玄学的三个阶段——用向善的意志解释老庄——王弼开启了从逆反价值探讨人伦关系的先河——逆反价值从两方面消解儒家伦理——裴頠用“崇有”克服“无”对伦理的颠覆——元康时期的玄学——郭象“物各自造”的意义。

逆反价值对新观念系统的塑造，仅刻画了外来文化如何被同化成为中国文化一部分；至于这些新文化价值在观念系统中占什么样的位置，则取决于它们同社会组织的关系。玄学崇尚无为，佛教以追求解脱、舍离此世为终极关怀，这两个第一次融合过程中盛极一时的逆反价值都不能充当社会组织的合法性基础，即它不能成为意识形态，而只能作为意识形态的后设层面。我们认为，正是由于逆反价值这种特殊的性质，居然导致了中国文化结构在第一次融合过程中，逐渐形成了一个超越意识形态的后设层面，也即另一深层结构。我们可以通过分析逆反价值和社会组织的关系，以及它同官方意识形态的复杂互动，来研究这一过程。

本来，宇宙论儒学是汉代大一统社会政治与社会组织的合法性根据，儒生积极入世的参与精神则是维系这种社会结构的重要力量。一旦宇宙论儒学解体,知识阶层普遍视“不参与”为“道德”,也就丧失了把辽阔农业社会整合成大一统帝国的机制。东汉灭亡之后,出现了长达三百年的分裂割据局面,这就是一体化结构在内外干扰下处于失效状态的魏晋南北朝时期。当时大一统帝国已经瓦解,伟大的帝王也不复存在,但是家族尤其是豪门大族并没有也不会被消灭,它们便成为社会组织的基本架构。北方的大家族在乱世中为求自保,招募壮丁建立坞堡,独据一方。

豪门大族在晋室南迁过程中,与王权结合形成门阀政治,为重建南方社会秩序作出贡献。[1] 作为魏晋时期普遍的社会政治制度——家族门阀政治需要一种意识形态论证其合理性。但是以宇宙论为中心的儒学已不再是官方意识形态,士大夫必须另找代替品作为现存政治制度的合法性基础。

那么,什么样的观念系统能取代宇宙论儒学,成为官方意识形态呢?其实,门阀政治和家族统治的合法性根据是名教,它仍然是儒家意识形态的一部分。儒家意识形态中,家族制度合法性必须从道德伦理推出。正如2.2节中所述,东汉末期以后,宇宙论儒学的不可欲,已使人们认为和儒家家庭伦理有关的道德价值亦是虚妄的,人们普遍顺应价值逆反逻辑视“无为”、“不干预”为最高的道德理想。在这种价值取向下,不仅认为人内心的道德追求不能转化为家庭及社会规范,而且如果要人为地去实现社会规范还可能造成普遍灾难。在取消外在规范的逻辑中,道德价值自然不能成为门阀政治和家族制度的有效根据。然而,家族制度又必须找到合法性的根据。这样,魏晋时代的文化同政治之间出现了巨大的紧张。一方面现实政治需要而且必须强调家族制度的合理性,另一方面当时整个士大夫阶层都以无为为终极关怀,无法从道德价

〔1〕 陈寅恪:《陈寅恪魏晋南北朝史讲演录》,万绳楠整理,黄山书社1987年版,第113～158页。

值中推出家族制度的意义来。如何找到克服道德价值与家庭规范之间脱节的办法，使得士大夫既能以“无为”、“自然”为道德信仰，同时又承认家庭伦理门阀制度的合理性，就成为当时思想演化的内在动力。这一历史任务正是通过作为政治文化意义上的魏晋玄学的形成而完成的。魏晋时代的士人通过重新注释《老子》、《庄子》，发展出一整套独特的政治文化观念，其重点正是围绕“无为”、“自然”这些逆反价值主导的道德理想以及它们应与现实社会政治制度、家庭人伦之间保持何种关系。

东晋时代，袁宏（字彦伯，328～376年）作《名士传》，已将魏晋玄学分为正始、竹林、元康三个时期。这三个时期刻画了作为政治文化的魏晋玄学形成并达到顶峰的过程。[1] 第一阶段为曹魏正始年间（240～249年）王弼（字辅嗣，226～249年）、何晏（字平叔，？～249年）的“贵无”学说；第二阶段是竹林时期（254～262年）嵇康（字叔夜，224～263年）的“越名教而任自然”和向秀（字子期，约227～272年）的“儒道为一”说；第三阶段以元康（290）前后裴頠的“崇有（自生而必体有）论”，以及郭象（字子玄，约252～312年）继承向秀强调“物各自造”的“独化论”为代表。我们认为，这是逆反价值转化为一种可以同儒家名教相结合的文化系统，在理论上必须经历的三个演化步骤：第一步实际上是士大夫用向善的意志解释老庄，使老庄的无为从“情意我”变成新道德，从而可以将以“无为”为核心的形而上道德思辨转向社会人伦的讨论；第二步表现了对“无为”、“自然”这些逆反价值与社会规范之间严重冲突的意识；第三步则是把“名教”与道家价值划分为互不相干的两个层

---

[1] 汤一介把袁宏所处的东晋时代加入上述三个时期，这样，魏晋玄学发展分为四个时期。但汤一介认为魏晋玄学到郭象那里已发展到顶点。至于东晋的第四个时期，佛教影响力急剧增加，玄学本身没有太大发展（汤一介：《郭象与魏晋玄学》，第38～78页）。汤用彤也将魏晋思想分为“正始”、“元康”、“永嘉”、“东晋”四个时期，其中“东晋”为佛学时期（汤用彤：“魏晋思想的发展”，载《魏晋玄学论稿》，第131页）。因此，我们把魏晋玄学的形成分为上述三个时期。

面，以消除它们的冲突。只有当文化系统变成两个层面后，玄学才成熟为既承认“无为”的价值，又可以推出门阀政治意识形态根据的整体性思想体系。

王弼、何晏作为名理派代表人物，对魏晋玄学最大的贡献是用向善的意志解释老庄，即将老庄的无为变为一种新道德。本来老庄哲学是不谈人伦关系的，然一旦无为和自然成为新道德价值，就可以用它讨论人伦关系了。为了从“无为”推出名教，王弼把“无”当作“有”的本体。王弼发现，当概念越具体（规范性越多），所能包含的事物就越少，他指出抽离事物一切属性的“无”，应该是能包容万物的。[1] 这样，万物虽然以“无”为体，但“无”与作为名教的“有”也就不矛盾了。此外，承认门阀家族政治合理，就必须把注重人伦关系的孔子奉为圣人。既然当时道德价值的核心是“无为”、“不干预”，那么，提出无为和逍遥的老子和庄子理应成为圣人。王弼在解决这个看来不可解决的矛盾上，迈出了艰难的第一步。他认为“无”须是“万有”之本，但是又难以用语言说明“无”；彻底的“无为”，连言说都必须取消。王弼十分机智地论证正因为孔子真正了解“无”的精神，故不说“无”，只说“有”。换言之，老子对“无”的认识反不若孔子，老不及圣。[2] 如此一来，王弼尊孔子为圣人，并由此开启了从逆反价值“无”出发、探讨人伦关系的先河。

在汉代宇宙论儒学中，以阴阳善恶分别性情，“性”属于阳和善，“情”则代表阴和恶，故当时大多数人认为圣人无情。[3] 例如，何晏主张“贵无”，但他仍承认圣人无情。而逆反价值所主张的道德核心是“自然”，“自然”又隐含地肯定人的自然感情。显然，“圣人无情”说与逆反价值存在某种矛盾。因此，王弼又一反何晏“圣人纯乎天道，未常有情”的说法，而认为人的“感情”是“自然之

---

〔1〕 汤一介：《郭象与魏晋玄学》，第 47 页。
〔2〕 汤一介：《郭象与魏晋玄学》，第 40 页。
〔3〕 汤用彤：“王弼圣人有情义释”，载《魏晋玄学论稿》，第 72～83 页。

性”,因此圣人有情。这样就有可能把圣人所推崇的“名教”与“自然”统一起来了。[1] 何晏、王弼的“贵无”说产生在道德形而上探索气氛最盛行的玄理思辨之际,这表明道德形而上的思考从一开始就不得不把名教作为关注对象,使魏晋玄学表露出政治文化的特色。

然而,王弼、何晏的这种论证只是字面上的调和,它在理论上还很脆弱。因为全盘性价值逆反在把“无为”和“自然”作为新道德的同时,还主张破坏一切规范,并将实行某种规范视为恶的根源。这一切都指向否定纲常。于是,只要全盘性价值逆反完成了道德的再诠释,就会来临一个无为、自然这些新道德价值与名教激烈冲突的时期。名教危机表现在两个方面:第一个方面是君臣关系危机,其典型言论就是阮籍(字嗣宗,210～263 年)和鲍敬言的无君论;第二个方面是家族伦理的危机,父子关系和“尊卑”观念受到自然感情“至亲”的冲击。按余英时的说法,如果说西晋时期“君臣关系危机”通过君主“无为”和门第“自为”获得某种解决,那么,儒家合法性受挑战所导致的“家族伦理的破坏”则到了表面化阶段,它是名教和自然更深层冲突的表现。[2]

显然,逆反价值可以从两个方面消解儒家伦理:一方面,“无”指向取消规范和逃避现世,表现出激烈的反规范主义。另一方面,“自然”代表可以冲垮名教的自然欲望。人有七情六欲,人是自私自利的,视自然欲望为伦常名教的基础,其实会颠覆伦常关系。竹林时期,嵇康、阮籍的思想正代表政治文化演进的这一阶段。他们论证道:本来,人类社会应该和“自然”一样是有秩序的和谐整体,但后来的政治破坏了应有的秩序,扰乱了和谐,违背了“自然”的常

[1] 汤一介:《郭象与魏晋玄学》,第 41～42 页。

[2] 余英时:“名教危机与魏晋士风的演变”,载《中国知识阶层史论·古代篇》,(台湾)联经出版事业公司 1980 年版,第 346～347 页。

规,造成了“名教”和“自然”的对立。〔1〕这种论证很明显地把有为地实现儒家道德规范看作破坏和谐自然秩序的恶观。于是,他们提倡“越名教而顺自然”,其后果是“非汤武而薄周孔”。为了缓和“名教”与“自然”的对立,竹林七贤之一的向秀在主张顺应人的自然之性时,提出“节之以礼”,企图实现“以儒道为一”,使社会不致陷于混乱。〔2〕但现实生活中,知识阶层再也找不到遵守社会规范的道德力量。在那一个阶段,知识阶层普遍放浪形骸,以堕落为荣。他们或沉迷于穿衣打扮,闭室酣饮累日,“置甲煎粉,沉香汁之属,无不毕备”,或“以人乳饮”,〔3〕或服药行散,甚至毫不掩饰同性恋行为。中国历史上,没有哪个时期的士大夫有如他们这样纵容自己的本能欲望。在这种反对崇高的堕落中,我们却可以看到时代的真诚:他们生活的最高原则就是真诚而不做作,表现了那个时代人顺从自己本性的“自然”精神。〔4〕

如何在理论上消除名教同逆反价值之冲突?这到元康时期才找到有效的方法,就是把“自然”、“无为”的价值与“名教”分为两个互不相干的层面。必须注意,“自然”与“名教”成为互不相干的层次,并不是名理之辩所主张的外部规范和内心的道德价值的断裂。名理之辩所认同的是外在规范一定会破坏内心的道德追求。而“自然”与“名教”的互不相干,则是分别承认它们各自的合理。这一点反映在理论上,就是实现两个必要的转化:第一,不再把“有”看作由“无”生成,这样现实规范就不再是由“无”这种新道德转化而来;第二,在方法论上把作为名教的“有”和逆反价值的“自然”看成互相独立的东西。第一步由裴頠迈出。裴頠认识到,承认

〔1〕汤一介:《郭象与魏晋玄学》,第57页。

〔2〕汤一介:《郭象与魏晋玄学》,第58~59页。

〔3〕刘义庆:《世说新语校笺·汰侈》,徐震堮:《世说新语校笺·伏移》,第468~469页。

〔4〕容肇祖:《魏晋的自然主义》,东方出版社1996年版。

社会规范只能以“有”作为价值基础;于是把王弼的“贵无”一变而为“崇有”。他认为,人生必资于“有”,没有“有”就没有生,而“虚无是有之所谓遗者”,它是脱离现世的东西。这样,士大夫处理世事必资于“有”,而心应存虚无。[1] 裴頠的理论技巧是把“无”看作脱离现世的另一个层面,从而有可能调和“无”同“有”的矛盾。[2]

第二步由郭象完成,这就是“物各自造”说。郭象继承向秀注《庄子》的成果,用“得意忘言”、“寄言出意”来调和孔子和老庄的对立。他认为“庄子能知而不能行,故《庄子》书只可以为百家之冠,尚不能达到‘经’的地步,唯孔子则能行”,[3] 于是必须尊孔子为圣人。另一方面,他把“不干预”等同于不往前追溯原因,即它必须也是一种方法论上的“自然”。也就是说,郭象认为逆反价值“自然”的合理性不仅适用于人的感情和本性,而且存在于宇宙万物之中,当然也包括社会制度。郭象心目中的“无”,是要求人的思维不再追溯存在的来源与根据,视万物个体现象为其本身所固有,[4] 这就是“物各自造”

---

〔1〕 汤用彤:“崇有之学与向郭学说”,载《理学·佛学·玄学》,北京大学出版社 1991 年版,第 335 页。

〔2〕 最近,有人质疑将裴頠归类为玄学家,认为他属于儒家学者而非玄学家;进而提出裴頠《崇有论》的出现,标志魏晋南北朝儒学进入了一个新阶段。其特点是正统儒家学者也学会了使用玄学语言,并运用“辨名析理”的方法,与玄学思潮相抗衡。这为儒家在理论上的深化并建立儒家的哲学形成上学和本体论创造了条件(李中华:“裴頠及其《崇有论》新探”,载《学人》(第二辑),第 284 ~ 301 页)。裴頠是否属于儒家,以及他有没有为儒家建立形而上本体论作出贡献,可以暂时存疑;但有一点可以肯定,这就是裴頠力图在方法论层面调和道家价值与儒家的“名教”之间的冲突。正如李中华上文所论述的,裴頠的基本方法是提出“有”之所以发生和存在,并非被另一个东西驱使,而是“自生”、“自有”的。“名教”的“有”已成为和“无”不发生关系的层面,裴頠的论证已有着郭象“物各自造”的影子。难以判定裴頠究竟是儒家还是玄学家这一事实本身表明,元康时期已开始出现一些兼修儒道的人物。他们将“礼”与“无为”看成可以分开处理的两个层面,裴頠大约是当时具代表性的例子。

〔3〕 汤用彤:“崇有之学与向郭学说”,载《理学·佛学·玄学》,第 336 页。

〔4〕 林朝成:“魏晋玄学的自然观与自然美学研究”,台湾大学哲学研究所博士论文 1992 年版,第 26 页。

说。根据这种诠释,每种事物都是"独化"的,它们的存在以自己为根据,并不须借助其他事物。[1] 可以清晰地看到,逆反价值中的"无为"意义的一步步演变:它先被解释为"自然",再从"自然"进一步演变为"独化",各物的存在都是合理的,且不互相排斥。其哲学精髓就在于各物自身的存在就是合理的,[2]社会制度也一样,它一旦存在,其本身就是合理的,并不需要以别的什么为根据。郭象的"物各自造"说被广泛接受,标志着士大夫普遍将逆反价值道德核心——无、无为和自然,看作不同于名教却又可以与之并存的另一文化层面。唐长孺形象地将这两个层面并存的现象称为"礼玄双修",即玄学家往往深通礼制,而礼学家则每每兼注三玄。[3] 从此,魏晋玄学作为新的政治文化系统,消除了知识阶层信奉"无为"、"不干预"为人生价值和乱世残存的王权、门阀政治、家族伦理之间的紧张,"名教"终于在理论上和逆反价值实现了互相整合。

2.7 道德乌托邦的起源和超越意识的形成

什么是道德乌托邦——道德冥想如何使内圣与外王成为两个层面——从郭象的"内圣外王之道"到宋明理学——全盘性价值逆反和超越意识——为什么魏晋时代会出现个体的自觉。

从内容上看,魏晋玄学是将"无为、自然"等逆反价值与儒家人伦捏合起来的"道本儒末"的观念系统,但从结构上看,它的出现又是中国思想史上至关重要的阶段,从两方面对此后千余年思想发

---

〔1〕 汤一介:《郭象与魏晋玄学》,第 73 页。

〔2〕 汤一介:《郭象与魏晋玄学》,第 70 页。

〔3〕 唐长孺:"魏晋玄学之形成及其发展",载《魏晋南北朝史论丛》,三联书店 1955 年版,第 338 页。

展产生长远的影响。这就是,它是中国文化道德乌托邦和源头以及超越意识的成长。

所谓道德乌托邦,是指将道德停留在纯粹思辨层面,而不需要转化为现实行动,它几乎近于一种乌托邦式的想象存在。我们知道,通常道德价值都有极强的现实性,否则谈道德就没有什么意义。人们很难承认某种道德价值只在想象中存在而不必付诸行动。但是魏晋时期的玄礼双修,却在结构上破天荒地开创了道德乌托邦道德存在的可能性。名教是儒家道德伦理,而“无为”与“自然”是与名教对立的另一种道德。两种对立的道德又如何能并存呢?要做到礼玄双修的条件,是“无为”与“自然”仅仅停留在士大夫的冥想和形而上的思辨之中,不转化为行动,名教在现实生活中仍起作用,本来,这只是解决逆反价值与名教冲突的权宜之计,而一旦习惯成自然,就形成了不需付诸行动的道德境界。这样,只要“无为”和“自然”这些作为境界的道德,在某种历史条件下被另外一些价值所取代,道德乌托邦就有了可以不断成长的温床,如中国近代革命乌托邦正是寄托于这种结构之上的。当然,魏晋时期由于道德的内容是“无为”和“自然”,这还谈不上道德乌托邦,但它已孕育了道德乌托邦所依据的最基本思想方式,这就是“内圣外王”。

一谈到“内圣外王”,人们立即想到这是儒家道德追求的基本结构。它常被归为:“格物、致知、意诚、心正、修身、齐家、治国、平天下”八条目。然而我们必须看到,这八条目只表明个人从道德修炼开始,推己及人,由近及远,从个人到家庭,再从治国到平天下,一步步实践道德理想。在这一过程中,个人修身与实现道德规范不可分离,或者说,离开道德规范谈正心、意诚的修身是没有意义的。而“内圣外王”则将整个道德活动分成两个不同的部分,内圣实际上是思辨的精神层面,代表了道德境界,它可以仅仅是一种尚未转化为现实的想象、思辨意义上的存在;外王则代表实现道德的外在规范。“内圣外王”这种提法的出现,其前提正是将道德分成冥想境界与实践规范两个不同层面。有的学者根据孔子主张为己之学和孟子对心性的注重,认为“内圣外王”是从孔孟开始的儒者理想。[1] 但是如果把儒家作为一个占社会主导地位的思想系统,则不能否认儒家讲“内圣外王”是始于宋明理学。汉儒不讲“内圣外王”,也从未把道德看作可以与伦理规范目标相分离的精神境界。这说明,独立于规范之外的道德境界是在魏晋南北朝形成的,即“内圣外王”之出现是逆反价值与名教结合的结果。

众所周知,“内圣外王”一词最早见于《庄子·天下篇》。魏晋时期的价值逆反赋予庄子的境界具有道德性质,才有可能出现道德境界,但这种道德境界并非儒家的道德。汤一介指出,郭象注《庄子》,利用“独化”概念把“无为”与“名教”看成各自独立存在的两个层面,认为这样就可统一“内圣”与“外王”,人们只要认同它们同时存在,就实行了“内圣外王之道”。[2] 这说明正是从郭象开始,那种存在于玄想之中不必转化为行动的道德境界,获得了存在的意义和必要性。马良怀干脆把郭象的理论根据称为“上知造物无物,下知有物自造”,甚至用“内圣外王之道”来概括郭象学说的纲领,认为它是魏晋玄学发展到第三阶段的产物。[3] 也就是说,在宋明理学形成之前,儒家道德的结构相当单一,尚不存在不同于伦理规范的纯精神境界层面。由此看来,“内圣外王”的真正起源,应是魏晋时期士大夫基于逆反价值对道德的重构,恰恰是将“无为”与“名教”分成两个层面的最重要结果。数百年后,宋明理学继承这种两层次结构,在儒家道德中肯定了这种不同于外在规范的道德境界层面,从此“内圣外王”成为儒家的基本结构。

魏晋玄学的“道本儒末”的第二个重大影响,是促使中国文化的

---

〔1〕 刘述先:“论儒家‘内圣外王’的理想”,载刘述先编:《儒家伦理研讨会论文集》,(新加坡)东亚哲学研究所1987年版,第218~231页。

〔2〕 汤一介:《郭象与魏晋玄学》,第164~171页。

〔3〕 马良怀:《崩溃与重建中的困惑——魏晋风度研究》,第12页。

超越意识成长。所谓超越意识,是指人可以突破社会规范和作为其基础的意识形态局限,在它之外思考问题并寻找事物合理性根据。西方文化中对上帝的信仰常被称为外在超越,这是因为人们对上帝的信仰给出了超越现实社会制度和道德规范的更高层次的合理性。而像中国这样以道德理想作为终极关怀的文化系统,则很难出现超越意识。在这种文化系统中,道德价值等同于现实生活规范,人们几乎找不到脱离道德价值评判、不同于现实生活规范的其他合理性根据。例如在汉代一体化意识形态结构中,表面上看,以宇宙论为中心的儒学是判别个人行为和社会规范的合理性根据,好像是两个层面,但是,"天人合一"与"道德价值一元论"使得意识形态中价值合理性直接等同于社会规范的合理性,它将个人定了为社会规范乃至宇宙秩序凝铸成一个完整和谐的道德实体。

魏晋南北朝时期,上述情况有了很大转变。裴頠的"崇有"、郭象的"独化"成为普遍的思想方法,汤用彤称为"现象多元论"(phenomena pluralism)的出现。[1] 正如"独化"一词所形象表明的那样,"名教"同"无为"分成两个不同的层面,它们互不干扰,各以自身作为存在的合理性根据。这种观念一旦成为普遍心态,就意味着士大夫成为认同两种道德价值的二元论者。"独化"反映在社会结构中,就是在社会组织规范之外有两个观念系统:一个是社会规范合法性的意识形态根据——名教,另一个是名教之外的价值思想系统,它以逆反价值无为、崇尚自然为核心。本来,在汉代一体化结构中,意识形态和社会政治处于强耦合状态,文化思想不可能独立于政治的。魏晋玄学形成之后,原来和社会组织紧密耦合的文化系统已分成两部分,名教这部分依然和社会组织耦合,并以"无为"、"自然"为价值核心的观念系统,这一脱离现实的部分则变成名教背后的层面。这种分离十分重要,它意味着有相当一部分的思想和文化从担负社会

---

〔1〕 汤用彤:"崇有之学与向郭学说",载《理学·佛学·玄学》,第342页。

整合功能的重荷中解放出来。正因为这一时期的文化可以不受社会整合需求的钳制,它就成为一个思想解放和积极接受外来宗教并孕育发展自身宗教的相当活跃的特殊时期。

正是在这一时期产生了中国历史上前所未有、甚至是独一无二的文化现象和作品。魏晋玄学对文学、音乐、绘画方面的影响,是多方面和具体的,这一时期,犹如以剧中的“变脸”,从迷信僵化、皓首穷经的老人,返老还童为性灵活跃、标新立异的青年。[1] 中国历史上没有哪个时代如同魏晋那样少年才子辈出、蔚为思想史大家,也没有哪个时期像魏晋那样注重衣饰和语言的华丽。文学批评名著《文心雕龙》就是用对仗骈文写成的。广大士人从社会家庭中走出来,发现了山林、花草虫鸟的自然美和价值,开拓出既不源于宗教也不源于社会的中国山水画、文人画以及书法的独特传统。[2] 有人把魏晋南北朝文化思想的解放,视为人的觉醒,[3] 甚至是中国历史上再次出现类似于春秋战国时代的百家争鸣和多元化时代。钱穆将其概括为“个人自我之觉醒”,[4] 余英时称为“士之个体自觉”,它有别于汉代的“士之群体自觉”。[5] 实际上,文化思想解放只是超越意识出现的副产品。因为,当时社会笼罩着以

---

〔1〕 汤用彤:“崇有之学与向郭学说”,载《理学·佛学·玄学》,第349页。

〔2〕 王瑶就分析了士大夫怡情山水与热衷玄学的联系(王瑶:“玄言、山水、田园——论东晋诗”,载《中古文学风貌》,(香港)中流出版社1973年版,第59~83页)。余英时用内心之自觉来分析魏晋大士人的山水之美与哀乐之情的相互交织(余英时:“汉晋之际士之新自觉与新思潮”,载《中国知识阶层史论·古代篇》,第262页)。晓风和蒋述卓也讨论过玄学和佛教如何推动“山水诗”的兴起(晓风:“山水诗研究纵览”,载《语文导报》1987年第3期;蒋述卓:《佛经传译与中古文学思潮》,江西人民出版社1990年版,第58~88页)。

〔3〕 金钟美:《天、人和王充文学思想——以王充文学思想同天人关系思想的联系为中心》,社会科学文献出版社1994年版,第4页。

〔4〕 钱穆:《国学概论》(上册),商务印书馆1933年版,第150页。

〔5〕 余英时:“汉晋之际士之新自觉与新思潮”,载《中国知识阶层史论·古代篇》,第205~327页。

“无为”为道德核心的价值，士大夫抛弃忠君意识和个人功名，不再拼死相争、效命于社稷，他们在玄学的思辨中发现思想和文化本身有独立于社会之外的意义。也就是说，虽然知识阶层在现实生活中仍有相应的道德伦理，不同的只是他们可以脱离社会、家庭来思索道德的合理性，并把这种凡现实即合理的精神和伦理制度区别开来，承认并思索万物如何以自己作为存在的理由。正因为如此，我们可以说，只有到魏晋南北朝时期，中国才发展出一种独立于社会人伦的思辨精神。

2.8 常识理性是如何成熟的

常识合理精神的出现及其两重含义——自然存在的合理性与人的自然感情的合理性——自然存在即合理与常识理性——常识成为判断一切合理性的最后标准——先秦道家、儒家中已有常识合理倾向——常识合理精神在隋唐时期的成熟——佛教基本立场与常识理性冲突——佛教加强了中国思想的超越性——魏晋求长生、服散与常识理性的关系——有神论和宗教超越性与常识理性的冲突。

魏晋玄学是中国文化历史结构形成中的一个重要阶段，不仅道德乌托邦的出现对今后中国文化发展有着极重大的意义，而且因为超越意识塑造了有别于直接和社会组织耦合的观念系统的另一个文化层面，并终于在这一新层面孕育出一种中国文化特有的思想方法，这就是常识合理精神。所谓常识合理精神有两重含义：第一，不去追问自然现象常识背后的原因；第二，视感情方面的常识为天然合理，即把人人都具有的自然感情（或人之常情）当作合理性终极来源。它们是沿用“独化”和“物各自造”的逻辑得出的结论。魏晋士人认为万物各自独立存在都是合理的，并用它来支持门阀政治和家庭伦理的意识形态基础——名教。这种“存在即合理”、对现实生活的承认主义,表面上看是一种软弱的人生态度;但是,当“物各自造”的原则运用于思想和思辨,并成为脱离与社会组织直接耦合的观念系统之外的后设层面时,其意义就完全不同了。它等于是说,在中国文化中出现了一种超越于意识形态之外的理性精神。

把自然存在就是合理这一原则用于人的感情,就是肯定的人自然感情的合理性。什么是人的自然感情?“自然”反对人为的扭曲和做作,自然感情应包含人的各种本能和欲望,如饮食男女等。另外,自然感情也代表把人从各种外在的(通常是社会的)强制和束缚中解放出来的感情。本来,儒家意识形态中特别是在先秦儒家之中,已有视人的自然感情为合理的因素,但儒家意识形态把道德规范与社会制度合一,遵守社会规范又具有强制性,因此一体化结构中要求对纲常名教伦理道德的强制性服从,常常压倒人的种种本能和欲望。在中国这种以道德为终极关怀的文化系统中,要承认人的自然感情合理,必须先出现一种允许自然情感可以和伦理相对独立的结构。因此,只有到魏晋南北朝后,主张“独化”和“物各自造”的现象多元论,成为肯定自然感情合理的基本结构,人的自然感情的合理才得到普遍肯定。一方面,道家的价值核心“自然”成为道德的基础,另一方面,人有可能超越现存社会规范,在肯定社会道德规范合理的同时,认同解除种种社会强制性束缚后的自然情感价值。

把自然存在即合理的原则运用到知识论方面,就是主张常识合理。常识是指人们在日常生活中天天经历或感受到以至于熟视无睹的现象或经验。常识又可以分为自然现象常识和社会常识。在常识合理的支配下,对自然现象常识而言就是承认它是“独化”的,不必追溯这一存在或现象的原因,即视常识为本来如此,不需加以解释的东西。社会常识是那些和人的行为有关、人人知晓并遵行的行为模式,在中国,其合理性就是符合道德伦理。这样,常识合理精神处理社会常识的原则,并不是不追究社会常识的原因,而是把那些合乎道德价值的社会常识看作具有人生的终极意义。换言之，既然人们视道德为人生意义的最终合理性，那么就不需要有如上帝那样的超越俗世道德伦的根据。这种思想方法推广到整个常识领域中去，正是视常识为天然合理的精神。

既然常识和人之常情具有不需要追溯根据的最终合理性，那么理论思维的方向就不是去论证常识为何如此，而是把它们看作如同科学体系中的公理那样自明的出发点，并用它们来论证人的种种行为和观念价值系统的合理性。也就是说，常识不仅是建构整个观念大厦的基石，甚至是批判反思意识形态和社会规范合理性的最后标准。这种从人们每天接触但熟视无睹的自然现象、社会行为出发的常识合理精神，一方面使中国人不可能像西方人那样去思索苹果为什么下掉、而月亮却不会落到地上这类问题，不去追究常识现象后面隐藏的无穷自然之谜，[1]但另一方却在人类历

---

〔1〕 我们在20世纪80年代研究中国科学史时，就碰到这个问题。我们认为，中国古代的有机自然观正是以常识合理为基础。由于中国文化坚持常识合理，对那些常识与科学解释重合的自然现象（如化石和虹的成因），中国人比西方人更早排除了迷信和神秘主义，达到了近似科学的解释。但是，不追溯常识背后的原因，也抑制了近代科学在中国文化中的产生。例如，重物下落是自然常识，古希腊哲学家早就问及重物为何下落的问题，亚里士多德哲学对此有专门解释。在西方，不断求索这个问题的力学发展的内在功力。中国人在历史上从未提出过这类问题，其原因正在于视自然常识为天然合理、不需要进一步追究的心态。西方基督教文化中，也不把常识当作自明而不需解释的东西。正如有的研究者指出的，喀尔文教认为“自然神奇的设计”（the wondrous contrivance of nature）能证明上帝的荣耀，某种现象愈惊人，它对神明的贡献便愈大。正是基于这种心态，喀尔文教较易接受哥白尼学说[Edward Rosen, “Calvin's Attitude toward Copernicus”, *Journal of the History of Ideas*, vol. 21 (1960): 431 – 41]。中国文化虽不利于近代科学的产生，但一旦将科学等同于近代常识，科学在中国文化中将比西方文化中更具不可动摇的合理性。基督教文化和中国文化分别代表了两种不同方向。在基督教中，道德作为人的社会行为合理性原则，是来源于上帝的，即道德规范本身不具有终极的价值；而儒家文化一开始就把道德本身当作价值最后来源。因此，我们认为常识合理不仅概括了中国文化特有的思想方式，同时也包含了中国文化以道德为终极关怀这一特点，它代表了中国文化特有的精神取向。

史上开启出不同于西方甚至于世界其他文化的中国文化理性主义的全新方向,视人的现世生活和欲望是合理的大人文精神。

其实,早在先秦道家和儒家中已具备视常识和人之常情为合理的因素。老子说“人法地,地法天,天法道,道法自然”,把“自然”作为合理性终极来源,即对自然现象之常识不必追问原因,它的存在本身就是答案。又例如,孔子用人对父母的自然感情来作为孝道之根据,对鬼神敬而远之,重视日常人伦和以中庸为智慧等,都表现了视常识和人之常情为天然合理。但是,我们之所以说常识理性是在魏晋时期确立的,不仅是指先秦哲学中常识合理倾向在这一时期充分发扬光大,由涓涓细流汇成有固定河道的江河,而且还指常识合理和人之常情合理已成为能超越意识形态之外的独立新文化层面,它是反思世界和社会最终合理性的根据,甚至是建构观念价值系统和意识形态的前提。显然,用这个标准来看,先秦思想中视常识为合理的倾向,尚不足以构成常识理性。因为道家思想中,“自然合理”与“无为”不能分离,而孔孟对宇宙论又不感兴趣。先秦儒家没有“天人合一”结构,常识合理和人之常情合理尚未成熟为论证万物的理性精神。

更重要的是,在魏晋玄学之前,中国文化尚未形成双层面系统。常识合理和人之常情合理不可能独立于儒家意识形态之外,常识合理原则同儒家的基本价值不能互相分离。这时,视人之常情为合理之根据是从儒家伦理中推出的,它只是儒家把道德当作终极价值来源这一基本信条运用于道德领域之外的非意图结果。典型的例子是孔子答宰我问三年之丧。宰我的问题是三年之丧时间太长,是否必要？孔子则用君子在居丧期“食旨不甘,闻乐不乐,居处不安”来说明为什么要居丧三年,并反问宰我:如果不用三年时间他能心安吗？宰我答可以心安理得,孔子就说他不仁。孔子的逻辑是先肯定道德规范(三年之丧)的合理性,再把推出与这种规范相联系的人的自然之情(如食旨不甘等)的合理性。宰我认为父母亡故三年内他可心安理得地享受，这种心理状态离开了道德规范，孔子就认为不仁。此例可见，在孔子那里自然感情的合理性尚不能同道德规范合理性分离。另一个例子是先秦儒学对鬼神敬而远之的看法。先秦儒学不重鬼神迷信的主要原因，并不是由于人们认为鬼神与人的生活常识相违，而是因为儒者把人的道德伦理放在第一位。及至汉代，由于"天人合一"的需要，儒家学说把道德内容注入天人感应理论，这时，常识合理就被天人感应说压倒。这时虽然汉儒仍推崇道德是一切价值终极来源的基本信条，常识合理又与道德不可分离，但天人感应支配下对灾异鬼神的迷信就愈演愈烈，常识合理精神也就会被"天人合一"的意识形态所掩盖。这样，我们可以理解先秦儒学不迷信的特点为什么到汉代就不能持续下去。

只有到魏晋南北朝时期，视人之常情及常识为合理的精神通过魏晋玄学的"独化"，才终于与儒学意识形态分离开来，成为意识形态"名教"背后的独立理念。那么，我们是否可以讲，这时中国文化已经具备了常识理性结构呢？也不能。事实上，只有到隋唐以后，中国士大夫才真正找到对抗迷信的思想武器。大量历史事实表明，隋唐之后，每当官方意识形态出现过分迷信或丧失常识理性时，就会有一些儒生用常识合理对意识形态批判和重构，遏止迷信的泛滥。[1] 也就是说，虽然在魏晋时代常识合理原则已与意识形态分离，但它作为一种对抗迷信和神鬼的理性精神要等到隋唐之际才真正成熟。为什么会这样？关键在于，常识理性作为中国文化基本结构，除了承认常识和人之常情天然合理外，还需要一个基本的前提，这就是必须在道德上肯定现世具有终极意义和合理性，即知识阶层必须是入世的。但魏晋南北朝时期的常识合理原则是

---

〔1〕 金观涛："中国文化的理性精神及其缺陷"，载刘青峰编：《历史的反响》，香港中文大学中国文化研究所1990年版，第166～170页。

与魏晋玄学共生,支配其方向的是逆反价值。“无为”作为一种个人道德,虽不同常识理性相悖,但只要它同佛教结合,便同常识理性肯定现世的方向背道而驰了。

佛教除了其深邃的思辨与常识理性有一定距离外,它会在两个基本立场上与常识理性发生冲突。第一是舍离世界的根本人生态度。常识理性从认同常识合理进而肯定日常生活的意义,而佛教最终目标是证明此世虚幻使人舍离此世。知识阶层只要从“无为”的修身走向否定世界,常识理性也就不复存在。佛教第二个可能有违常识理性的立场,是它对解脱成佛的渴望,由佛性论很容易走向灵魂和有神论。如果严格遵循佛教的逻辑,把寻求解脱的道路限定在主观世界的去除欲望,即严格地锤炼“一切法空”的思辨,佛教是理性的,也根本推不出灵魂和神通。但是,只要稍微允许主体的客观化,即思辨者离开个人欲望和主观世界谈一般的解脱,讨论人脱离欲望达到客观的般若和成涅槃状态,主体就会变为如同灵魂那样的东西了。特别是佛教基本教义十二因缘说,人在盲目欲望支配下顺着“无明、行、识、名色、六入、触、受、爱、取、有、生、老死”的因果程序轮回,主体就极易被理解成脱离肉体的灵魂。对佛教稍有误解,将其客体化就会马上堕入有神论,而同常识理性格格不入。因此,当佛教传入中国并大行其道,就会掩盖魏晋玄学中的常识理性。

我们在2.4节宏观地概述了中国文化吸收佛教的过程,指出从思想演变的内在理路来看佛教在中国传播,实际上是知识阶层根据中国思想变迁的内在需要对佛教进行创造性重构的过程,这使得外来思想的冲击不可能在实质上改变中国思想自身演变的逻辑。但是,外来思想却可以根据自身的特点,强化演化中的某些环节,从而影响演化过程。那么,佛教的传入在何种程度上干扰了魏晋南北朝时期中国思想自身的变迁?我们认为,除了提供中国文化中相对稀缺的思辨资源外,佛教作为外来思想对超稳定系统的第一次冲击,其最大贡献是加强了中国思想的超越性。但与此同时,宗教超越性的直接后果是阻碍常识理性之形成,即舍离此世的思辨,消解了知识阶层的入世意志。更严重的是,对成佛的追求导致有神论盛行,灵魂不灭、长生不老藉佛教大肆泛滥。

“凡人必有死”是一种常识,常识理性以人每天所见的东西为合理,势必视长生不老为虚妄,并对神灵怪异、迷信法术抱怀疑态度。在追求长生不老和迷信的寒风中,常识理性是不能长成参天大树的。魏晋南北朝时期,即使没有佛教对有神论的推波助澜,知识阶层热衷于追求长生不老也足以破坏常识理性。汉代相信天人感应,导致迷信盛行。东汉以后,价值逆反以“无为”为新道德,但迷信气氛不仅没有丝毫减退,反而更加浓厚。这是因为价值逆反过程并没有割断天和人之间的神秘联系。本来,在汉代天人感应学说中,只有帝王才能体现天的道德。在魏晋时期,每个人只要以“无为”作修身目标,就能模仿上天,达到与天地合一,成仙得道,长生不老。与魏晋玄学中道德追求形而上学化并行不悖的是民间道教的迅速形成及兴起。无论是道教还是魏晋玄学,都沉浸在极其浓厚的天人相联的神秘迷信气氛中。例如,东晋初年孙恩起义,以“五斗米道”为号召,“东南八郡,一时俱起”,“众数十万”,“自号征东将军,号其党曰:‘长生人’”。“相率聚于会稽,其妇女有婴累不能去者,囊簏盛婴儿投入水而告之曰:‘贺汝先登仙堂,我寻后就汝’”。至孙恩失败,“乃赴海自沉,妖党及妓妾谓之‘水仙’从死者百数”。〔1〕当时士大夫热衷于服药行散,目的也是追求长生不老。嵇康曾这样说过:“夫神仙虽不目见,然记籍所载,前史所传,较而论之,其有必矣;似特受异气,禀之自然,非积学所能致也。至于

---

〔1〕房玄龄:《晋书·卷一百·孙恩传》(第八册),中华书局1965年版,第2632～2634页。

导养得理,以尽性命,上获千余岁,下可数百年,可有之耳。"[1]寒食散本是一种毒药,据说服后能使人"神明开朗",五百年间因服寒食散死亡的士人数以万计。可见当时追求神明开朗、长生不老的泛滥。[2]

在这种背景中,佛教的传播无疑进一步强化了本来已十分迷信的气氛。从慧远(334~416)的"法性论"到竺道生的涅槃佛性思想,再到梁武帝萧衍的"真神说",我们可以看到中国式佛教的成长是佛性与神我、灵魂的混同连在一起的。南北朝时很多士大夫的迷信是如此执著,以至于范缜(字子真,约450~510年)不得不挺身而出,写《神灭论》以捍卫中国文化无神论的大传统。近人在谈到范缜著《神灭论》引起梁武帝下令写文章围攻的事,总是指出此事影响之广与其思想深度不相称。从思想深度上讲,《神灭论》所讲的不过是常识,比魏晋时代的崇有论和贵无论之争肤浅得多。但是从社会影响和涉及面来讲,神灭和神不灭的论战比前者更广泛。[3] 在中国思想史上,范缜著《神灭论》及其引起的争论的意义正在于:它反映出南北朝时期有神论的泛滥和宗教超越性与正在成长中的常识理性的冲突。

在科学不发达的古代,完全依靠常识理性来驱除有神论和迷信是不可能的。常识理性的进一步成长,还必须依赖社会普遍价值自身的转化,这就是人们的终极关怀再次从舍离此世的宗教转向入世,并且用重视人伦和实际来廓清迷信妄想。这一转化实际上是通过南北朝后期儒学再次兴起实现的。儒学的复兴使得中国社会又一次获得整合辽阔农业社会、建立大一统帝国的组织力量。

---

[1] 嵇康:"养生论",载《诸子集成补编三》,四川人民出版社1997年版,第149页。

[2] 王晓毅:《放达不羁的士族》,陕西人民出版社1989年版,第122~141页。

[3] 张东荪:"中国哲学史上佛教思想之地位",载《中国哲学思想论集——两汉魏晋隋唐篇》,(台湾)牧童出版社1976年版,第354~358页。

随之而来的是隋唐盛世,常识理性正是在这一时期成长为中国文化的深层结构。

2.9　中国文化的三个不同层面

儒学的兴起与中国社会的再整合——常识理性与全盘性价值逆反的关系——常识理性的成熟是中国文化第一次融合外来文化的结果——意识形态的后设层面——改造世界的起源——“肯定世界”与“常识合理”的不同——韦伯的误解——现代思想的另一个重大特征是理性化——为什么中国文化的理性化比西方要早。

经过三百年左右的民族融合,南北朝后期,大量迁入中原的少数民族接受了汉族文化。在长期共同生活中,他们在文字语言、基层家族组织等方面和汉人已几无差别。我们在本章一开始指出:少数民族的干扰是东汉灭亡后一体化结构破坏的重要原因,当时汉民族在北方地区丧失了人口优势,使得一体化结构三层次良好整合状态不可能建立,而儒家意识形态的道德理想也成为不可欲的。南北朝后期,随着民族融合的初步完成,儒家意识形态的社会目标和道德理想又成为可欲的了。儒学的复兴壮大和中国的重新统一是同步和互相加强的过程。

在整个魏晋南北朝时期,南方士人长期陷于玄学和佛教,难以自拔,北方少数民族政权情况则有所不同。随着战乱平息,政治日趋安定,保留在北方大家族内的儒学开始复兴并成为社会文化教育的主流。统治者很快认识到儒学和儒生在统一中国建立霸业方面的功能。五凉政权对儒学表现出极大的热忱,兴办学校,倡导儒学,重用儒生,把儒家经典列入官学。拓跋焘灭北凉后,继承了尊儒传统,将不少儒生迁徙京城,为北魏制定律令,儒家经典慢慢恢复其设计社会制度的功能。继北魏以后兴起的北周，更是大张旗鼓地尊孔复古，国号定为周，就是想复西周之古，把儒家经典《周礼》作为理想的社会制度和大一统的理论根据。继北周后的隋，终于结束长期分裂割据的局面，实现了大一统。隋朝宣布实行科举制，用熟读儒家经典作为选官标准，儒学再次成为官方意识形态。[1]

分析隋唐帝国的兴起，我们可以看到社会结构的演变和秦汉帝国之际十分类似，这是一个儒学成为官方意识形态并同政治社会结构耦合成如图 1.1 所示的一体化结构的过程。但是，就文化和意识形态而言，两者有一个重大差别，就是随着魏晋玄学中的“无为出世”和向往长生的迷信被入世精神驱散，人之常情合理和常识合理精神终于从玄学的价值体系中剥离出来，转化成一种常识理性。常识理性的出现意味着一体化结构中与政治社会耦合的意识形态之外，又多了一个文化层面，它可以作为建构整理意识形态的方法和基础(图 2.2)。

常识理性的成熟是中国文化第一次融合外来文化的重大结果。常识理性的形成，与魏晋时期出现的全盘性价值逆反有密切而微妙的关系。只有通过全盘性价值逆反，中国文化才能出现一个既在意识形态之外又是终极合理性依据的新文化层面。但是，由于全盘性价值逆反不能提供社会整合所必需的意识形态，第一次融合的最后结果只能是儒学恢复可欲性，重新成为官方意识形态。儒学经历了否定之否定的过程，常识理性才成为意识形态后设层面。虽然视常识与人之常情合理还是先秦儒家文化的基本要素，但由于它们不能独立于道德价值而存在，所以常识理性形成的第一步是儒家意识形态的不可欲，使常识合理从儒家意识形态中分离出来，并寄托于逆反价值中不断成熟。但仅仅是逆反价值，没

---

〔1〕 金观涛、刘青峰：《兴盛与危机——论中国社会超稳定结构》，第 227 页。

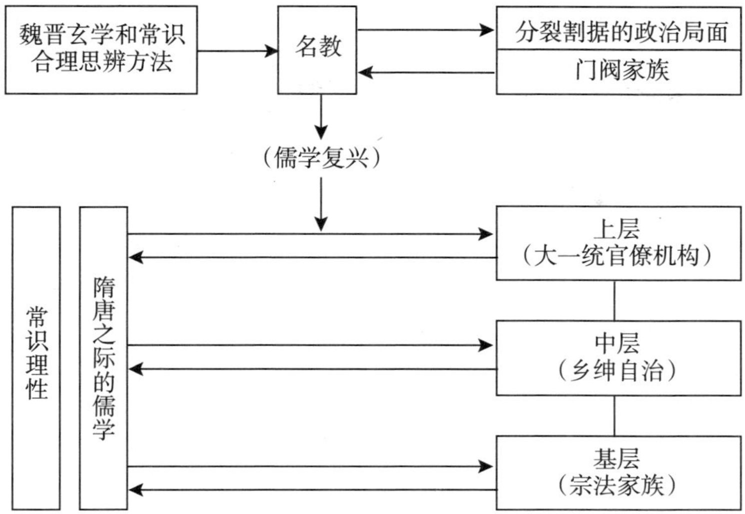

图 2.2 中国文化深层结构的形成

有肯定现世的精神，作为方法论的常识合理仍不足以成为一种新的理性；所以第二步需要对逆反价值再否定，儒学恢复可欲性，肯定现世的精神同常识合理结合，常识理性才得以成熟。

一旦常识理性成为意识形态的后设层面，从此意识形态和政治文化的发展便不能离开常识合理的轨道。它对文化的理性化和近现代转型产生了持久而重大的影响。我们知道，近现代观念和古代观念的一个重大差异，就是主张人应该去改造世界。学术界认为，西方近代改造世界意识的起源，除了和近代科学有关外，主要是由宗教改革所导致的基督教入世转向。基督教一直对世界持否定态度，宗教改革之前，这种否定主要表现为对现世的冷漠。而在新教精神中，人只有在入世苦行中才能获救，基督教的否定世界就从对天国的向往转化为将世界客观化以至统治世界。在中国，一旦常识合理成为意识形态的后设层面，人在改造世界方面所持的信念就同基督教文化完全不同了。最早发现这一点的是韦伯。韦伯注意到儒家入世的（innerworldly）道德伦理，同时也发现中国人视自然存在为天然合理的精神。他认为儒家思想把现实世界视为是“所有可能的世界中最好”的和从“基本的罪恶”中摆脱的世界。据此他得出结论:儒家文化对待世界的态度是顺从和适应,而不是去改造。〔1〕哈贝马斯进一步发挥韦伯的论述,把世界上各文化对世界的评价分成“否定世界”与“肯定世界”两类,而寻求拯救或确信世界的途径也有“积极的”和“消极的”两类,这样他得到表2.1所示的四种理想类型。这四种类型中,唯有新教是既否定世界但同时又持积极行动的态度,韦伯、哈贝马斯认为这是西方近代统治世界这种价值理念的来源。〔2〕

表2.1　对世界态度的四种类型

寻求拯救或确信世界的途径 / 整个世界的评价	积极的:禁欲主义或入世(Vita Activa)	消极的:神秘主义或思想(Vita Contemplativa)
否定世界	统治世界: 犹太教 基督教	逃遁世界: 印度教
肯定世界	适应世界: 儒教	世界直观: 希腊形而上学

资料来源:Jürgen Habermas, *The Theory of Communicative Action*, vol. 1, *Reason and the Rationalization of Society*, trans. Thomas McCarthy (Boston:BeaconPress,1984),211.

---

〔1〕韦伯:《中国的宗教:儒教与道教》,简惠美译,(台湾)远流出版事业股份有限公司1989年版,第306~317页。

〔2〕哈贝马斯指出:“对世界的弃绝只有当它与某种入世积极主动的生活相关联不趋向消极被动地遁离世界时,从伦理学态度看来,才会使世界客观化具体化。”他藉此说明从“神秘主义的弃绝世界”转向(versus)“禁欲主义的统治世界”是如何发生的[Jürgen Habermas, *The Theory of Communicative Action*, *vol.* 1, *Reason and the Rationalization of Society*, trans. Thomas McCarthy (Boston: Beacon Press, 1984),207]。

韦伯的目的是想通过比较宗教来理解为什么只有西方基督教文明孕育了近代科学和资本主义精神,并论证为什么入世的中国文化不可能产生改造世界的心态。如果我们把改造世界仅仅局限于改造自然界,韦伯和哈贝马斯的上述分析就完全正确。然而,一旦把改造社会也看作改造世界的一部分(而且是更重要的部分),韦伯断言中国人只是顺应现实生活,那就大错特错了。众所周知,秦汉以来,中国人一直是用儒家意识形态提供的理想社会蓝图来改造社会的,否则我们便不可能理解,为什么只有中国可以建立大一统的农业帝国。特别在宋明理学产生之后,儒生特别强调"教化世界",这更是改造世界的巨大力量。韦伯误解中国文化是由于他把常识理性与儒家入世精神混为一谈,更不了解常识理性只是意识形态的后设层面。在对自然现象的态度上,常识理性认为常识最终合理,自然界的秩序既不需要深究,也不必改造。但在对待社会上,常识理性是通过意识形态和社会发生关系的。所谓意识形态后设层面,是指人可以超越社会规范和意识形态价值系统,去思考合理性时所依据的价值标准,它与人是否注重在道德伦理上去改造世界无关。常识与人之常情合理只有通过重构意识形态(或反思意识形态)才和社会组织发生互动。在一体化结构中,决定人们对世界采取改造还是顺从态度的是意识形态蓝图。因此,中国文化视常识和人之常情天然合理,并不能推出韦伯所说的儒家认为现实世界最好而不去改造世界的结论。中国文化对现实世界的态度,远比韦伯和哈贝马斯所讲的复杂。常识理性成为意识形态的后设层面,使得中国文化不可能最先孕育出科学精神和改造自然心态,但却可以在意识形态层面孕育革命乌托邦。中国近代的科学主义勃兴和对乌托邦社会工程之推崇,均与常识理性推动下宋明理学结构形变有关。

除控制世界外,现代思想的另一个重大特征是理性化。常识理性成为政治文化的后设层面,意味着常识合理同人之常情合理成为意识形态合理性的最后根据。意识形态必须将这两个标准贯彻到一切方面实现所谓理性化。由于这两个合理性终极标准是中国文化特有的东西,它们是第一次融合的结果。这样中国文化的理性化不仅在性质上和西方近代不同,而且理性化出现的时间也比西方早,它从隋唐时期一直延续到宋明。第一次理性化是通过意识形态后设层面、意识形态和社会规范三个层面复杂的互动展开的,其后果是塑造了中国文化受到西方文化冲击之前所独有的理性结构。研究这独特的理性结构以及它形成的过程,无疑是讨论中国文化在西方冲击下进行第二次融合的前提。

第三章　理性化以及意识形态再塑造

只有一种东西比人类的思想史更有趣，那就是民族的思想史。

——泰勒（Moses Coit Tyler）

3.1　隋唐时期的文化

佛教顺应常识理性的自我调适——禅宗四大教义与人之常情天然合理——中国佛教各宗派的兴衰——隋唐儒学入世精神对“无为”及有神论的遏制——常识理性与儒学的紧张。

为了分析中国文化的理性结构，必须研究常识理性对儒学的改造，特别是从隋唐时期开始常识理性与文化思想的关系。一谈起隋唐时期的中国思想文化，人们就会产生这样一个疑问：当时官方意识形态是儒学，但是为什么隋唐儒学内容平淡且在思想史上不具重要性，而在社会上搞得轰轰烈烈、有声有色的却是佛教与文学艺术？确实，正是在隋唐两朝，中国佛教思想有了极大发展，那些有别于印度的中国佛教宗派盛极一时,完全取代了南北朝时占主导地位的佛学思想。我们认为,隋唐佛教的千姿百态与儒家的平淡,恰恰是因为常识理性对文化的改造。常识理性强调的入世精神与儒家相一致,但却与佛教舍离此世的价值取向相矛盾。因此,只要常识理性成为中国文化的深层结构,它对文化的改造首先是指向和它对立的佛教,迫使佛教尽可能消除与常识理性的矛盾。

唐代宗教最重要的变化,就是佛教出现了入世转向。[1] 显而易见,入世转向的实质含义,正是指佛教不得不顺应常识理性对现世价值的肯定而作出自我调适。隋唐之际的寺院拥有大量地产,和世俗地主一样直接从事世俗经济活动,[2]甚至办商业、开旅店,建立类似于银行的存付钱帛机构。[3] 中国佛教的入世不仅表现在寺院从事这些印度佛教徒不可思议的世俗事务上,更重要的是佛教教义的巨大变化。最典型的例子是慧能对禅宗的改造,世称六祖"革命"。禅宗教义有四:一曰"见性成佛",认为"不悟,即佛是众生;一念悟时,众生是佛";[4]二曰"定慧不二",主张"理性"与"意志"统一;三曰"无念、无相、无往",高度强调主体性;四曰"不依经论",视一切经论文字为多余。[5] 分析这四方面的内容,可以看到禅宗对佛教的改造正是使其与常识理性尽可能一致。我们在2.5节曾指出,自从般若空宗衰落以后,中国佛教流派大多是心性论式的,其修身模式与"道德价值一元论"同构。而禅宗的四大教

---

〔1〕 余英时:《中国近世宗教伦理与商人精神》,(台湾)联经出版事业公司1987年版,第17页。

〔2〕 张弓:"中国中古时期寺院地主的非自主发展",载《世界宗教研究》1990年第3期,中国社会科学出版社。

〔3〕 谢重光:"晋唐寺院的商业和借贷业",载《中国经济史研究》1989年第1期。

〔4〕 《六祖坛经·般若品》,(台湾)佛光出版社1979年版,第70页。

〔5〕 劳思光:《中国哲学史》(二),(台湾)三民书局1981年版,第330~334页。

义,无论是“见性成佛”,还是“无念、无相、无往”,都是强调从人人具有的日常感情和智慧中去寻找解脱之法,这恰恰是把常识理性中人之常情天然合理,加到类似于“道德价值一元论”的思想方式中的结果。另一方面,既然人人自明的日常智慧和情感中已包含解脱之法,那么,成佛不需要读什么经典,一切文字都是多余的。只要做到定慧不二,去发现内心已有的解脱之法,并让向善意志指向它,人就可以顿悟了。这里把佛性变为人人皆有之向善之心,甚至是中国人所常讲的“平常心”,并把这种内心解脱和平常心之涌现称为顿悟,无疑是常识理性中视人之常情天然合理在佛教上强有力的投射。更重要的是,禅宗还发明了不离世间的自性自度解脱论,主张“若欲修行,在家亦得,不由在寺”,这是佛教界前所未有的惊天动地革命。本来,最集中表现佛教舍离此世价值趋向的是出家,禅宗却认为成佛不必出家修行,只需在世俗生活中寻求自我精神解脱。从佛教角度讲,这已经是对常识理性的入世精神最大限度的肯定了。

事实上,详细分析唐朝中国佛教各宗派的变化,与其说它们普遍出现了入世转向,还不如说强大的不可抗拒的入世精神对形形色色佛教流派的筛选,顺之者昌,逆之者亡,最后只有顺应常识理性的宗派能保存下来。一位学者将隋唐之世佛教演变分为四个时期:第一期从公元581~667年,这是大一统帝国刚建立,各宗派纷纷创立的时期;第二期是公元668~755年,唐朝在此时达极盛状态;公元756~845年为第三期;公元846~906年为第四期。据他统计,十大佛教流派在这四个时期在风尚方面以及广义和狭义的影响力如图3.1(1)、3.1(2)、3.1(3)所示。这三组图中每种可分为(A)、(B)两项,(A)是对各佛教流派影响力的宏观比较,(B)是第一期那些影响力在10%以下宗派影响力的变迁。从图(A)显然可见,无论是风尚方面对社会的冲击,还是广义和狭义的影响力,这十大流派中唯有禅宗影响持续上升,最后占绝对优势。而图(B)

趋势表明,那些在第一时期影响力在10%以下(图3.1B)的宗派,大多随时间推移,影响力不断下降以至完全消失。[1] 因此,我们可以说,隋唐以后,禅宗成为中国知识分子佛教信仰的主要(几乎是唯一的)形态,其原因正在于常识理性对佛教的改造。

隋唐时期,执行大一统帝国一体化整合功能的是儒家意识形态。由于儒学在基本价值取向上同常识理性一致,当时常识理性尚没有根据自身的逻辑重构官方意识形态。正如余英时所指出,唐代儒学只是南北朝以来章句之学的延续,即它只是官方政治文化,同当时中国人的日常生活脱节。[2] 这一时期的儒学,主要是顺应大一统的需要迅速崛起。南北朝中后期,儒学首先复苏汉代古文经学,再经少数民族政权统治者的大力提倡,最后借政权力量重新笼罩整个社会。在儒学积极入世精神主导下,魏晋南北朝以来主导社会的"无为"价值和有神论迅速衰退。常识理性形成,可以说是同儒学复兴以及入世精神冲垮魏晋南北朝主导文化系统同时产生的。

正因为常识理性和儒家是共同成长的,唐代儒生普遍把儒学当作代表常识理性所支持的入世精神的学问。在很多人心目中,儒学应是一个大口袋,包罗了入世精神所指向的一切领域,即不仅涵盖经学的诗、书、礼、易、春秋,还包括其他内容,如"射、御、数"。《颜氏家训·杂役》就把算术、历法等自然科学也当作广义的儒学,[3] 儒学范围远远超过汉代。唐代诗歌的高度繁荣,正是常识理性感性地指向儒学的整体表征。常识理性作为一种倾向早就存在于先秦儒家中,孔子就把日常生活的感情表达——"诗"看作天然合理,并将其视为作为生活哲学和道德哲学的组成部分。到了唐

[1] 颜尚文:《隋唐佛教宗派研究》,台湾师范大学历史研究所1980年版,第249~294页。

[2] 余英时:《中国近世宗教伦理与商人精神》,第43页。

[3] 程方平:《隋唐五代的儒学》,云南教育出版社1991年版,第33页。

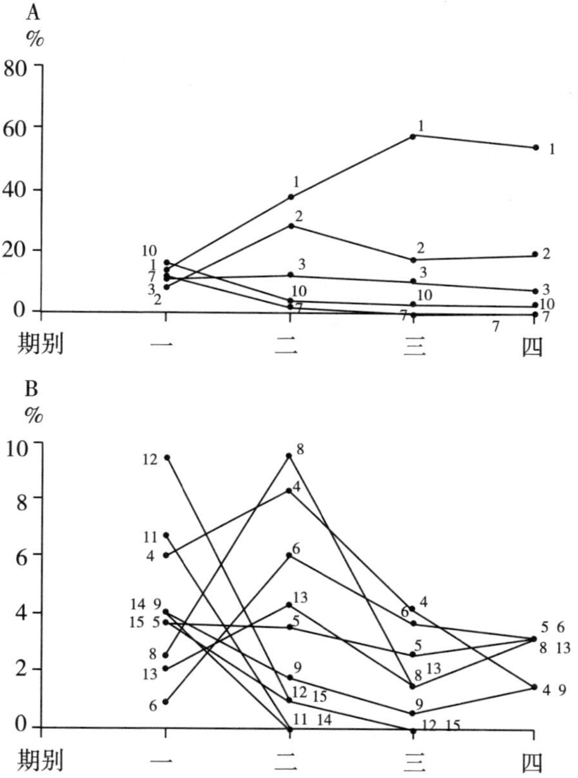

图例：1 禅宗　2 律宗　3 天台　4 华严　5 净土　6 密宗
7 三论　8 唯识　9 三阶　10 涅槃　11 地论　12 摄论
13 俱舍　14 毗昙　15 成实

资料来源：图 3.1(1)、3.1(2)及 3.1(3)都取自颜尚文：《隋唐佛教宗派研究》(台湾师范大学历史研究所，1980)，第 268~270 页。

图 3.1(1)　隋唐宗派(风尚)影响力变化曲线图

代，常识理性成为中国文化深层结构，表达日常感情的诗歌也就在文化中获得极高的地位。大儒王通(584 ~ 617)认为，诗歌的意义正在于它表达人的自然感情，而人的自然感情是天然合理的，因此

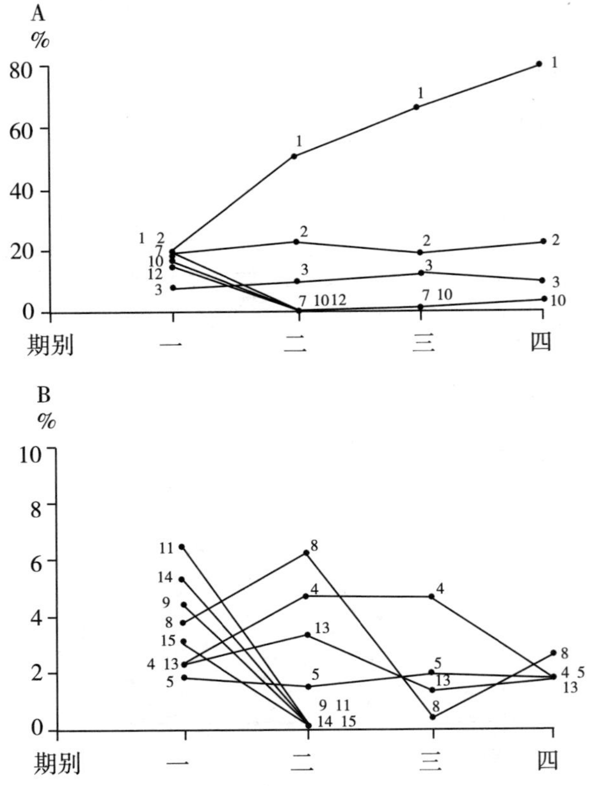

图例:1 禅宗　2 律宗　3 天台　4 华严　5 净土　6 密宗
7 三论　8 唯识　9 三阶　10 涅槃　11 地论　12 摄论
13 俱舍　14 毗昙　15 成实

资料来源:图 3.1(1)、3.1(2)及 3.1(3)都取自颜尚文:《隋唐佛教宗派研究》(台湾师范大学历史研究所,1980),第 268~270 页。

图 3.1(2)　隋唐宗派(广义)影响力变化曲线图

诗歌具有道德价值。[1] 韩愈积极提倡古文运动,也是为了改造骈

---

〔1〕 郑小军:《唐代文学的文化精神》,(台湾)文津出版社 1993 年版,第 68 页。

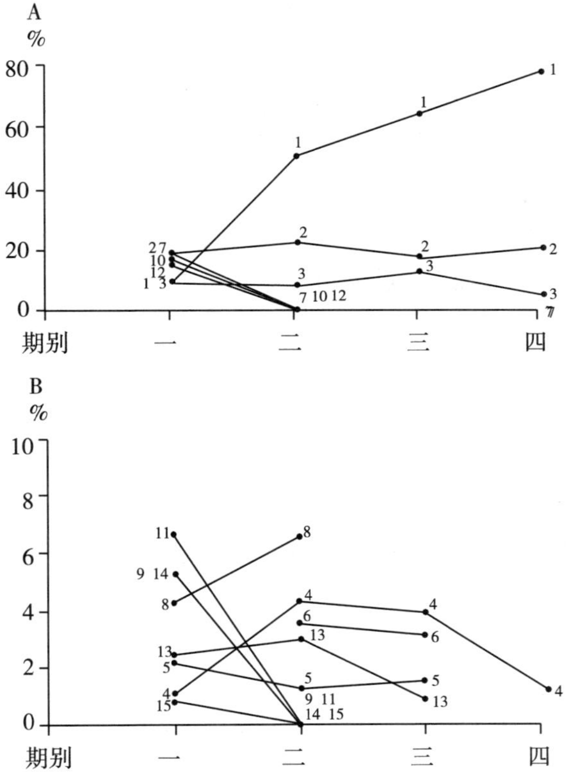

图例：1 禅宗　2 律宗　3 天台　4 华严　5 净土　6 密宗
7 三论　8 唯识　9 三阶　10 涅槃　11 地论　12 摄论
13 俱舍　14 毗昙　15 成实

资料来源：图 3.1(1)、3.1(2)及 3.1(3)都取自颜尚文：《隋唐佛教宗派研究》(台湾师范大学历史研究所，1980)，第 268~270 页。

图 3.1(3)　隋唐宗派(狭义)影响力变化曲线图

文，使文学达到“文所以为道、文所以为理”的目的。[1]

常识理性和儒学方向一致，固然使得隋唐儒学可以同常识理

〔1〕 程方平：《隋唐五代的儒学》，第 94 页。

性并存,但这不等于常识理性和儒学之间不存在紧张。我们知道,儒家意识形态是政治社会结构的合法性基础,承担着整合一体化结构三个层次的重大功能。隋唐以降,常识理性作为中国文化中前所未有的后设层面,它的出现必然对儒家意识形态的社会整合功能产生原先未曾料到的种种影响,如冲击传统的“天人合一”结构,而且它同儒生以往习惯的修身方法存在紧张、甚至是矛盾。由于儒学是官方意识形态的内在紧张和矛盾,虽然表现不那么直接,但比常识理性同佛学的直接矛盾更深刻、更持久,它构成了儒学长期发展的动力。为了理解常识理性在长时段中对儒学的改造,我们必须花些笔墨讨论常识理性和隋唐时期儒学的复杂关系。

3.2 常识理性对儒学社会功能的支持和矛盾

唐代知识阶层和天人感应学说——唐代君王权威的有限合法性——从河汾之学看常识理性疏离君王和天道关系——理性权威二元化与唐代经学——修身过程被追求功名利禄所取代——事功成就与道德堕落——唐儒修身尚需依赖佛教——三教调和与唐代思想。

我们在1.4节指出,为了实现大一统王权同社会组织其他层次的整合,儒学需要具有“天人合一”结构。“天人合一”结构从宇宙秩序推出道德,皇帝权力的合法性基础——“天”也就纳入儒生道德理想之中,使得儒生追求道德的力量可以转化为对大一统的维系。在汉代,“天人合一”结构依靠天人感应理论得以建立。天人感应学说为了约束君权,不得不把天灾作为对皇帝无道的警告。[1] 无论是天的人格化,还是灾异谶纬,均是日益趋向迷信。也就是说,迷信适度存在是汉代“天人合一”得以建立的前提。隋唐帝国的建立,同样需要“天人合一”结构来维系大一统王权。但由于常识理性已确立,唐代士人很难再如汉代儒生那样,认为天是有人格意志和道德的,帝王也不再是上天和道德之间的桥梁。虽然如中国历史上每一个王朝的开国之君那样,唐代皇帝也必须自命为承“天命”的“真龙天子”,力图从天命中获得易姓改朝的合法性。但在唐代,常识理性却阻止儒生把“天”和“皇帝道德”之间作种种违反常识的关联,类似于汉代的天人感应思想已急骤衰落了。

唐代还有多少士大夫仍相信天人感应?这是一个颇为复杂的问题。在史书上虽然可以看到不少相信天人相关的记载,但可以肯定地说,唐代儒生对天人感应是相当怀疑的,还有人坚决反对天人感应学说。唐玄宗时,有两次预报的日蚀没有发生,天文学家僧人一行(本姓张,名遂,673 年或 683 ~727 年)认为这是皇帝的德行感动了上天之故。一行还认为,日蚀不一定都能预报,假若可以预报,“则无以知政教之休咎”。一行的言论似乎是相信天人感应。但一行这一观点是针对隋代刘焯(字士元,544 ~610 年)的,刘焯认为日蚀都可以预报,不准是因历法有问题,而不是天人感应。可见当时士大夫中怀疑、甚至反对天人感应已是一种潮流,如唐代大儒柳宗元主张“天人不相预”。[2] 天人感应思想的衰落使儒学的“天人合一”结构受到巨大冲击。

一旦“天人合一”结构被削弱,皇帝有无道德权威就只能根据他是否实行德治来判断。对儒生来说,他们之所以效忠皇帝,是因

---

〔1〕 萧公权:《中国政治思想史》,(台湾)联经出版事业公司 1982 年版,第 314 页。

〔2〕 张跃:《唐代后期儒学的新趋向》,(台湾)文津出版社 1993 年版,第 79 页。

为皇帝实行儒家道德。这样,忠君、为帝王服务虽然仍被纳入儒生道德实践范围,但其根据与汉代不同。唐代以降,道德规范已凌驾于帝王之上。因此可以说,唐代君王的权威只有有限的合法性,无德之君是可以被民众推翻的。而不如汉儒认为皇帝具有代表天的无限合法性,唐儒对王权的看法,更接近于先秦儒家尤其是孟子学说的主张。孟子最早提出有权废除无德之君的主张,他曾这样论证:“君有大过则谏,反复之而不听,则易位”。[1] 然而,如汉代皇帝那样,当道德权威来自于上天或宇宙秩序时,皇帝的权威被大大强化,应废无德之君的主张就不那么有力量了。因此每当官方意识形态的“天人合一”结构强化时,孟子的这种主张就很少得到知识阶层的公开认同。因此,从秦汉到明末,就极少看到主张废除无德之君的言论(鲍敬言的无君论不在此列,当时儒家意识形态已不占主导地位)。唯一的例外是隋唐之交出现的河汾之学。大儒王通公开主张废掉无道的君王。他的《中说·立命篇》曾这样写道:“子曰:‘治乱,运也。有乘之者,革之者。’”事实上,隋唐之交出现河汾之学,正是因为常识理性疏离了君王和天道间的关系,儒者对于君王统治合法性与道德关系的看法,回到类似于先秦儒学的立场。

河汾之学的精神直接影响到唐初贞观之治。[2] 也就是说,在唐代,儒生第一次真正把仁政和德治本身当作王权合法性的根源。这正是后世儒生推崇贞观之治的原因。但是,“天人合一”结构的减弱会导致王权疏离天道,其后果是可能削弱社会上层的整合。在汉代,天人感应是结合王权和道德的强有力纽带,相比之下,以德治作为皇帝权威来源则是一条较松弛的纽带。没有天人感应的支持,就相对地削弱了王权基础。王权基础的削弱在唐末得到充

---

〔1〕 孟子:《孟子·万章下》,载刘殿爵、陈方正编:《孟子逐字索引》,商务印书馆(香港)有限公司 1995 年版,第 56 页。

〔2〕 郑小军:《唐代文学的文化精神》,第 83～87 页。

分表现,皇帝成为太监的掌上玩物。五代十国时,中国又出现了历时半个世纪的割据局面。

常识理性对儒家意识形态社会功能的另一个无形但十分巨大的影响是理性权威的二元化。魏晋以前,儒家意识形态笼罩是理性权威的唯一来源。这在汉代极为典型,当时儒学是经典道德和真理之源,一切严肃的思想都是围绕经典的引用展开的,引用章句的能力也是衡量思想文化水平高低的标准。汉代太学生用数万字注释经典中的几个字,是司空见惯的。光武帝自幼学经文,吃过烦琐的苦头,登基后下令儒臣删《五经》章句为太子课本。桓荣(字春卿,? ~59 年)把《尚书》由 40 万字删到 23 万字,桓郁再删减为 12 万字。《汉书·艺文志》说:"幼童而守一艺,白首而后能言。"[1]汉代社会以烦琐注经为高深学问的风气可见一斑。所谓理性权威的二元化,是指唐代和汉代一样,儒家经典仍然是道德理想和真理的来源;但由于常识理性的确立,使得事物之合理根据和真理泉源除经典外,还有另一个标准,就是常识和基于常识的思辨。常识是简单明白的,并以简明为美。因此,烦琐不堪的古文经在唐代被大为简化了。

唐太宗令孔颖达(字冲远、仲达,574 ~648 年)与诸儒选定《五经正义》共 180 卷,于公元 653 年颁行全国,作为儒生学经的教材,并将其作为科举考试的根据。常识理性注重的是理解和符合常理的思辨推衍,以及一个人表达这种理解和感情的能力。于是,唐代儒生不再把背诵和注经能力当作判别思想文化水平的唯一标准。在他们看来,背诵经典类似于今天中小学生的基本功,只是一种初级能力的象征,对于地位较高的儒生,必须更重视表达感情和运用经典的能力。在唐代科举中,"唐试士初重策,兼重经。后乃觭重

[1] 班固:《汉书·卷三十·艺文志第十》,中华书局 1962 年版,第 1723 页。

诗赋。”[1]就反映了这一趋势。特别是到玄宗朝后，考进士的主要内容是文词，而测验记诵能力和政治道德观念的帖经，反而可有可无。[2] 常识理性扫除注经背诵的烦琐学风，但同时又不可避免地冲击了一体化结构中必须严格实行的经典教育。由于把记诵视为初等能力，故唐末出现了经学教育仅受民间注重，在官方和上层文化中反而呈衰落的局面。

理性权威二元化带来最直接的后果是影响到儒生的修身方式。在汉代，学习并注释经典是儒生修身极为重要的内容，所谓皓首穷经也是道德修炼。而唐朝由于常识理性削弱了注释经典的重要性，儒者追求道德理想主要由实现社会规范和事功来表现。一旦儒生是否达到道德目标要由外在事功的成就大小来判别，则儒生的修身过程不可避免被追求功名利禄所取代。在汉代，道德的基础来自天，天毕竟还可以向儒生展示道德目标超越现世规范的另一个层面。汉儒喜谶纬，又从事宇宙论思辨，甚至于神仙方术，这些活动在某种程度上都属于现实规范之外的追求，也是一种变相儒生修身的动力。隋唐之际，常识理性的确立否定了有意志、有道德的天，儒家道德变得世俗化。儒生除了追求事功之外，别无他途来实现道德理想。在这种情况下，只要政治黑暗腐败，服务朝政对儒生的吸引力就会减弱，而儒生修身的道德追求就势必严重受挫。这样，放弃修身而在名利场上追逐荣华富贵反而显得顺理成章。因此，我们可以理解，为什么唐代儒生在事功方面成就突出，在修身方面却乏善可陈，以至于唐末和五代时期道德普遍堕落。

事实上，唐儒在修身方面面临比汉儒更大困境的原因在于：理性权威的二元化除了降低经典注释在修身中的地位外，还带来人的本能欲望和儒家道德规范之间持久且日益激化的矛盾。当儒家

---

[1] 胡震亨：《唐音癸籤·谈丛三》，古典文学出版社1959年版，第237页。

[2] 程方平：《隋唐五代的儒学》，第86~87页。

经典为唯一理性权威时，道德规范对儒生克服与礼不一致的种种欲望出现巨大的约束力。在常识理性成为有别于儒家经典之外的另一个合理性泉源时，人的自然欲望感情也就具有合理性，而人的七情六欲更是可以颠覆儒家伦理的。这在魏晋时期就已有所表现，知识阶层意识到人的自然感情天然合理，其直接后果就是“非汤武而薄周孔”。一旦常识合理确定了自己作为文化深层结构的地位，它与官方意识形态的互动就不可避免了。

早在魏晋南北朝时，常识合理精神与社会规范合理性基础的名教的相互作用已经开始。魏晋南北朝后期普遍出现了自然之情影响下的礼制革新，历史学家称为“缘情制礼”，即一方面，容许礼法上“任情不羁”，以表明在某些时候礼治必须考虑到情；与此同时，礼对情也有某种约束作用，即人不能完全放纵自己的自然感情。〔1〕由于当时常识合理精神尚蕴涵在魏晋玄学之中，它的整体取向是远离社会规范的，甚至受佛教舍离此世的影响。这样，常识合理中肯定人的自然感情只是一种个人冥想和行为，并不会直接冲击名教，从而使得表现个人行为和道德风尚的“任情不羁”与作为社会规范的“名教”这两个层面的冲突不至激烈。到隋唐之际情况就不同了。常识合理与儒生的入世精神结合在一起，它积极肯定人的正常感情、欲望、个人利益的合理性，并表现出极大的社会活动能力。由此引发的问题是人的自然欲望对儒家伦理的冲击。为了控制这种冲击，唯一的办法是让人节制欲望。

至于唐儒的修身方法，则主要是依赖佛教。翻开唐代儒者的著作，可以发现他们只要一谈到修身，其内容几乎只是重复佛教的论述。李翱(字习之，772～841年)是唐代具有代表性的思想家，他的《复性书》以恢复孔孟道统为己任，以《周易》、《大学》、《中庸》为

〔1〕 余英时：“名教危机与魏晋士风的演变”，载《中国知识阶层史论·古代篇》，(台湾)联经出版事业公司1980年版，第358～367页。

要典,但在涉及如何修身时,却大讲"弗思弗虑"、"动静皆离",同当时天台、华严和禅家的成佛说法一模一样。[1] 事实上,从隋唐到五代,直至宋朝,儒生越来越深深认识到修身离不开佛教,尽管他们表面上多么反佛,但他们一旦离开社会制度层面去讲心性道德修养,特别是既要肯定人之正常欲望合理又要防止它们冲击伦常道德时,几乎都不由自主地转向佛教。很多人承认在修身方法上必须儒佛并重,两者缺一不可。这反映在思想层面上,就是主张三教合一的调和论。从唐朝到五代,调和论盛极一时,差不多所有头脑实际但不深刻的儒生都赞同。因为只有在调和论中,佛教的修身资源和方法才能被普遍地运用。这种局面甚至延续到宋代。北宋中期王安石的"新学"和苏轼兄弟的"蜀学",在对待儒佛关系上就采取明确的调和论立场;它们高度强调儒者对佛教要有"同情的了解",平等对待儒学和佛教,不墨守一家之说,在运用中将它们互相融合起来。在北宋神宗时期,王安石的著作是学子必读的标准教科书,"新学"和"蜀学"势力很大,甚至一度压倒二程的"伊洛之学"。[2]

然而,那些思想深刻的儒者则清楚地意识到三教调和不仅不能解决修身问题,而且其本身就是一剂毒药。因为只要用佛教方法修身,无论佛教如何实现入世转向,其基本价值方向仍是舍离此世,消解人在感情上参与世事的热忱。禅宗主张修行不须出家,但其终极目标仍是解脱,而不是肯定人伦道德。因此从本质上讲,佛教的修身、纯化意志的方向和目标与儒学背道而驰。二者并存且加以调和的后果,是士大夫普遍成为外儒内佛的两面人,吃素念佛的修身和儒家伦理在他们心中构成持久的冲突。儒学作为一种道德理想主义意识形态,必须有道德目标和纯化意志修身两个方面。

---

〔1〕 赖永海:《中国佛性论》,上海人民出版社 1988 年版,第 328 ~ 329 页。

〔2〕 蒋义斌:《宋代儒释调和论及排佛论之演进》,台湾商务印书馆 1988 年版,第 22、27 ~ 31 页。

这两方面的互相矛盾意味着儒家地位不稳固,极易被佛教颠覆。韩愈(字退之,768～824)、柳宗元(字子厚,773～819)极力排佛并提倡道统,正反映了儒家面对佛教威胁所作出的痛苦抗争。

总之,随着常识理性日益成熟,整合一体化结构中王权与道德修炼的机制就会日益出现问题,佛和儒的内在冲突也越演越烈。于是,每当世道腐败、王权衰落,重构儒学以消解它与常识理性的矛盾的历史需求,就会一次又一次地向哲学家提出,重建官方意识形态势在必行。

3.3　观念整合与理性化。

常识理性限定下"天人合一"结构的恢复——从常识理性推出儒家道德的两种方法——理性化与现代化——合理性标准统一的方法和整合程度——用哈贝马斯的定义看中国文化的理性化。

怎样才能化解常识理性同儒家意识形态社会整合功能的矛盾?显而易见,解决方法因问题不同而各异。就常识理性有效地消解天人感应的迷信从而使儒学的"天人合一"结构出现裂痕这个问题而言,补救办法只能是重建"天人合一"结构。"天人合一"的结构要从宇宙秩序推出道德,常识理性又消解了对宇宙作人格性的天人感应式想象,那么,宇宙秩序的道德含义就已经不是经验意义上的了,而只可能是一种与道德同构的模拟。也就是说,既要从宇宙秩序推出道德,这种推理又不可能是经验性时,在这双重限制下的"天人合一"结构就只能依靠抽象的、形式的、比喻性的思辨。这种思辨是非经验道德基础的形而上探讨。这样,在常识理性限定下,"天人合一"结构的恢复只能通过建立一个形而上学的道德体系来实现。

至于常识理性所导致的文化结构理性权威二元化的问题,解决办法也只能是整合常识理性的权威与儒家道德权威。由于常识理性是一种比儒家道德系统更为普遍的论证万物合理性根据,那么,整合常识理性权威与儒家道德权威就意味着要将道德合理性建立在常识合理和人之常情合理之上;或者说,必须从常识理性中推出儒家道德。我们知道,常识理性包括常识合理和人之常情合理两个基点,那么,从常识理性推出儒家道德,原则上也只有两种途径:第一种是把道德看作来自于伦常关系,即道德价值只是伦常关系的内在化,伦常关系又可以看作一种普遍的自然关系,它是宇宙秩序的一部分。而判别宇宙秩序的合理性则必须依靠知识性常识。这样,从知识性常识合理可以推出伦常关系合理,从而肯定道德的权威;第二种是以人之常情,譬如"孝"、"四端"等作为道德基础,把伦理规范看作道德价值的外在实现。这样,人之常情合理也就论证了道德伦理的合理。由于在人之常情合理的道德推理中,并不是人的所有自然感情欲望都能成为道德基础的,因此,何种自然感情、在什么条件下它是道德的,也就成为儒学重建的重要内容。上述两种方法都是为了实现常识理性权威与道德权威的整合,使常识理性的合理性标准贯穿整个文化系统和社会规范制度中。通常我们将文化系统出现某种合理性标准并将其贯穿整个文化和社会系统的过程称为理性化,而中国文化中的理性权威二元化问题,正是通过理性化来解决的。

我们知道,最先提出理性化(rationalization)这一概念的是韦伯,他并以此来解释传统社会(主要是西方)的现代化。韦伯的理性化有如下三重含义:第一,理性是指一种透过计算来支配事物的能力。它是经验知识及技能的成果,这里理性等同于科学—技术意义上的合理性,理性化就是这种工具意义理性的普及和扩张;第二,理性化是意义关联(思想层次上)的系统化,即对"意义目的"的知性探讨和刻意升华。这种理性化的意义是强调观念系统的整合，也可称为形而上学——伦理的理性主义；第三，理性化是一种有系统、有规范的生活态度，它乃是意义关联及利害关系的制度化和形式化，理性化的这种含义主要表现在社会规范和行动层面上，也被称为实际理性主义。[1] 显然，根据韦伯的定义，理性化既是社会制度和文化系统各部分的整合和合理性标准的统一，也是传统社会的现代化过程。然而，将某种合理性标准贯穿到整个文化社会系统中去，毕竟同现代化不是一个东西。两者在西方社会近现代变迁中的同步发生只是个别事件。在其他文化中，合理性标准的统一与社会现代化并不一定相干。讲得更形象一点，西方现代化之所以与理性化同步，是因为现代化是工具理性的扩张，是科学技术或工具意义的合理性标准扩张到一切领域的结果。一旦合理性标准不是工具理性或科技合理性，作为合理性标准统一的理性化与现代化就不是一回事了。

而且，我们必须看到，即使就文化系统和社会系统合理性标准统一这点而言，在不同的文明中理性化方式和程度是不同的。例如，西方社会的理性化，其合理性标准的统一达不到如同中国社会这么高的程度。西方中世纪基督教虽然对社会组织和政治、经济结构也具有某种功能，但由于基督教信仰对天国的追寻、对上帝的绝对依赖，使得其对世俗世界持冷漠态度，而它最关心的问题是拯救有罪的灵魂。这样，它的社会功能是隐性的，不是严格意义上的意识形态，不是现世政治和社会制度合法性的直接来源。因此，西方传统社会文化系统合理性标准与社会制度合理性标准是不同的。或者说，制度合法性根据始终同文化的合理性存在某种断裂。即使在韦伯描述的工具理性不断扩张的现代化过程，文化与社会制度的合理性根据都受到工具理性的影响，但是社会制度的合理

〔1〕 施路赫特(Wolfgang Schluchter):《理性化与官僚化——对韦伯之研究与诠释》，顾忠华译，(台湾)联经出版事业公司1986年版，第3页。

性并不总是从文化层面的合理性推出的，理性化是通过文化理性与社会制度理性化的互动而实现的。最早发现这一点的是哈贝马斯。哈贝马斯把理性标准分成不同层面，有的属于文化伦理层面，有的属于社会制度层面，理性化不仅指每个层面内部的合理性标准扩张，还指不同层面理性主义的互动和整合。哈贝马斯认为韦伯的错误是把这种多层面理性主义的扩张化约为单一过程。如图 3.2 所示，本来西方社会的现代化是包括 A、B 两个层面和阶段的理性化，而韦伯将其化约为 A1 和 B2（直接从新教伦理和解咒跳到 20 世纪权利结构理性化）。

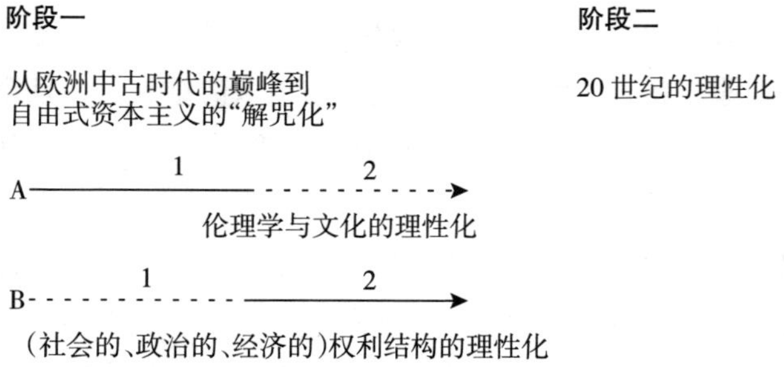

资料来源：普塞（Michael Pusey）：《哈柏玛斯》，廖仁义译，（台湾）桂冠图书股份有限公司 1989 年版，第 65 页。

图 3.2　哈贝马斯对韦伯理性化过程的重建

根据哈贝马斯的定义，必须从如下三个方面来考察中国文化的理性化进程：一是社会规范的合理性的统一；二是文化系统或意识形态内部的合理性的统一；三是文化系统或意识形态后设层面的合理性标准的形成和统一。所谓理性化，就是指每个层面合理性标准的扩张以及三个层面合理性在互动中的整合。由于一体化结构中社会规范的合法性是儒家意识形态，符合上述第一个要求；而只有达到常识理性与儒家道德规范合理性的统一，即当儒家道德合理性是从常识与人之常情合理推出时，才使得三个层面各自内部合理性标准得以统一并实现整合。也就是说，只要做到了常识理性权威与道德权威的合一，整个文化也就实现了理性化。但是，必须强调的是，我们使用理性化的定义时有一点与哈贝马斯不同，这就是我们认为在不同的社会文化系统中理性化过程和性质是可以完全不同的。哈贝马斯同韦伯一样，把理性化等同于现代化，认为整个人类社会从传统到现代就是理性化过程。[1] 事实上，只有揭示出中国传统社会从隋唐到宋明出现的文化系统理性化过程，我们才能避免西方中心论的局限，以中国文化历史经验来检讨社会学基本理论。

3.4　儒学如何利用佛教的修身方法

佛教的修身方法如何才能纳入儒学——道德的两个层面——道德境界与道德的规范——儒学从经学向理学的重构——为什么佛教的儒家化不能实现重构的历史任务。

隋唐之际，中国文化第三个迫切需要解决的问题是化解佛教与儒学的冲突。佛教的去欲修身是通过玄想静坐达到的，其最后指向的目标是解脱和虚无；而儒学的修身是道德实践，两者完全对立，不可能统一。但经过魏晋玄学的洗礼后，中国士大夫已习惯于通过冥想来修身，特别是当儒学的道德思辨形而上学化，纯化意志也成为思辨冥想式的，这时它同佛教的冲突就变为玄想所达到的最终目标的矛盾。对于儒生来说，只要改变佛教的冥想目标，它不再指向虚无，而指向某种想象中存在的道德原则，佛教和儒学的紧张也就顿然消失了。这里我们看到，只要将儒家道德分成两个层

〔1〕 普塞(Michael Pusey)：《哈柏玛斯》，廖仁义译，(台湾)桂冠图书股份有限公司1989年版，第39～82页。

面，一个是纯玄想的境界层面，另一个是行动层面，而去欲修身的最终目标是认同那个冥想中道德之有，整套佛教的主静与去欲方法对儒生锻炼意志就有莫大的益处。也就是说，解决佛教与儒学冲突的办法是在儒家道德中构造一个冥想的、不同于事功和社会规范的境界层面，并让去欲主静的意志修炼指向这一境界。我们在3.2节指出，魏晋玄学以无为作为道德理想，从而创造了一种只在想象中存在而不需要付诸行动的道德乌托邦，现在将这种结构引入儒学的内容，它意味着道德乌托邦结构被植入儒家意识形态中。

一旦道德被分成境界和规范两个层面，境界代表应该如此，但这只是一个在理念上存在的"应然"世界，道德规范和社会制度才是"应然"世界的最后实现。由境界走向规范实现，也就意味着普遍原则对现实世界的某种设计，这样，道德原则如何付诸实行的过程也就与世界如何由某种原则支配下的生成混同起来。本来，中国哲学家对宇宙如何生成是没有太大兴趣的，现在道德境界与道德规范实现关系的考察使得宇宙如何生成变为道德哲学必须处理的问题。从此以后，由常识来推想宇宙如何从某种原则生成（设计成）就成为儒学的重要内容。

我们看到当常识理性成熟后，隋唐儒学中内在的矛盾及其解决方法，都涉及道德哲学在整体上的重构。即儒学必须经过重构以满足三个目标：一是建立形而上学的道德体系以强化"天人合一"，使道德能从宇宙秩序推出；二是观念系统的理性化，道德权威合理的根据必须来自常识和人之常情合理；三是建立不同于行为规范的道德境界层面，并在哲学上描述境界中的"应然"世界如何变成现实世界，使佛教的修身可以系统地为儒学所用。

从五代十国到宋明，中国出现了波澜壮阔的儒学重构运动，这就是从经学向理学的转变。理学正是一个满足上述三个目标的道德哲学体系。也就是说，理学的出现既意味着儒学最终消化了佛教,也表明形而上学和“天人合一”体系的建立,标志着中国文化实现了理性化。理学的成熟代表了中国文化历史上继先秦哲学之后的第二个创造性高峰。因此,要讨论中国文化理性结构,就必须详细分析理学形成过程。

显而易见,我们可以从隋唐佛教和儒学这两个不同的起点来考察官方意识形态的重构。表面上看,以佛教为起点,重构意识形态更为方便,因为隋唐佛教已经是一个经过常识理性洗练且达到整合的思想体系。在佛学起点上重构儒家意识形态只需做两件事:一是改变佛教修身的终极关怀,用儒家的圣人境界来代替出世解脱;二是将“天人合一”注入佛教形而上学框架。这种重构过程可以简单概括为保存佛教思想体系的框架,而将其内容改变成儒家的。众所周知,宋明理学很多的形而上学思辨结构来源于佛教,理学早就被人称为“阳儒阴佛”。所谓“阴佛”,实际上是指概念、价值内部的结构、思辨方法等都自佛教袭取。例如,朱子学中所讲的“本然之性”和“气质之性”的对立,它和佛教《首楞严经》讲“本然性”、“和合性”关系相一致。理学家所说的“道统”与禅宗的“以心传心”也很近似。岛田虔次曾从“体用伦理”、“无造物主”、“泛神论”、“窃取造化之秘密”、“大小宇宙同构”等方面讨论宋明理学和隋唐佛教的关系,认为在这些范畴和观念类型上,理学均来自于佛教。〔1〕

如果理学的思想抽象框架和佛教同构,那么,宋明理学的建构就表现为儒学具体价值和概念在佛学的框架中取代佛教价值,因此我们也可以称之为佛教儒家化。纵观从隋唐到宋明的思想史,我们可以清晰地看到佛教儒家化的趋势。宋代出现所谓“五乘佛教”,一些人主张佛教的“五戒十善”与儒家的五常相通或等同,〔2〕

〔1〕 岛田虔次:《朱子学与阳明学》,蒋国保译,陕西师范大学出版社1986年版,第1~9页。

〔2〕 契嵩撰:《辅教编》(卷四),(台湾)新文丰出版公司1979年版,第1页。

这些均可以看作是佛教儒家化过程中间阶段的思想。此外,佛教传道方式曾有效地促成宋代书院之建立;[1]以及禅宗直指人心、扫除章句之烦琐对宋明理学注重人伦日用方向之影响甚巨,[2]严格来说都属于这一方面之变迁。

那么,是不是说理学可以通过佛教的儒家化得以建立?这实际上是不可能的。关键在于:虽然隋唐佛教是和常识理性整合的形而上体系,但正如我们在2.4节和2.6节所说,从魏晋南北朝后期开始,中国式佛教都是心性论式的,它们是用"道德价值一元论"思想方式对印度佛教重构的结果。正如我们在3.1节所分析,禅宗最为典型,它本质上是用人之常情合理来推导解脱之门。由于心性论佛教只具备"道德价值一元论"的推理模式,隋唐佛教体系已不具备"天人合一"结构。虽然,早在魏晋时,士大夫基于"天人合一"思想方式接受般若学,但随着般若学衰落,中国佛教的形而上学结构已不是"天人合一"的了。理学重构儒家意识形态的第一个任务,就是建立形而上学的"天人合一"体系,这显然不是保存隋唐佛教基本结构的儒家化佛教所能胜任的。

这样一来,重构意识形态还必须依靠儒学本身的再造。它既需要吸收佛教的形而上学思辨,更重要的是在建立"天人合一"结构方面必须有所独创。在理学形成过程中,"建立天人合一形而上学体系"、"理性化"、"确立修身的道德境界层面"是儒学所面临的三个方面的问题,在实际演化中不是先解决一个再解决另两个问题,而是三方面改进齐头并进。这是一个由周濂溪开创,程伊川、程明道继承,最后由朱熹集大成的过程。每个思想家只是就这三方面作出部分贡献,最后这三个方面的成就才整合起来。为了理解理学的建构过程,我们就不得不先叙述每一位思想家分别在这

---

[1] 严耕望:"唐人习业山林寺院之风尚",载《唐史研究丛稿》,(香港)新亚研究所1969年版。

[2] 余英时:《中国近世宗教伦理与商人精神》,第17、19、20、44页。

三方面的贡献，然后再讨论这三方面成就是如何整合的。

3.5　理性化途径之一：程朱理学

周濂溪视“无为”高于太极——圣人可学——程明道作为万物一体的“仁”——程伊川赋予常理道德意义——朱熹的“天理世界”——形式的“有”、物质的“无”——朱熹的理气二元论——朱熹道德形而上学体系的四个部分——“天理世界”的确立加强了一体化大一统整合——“原外王”、“教化天下”，从“君王”到“师儒”。

周敦颐（字茂叔，世称濂溪先生，1017～1073年）迈出了重构儒学的第一步。他根据《易经》的“易有太极，是生两仪”，另提出“太极图说”。这是一个用常识模拟方法注入了道德伦常内容的宇宙论理论体系，形而上学的“天人合一”结构框架已初步显现。值得一提的是，周敦颐视“无极”高于太极，日后朱熹之所以能把天理当作“物质之无”、“形式之有”，正是进一步发挥了“太极图说”。[1]周敦颐的重大贡献还在于他提倡圣人可学。[2]在今天看来，这已是儒学的老生常谈，但在当时无疑是一声狮子吼。虽然孟子早有“人皆可成尧舜”之说，但自从儒学成为官方意识形态后，这一观点早已异化。在汉代，孔子不仅是生而知之的圣人，更是为汉制法的素王。古文经虽然恢复了孔子的历史学家、哲学家地位，但在儒生眼中，孔圣人高高在上，可望而不可即。周敦颐却认为可以通过学

〔1〕　冯友兰指出，朱熹的“无形之理”正是来自于周濂溪的《太极圆说》“无极而太极”之言。而陆象山不同意太极之上尚有无极（冯友兰：“宋明道学中理学心学二派之不同”，载《三松堂学术文集》，北京大学出版社1984年版，第271页）。

〔2〕　周敦颐：《周子全书》（卷八，上册），台湾商务印书馆1978年版，第135～136页。

习成为圣人，这不单是思想的大解放，更重要的是在道德追求上建立一个有别于为帝王服务的新目标，它可以促使儒生精神境界的渐渐成长。从周敦颐提出“无欲”、“主静”为成圣的修身之法，可以看到他尽量把佛教的修身功夫纳入儒学之中。

周敦颐以后，他的学生程颢（字伯淳，1032～1085年）和程颐（字正叔，1033～1107年）继续深入建构新儒学。为了把道德意识注入周濂溪建立的形而上学宇宙论，程明道将儒学的核心概念——“仁”作为一种“天人合一”的精神境界。他借用医书里将手脚麻痹症状称为“不仁”的说法，把天地比作人的身体，万物比作四肢和其他部分。[1] 显而易见，所谓道德感——“仁”，首先是有知觉，无道德感就是麻木不仁，即无知觉；生命就是有知觉，宇宙孕育生命是一种天道。于是，以生生不息为天道之宇宙，就与人的道德感等同起来。基于这种常识模拟的方法，很容易使儒家道德与《易经》形而上学的宇宙论结合起来。程明道据此把“仁”称为万物一体，[2]即“仁”是贯穿天地的道德生命。本来，儒家道德的核心是“礼”，“仁”只代表“礼”所蕴涵的内在道德价值，“礼”同时又是外在规范，规范和道德目标是同一的，不易区别。现在，“仁”不仅代表道德，而且是从宇宙秩序中推出的，并且拥有包含世界万物的生命意义。这样，“仁”被视作比“礼”更重要的价值，它从先秦儒学中的“仁、义、礼、智、信”这五常中独立出来，成为儒学道德的根本。从此，道德理想可以从外在规范明确区别出来。作为“万物一体”的“仁”，是儒学中个人道德与“天地合一”的最高境界。

程颐则进一步把做圣人作为士大夫修身治学的目标，认为个人学习修炼是达到某种精神境界所必需的，它是独立于事功甚至比事功更重要的事情。他说，后世人误以为圣人是生而知之的，是

〔1〕 程颢、程颐：“河南程氏遗书卷第二上”（第一册），载《二程集》，中华书局1981年版，第15页。

〔2〕 朱熹编：《近思录》（卷一），商务印书馆1934年版，第12页。

学问的堕落。他十分强调不同于事功的道德境界追求，把离开这一境界的博物视为“玩物丧志”，甚至把仅仅在字句上抄录圣人笔记《五经》也称为玩物丧志。他临终前已无力说话，一名弟子劝告他“先生平生的学问正要在此时用”，听到这句话，程颐微睁开眼，教训学生说，作为“道”的学问，刚才提到“用”这句话就不对了。[1]由此看来，一种强有力的、作为精神境界之修身目标已在宋儒中出现。程颐还将天地间的常理赋予道德上的意义，并将人之性理与天地之理结合在一起，使得一种普遍之理可以统摄伦理、物理、事理和性理等，建立起通天人之际的儒者之学。[2] 这样一来，儒学被看成研究普遍之“理”的学问。也就是说，在二程那里理学已初步形成。今天，中文的“理”字，就具有这种贯穿宇宙和道德境界之多重含义。它既是“理论”、“道理”，又是“理想”之意，正是一千多年来理学在中文里留下的印痕。

在儒学重构中，最困难的是如何从形而上学的宇宙论推出道德，同时又使它成为主静去欲修身功夫所指向的目标，即把包含着道德含义的宇宙秩序和修身境界天衣无缝地结合起来。儒学的核心是人伦道德，人的道德感可以看作伦理关系的内化和投射。无论是君臣关系，还是父子关系，以及一切伦常等级乃至社会组织，本是一种人际关系，只要把伦常人际关系理想化，从社会实体中抽出，就可以将它看作宇宙万物之间的关系网和世界存在形式的组成部分。这样，作为理想的人伦关系似乎是从理想的宇宙秩序（万物的关系）中推出来的，据此就可以构造出一种“天人合一”的形而上道德哲学。而且，这种理想化的关系作为纯粹形式，是没有物质内容的无形关系，对这种无形之理的思辨同佛教去欲的冥想极为相像。这样，作为儒学根本之伦理就同佛教修身功夫结合起来了。

---

〔1〕 岛田虔次：《朱子学与阳明学》，蒋国保译，陕西师范大学出版社 1986 年版，第 36 页。

〔2〕 邓克铭：《宋代理概念之开展》，（台湾）文津出版社 1993 年版，第 49 页。

这一关键贡献是出于朱熹(字元晦,1130～1200年)的。他利用“天理”这一基本概念把宇宙论和修身境界合二为一,余英时称其为儒学中一个内在的“天理世界”的出现。[1]

必须注意,“天理”作为一种有别于外在道德规范的内心境界,其最妙之处乃是一种形式的“有”、物质的“无”;或用安田二郎的说法,朱熹的“理”作为存在是“无”,作为意义是“有”。[2] 形式和意义之“有”肯定了君臣、父子等人伦关系的意义和最终合理,而物质的“无”可以用佛教“去欲、主静、贵无”的修身功夫指向这种理想状态,佛教禅宗修身的遗产得以系统地利用。

既然朱熹把包括人伦关系在内的万物存在形式理想化,并将其从现实世界中抽出,认为它是万物存在的根据,这就是天理,那么,接下来就必须解决“天理”与现实世界的关系问题。“天理”只是形而上的存在,是“道”;现实世界作为道的实现,是形而下的“器”。那么,“道”如何转化为“器”呢?朱熹充分吸收了张载(字子厚,世称横渠先生,1020～1077年)的宇宙由“气”生成的思想,又将万物生生过程看成是“理”支配“气”。做个不很确切的比喻,“理”代表事物“应然”的那样,好像是一个模子,事物是作为“气”的物质填充这个模子而形成的。“气”填充之“过分”和“不及”,都不能达到理想状态。同样的模拟,也可以用于人如何达到道德目标之上。“天理”在人身上的体现就是“性”,和“气”相对应就是“情”;“情”发动使“性”实现;达到理想为善,过分和不及都是恶。也就是说,“情”过度之时就成为“欲”。必须指出,朱熹在这里作了一个重大的创造,就是把宇宙生成同道德实现过程等同起来。天理作为一种道德原则,转化为现实的伦理,是一种道德实践过程;同时天理又作为指示事物应该如何的模式,规定了世界的生成。

---

〔1〕 余英时:《中国近世宗教伦理与商人精神》,第52～64页。

〔2〕 安田二郎:《中国近代思想研究》,转引自岛田虔次:《朱子学与阳明学》,陕西师范大学出版社1986年版,第59页。

这样,世界形成过程就同道德实践在深层结构中等同起来。换言之,自从理学用道德实践模式来模拟宇宙生成的过程之后,儒生一谈起宇宙论和世界如何组成时,下意识中必然蕴涵着道德和道德实践的关系。很多时候,人们在道德问题上如何看待道德原则与实践,往往决定了他们接受什么样的宇宙论。我们将在后面章节中指出,这是制约中国文化近现代转型一种极重要的潜在结构。例如,在中国近代思潮中,唯物论之所以压倒唯心论,一开始是因为唯气论流行,而唯气论背后的推动力正是道德活动中强化事功和实践的历史需求,这是一体化结构面临西方冲击时必然出现之反应。

朱熹的“理气二元论”是中国哲学的里程碑,从此,建构形而上学的宇宙论成为中国文化的大传统。正如刘述先所指出,理和气的关系是朱熹建立的形而上哲学体系之核心:理和气的关系既包含了理想与现实的关系,又是形而上世界和现实世界相交汇的层面。程朱理学中另一些基本范畴如“太极和阴阳”、“道器”、“体用”、“天人”关系都是理气关系的某一侧面。〔1〕 表面上看,朱熹对理气关系的论述是不好理解、甚至充满矛盾的。朱熹一方面持“先有理后有气”的类似于二元论的立场,但另一方面又坚持“有理必有气”的理气不相离说。冯友兰在他的新实在论中,曾用不同于形而下时空中的“存在”(exist)的“潜存”(subsistence)来理解“理”。〔2〕 刘述先则批评冯友兰误解朱熹,并指出任何用西方哲学观念从外部理解朱熹的论述,都会发生偏差。〔3〕

其实,理气关系之所以很难用西方哲学概念和范畴来把握,关键正在于它的本质必须由道德理想如何转化为道德实践来界定,

---

〔1〕 刘述先:《朱子哲学思想的进展与完成》,台湾学生书局 1982 年版,第 346～347 页。

〔2〕 冯友兰:《中国哲学史》(下册),(香港)三联书店 1992 年版,第 316 页。

〔3〕 刘述先:《朱子哲学思想的进展与完成》,第 270～271 页。

它是一体化结构中意识形态与社会组织关系的哲学描述。例如，只有认识到理的原型是道德规范，气的原型是道德规范之实现，才可以理解为什么“先有理后有气”，同时理又离不开气。因为只有明确什么是道德，才能实行，但在道德活动的领域中，不能付诸实践的原则和规范是没有意义的，因此“先有理后有气”的二元论和理气不离并行不悖。这一切在存有论层面不好理解，但在道德哲学领域中却是自明的。

另一方面，道德原则本身除了指出合乎道德的规范是什么外，必定包含这种规范的可行性和必须去实行，即“有理必有气”本身就是“理”的一部分。同样，道德规范的实行要求普遍性，这反映到形而上层面，就是有“气”必有“气之流行”和“大全”。在今天看来，如果要为中国式的道德哲学寻求形而上的基础，朱熹提出的“理气”关系是相当周密且无懈可击，以至于20世纪30、40年代冯友兰可以把“理”、“气”、“流行”、“大全”之间的关系用西方新实在论语言套过来建构一种新理学。

朱熹建构的道德形而上学体系十分庞大，分成四个部分：第一部分是存在论，讨论“理”和“气”的关系，它是建立在常识之上的宇宙论。第二部分是伦理学，论证宇宙论中的“天理”落实到人身上就是“性”。通过“性即理”之说，他把宇宙论和道德学说统一起来。第三部分是修身方法论，即“居敬、穷理”之说。由于“天理”代表修身目标与形而上学宇宙论高度统一，修身方法也就具有前所未有的丰富性，既包括格物致知以认识宇宙万物，也有去欲、居敬的纯化意志以显示自己的本性。第四部分是经典注释学，如《四书集注》等。朱熹认为，圣人已认识天理之大部分，并写在儒家经典中，于是读书成为最重要的修身方式。我们看到，朱熹建构的这个哲学体系已圆满地完成了重构儒学所需达到的四个目标：经学转化为注重义理的程朱理学后，儒学与常识理性的冲突消失了，修身也不再需要借用佛教，儒家意识形态再次成为“天人合一”的思想体系。

从此,人们肯定常识和人之常情(和欲望)的天然合理之精神(常识理性)不仅不会冲击儒家伦常,反而转化为维系君臣父子关系的力量。在程朱理学看来,伦常关系是宇宙秩序的一部分;而作为天理的礼转化为现实的礼,就必须用气来实现理,必须避免气的过分或不足;这种中庸之道也就可以分疏人的自然欲望。换言之,在人的自然欲望和本能中,只有那些维系儒家伦常所必需的部分被称为天理之实现,而不适用的部分则被指为气之过分或不足,即人欲。“存天理、灭人欲”有效地对人之常情和欲望进行过滤,消除了人之常情与儒家伦理可能有的冲突。而且,程朱理学完成了形而上学的宇宙论和道德哲学的统一,既是王权的基础,也是儒生的道德来源,王权再次获得了天道的支持。故宋以后,一体化大一统整合功能大大强化,中国再也没有出现长期严重的分裂割据局面。程朱理学确立了代表道德境界的天理世界,它是修身的目标,并在方法上可以大量吸收佛教禅宗,于是基本消除了来自佛教的威胁。儒生即使好佛,也能使他的修身方向融入心性论的架构之中。更多时候,佛教的修身成为心性学更丰富的补充。宋以后的士大夫反而再也没有出现唐代那么强烈的排佛情绪。

天理世界的确立,要求儒生的全部人生追求是应该先认识作为宇宙万物本质的天理,直至达到某种境界,然后去实现,即达到道德理想是一个从外到内、然后再从内到外的连续过程。故《大学》的八条目“格物、致知、诚意、正心、修身、齐家、治国、平天下”,成为儒生实现“内圣外王”的必经之途。又由于追求“内圣”的精神境界,可以作为事功以外的相对独立目标,儒生终于在事功之外发展出一种主静、穷理、读书谈性的行为模式,它往往被形象地概括为半天读书、半天静坐。理学使得士大夫的道德追求更为执著,即使在政治腐败天下大乱时,他们也能保持自己的操守,而不必随波逐流。儒生从此变成道学先生,但道德境界和事功的分离,也带给儒学前所未有的新问题,就是儒生的事功能力大大退化了。正如李纪祥所指出的，自从理学出现后，儒学“内圣外王”的外部对象——“外王”，已同原先的王权、政治、社会制度对象的“原外王”不同，而变成“教化天下”。理学家所强调的，已不再是“君”、“王”，而是“师”、“儒”。[1] 这正是事功能力退化的一个方面。正因为儒学的这种变化，才使“经世”日益凸显出来，成为一个日益重要的问题。平时空谈心性，“临危一死报君王”，是道学先生处理世事的典型写照。特别是当中国受到外来冲击、儒生必须发挥自己应变智慧时，道德境界往往会成为类似于佛教的避风港。正因为儒生事功能力的减退，宋以后，中国再也没有出现过汉唐那样伟大的王朝。

3.6 理性化途径之二：陆王心学

程朱理学只是一种合理化途径——陆象山直接把人之常情和自然感情作为道德的基础——王阳明利用“道德价值一元论”从内向外开出良知——礼教的普及和满街是圣人——反精英主义和反智主义的萌芽——心学的喻象性和不定性——“致良知”与“富民论”、“新公私观”——儒学与佛教明确界限的消失。

我们把经学向程朱理学的转变称为儒学的理性化，它是中国文化第一次理性化的标志。正如3.3节所说，所谓理性化，是指文化系统中产生了一种判别行为和价值的终极合理性标准，以及用这种标准来建构意识形态或文化系统，并将其和社会政治制度整合的过程。程朱理学的形成过程虽然复杂，但一旦观念系统整合完成，常识理性作为合理性终极标准如何贯穿整个意识形态和社

---

〔1〕 李纪祥：《明末清初儒学之发展》，（台湾）文津出版社1992年版，第3页。

会规范过程也就一清二楚了。它先立足于知识性常识建构一个理想的宇宙秩序，人伦关系无疑是属于这一理想秩序的，这就是“天理”，常识的合理证明了天理之昭然；然后，顺着从外向内的“天人合一”路向，从宇宙秩序的合理性推出作为其一部分社会制度和伦常关系的合理性，再从伦常关系推出道德价值之合理。这正是一个合理性从意识形态后设层面贯彻到意识形态各个部分中去的过程。显然，纵观合理性推演的全过程，程朱理学的理性化程序实际上是知识性常识合理这一终极标准和“天人合一”这种道德推理方式结合的结果。

如果我们从合理化途径看待理学建构，就会发现程朱理学只是一种合理化的途径。我们知道，常识理性有两个出发点：一基点是主张知识性经验常识天然合理，另一个基点是认为人之常情天然合理。程朱理学主要侧重于用知识性常识作为合理性基石，人的自然感情在理论基石中不那么重要；而且在合理性外推时，程朱理学也主要是利用了由外向内的“天人合一”结构把宇宙论和社会正义伦常价值统一起来。那么，从常识理性的另一个出发点建立道德哲学，即开辟另一条合理化途径，必定是可能的，这就是合理性最终根据主要不是知识性的常识，而是人的自然感情。在合理性推演方式上，不是运用从宇宙到社会人伦再到个人道德的“天人合一”结构，而是运用由内向外的“道德价值一元论”，即从个人良知（道德心）推到家庭伦理、社会规范。这恰恰是宋明理学的另一支，即陆王心学的建构方向。

早在朱熹建立理学之初，陆象山（字子静，1139～1193年）就不同意朱熹建立道德哲学的出发点，他与朱熹在鹅湖展开了一系列有关“心即理”、“性即理”的著名辩论，分歧的焦点就是作为宇宙论的“天理”如何落实到人身上。按朱熹的说法，“天理”在人身上的体现为“性”。因为“天理”是一种理想化的人际关系，它在内心转化为道德基础的“性”，“性”实际上是道德规范的内在化。朱熹用

“性即理”来论证道德的合理性,是遵循“天人合一”结构展开的。但是,当常识理性十分强大、人的向善意志(道德心)已是人人自明的日常情感一部分时,直接用人之常情合理来推出人人皆有的道德心就成为道德论证的一种快捷方式。因此,陆象山就认为代表“天理”的,不是作为人伦关系内在化的“性”,而是人的道德心,即人与生俱来的感情中的道德感。陆象山直接把人之常情和人的自然感情作为道德的基础,这就是“心即理”。“心即理”有两重含义:第一,它否定知识性常识是合理性最终根据;第二,它视人的道德感情为伦理关系的基础。显然,“心即理”正是从内向外推出道德和视人之常情为最终合理这两条原则结合起来的。用“心即理”来说明道德固然很简明有力,但同时又很难建立一个包括天在内的形而上学宇宙论的完整道德哲学体系。这就使得陆象山的观点在当时很难和朱子哲学竞争。从常识理性来看,“陆学”更自然、更合理。因此,陆象山直指本心的道德论说,更能打动普通百姓。陆的听众有农夫、妇孺,他们常常感动得热泪盈眶。直到明中叶后,社会道德的普遍败坏和儒生在事功方面的无能,促使儒生再思考理学的修身方法,这时陆象山开辟的方向才被重新发现,王阳明就提出了著名的“致良知”说。

王阳明对程朱理学的突破正是从常识与道德的关系开始的。正如我们前面所说,在程朱理学中为了了解“天理”,修身程序必须从格物致知开始,即必须先去了解万物的知识(包括读圣贤书),然后通过内在体悟将这种包含在常识中的关系和形式理想化。对认识家庭伦理而言,这意味着从人伦社会关系的常识来推知道德规范,上述程序基本是有效的。但如果从认识自然界的常识出发来理解道德来源,当自然现象与道德无关时,这个程序是无效的。换言之,程朱理学是一个把道德和宇宙万物合一的形而上学。万物都和道德来源关联,故要成为圣人,必须了解宇宙万物,这固然极大地强化了儒生在修身过程中了解自然的兴趣。但随着这种修身过程的广泛实践,从自然常识出发来体悟道德原理的无效性迟早会被人发现。思想史上一个著名的故事是王阳明通过格竹子的体验而怀疑程朱理学:王阳明坐在竹子前面七天七夜,运用多种关于竹子的知识,日思夜想,无论如何,都不能从对竹子的剖析中理解道德来源。[1] 王阳明通过格竹子十分巧妙地提出,很多场合下,道德和我们关于自然界的知识并无关系。他终于明白程朱理学有问题。37 岁那年,他于贵州龙场石室中,扪心自问:假如圣人遇到这种场合该怎么办呢?他终于大悟"圣人之道,吾性自足,过去求理于事物者误也"。显然,王阳明发现的圣人之道,正是回到建构道德哲学的另一个基石,即人之常情和人的道德感。王阳明在这一点上相当彻底,他把良知作为整个道德哲学的基础,他甚至说:"反省到吾心而不能领会时,即便是孔子之说也不从。"

把人所具有的向善道德心称为良知,用它作为合理性基石来证明道德规范以及社会制度的合理性,就必须依赖把个人道德、家庭伦理和社会正义整合起来的"道德价值一元论"。王阳明正是系统地利用"道德价值一元论",把良知从内向外开出,重构了儒家意识形态。但依循"道德价值一元论",很难达到宇宙秩序与社会道德的整合。于是王阳明把宇宙看作"气",贯通"心的宇宙",道德价值越出社会制度,直达天地。尽管这种心学的宇宙观比程朱理学的天道更具唯我论色彩,但同样可以从内向外实现天理和人心的合一。对于道德体系合理性论证来说,它甚至比从外向内推理的

---

[1] 钱穆曾经将王阳明格竹子与朱熹竹子做过一个有趣的对比,他说:"朱子亦曾格过竹子。朱子听一道士讲竹子夜间生长,日间不生长。他一天,曾住在一和尚寺里,闲着无事,晚上去量竹子,白天又去量。他说:'这道士的话靠不住。'"(钱穆:《从中国历史来看中国民族性及中国文化》,(香港)中文大学出版社 1979 年版,第 93 ~96 页。)这里朱熹格竹子正是取得有关竹子的知识,朱熹用这个例子表明实事求是的常识理性精神。从这一个角度引申开去,我们可以理解为何朱子说:读书亦是格物。当道德依赖于知识时,道德体验一定和获得知识有关。钱穆正是用这一点来批驳王阳明。

程朱理学更简捷易明。因为,从人的自然感情的道德感(良知)合理出发,外推到道德伦理的社会价值,直至证明社会规范的合理,甚至把天地万物看作是道德心的一部分,这是一条直通之路。修身成圣只需要开发内心本来已有的道德资源,使良知如泉水般地涌出就可以了。因此,王阳明否定了朱熹《大学》章句的排列,主张恢复古本。他取消了八条目中“格物、致知、诚意、正心、修身、齐家、治国、平天下”的前两条。修身程序就变为先要“诚意”、“明德”、“新民”、“止至善”、“本末”,然后才是“正心修身”、“修身齐家”、“齐家治国”、“治国平天下”。[1] 在“致良知”的心学中,书本知识在追求修身成圣中降到可有可无的地位。从此道德修炼并非一定要从读圣贤书开始,愚夫愚妇或不识一字,仍然可以堂堂正正地做一个人。致良知说极大地鼓舞了普通百姓的修身热忱,使得满街圣人成为可能。这就使儒学有可能越出知识精英的小圈子,可以更有效地教化平民百姓、凡夫俗子,礼教得到极大普及。本来,士大夫的道德文化精英地位,是和他们知书识礼的文化教养密不可分的。王阳明心学中潜含否定书本知识的倾向,第一次动摇了自秦汉以来知识阶层坚不可摧的文化精英主义,从而将反对精英和反智主义的种子播进了道德理想主义的土壤。

致良知说的最终合理性是诉诸每个人心中都有的良知,王阳明在《传习录》下卷给良知下了一个定义:“良知是个是非之心”,也就是人的自然感情中那自明的向善道德感。这个定义有两重含义:第一,良知是人人内心都有的自明的、被视为天然合理的感情;第二,从人之常情凸显出是非之心,使之成为道德的基础。这样就出现一个问题,在众多的被视为天然合理的人人自明的情感中,何种要素是道德的基础呢?人有各式各样的感情欲望,有利己的私欲,也有利他的道义冲动,如果仅用从人之常情天然合理标准来

〔1〕 方尔加:《王阳明心学研究》,湖南教育出版社1989年版,第82页。

看,它们都是合理的,但是它们并非全部都可以成为正义和道德的基础。这构成对致良知说的最大挑战。由于道德可以外化为伦理规范和社会制度,因此在良知定义中,暗含着一条原则,这就是只有那些可以转化为普遍道义(它是规范和社会制度的基础)的人之常情,如是非之心,才可以成为良知。

在王阳明时代,儒家伦理是无可非议的道德规范,因此,用儒家伦理对人之常情进行筛选,就可以定义良知,但何种人之常情是道德的基础,也是一个未曾有最后答案的问题。王阳明心学定义"良知"最大的特点就是喻象性和不定性。所谓喻象性,就是必须用常识中的具体例子来比喻,不定性就是只能用心去领会而不能明确界定,有人称之为"玄善"。[1] 这说明区别良知与人心中众多情欲的困难。正因为良知难以和一般的自然感情明确区分,建构在良知之上的道德哲学,就极易将人所有的自然感情看成合理的泉源,并将其推广到整个道德和社会实践中去。于是:"在阳明那里,'致良知'的形式无所不有。'虽钱谷兵甲、搬柴运水何往而非实学。'(《文录》"与陆原静,一,丙子")读书不强记、不欲速也是'致良知'(《传习录》下卷),'坐起歌咏'也是'致良知','饥来吃饭倦来眠'也是'致良知',甚至学生王公弼违逆父兄之命也是'致良知'(《文录》"与王公弼,一,丙戌")"。[2]

陆王心学的成熟和发展会带来什么样的后果呢?众所周知,儒学讲义利之辨,基本要义是"义不是利"。历代儒家在一定程度上都肯定个人利益为合理,但君子必定是以义制利。这表明蕴涵在人之常情中的私己之利和欲望虽然合理,但它们是不能转化为意识形态和社会规范的。但是由于王阳明心学基础"致良知"的含混性,儒学中第一次发生私利借良知转化为道义的可能性。王学

---

〔1〕 方尔加:《王阳明心学研究》,第133~134页。
〔2〕 方尔加:《王阳明心学研究》,第162~163页。

发展到明末时，已可以在王学盛行的各种流派中，看到那些主张个人利益合理和主张个性解放的思想，如李卓吾的“童心”说、泰州学派主张“百姓日常所用即是道”等。它们明显蕴涵有将个人利益合理化的类似于资本主义精神。[1] 余英时十分强调王阳明“致良知”说同明末出现的“富民论的发展”及“新公私观”的内在联系。他指出，因“良知”为人人所具有，从某种意义上就是把“天理”个人化，也就是私化了。这为以后儒学传统中建立论证“私”的合理性奠定了基础，像龚自珍曾写的一篇《论私》来攻击“大公无私”，认为只有禽兽才不知私的意义。[2] 这种把“私”建立在“良知”基础上论述，正是用常识理性的基本结构中人之常情合理的含混和复杂性来论证“私”的合理。

在陆王心学的结构中，由于个人利益和求利动机的合理已有可能成为某种普遍的道义，它必定带来另一个问题，就是如何防止人的自然本能和各种欲望对儒家伦常的冲击。为此，心学更需要强调修身。修身的目标是克服那些有可能与儒家伦理纲常对立的欲望。克服欲望的普遍方法只能是主静的思辨，即必须尽可能严格地划出良知和人欲的明确界限，以使良知脱离各种欲望而纯化。陆王心学找到了一种不同于程朱理学的方案，把佛教的修身功夫同儒学结合起来，而且这种结合方法比程朱理学更简便直接和自然，从此儒学与佛学的修身方法失去了明确的界限。王学的末流有很多派别，如“现成”派与佛学就很相似；而且正如我们在3.1节所说，禅宗本是人之常情中平常心天然合理和心性论佛教“道德价值一元论”推理方法的结合。一旦陆王心学对良知定义含混化，不

---

〔1〕 有关良知如何推动个人利益合理化以及近乎资本主义精神要素产生之分析，可参阅金观涛：“儒家文化中的经济伦理结构和转型”，载《文化中国》(第2期)，(加拿大)文化更新研究中心出版委员会1994年版。

〔2〕 余英时：“现代儒学的回顾与展望——从明清思想基调的转换看儒学的现代发展”，载《中国文化》1995年第11期，第10页。

是指向孝而是指向某种解脱之心,它就立即变成和禅宗一模一样的东西。故梁启超早就指出:“王学在万历天启年间,几已与禅宗打成一片。”[1]

今天学界有人把明末王学发展带来的思想解放看作中国的“文艺复兴”,认为这是中国文化开始脱离传统儒学轨道的象征。劳思光认为王阳明心学最接近现代道德哲学,称其为中国哲学史上心性论的最后完成。[2] 从唐末到明末五百年间,无论是程朱理学还是陆王心学的出现和发展,都标志着中国文化理性结构的成熟,都可以看成常识理性对一体化结构中的儒学再塑造。而明末阳明心学的繁荣则意味着建立在常识理性之上的与道德形而上学的两种最基本形态都已经出现,从而标志着中国文化第一次理性化的实现。

3.7　宋明理学第三系和断裂型

把宇宙、社会和道德整合起来的四种组合可能性——程明道将人之常情道德心视为合理性终极标准——宋明理学第三系的重要性——理学式、心学式、心学化的理学式和断裂型——戴震与理学第四系。

除了程朱理学和陆王心学所代表的两种儒学理性化方案外,是否还存在别的理性化模式?由于常识理性有知识性常识和人之常情两个出发点,把宇宙、社会和道德整合起来也有从外向内的“天人合一”结构和从内向外的“道德价值一元论”两种模式,而每

---

[1] 梁启超:《中国近三百年学术史》,中华书局1937年版,第40页。
[2] 劳思光:《中国哲学史》(三、上),第5、41~62页。

一种观念整合模式也可以用两个合理性出发点中的一个作论证基础。这样,理论上就存在如表3.1所示的四种组合可能性。A为第一种理性化方案,它以知识性常识合理为出发点,依据“天人合一”结构,先用常识证明天道合理,再把人伦关系当作天道一部分来证明儒家伦理的合理,再将道德规范内化,提出“性即理”。这正是前面已讨论过的程朱理学论证道德合理性的基本结构;D为第二种理性化方案,它以人之常情天然合理为出发点,依据由内向外的“道德价值一元论”结构,把道德规范当作道德感情的外在化,由内向外一层层证明道德规范、社会制度和道德化宇宙的合理性。这是宋明理学中陆王心学的基本结构。

表3.1　宋明理学的理想类型

观念系统整合的方式 / 合理性最终根据(论证出发点)	由外向内的天人合一结构	由内向外的道德价值一元论
常识理性中知识性常识天然合理	A 以程伊川、朱熹为代表的理学	B 戴震的哲学
常识理性中人之常情和道德心天然合理	C 宋明理学第三系	D 陆王心学

显然,从逻辑上讲,第三种理性化方案也是可行的。其合理性推演方式是利用由外向内的“天人合一”结构,而合理性的最终根据不是知识性常识,而是人之常情和向善的道德心,即把天地万物都看作是有道德心的,宇宙的生生不息就是“仁”。这种论证方案实际上是把人的道德心映像到宇宙万物,在不破坏常识的前提下,把宇宙中的生命和运动都看作是和人的道德活动类似的东西。人的道德心天然合理,也是证明宇宙生生不息是道德哲学的基石。由于一种理性化方案相应着宋明理学的一种理想类型,那么,这第

三种理性化类型是否真的存在？如果存在，它应是宋明理学的第三系。

长期以来，学术界公认宋明理学只有程朱理学和陆王心学两系。直到20世纪60年代，牟宗三发现二程兄弟的思想方法各异，这才发现第三系的形态。他指出，二程兄弟思想方法实际上是不一样的。朱熹只用程伊川来概括二程，把程明道收到程伊川里面，成为一程；但程伊川并不能概括他哥哥程明道。朱熹对程明道的思想不十分能欣赏，也不太了解，结果明道在朱熹心目中成为隐形的。〔1〕换言之，真正把天理当作存在而不活动的只是程伊川，朱熹继承他对天理的说法建立起程朱理学。程明道则把人的道德心推广到宇宙，认为这是"仁"的基础。〔2〕这里作为合理性终极标准的不是知识性常识，而是代表人之常情的道德心。除程颢外，用道德心作为出发点，但又沿用由外向内的"天人合一"论证方法的还有周敦颐、张载、胡五峰和明代刘宗周（字起东，世称蕺山先生，1578～1645），牟宗三称其为宋明理学第三系。〔3〕我们在表列中将这第三种理性化类型列为C，它是把人的道德心投射到宇宙，推出一个包括人的道德在内的宇宙论，此种宇宙正是如胡五峰所说，是道德心不死的无限心。它有点儿像汉儒把道德同构地对应于天。因此朱熹早就质疑这种把宇宙看作有道德心的"心无死生"观点，认为这是不可能的；如果真有这种无限心，它无异于佛教的轮回和

〔1〕 牟宗三：《中国哲学十九讲》，台湾学生书局1983年版，第390页。

〔2〕 牟宗三认为，可以利用程明道和程伊川二人思想方式不同，来判断哪些是伊川所说，哪些是明道所说。在《二程全书》中有一些话未曾注明是谁讲的，例如："仁者浑然与物同体"、"医家以不认痛疗谓之不仁。人以不知觉，不认义理为不仁。譬最近。"［程颢、程颐："二先生语二上"，载《二程全书》（第一册），中华书局1966年版，第3、16页］。这里先将"仁"表达为知觉，然后再推到宇宙万物之上，明显是把道德心作为天理出发点，故牟宗三判断这句话是程明道所说（牟宗三：《中国哲学十九讲》，第389～420页）。这里牟宗三实际上是将观念的理念型作为鉴别考证史料的工具。

〔3〕 牟宗三：《心体与性体》（一），（台湾）正中书局1968年版，第1～60页。

人死后的灵魂。[1] 劳思光亦认为周敦颐、张载这种把道德性对应到宇宙的模式尚未完全摆脱汉儒的“宇宙论中心之哲学”。[2] 按照本书的论证，汉代中国文化尚没有常识理性作为深层结构，故一涉及道德与宇宙同构对应，就会利用所谓“同类相通”的天人感应。宋明理学的基础是常识理性，这时再把道德与宇宙对应起来，只能是一种生命运动和道德的模拟，而不会导致天人感应的迷信。所谓“心无死生”和“无限心”只有超越意义，乃是一种形而上学的道德哲学。[3] 牟宗三认为，严格来说，宋明理学第三系应该被看作孔孟道德哲学的真正继承者，即北宋诸儒的嫡系应该是宋明理学第三系，既非程朱，也不是陆王。[4] 宋明理学第三系除了涵盖了周敦颐、张载、程明道等多位大儒外，牟宗三认为其中最关键的因素是它避免了朱子把知识与道德混同。当然，辨别宋明理学第三系与朱子、陆王哪一个更接近道统，这本身并无多大意义，但它却能说明宋明理学第三系的思想方式，如将道德心从宇宙论和天道中推出，比纯粹的程朱理学和心学更易被士大夫认同，这一点对研究中国现代思想的起源极为重要。

表3.1中还有第四种组合可能性，这就是B。它的意义是运用由内向外的“道德价值一元论”作推理方法，但合理性的终极根据是知识性常识。显然，从合理化论证方案来说，由内向外的“道德价值一元论”本来就是从道德心出发，道德合理根据必须从人的内心找出；但在B方案中作为合理性根据的却是知识性常识，知识是人用来把握外部世界的。这里我们看到，合理性根据与推理方式脱节，因此，一般说来，脱节意味着合理性根据不可能通过某种推

---

〔1〕 朱熹：“知言疑义”，载《胡宏集》，中华书局1987年版，附录一。

〔2〕 劳思光：《中国哲学史》（三上），第5、95～191页。

〔3〕 杨祖汉：《儒家的心学传统》，（台湾）文津出版社1992年版，第287～303页。

〔4〕 牟宗三：《中国哲学十九讲》，第389～420页。

理结构贯彻到整个观念系统中去。就理性化和观念整合来说,这一种推理模式是失败的。这样,作为统一的理性化方案和高度整合的观念系统而言,宋明理学只有三个理想类型,即只存在三个系。但类型 B 仍然不失为一种观念系统的类型。由于这种思想模式的特征为最终合理性判据与道德推演结构的脱节,我们称为合理性论证的断裂形态。认同这种思想方式的哲学家建构观念系统能力不强。宋明理学中,几乎不存在属于这一类型的哲学家。到清代实学凸显,重视知识性常识合理成为社会主流思想,这时只要士大夫坚持由内向外的"道德价值一元论"推出道德,就容易倾向这种形态。戴震的思想是这方面一个典型例子。必须注意,合理性论证的断裂型虽不构成一种理性化方案,但并不等于不重要。因为一旦士大夫陷于这种断裂形态,理性化的观念整合就发生了某种障碍。知识的理性权威同道德推演活动发生紧张甚至对抗。后面我们将指出这种类型结构对于理解知识分子的道德批判意识的起源是必不可少的。

这样一来,我们可以得出一个结论:用常识合理来建构的观念系统,有三种合理化方案和一种断裂形态。其中最典型的是 A 和 D,它们通常代表"理学式"和"心学式"两种观念系统的建构。第三种合理化方案 C 采用由外向内的理想化体系建构,但合理性根据则是心学的,因此我们也可称宋明理学第三系心学化的理学。断裂型则给出合理化过程中观念系统不能整合的理想类型,我们可以称为理学的第四系,它同宋明理学的基本形态有重大差异。

3.8　中国文化的理性结构

作为超越意识形态后设层面的常识理性结构——三种建构意识形态的基本模式——道德合理性论证断裂形态和中国自由主义

的源头——宋明理学出现以后道德境界与道德规范的分离——对经世致用的需求和近代思想的显现。

现在,我们可以对中国文化在近代受到西方冲击前的基本结构作一个宏观总结了。简而言之,明清之际,秦汉之交形成的儒家意识形态与政治社会一体化虽然仍是中国社会的整合方式,但是由于第一次融合和随之而来的第一次理性化,中国文化的基本结构已大大复杂化了。这时,除了意识形态与社会组织一体化以及"天人合一"和"道德价值一元论"外,作为限定社会文化进一步发展的深层结构,还有如下三种规定性:

第一,一体化结构中,出现了一个超越意识形态的后设层面,这就是常识理性结构。本来,在实现第一次文化融合之前,一体化结构中的社会组织分为上中下三层次,而作为和社会组织耦合的文化系统则只有意识形态一个层面。现在它是如图3.3所示的由常识理性与意识形态两个层面组成的系统,这是超稳定系统响应第一次外来冲击并进行文化融合的结果。本来,考察意识形态变迁的长程规律,只需在"天人合一"与"道德价值一元论"限定下分析意识形态与社会组织的互动。它包括在与世隔绝条件下官方意识形态的长期延续,以及受到外来冲击原有意识形态不可欲时由逆反价值主导的对新观念系统的塑造。现在,则还需要考虑常识理性和意识形态的互动。这种互动包括意识形态越出常识理性构架的理性丧失,以及常识理性根据常识合理原则对意识形态进行重构,即理性丧失和理性化成为文化长程变迁的全新而重要的内容。

第二,常识理性同"天人合一"与"道德价值一元论"这两种基本限定结合,产生了三种理性化方案和一种道德合理性论证断裂的思想形态。当原有意识形态不适合社会整合或被证伪时,由于新意识形态必须建立在常识理性基础上,于是在意识形态更替过

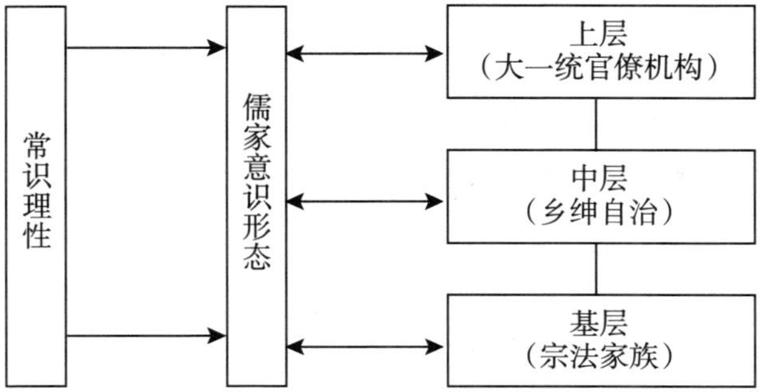

图 3.3　中国文化的理性结构

程中，除了考虑逆反价值对新意识形态之选择外，还必须实现常识理性对新观念系统之整合，这时，三种理性化方案也就构成三条重建意识形态的道路。第一个建构方案是以知识性常识天然合理为基点，依赖由外向内的“天人合一”结构，把常识合理原则贯彻到宇宙论、社会观和价值系统中去。其推道过程由外部宇宙一步步落入到人的内心，即先从常识合理原则出发，建立一个代表最普遍常识的宇宙论或普世性规律，接着推出合理的社会制度和人伦关系，然后把道德看作这种社会关系的内化（图 3.4A）。常识理性对程朱理学的建构所运用的正是这一模式，因此我们称其为类理学的意识形态建构模式。

第二个理性化方案是从人之常情天然合理为立足点，从人之常情选出一种譬如“良知”作为普遍性道德价值，并顺应着“道德价值一元论”的结构，将其一步步推到家庭、社会乃至整个宇宙中去。随着外推领域的扩大，它就转化为合理的家庭关系、社会制度以至于作为道德心表达的宇宙（图 3.4B）。由于明代王阳明心学的形成所依据的正是这种模式，故我们称其为类心学的意识形态建构模式。

第三种理性化方案是把人内心的道德感作为合理性最终根据，而“天人合一结构”是合理性推导方式，在这种推理模式中，先

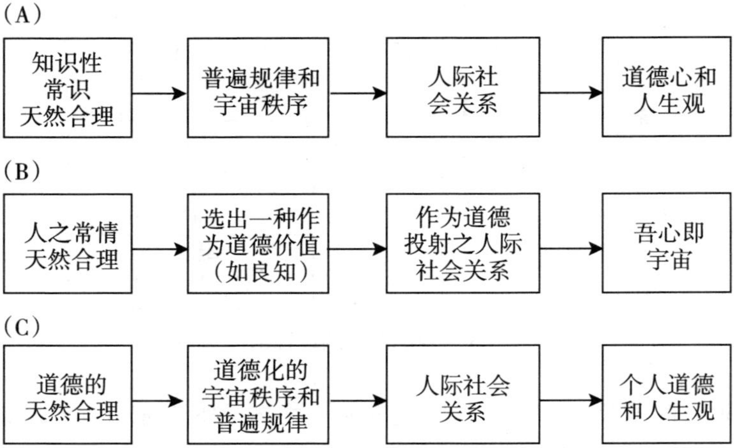

图 3.4　中国文化理性结构中三种建构(或论证)意识形态的模式

将宇宙规律看作是充满道德价值的,然后把合理的人际关系和个人道德从宇宙规律中导出,我们称这种论证结构为类宋明理学第三系的意识形态模式(图 3.4C)。它通常是为了批判类理学建构模式而仅仅改变合理性最终判据所得到的结果。这三种理性化模式不仅代表了三种建构意识形态的方法,而且是中国文化中三种常见的论证某种观念系统合理(或某种事业为正义)的基本逻辑。我们将在后面证明,这三种建构意识形态模式对理解中国近现代意识形态变迁极为重要。当中国文化面临西方冲击不得不开始第二次融合时,主导着新观念系统形成的不仅存在与第一次融合相似的逆反价值对外来文化的选择性吸收和创造性重构,而且还出现了魏晋时代不可能有的三种建构意识形态的模式。五四后,中国知识分子接受的马列主义有图 3.4 中 A、C 两种类型。A 类型为五四时期知识分子所认同的马列主义,它具有类理学之论证结构,后被苏联留学生进一步演成本本主义。另一种则是毛泽东思想,它为图 3.4 中 C 类型,具有宋明理学第三系结构。三民主义具有心学式的体系建构,它属于图 3.4 中 B 所刻画的理想类型。至于道德合理性论证的断裂形态，它刻画了中国知识分子在建构意识形态方面的失败和碰到的障碍，我们将在后面指出，它居然是中国式自由主义的基础。

第三，自从宋明理学出现后，道德理想破天荒地分解为两个不同部分：一个是只在思辨中存在、远高于现实之境界，另一个是现实的道德规范。在人类文化史上，道德价值从来主张思想与行动不可分，道德和道德规范合一。宋明理学创造性地把道德理想分为"境界"和"规范"两个层面，实为儒学消化佛教修身功夫导致的一个奇特结果。本来，佛教和老庄哲学的价值追求以"无"为方向，同儒学的价值取向是对立的。消除这种对立一定会在儒学道德理想内部产生一个无欲主静的境界，它必定减退儒生的事功能力，这也使得强化事功成为近代儒学的主题。必须注意，由于儒家意识形态把道德与社会制度和宇宙秩序等同，这种将境界与规范二分式结构会被运用到儒学的哲学观、社会观以及价值观各个部分，它对中国知识分子的深层思想方式产生了极大的影响。例如，它表现在伦理道德上可以接受的一种不需在现实中立即实现之道德理想，这种思想方式表现在社会观上即成为人们可以接受一个只在想象中成立的理想社会。它在哲学观上所造成的后果是用道德原则付诸实现的模式来看待宇宙生成之过程。这样，强调道德实践会导致主气论，它又促使唯物论的繁荣。我们在本书第七、八章将指出，正是这种基本结构使中国近代思想中的乌托邦和唯物主义极为发达，也就是说，这些深层结构对理解西方冲击下的中国文化变迁极为重要。

总而言之，我们把上述种种深层结构的制约看作中国文化进一步发展的内在限定，并称之为中国文化的理性结构。这一文化理性结构正是我们讨论中国社会在西方冲击下思想文化巨变的出发点。

第四章　外来冲击与中国近代传统

汤因比用挑战与响应来解释文明的兴起，认为挑战强度的不足或过于猛烈均不利于新文明的成长，唯有强度适中最有利于创造文明。也许，用这种方法分析文明起源过于简单化了。但是，当一种文化传统已充分成熟后，外来冲击可以帮助我们认识它进一步的发展形态。因为，观念系统内在创造力的高峰取决于自身的成熟和受到外部的适度冲击。而且，当观念系统足够庞大自洽时，不论外来冲击性质是多么不同，响应它们的方式却有着结构性的相似。这可以帮助我们理解中国近现代思想史中两个最不可思议的现象：第一，继宋明理学之后，儒家思想在理论上最富创造性的时期是明末清初，而不是在此以后；第二，中国受西方冲击形成的现代思想，同明末清初受少数民族入主中原冲击产生的思潮存在着惊人的类似。

4.1　西方的两次扩张

超稳定结构对西方冲击反应的迟钝——四百年间的两次冲击波——西方的第二次扩张——中国只有在19世纪下半叶才可能消化西方文化并开始第二次融合——明末清初的重要性——清兵入关与中国近代传统。

当晚明王阳明“致良知”说风行大江南北时，西方已经历了科学革命，并正孕育着工业革命，美洲已被西方文明扩张之第一波所征服，中国也开始感觉到西方文明的力量。利马窦(Matteo Ricci，1552～1610)把世界地图展现在中国士大夫面前，引起一阵子惊奇。徐光启(字子先，1562～1633年)在传教士帮助下翻译欧几里得的《几何原本》，方以智(字密之，1611～1671年)正写作《物理小识》。但是，西方文明冲击波通过遥远距离真正到达远东，沛然莫之能御，是在此两百年之后。为什么中国自明末感受到西方文明的存在并经历了一个翻译高潮后，要等到晚清才真正受到西方冲击？这个问题可以从中国和西方两个方面来考察。

从中国方面讲，任何一种外来文明如果要冲击士大夫思想，即进入意识形态层面，其前提是外来文明已在社会制度层面造成某种影响。一般说来，当一个王朝处于鼎盛时期，官僚机构就比较有效清廉，国家也具有相当强的抵抗外来冲击力量，士大夫很难对外来文化感兴趣。而到一个王朝末期，社会危机严重，官僚机构腐败，政治改革呼之欲出，外来文化及其各种影响较容易在士大夫意识中浮现出来。明末部分士大夫重视西学，是和当时心学泛滥导致的思想解放，以及人们力图以经世致用克服社会危机密切相关的。明王朝灭亡后，随着清王朝太平盛世的来临，中国士大夫对西方的兴趣反而不如明末;要等清王朝衰落时,这种心态才会改变。例如,1637 年英国在广州开展贸易,这与英国在美洲建立新英格兰殖民地只相差几年时间。两百年后,英国的殖民地——美国已壮大成新兴帝国,参与了第二次西方向东方的殖民地扩张;而此时来广州禁烟的林则徐(字元抚,1785 ~ 1850 年),才第一次感受到明末儒生早已知道的西方。魏源(字文渊,1382 ~ 1444 年)据这些资料编成《海国图志》,向中国人介绍西方,但这已经是经过一次朝代循环之后的事了。我们在《开放中的变迁》一书中称这种现象为超稳定系统对西方冲击反应的迟钝。[1]

如果我们换一个角度,以西方文明为参照系,那么,中国到 19 世纪上半叶面临西方不可抗拒的冲击,出现普遍的欧风美雨和西学东渐,是和世界格局剧变连在一起的。人们一般都把欧洲自 16 世纪对外殖民视作西方对世界冲击的开始。历史学家菲尔德豪斯(David. K . Fieldhouse)指出,西方自 16 世纪开始一直到 20 世纪四百年的扩张过程中,存在两个冲击波。欧洲的第一次扩张是 16、17 世纪。但到 18 世纪特别是 19 世纪中期以前,西方以往那种开拓殖民地的热潮已不复存在,欧洲人的注意力大多集中在欧洲本土。19 世纪 30 年代前,欧洲人在世界各地建立的帝国与殖民地,规模要比 17、18 世纪小。第二个冲击波出现在 19 世纪下半叶。1800 年欧洲人控制的土地只占全球 35% ,到 1878 年已上升到 67% ,1914 年更高达 84.4% 。从 1800 年到 1878 年间,殖民地平均扩张速度达每年 216,000 平方英里。可见短短八九十年,几乎整个世界都在西方冲击之下,学术界称其为欧洲的第二次向外扩张(second expansion)。

但是,西方第一次扩张与第二次扩张的性质不同。第一次扩

---

〔1〕 金观涛、刘青峰:《开放中的变迁——再论中国社会超稳定结构》,(香港)中文大学出版社 1993 年版,第 71 ~ 74 页。

张的目标主要在美洲，扩张方式是欧洲移民在新世界建立定居的殖民地。他们将欧洲文化制度移植到这些新的居住地。第二次扩张不但速度比第一次快，而且范围极大，包括非洲、亚洲和太平洋地区。此外，扩张方式主要不是依靠移民建立定居地，而是利用国家的力量占领殖民地，殖民地社会大致保持原有文化和风俗。[1]

为什么在19世纪下半叶会出现西方第二次向外扩张？菲尔德豪斯认为，这是因为18、19世纪西方社会迅速工业化，引发了19世纪下半叶一系列经济危机。例如，1870、1880和1890年代反复出现的周期性经济萧条，打击了自由放任的市场经济。欧洲与美国纷纷提高关税，其后果是限制欧洲内部市场开拓，各国就把海外殖民地当作扩大市场进一步发展经济的重要手段。当时有一句十分流行的话——"贸易跟随国旗而行"。[2]

从这一宏观背景看西方对中国的影响，可以看到明末中国感受到的西学东渐实为第一次冲击的余波。而1840年后中国受到西方冲击乃是西方第二次扩张的结果。如果说西方第一次扩张是因为它最早实现了科学革命，可以藉武器优势在美洲等地区建立殖民居住地并推广西方文化制度，那么，这种扩张方式对中国这样庞

---

〔1〕 David K. Fieldhouse, *Economics and Empire*, 1830 – 1914 (London: Macmillan, 1984, 3 – 9).

〔2〕 学术界通常把西方19世纪到海外寻找市场并因经济需求的扩张称为帝国主义。菲尔德豪斯(David K. Fieldhouse)这本书的主要宗旨是对形形色色的帝国主义理论进行考察。一般说来有四种帝国主义解释：第一种是商业帝国主义，从西方贸易的需求来讨论第二次扩张；第二种说法强调剩余资本的输出，也称为资本帝国主义；另外两种分别从政治和文化以及西方和周边世界关系解释帝国主义出现。如群众帝国主义强调社会达尔文主义造成的一般社会心理对西方向外扩张的推动作用，而帝国主义的政治和国际关系解释则注重民族主义兴起和国际政治因素。后两种解释的本质均为立足于19世纪末与20世纪初西方社会的内部危机。菲尔德豪斯认为，1880～1914年帝国主义扩张的加剧，乃是欧洲用政府力量来解决经济问题的结果，就其本质而言，它并没有改变西方第二次扩张的主调。因此，广义上讲，帝国主义的冲击实质上仍是现代化冲击的一部分(David K. Fieldhouse, *Economics and Empire*, 1830 – 1914, pp. 459 – 77)。

大而人口众多的帝国显然是无效的。在第一次殖民高潮后，18、19两个世纪中欧洲人注意力之所以集中在欧洲本土，是因为欧洲社会结构在这一时期经历了巨变，19世纪西欧开始进入现代社会，革命风起云涌。西方暂时无精力顾及外部扩张。但由于资本主义制度在本质上是全球性的，一旦西方进入现代工业社会后，西方必定会在经济利益的推动下把这种新的社会模式推向全世界。因此，第二次扩张也可以说成是现代化冲击。

从这个背景上看，中国是不可能在19世纪下半叶之前消化西方文化并开始第二次文化融合的。因为第二次融合的前提不仅是中西文化相遇，而且是中国再次发生了传统道德理想不可欲的意识形态危机。显然，只有在19世纪后半叶开始出现的现代民族国家争雄的世界格局中，才能显现出中国传统的社会制度不再是一种“好”的制度。固然它可以保持中国社会内部良好整合，但落后挨打、主权丧失使其再也不能被视为道德理想的实现。道德理想可欲性的破坏使中国文化不得不开始第二次融合。而且，一个传统社会只有实行现代化才能对抗西方冲击。现代化包括现代经济成长、民族国家的形成、社会以城市为组织中心、国家动员力的增强和现代意识的形成等方面，这是一个漫长的过程。因此我们可以理解，中国文化在西方冲击下的变构和它的现代转型实为同一个问题。

既然第二次融合必须到晚清才揭开序幕，那么，我们能否跳过从明末到晚清这两百年历史，直接从晚清官方意识形态出发，来考察西方冲击与中国近现代思想形成的关系呢？表面上看，这种思想方式无懈可击。然而，思想史研究却不允许这种跳跃。作为一个民族的思想连续的普遍观念，不能任意割断和省略来追溯观念的起源。从推动观念变迁的内在思想动力来讲，虽然到明末中国文化已完成了第一次理性化，但常识理性对文化各个方面的合理化仍在进行。这种常识合理在文化系统中的全面贯彻，对我们理解中国文化现代转型是极其重要的。否则我们就不能理解,为什么清末士大夫在极具科学严谨性的考证中从汉学走向春秋战国的诸子之学,为突破儒家意识形态的桎梏准备了前提。更重要的是,在第二次融合过程中,是不可抗拒的西方冲击使中国处于落后挨打局面,据此,广大士大夫迫不得已认识到原有的道德理想是不可欲的。我们已在1.6节和2.4节指出,这种道德理想可欲性的破坏所导致的观念巨变在结构上具有两个基本特点:一是逆反价值左右着对外来思想的选择性吸收和创造性重构,二是由逆反价值所主导的种种新观念指向新的整合,人们力图用逆反价值建构新意识形态来恢复道德理想的可欲性。这里,西学东渐和现代化学习虽然是史无前例的新事物,但是它们必须通过逆反价值与新意识形态建构才能真正融入中国文化之中,左右其进程的机制本质上是和外来冲击相关性不大的文明融合基本模式。讲得更绝对一点,不管外来冲击是什么,只要外来冲击导致道德理想不可欲,都会出现类似的新观念系统基本结构和重构新意识形态。而在西方冲击不可抗拒地来到之前,中国社会恰好受到一次全面而痛苦的冲击。众所周知,这就是清兵入关,少数民族入主中原建立新王朝。

在中国历史上由少数民族入主中原建立新王朝,这并非第一次,但我们不要忘记,它发生在宋明理学成为官方意识形态并高度普及之后。本来宋明理学已大大强化了中国人的道统观念,异族政权的建立不仅意味着道统断裂,甚至某种程度上是天崩地裂的亡国。虽然这次冲击和两百年后西方文明冲击有本质的不同,但对少数敏感有创造性的中国儒生而言,它却是经过第一次理性化后中国文化缺点的总暴露。他们奋起应战,他们的思想探索形成了我们所谓中国近代传统的特殊文化或观念系统。由于这种观念系统在深层结构上同西方冲击下中国文化的变构相当类似,故当两百年后中国文化面临西方不可抗拒的冲击时,它们迅速被士大夫重新发现并壮大,与近现代思潮结合。中国近代传统在第二次文明融合中起着极为重要的作用。因此,我们在讨论西方冲击下中国文化的现代转型之前,必须首先研究中国思想的近代传统。

4.2 强化事功的变异

明末清初少数思想家观念系统的定位——一体化结构受到强烈冲击与思想大解放——宋明理学必须为明王朝灭亡负责——儒生的事功能力——道德境界的成就和事功能力的降低——南宋、明末大儒之比较。

长久以来,中国思想史研究中存在一个难点,就是如何将明末清初少数思想家的观念系统定位。所谓少数思想家,是指王船山、黄宗羲、顾炎武、颜元等人。他们或是明朝遗民,不为时代所重视;或在当时只有文化学术上的影响,要到晚清才成为思想重镇。从观念形态上,已很难将他们的思想简单地归为传统儒家意识形态。例如黄宗羲(字太冲,1610～1695年)反对君主独裁,主张忠孝不可等同,并提倡恢复唐代方镇制度;[1]顾炎武(字宁人,1613～1682年)一反儒家大一统传统,主张寓封建于郡县;[2]王夫之(字而农,世称船山先生,1619～1692年)鼓吹革命和民族主义;[3]颜元(字易直,号习斋,1635～1704年)倡导实践至上。这些思想观念,特别是他们提出的社会制度,与传统儒家意识形态所主张的理想秩序已有相当大距离。更令人奇怪的是,这些异端思想家的基本倾向

---

〔1〕 黄宗义:《明夷待访录·原臣》,商务印书馆1937年版,第3～4页。

〔2〕 顾炎武:"裴村记",载《顾亭林诗文集》,(香港)中华书局1976年版,第106～107页。

〔3〕 王夫之:《尚书引义》(卷四)。

和中国现代思想相当一致。例如,他们在哲学上主张的唯气论,只要将气换成物质,就与唯物论差不多了。又如,他们的民本主义价值观和气化人性论,视满足大多数人的最大利益为天理。正因为清初这些近于异端的思想和现代价值一致,它们虽然在当时社会影响甚微,但在二百年后中国面临西方不可抗拒的冲击时,它们从深山老林和故纸堆中迅速凸显出来,成为中国人走向现代和抗拒西方冲击的思想资源。据此,有人将明末清初看作类似于西方文艺复兴那样现代思想起源的时代。但是,十分明显,明末清初完全不具备西方文艺复兴时期那种孕育现代价值观念的社会条件。

其实清初少数知识分子的思想大解放,乃是由于他们预先感受到对一体化结构的强烈冲击。当然,这种使官方意识形态受到动摇的冲击不是来自于西方,而是来自明王朝被农民战争摧毁和清兵入关。我们在1.5节曾指出,由于在儒家思想中,道德理想是和良好的社会整合状态合一的,应然的无限扩张使儒生把所有内部社会危机均归咎于对道德理想之偏离。因此农民大起义不仅不会冲击儒家意识形态,反而能强化他们对儒学的信仰,儒学成为大动乱中修复社会、建立新王朝的模板。这种情况在中国历代王朝更替中、甚至少数民族入主中原建立新王朝之际都无一例外。因此,明末清初的王朝更替,只是传统一体化结构的王朝循环,并没有对儒家意识形态造成真正的冲击。满清贵族仍以儒家治国,康熙年间程朱理学再次勃兴成为清廷所倡导的官方意识形态。但是,必须看到,这毕竟是对社会主流思潮和绝大多数人而言,不能包括极少数敏感的思想家。那么,是什么原因导致明末清初少数士子学人怀疑批判理学,并激发出种种不同于理学的异端新观念呢?有人认为这是因为明朝亡国之惨痛和清军入关大屠杀之残酷,致使广大儒生心灵受到极大创伤。其实南宋末年,蒙古人入主中原建立新王朝之际,大动乱之残酷一点也不比明末清初逊色,所以还须从儒学内部的变化来找原因。

我们知道，南宋末年，理学虽已形成，但尚未深入人心，理学尚不需为汉族政权的灭亡负责。及至明末，理学不仅成为官方意识形态，而且王阳明心学的出现也标志着理学已相当成熟。宋明理学与前期儒学的最大不同，是它把道德理想境界和社会规范区别开来。我们已在第三章谈到由此产生的两个后果，就是道统的加强和儒生事功能力的减弱。所谓道统，是指道德政治秩序的合法性。由于形而上学“天人合一”结构的建立，道德秩序从宇宙秩序导出，道统无疑得到巩固。至于事功，通常是指那些同道德目标不直接等同但相关的事业和实践活动，即从事种种经济政治活动统统都可以视作事功。显然，事功能力的强弱取决于儒生如何修身。

修身通常包括学习经典、认识自然和社会以及形形色色活动能力之锻炼。宋明理学提出有别于社会规范的道德境界层面之后，纯化道德意志的修身可以是依靠对天理的冥想、系统利用佛教的修身方法。但是，一旦静坐成了修身主要内容，儒生事功能力必定大大削弱。朱熹提倡半天静坐、半天读书，儒生成为道学先生。理学家的外王对象，已从治国平天下日益蜕变成教化天下。从宋朝到明朝，是一个知识分子事功能力不断减退过程。明末王学流行，虽然“致良知”过程原则上包括实践，但为了防止欲望颠覆伦常，故在“致良知”过程中也强调类似于禅宗的去欲主静。例如，王阳明自己并不忽略事功，他有相当多弟子主要靠静坐来修身。又如，罗汝芳(字惟德，1515～1588年)常置水镜于几上，对之默坐，求使心与水镜一样湛然静止，他甚至因静坐而生病。[1] 提倡“百姓日用即道”的王艮(字汝止，1483～1541年)热衷于救世，但救世方法仅仅停留在“以道济天下”。[2] 他以为只要不断宣讲，王者和天下自然归之，并不认为有必要积极参加社会政治活动。一谈起王

---

〔1〕 黄宗义：“泰州学案”，载《明儒学案》(卷三十四)，台湾商务印书馆1968年版，第226页。

〔2〕 黄宗义：“泰州学案”，载《明儒学案》(卷三十二)，第215～218页。

学末流，人们常常认为他们是一些能赤手搏龙蛇的人物，比理学家更少书呆子气，但由于他们极端忽视知识和读书，他们缺乏儒生应有的那种治国平天下的组织力。可见，宋明理学占主导地位后，儒生的道统观念虽得到加强，但事功能力却大大减弱了。这两个特点在明末社会大动乱中表现得相当充分。

明末儒生誓死不为异族政权服务的道德勇气，常为历史学家津津乐道。大儒顾炎武的母亲从昆山城破之日起绝食27天而死，死前命他不许事满洲。康熙十七年清廷要罗致顾炎武，他则宣称"刀绳俱在，无速我死"，力拒与清廷合作。王船山不肯剃发留辫，几十年潜隐偏远苗瑶地区，至死不事清朝。类似的情况不胜枚举。据研究，明末清初誓死不降满清并以死殉节的人数，远比历代改朝换代为多。明朝以前，因国亡而殉节的人数不过百余，而明季殉国者高达三千八百人左右（不包括与传主同殉的家人、亲友、奴仆在内）。〔1〕当时很多儒生抱着一种明知不可为而为之的心态来抗清。〔2〕这一切一方面无疑体现了理学在道德境界层面的成就，但另一方面却表明儒生事功能力的明显减弱。

明末农民军攻占北京，李自成政权迅速腐败，这和李自成队伍中儒生的相对稀缺和无能有关。历史上，每当推翻旧王朝的真龙天子出现，儒生就会积极入仕成为组织新王朝的骨干。明末儒生在对抗黑暗朝政方面，表现出极大的道德勇气，但他们囿于道统观念，不屑与农民军为伍。大多数儒生只是空谈心性的白面书生，即使有部分儒生参加地方将领和南明政权的抗清战争，也无回天之力。也就是说，宋明理学把道德境界层面与作为事功的社会行动层面分开，导致儒生在重建新王朝方面的功能大大退化。当时有

〔1〕何冠彪："关于明季殉国人数的问题"，载《故宫学术季刊》1992年第10卷第1期，第97页。

〔2〕陈永明："慷慨赴死易、从容就义难"，载《九州学刊》1994年第6卷第3期。

头脑的儒生已发现程朱理学和陆王心学均有问题,强化事功已成为他们检讨理学的内在动力。这方面,东林党极具典型性。众所周知,东林学派和王学有着极深的渊源。如果把王门分成右派与左派,那么,东林多师于王门右派,〔1〕它实为针砭王学末流而起,走的是接朱入王之路。为了强化事功,东林党人主张"道德经世",这是明清经世致用思想的开端。〔2〕我们去看很多明末清初儒者的经历,可以发现他们的一生大致可分为如下三个阶段:青年时热衷于结社组党、指摘朝政;明亡之后,又参加抗清起义;到中年晚年则成明遗民,著书立说,重新思考儒学理论体系。他们中晚年的思考,实为从自己一生经历来反思理学和心学的弱点。

我们不妨比较一下南宋文天祥(字履善,1236~1282 年)和明末王船山、顾炎武、李颙(字中孚,号二曲,1627~1705 年)等人,他们都是为后世敬仰的大儒,具备由道统产生的"人生自古谁无死,留取丹心照汗青"的气节。两个时期明显不同的是:元初可称得上思想家的儒生极少,明末清初则很多。清初,那些誓死不屈服异族政权的儒生在异常艰苦条件下著书立说,建构新理论体系,尝试超越宋明理学。这一点恰恰反映出理学在元代和明末有重要差别。明末清初,中国文化已实现了第一次理性化,儒生也普遍受到如何由常识理性出发建构观念体系的知识训练。于是,当理学弱于事功的缺陷暴露后,深刻的儒者就有能力运用判别中国文化合理性的标准去怀疑批判意识形态,并且再次从常识理性出发,重建他们认为具有很强事功能力之观念体系。这正是明末清初一小撮志士学人能够突破理学、标立新说的原因。因此,我们可以把清初种种新思想视为儒学在外来冲击下强化事功的变异。

---

〔1〕 嵇文甫:"王学的分化",载《晚明思想史论》,(台湾)国文天地杂志社 1980 年版。

〔2〕 李纪祥:《明末清初儒学之发展》,(台湾)文津出版社 1992 年版,第 36、50 页。

4.3　经世致用和清初思想谱系

经世致用旨在克服理学中道德境界与道德实践之分离——对理学的解构与重建——顾炎武将“德性”等同于“德行”——颜元将追求道德完全等同于习和行——李二曲力图整合朱陆——三种经世致用之学说的差别在修身——重构意识形态的先驱。

在不改变儒学基本价值取向的前提下，如何提高儒生的事功能力？儒学通常将强化事功与经世致用等同。为什么经世致用可以强化事功？这里不仅仅是一个注重实践的问题。“经世”一词，最早出于庄子的《齐物论》：“春秋经世，先王之志”。宋明以来经世致用大致有四个层面的含义：第一，强调无条件入世；第二，将修身与经世合一，即经世是儒者修身之法；第三，“经”有“治”和“理”的含义，经世即治世，儒生是透过政治行为来表现其入世精神的；第四，所谓“经世之学”有别于“义理之学”、“考据之学”和“辞章之学”，十分强调实现代表道德理想的客观制度。[1] 经世致用这四个层面的含义，都指向同一个目标，就是尽可能克服理学中道德境界与道德实践层面的分离。我们知道，如果一个人一天到晚静坐冥想，这并不能算是真正的入世。真正的入世强调道德实践的行动，而且把治国平天下作为修身。经世致用将其关注重心放到入世，而且是在政治行动和建立代表道德理想的客观制度方面的入世，这无疑是克服境界层面与行动层面分离的最好方法。经世致用的提出不仅意味着儒生在一段时间中把外王看得比内圣更重

〔1〕 张灏：“宋明以来儒家经世思想试释”，载《近世中国经世思想研讨会论文集》，（台湾）中研院近代史研究所1984年版，第3～19页。

要,还表明儒生修身方式的改变,它可以有效提高士大夫的事功能力。正因为经世代表了儒学强化事功的发展方向,有人曾用经世致用来概括明末清初几乎所有的学派,如将东林党的清议称为"道德经世",天启、崇祯两朝的种种实学称为"实学经世";明亡之后,顾炎武、黄宗羲的探讨,以及费密的"弘道"和颜元的"复古"则被称为不同方式的"外王经世"。[1] 我们认为,这正表明经世致用的本质是克服道德境界层面与行动层面之分离。那么,我们可以从这个角度对明末清初儒学在外来冲击下的发展作更清楚的梳理。

从理论上讲,要真正改变理学中事功与精神境界层面的分离,只有解构和重建两种办法。所谓解构,就是在观念上取消道德境界层面。儒家道德就等同于实践和规范,即认为道德是只需实行而不依赖于思辨的东西,这样,境界层面就不复存在。第二种办法是重建理学。一旦取消境界层面,理学体系即告解体。这时,如果仍坚持理性化和观念系统的整合,就必需全面重构儒学。我们在3.6节指出,在常识理性基础上只存在三种重构意识形态的模式和一种观念不能整合的断裂形态。因此,明末清初对儒学的重构,必定是这些重建意识形态的基本模式第一次有可能显现出来。这使得明末清初形成的新理论体系,成为中国近现代思想史上极重要的重建意识形态的先声。

先讨论解构。显而易见,解构总是针对某一种良好整合的观念体系而言的,解构的结果和方法往往依赖于被解构的对象。作为高度整合的观念系统,宋明理学只存在三系,虽然解构都表现为取消道德境界层面,但随着宋明理学三系的不同,这三种观念系统解构的结果也不尽相同。这有助于我们理解为什么明末清初会出现如此众多繁复的思想流派。首先,由程朱理学的立场出发而取消道德境界层面的解构,儒生在抛弃静坐冥想时,并不会否定读书

[1] 李纪祥:《明末清初儒学之发展》,第1~2页。

和追求知识。这时，他们的修身方式就变为读书、求知识和经世。为了达到既取消境界层面，又保留读书等这些原本属于理学的修身方法，对道德境界冥想的批判矛头一定是指向陆王心学。由于明王朝是在王阳明心学泛滥的气氛中灭亡的，批判王学的空疏和谬误、把道德等同于"行"并强调知识性常识在儒学中的地位就很容易征服人心。由程朱理学解构而成的经世思想，几乎是清初最有影响力的学派，其代表人物是顾炎武。

顾炎武把王阳明心性论的流行比作魏晋玄谈，他曾一针见血地指出："刘、石乱华，本于清谈之流祸，人人知之，孰知今日之清谈有甚于前代者？昔之清谈谈老庄，今之清谈谈孔孟"。他认为士大夫热衷于谈心性，导致"不习六艺之文，不考百王之典，不综常代之务，举夫子论学论政之大端，一切不问……以明心见性之空言，代修己治人之实学，股肱惰而万事荒，爪牙亡而四国乱，神州荡覆"。[1] 顾炎武强烈感到忽略事功带来的恶果：儒生只谈心性，对国事没有起码的知识，当然也不知如何救国。顾炎武"宗朱"而"反王"的出发点是"道问学"，并将"德性"等同于"德行"，主张行而不论。他在北方的岁月中，从未"讲学"，表明他认为道德只需要身体力行，不必多讲，儒者需要了解的只是有关如何达到道德目标的知识。因而他毕生的努力都放在道问学上，特别是在考证经典和追求救国济世的知识方面。据此，顾炎武认为"经学即理学"。[2]

一旦把道德等同于"行"，并将追求学问等同于学习圣人言论和探讨那些达到道德目标所必需的知识，那么，这两个基本要素的结合必然是在重经典考证同时，又把从调查中获得的切切实实的知识置于首位，并亲自实践。顾炎武一生几乎是在周游全国的调查研究中度过的。他每到一个地方，不仅查阅当地县志，从当地读

---

〔1〕 顾炎武：《日知录》（卷七），"夫子之言性与天道"条，台湾商务印书馆1978年版，第32页。

〔2〕 参见李纪祥：《明末清初儒学之发展》，第122～123页。

书人中了解情况，还亲自询问农夫、老兵，调查地理道路和军事形势。今天我们能了解唐代道路以及中国各朝地方行政，很多都得益于顾炎武这几十年的调查。全祖望（字绍良，1704～1755年）曾十分生动地刻画出顾炎武的调查生涯："凡先生之游，以二马二骡载书自随。所至阨塞，即呼老兵退卒询其曲折，或与平日所闻不合，则即坊肆中发书而对勘之。或径行平原大野，无足留意，则于鞍上默诵诸注疏。偶有遗忘，则于坊肆中发书而熟复之。"[1]中国儒生本来就有"读万卷书，行万里路"的传统，但在顾炎武之前，这主要是指儒生在行万里路中体会儒家经典，了解天地神州之博大而求万物一体，修身的重点在于个人精神状态。而在顾炎武那里，"行万里路，读万卷书"有了新含义，就是为了社会调查、获得知识和救国。在近代，每当社会出现危机之际，我们都可以看到一些知识分子把调查研究特别是亲自调查看作安身立命和报国的必经之途。这正是由顾炎武解构理学所开出的重社会知识并以调查来修身的强化事功能力的新方向。

如果站在陆王心学立场去解构道德境界层面，会得到什么结果呢？陆王心学在修身方法上不同于程朱理学的最大特点是否定知识是道德的基础，强调道德实践过程中的个人体悟和那种"得自于心，应之于手"的不可言传体验的重要性。这样，在陆王心学的基本结构中解构道德境界，除了把理学中对"物质无，关系有"的天理思辨斥为佛老外，其基本主张是在道德实践中贬低读书而高扬"实习"，借实习中的直接体验来修身。这方面的代表人物是颜元。

颜元号习斋，因他重亲知、重体验，特别是重王阳明哲学中那种只可体会不可言传的体验，把追求道德完全等同于习和行，因而把自己的居所定名为"习斋"，学者们也称其为习斋先生。据说这

---

[1] 全祖望："顾亭林先生神道表"，载《鲒埼亭集》（卷十二，第四十一册），（台湾）文海出版社1968年版，第540页。

位大儒自幼习武，武艺高强，一次在别人家教书时和一位大侠过招，几下便击中对方手腕，使之折服。[1] 颜元对程朱理学中对天理世界的静坐冥想极为反感，为了否定“理”的存在，他用“礼”代替“理”。“礼”完全是要去做的，即是实践层面的事。他主张“读琴谱以学琴，读《礼经》以学礼”。[2] 他的学生李塨（字刚主，1659～1733年）更公然声称读书无用，把儒家道德理想完全等同于行动。李塨在“四十岁以前，尝着《经世蠡测》、《时务急策》、《十三经纠谬》、《廿一史纠谬》等书，晚年以为这是口耳之学，无当于身心，不复示人，专以返躬实践，悔过自新。”[3] 当时学界知道颜元的人很少，他的思想因其学生李塨而得到传播，故史称“颜李学派”。[4]

颜元一生最著名的实践活动是1696年接掌河北肥乡县漳南书院，将“习”作为修身之主旨系统地贯彻到书院的设计和教育之中。据记载，该书院和中国历代书院完全不同，设有“习讲堂”、“文事课”、“经史课”、“武备课”、“艺能课”等。“文事课”教授“礼、乐、书、数、天文、地理”。“武备课”讲五子兵法、攻守营阵、水陆战法、射御和技击。“艺能课”讲“水学、火学、工业、象数”等。为了贯彻在实践中体验的精神，书院还设立健身房、箭靶场和许多兵器，供学生使用。该学校甚至拥有一间星象观察室，或许其中已装置自欧洲传来的望远镜。李约瑟（Joseph Needham）称之为17世纪世界上最进步的学校，有的学者则将其看作中国科学教育的先驱。[5] 今天我们看到如此接近现代教育的学校居然是从心学解构而来，或许会感到惊讶。确实，只有在道德实践中强调实习与亲身体验，

---

〔1〕 韦政通：《中国思想史》（下册），（台湾）大林出版社1980年版，第1408页。

〔2〕 颜元：“存学编卷一·学辨二”，载《颜元集》（上册），中华书局1987年版，第54页。

〔3〕 梁启超：《中国近三百年学术史》，中华书局1937年版，第108页。

〔4〕 韦政通：“颜李学研究”，载《人生》1961年第266期。

〔5〕 蔡仁坚：“中国科学教育的先驱——颜习齐”，载项维新、刘福增编：《中国哲学思想论集》（第五册），清代篇，（台湾）牧童出版社1978年版。

我们才能理解它复杂的变构形态,即它既可以产生颜元所创立的那种学校,也可以转化为如20世纪50、60年代出现于大陆的红专学校、共产主义劳动大学那样的实践。梁启超准确地把颜元这种否定两千年来重书本哲理的倾向,称为“实践主义”。[1]

和理学与心学都不相同的是宋明理学第三系。如果我们在清初诸儒中寻找代表由宋明理学第三系解构而成的学派,也许李二曲是一个例子。李二曲,名颙,他的心态基本上是属于心学的,他教人“不要引训诂,须反己实实体认”,[2]但他并不死守心学领域,而力图整合朱陆。正如我们在3.7节中指出,宋明理学第三系是理学化的心学,在合理性最终判据方面持心学立场,认为道德最终根据不是知识,而是向善之道德心;但在宇宙论方面持理学立场,从宇宙论中推出道德,故这一派主张宇宙的生生不息就是某种普遍的道德心。我们之所以将李二曲归入由宋明理学第三系解构而产生的学派,是因为他在注重经世之同时,还提出“灵原”说。他认为宇宙的本质是灵原,灵原就是人的本原。人的形骸有少、壮、老、死等状态,而灵原无少、壮、老、死,在空间上充塞天地,在时间上贯通古今。[3] 韦政通称之为超越的道德精神实体的存在。[4] 表面上看,李二曲的灵原似乎来自于王阳明,因为王阳明曾说过:“天地鬼神万物,离却我的灵明,便没有天地鬼神万物了;我的灵明离却天地鬼神万物,亦没有我的灵明”,[5]灵原似乎就是灵明。然而,王阳明讲灵明,是出于主体外化,灵明是主体向外投射,其论证方式是主观唯心论式的。而李二曲的灵原,是宇宙中客观的存在,人的道德心由它塑造出来。所以,李二曲的道德推衍模式是由外向

[1] 梁启超:《中国近三百年学术史》,第106、109页。

[2] 李颙:“靖江语要”,载《二曲集》(卷四),中华书局1996年版,第35页。

[3] 李颙:“学髓”,载《二曲集》(卷二),第18页。

[4] 韦政通:《中国思想史》(下册),第1393~1394页。

[5] 王阳明:《传习录》(下),台湾商务印书馆1967年版,第273页。

内的"天人合一"结构。正因为如此,李二曲虽然一生生活在偏僻的乡村,却对求知表现出极大的热忱。他主张综合朱陆,使儒学具有高度包容性。

总之,从宋明理学三个体系的解构,可以得到三种不同的经世致用之学。它们主要的差别表现在修身方法之上。那么,取消道德境界,对观念系统进行重构,又可以得到什么样的理论体系呢?所谓取消道德境界后重新建构观念系统,是要解决两个问题:一是在理论上突出强化事功,二是重建具有道德意义的世界观和宇宙论。在程朱理学的语境中,事功和道德实现必须依靠气,强化事功就是赋予气在观念系统中以核心位置。由于在理学的深层结构中,天理世界的实现与宇宙的构成是同构的,注重气在理性体系中的地位即变成世界由气构成,故在理学背景中,强化事功的观念系统建构一定是唯气论。在心学理路中,道德境界本是靠去欲主静建立的,破除道德境界强化事功,通常是注重欲望在人的道德实践中的重要性,而人们通常把欲望也看成是气,这样强化事功的理论建构也是某种唯气论。因此我们可以说,取消道德境界层面后,强化事功的理论形态是形形色色的唯气论。

4.4　王船山哲学的结构

明末出现力图综合理学心学的新趋势——宇宙由气构成是明末清初知识分子的共识——王船山建立不同于程朱理学的新体系——作为基于常识的道德哲学和形而上学的唯气论——气的三重含义——类理学意识形态建构模式对儒学的重构。

早在汉代,已有人提倡元气说,但在重构儒家道德哲学以强化事功这种历史需求出现之前,气论还不具备思想史的重要性。首先提出气的世界观,即把儒家学说建立在气之上的,是宋代张载。张载属于宋明理学第三系,故当程朱理学成为官方意识形态之后,他的学说长期被人们忽略。因此,严格说来,唯气论应属于中国近代思想,直到明末才开始流行起来。我们知道,晚明儒学思想的重要特征是程朱理学与陆王心学对立,正如当时儒生吕坤(字叔简,1536～1618年)所概括的那样:"近日学问,不归陆则归朱,不攻陆则攻朱"。[1] 士大夫发现互相对峙的程朱理学和陆王心学各有问题,于是在明末出现了力图综合理学和心学的新趋势,也就是理学的合流。[2] 这程朱理学与陆王心学的合流,形成了理学化的心学,吸引越来越多儒者持类似宋明理学第三系的立场。宋明理学第三系和陆王心学的不同在于它强调宇宙论,从宇宙论导出个人道德,将有感情活动的人心当作道德的基础。在宋明理学中,只要脱离主静的道德境界冥想来讨论心的作用,就一定注重实际感情活动,而感情活动就是气。因此,在强化事功能力前提下推崇心为道德基础,其后果一定是唯气的,即气毫无疑问地成为宇宙的基础。唯气论正是从明末开始流行,渐渐地征服了许多儒生。[3]

明末清初思想流派繁杂,但认为宇宙由气构成却几乎是那个时代有见识儒生的共识。比如,吕坤认为:"天地万物只是一气聚散,更无别个。"[4]罗钦顺(字允升,1465～1597年)指出:"盖通天地,亘古今,无非一气而已"。[5] 王廷相(字子衡,1474～1544年)

---

〔1〕 吕坤:《吕坤哲学选集》,侯外庐编,中华书局1962年版,第26页。

〔2〕 于化民:《明中晚期理学的对峙与合流》,(台湾)文津出版社1993年版,第151～152页。

〔3〕 沟口雄三:《中国前近代思想的演变》,林右崇译,(台湾)国立编译馆1991年版。

〔4〕 吕坤:"呻吟语卷四之一·天地",载《呻吟语·菜根谭》,岳麓书社1991年版,第195页。

〔5〕 罗钦顺:"困知记",载《四库全书》(第七百一十四册),上海古籍出版社1987年版,第280页。

支持张载的气论,认为“离气无道”。方以智称:“一切物皆气所为,空皆气所实也”。[1] 顾炎武对宇宙论并无兴趣,但同意“盈天地之间者,气也”。[2] 颜元虽坚持心学不可言传的体验,但并不反对唯气论,他说:“盖气即理之气,理即气之理”。[3] 在这认同唯气论的普遍潮流中,我们可以看到几种不同的理论形态。其中,最重要也是对后世影响最大的一种唯气论由王船山提出。

王船山,年轻时参加抗清活动。抗清失败后,他一直拒绝与清朝合作,潜隐在偏远苗瑶地区,在极艰苦条件下著书立说,反思明王朝灭亡的教训。他与方以智是好友,方以智看他生活太苦,劝他信佛进寺庙,以便基本生活有一个保证。王船山坚决不从,至死保持儒者坚不可摧的信念和气节。他甚至无钱买纸,著作大多写在账本背面。今天当我们读到王船山数百万字的著作时,不禁对他在孤独中反思整个儒家思想体系的巨大道德勇气肃然起敬。人们会十分惊讶:一个人在与世隔绝的条件下,居然可以完成和朱熹那样重要的理论建构。

王船山著作涉及面很广,从宇宙论到社会制度以至历朝政治得失几乎无所不包,但最重要的是他建立了一个不同于程朱理学的新体系。他认识到理学削弱儒学事功能力的关键在于它建立了天理世界,那么,为了强化事功,就要消除独立于事功以外的道德境界,将天理和实现天理打成一片。取消道德境界层面可以强化事功,是王船山时代人所皆知的。困难在于,当取消境界的解构完成后,如何重构儒家道德哲学,可以在理论体系上强调强化事功。我们在 3.5 节中指出,程朱理学中的“天理”好像塑造事物应该如

〔1〕 方以智:《物理小识·天类》,台湾商务印书馆 1978 年版,第 3 页。

〔2〕 顾炎武:《日知录》(卷一),“游魂为变”条,台湾商务印书馆 1978 年版,第 20 页。

〔3〕 颜习齐:“驳气质性恶”,载《四存编·存性编》(卷一),古籍出版社 1957 年版,第 3 页。

何的模子，而“天理”实现过程，则如用“气”去填充这个模子那样把事物铸造出来。这里，境界和事功之所以被分成两个层面，是因为“气”被限定为只是用于实现“理”的。理主宰气，理和气是一种体用关系。而王船山把“理”和“气”的关系颠倒过来，认为“气”是主宰“理”的，“理”只不过如我们今天讲的规律，存在于物质运动之中。当“理”主宰“气”时，道德活动要求先去冥想理是什么，然后才去实现它；当“气”主宰“理”时，“理”唯有在实践活动中才能表现出来，人必须在行动中去认识“理”。这样，一个独立于道德实践的境界层面以外的天理，就没有意义了。这一颠倒看来简单，却如马克思对黑格尔体系的颠倒那样产生了极具深远的意义。

首先，王船山的唯气论仍是一种基于常识的道德哲学和形而上学。因为气是可以用常识加以想象的，知识性常识合理原则使得气具有终极的合理性。整个理论体系对道德合理性的论证，就变成用气的合理来论证由气组成的一切是合理的过程。我们知道，在宋明理学中，气本来有物质、实践和欲望这三重含义。王船山既然把气当作主宰理、先于理的，根据气的一重含义，人们相信世界是由气组成的，这是一种近乎解除神秘主义魔咒的唯物论的宇宙论。

气的第二重含义是实践，气的终极合理性就是实践的最终合理性。它产生了中国近现代特有的实践论式的认识论。本来，在程朱理学中，理为应然世界，只有先认识理，才谈得上去实现理，因此程朱理学主张先知后行的认识论。道德境界层面的存在构成了先知后行的逻辑基础。一旦把理看成从属于气，知和行的关系也颠倒过来。实践变成知识的来源和一切理论的基础。本来，在中国传统道德哲学中，道德实践与道德良知总是不可分离的，知行合一是所有儒者的共同主张，但是在唯气论出现之前，从道德哲学中的知行合一，是推不出行动高于良知的。只有唯气论的盛行，实践活动才成为无可怀疑的认识论基础。

气的第三重含义是欲望。王船山主张理寓于气，认为理是气在运行中所呈现的共同性或条理那样的东西。把这种普遍范式用于欲望,就很容易能推出天理不能脱离众人之欲(利益)而存在。王船山曾用一种类似于现代中国人的口气论述道:“人欲之大公,即天理之至正矣”,[1]也就是他把人与人共同的欲望当作天理。“天理为人欲之大公”的提出,只不过是“理”被当作“气”的共性与气在运行中体现出来的关系和法则的运用而已。据此,“气质”即为善的基础,从而还可以推出重百姓和民生的理论体系。我们甚至可以从中感受到“为绝大多数人的长远利益奋斗就是天道”这一近代信条。正因为王船山在颠倒程朱理学中理气关系蕴涵着如此丰富的内涵,今天思想史学者不仅把他说成是近代占压倒地位的唯物论先驱者,开启了崇尚物质因素与“尚力”说之源,还认为王船山哲学最早实现了“道器合一”、“体用合一”、“心物合一”,甚至包含黑格尔“凡存在即合理”的思想。[2]

表面上看,王船山之所以能给出一个相当现代的哲学体系,完全是借助于气这一概念的含混性。然而,这只是问题的一个方面。王船山的唯气论最重大的贡献,是建立了一套有别于程朱理学的体系。程朱理学能征服人心,是因为它从知识性常识推出天理,然后再从天理论证社会制度与道德的合理性。王船山则给出了一套在内容上与程朱理学不同,但合理性论证模式却与理学同构的论证思路。因为气是可以用常识来证明的,所以常识理性中知识性常识合理原则便可以证明气化宇宙论合理。而理作为社会制度和道德伦理的基础,只不过是气的性质或运动中所表现的条理。这种气化宇宙论提供了作为气的运动表现和规律的理的合理性,这样,从理进一步推出社会制度与人伦道德就毫无困难了。王船山气论的说服力来自于合理性论证,而这种论证结构是从知识性常

---

〔1〕 王夫之:《四书训义》(卷2)。

〔2〕 贺昭:“王船山的历史哲学”,载项维新、刘福增编:《中国哲学思想论集》(第五册),清代篇,第135~151页。

识这一终极标准出发的，沿着“天人合一”结构，从宇宙论推出社会正义和道德伦理，正是利用类理学的意识形态建构模式对儒学的重构(图4.1)。

图4.1　王船山的气论与类理学的建构模式

我们在前面论述过，这里存在三种建构意识形态的模式和一种观念不能整合的断裂形态，这四种取向暗中支配着儒者建构气论的新形态。王船山的气论只是其中一种取向，即巧妙地运用类理学来重构儒学。确实，如果我们透过表面词句，深入检查明末清初及以后儒者所提出的种种气论，可以发现除王船山的气论外，还有两种不同的气论。它们恰恰对应着其他类型的观念系统的建构模式。分析这些模式如何主宰气论，可以帮助我们了解这些形形色色的气论在中国近现代思想史中的意义。

4.5　黄宗羲的气论和《明夷待访录》

类心学意识形态建构模式——宋明理学第三系：张载、刘宗周、黄宗羲——黄宗羲主张彻底的心一元论——为什么黄氏气论能成为反君主独裁之利器——《明夷待访录》的政治思想——黄宗羲、王船山之异同。

在中国文化理性结构中，和类理学意识形态建构模式并行不悖的是类心学意识形态建构模式。非常奇怪的是，虽然有很多持心学立场鼓吹经世致用的儒者认同唯气论，但是利用类心学意识形态模式建构的气论却一直不甚发达，它大多只是如同王阳明把宇宙看作“一气流行”那样的片言只语。本来，在道德论证中，类心学的推理模式和类理学的建构模式一样有力,那么,为什么在气论建构上类心学模式不如类理学模式那样具有影响力?关键在于:唯气论哲学除了主张实践第一的认识论外,它的重心还在气化宇宙论。而类心学意识形态建构模式,要依赖于常识理性中人之常情(道德心)合理与“道德价值一元论”的结合。“道德价值一元论”从人的道德感推出道德伦理和社会制度,这种从内到外的道德论证结构最大的缺陷在于不能将道德推广到宇宙。宇宙论与社会制度之间的断裂,导致类心学模式在讨论宇宙论时总是困难重重。对于主要属于宇宙论的唯气论来讲,类心学意识形态建构模式是不甚合适的。心学即使存在重构心学式唯气论的愿望,心学结构的反宇宙论倾向,却一直构成这种意识形态模式不可克服的困难。

其实,明末清初站在心学立场建构唯气论的是持宋明理学第三系立场的儒者。如前所说,宋明理学第三系注重宇宙论,它认为宇宙生生不息,本身就是气论式的。张载的气化宇宙观是宋明理学第三系自发趋向于气论的最好例子。这样,我们就可以理解,为什么明末清初凡属宋明理学第三系的气论都直接来自张载的学说,[1]属于张

〔1〕 由于张载的气论被明末士大夫广泛认同,当时几乎所有人都将自己的气论主张看作是张载学说的发扬光大,连王船山也是如此。虽然王船山本人把自己的哲学看作张载气论的发挥,但我们必须指出王船山的气论与张载的气论的理论形态是不同的。王船山将知识性常识作为道德哲学中合理性终极来源,所以他的主气唯物论是程朱理学式的,只不过在讨论宇宙生成模式上不同于程朱。张载的气论却把道德心(或人心中固有的道德感情)作为道德哲学合理性终极来源,因此,张载的气论属于宋明理学第三系,即心学化的理学。事实上,正因为王船山的气论和张载的气论属于不同理论类型,这就造成当代哲学家对张载哲学认识的分歧。就张载思想本身来分析,很难认为其是属于唯物论的。但一些哲学家是通过王船山注释的张载著作来认识张载理论体系的,张载的主要哲学著作《正蒙》是一部语录体著作,原来并无篇次章节,后经张载学生苏昞用“以类相从”原则将其区别为十七篇(王植:《正蒙初义·苏昞序》,《四库全书》,上海古籍出版社 1987 年版,第 697 册,第 417 页)。而王船山的《张子正蒙注》,对《正蒙》每篇的主要内容和前后联系作出说明。这样通过王船山对张载的理解来解读张载的思想,张载很容易被当作朴素唯物论的新阶段。(张岱年:《中国哲学发微》,山西人民出版社 1981 年版,第 405 页)。

载哲学的发扬光大。其典型代表是黄宗羲。黄宗羲是晚明心学大师刘宗周的弟子。黄宗羲的学问范围虽比刘宗周广,但刘宗周所建立的思想纲领,一直为黄宗羲所遵从。〔1〕 牟宗三把刘宗周的哲学归为宋明理学第三系。〔2〕 因此从张载到刘宗周,再到黄宗羲,我们明显看到一条宋明理学第三系气论发扬光大的道路。

宋明理学第三系一方面立足于由外向内的“天人合一”结构来建立理论体系,另一方面把人之常情和人的道德心作为合理性最终判据。在这种理论架构中,道德既不是理想化的人际关系,也不仅仅是人内心向善的意念,而是某种贯穿天地的存有,于是脱离行动的道德境界变得没有意义。即天、地、山川万物均是有道德心的,整个宇宙是一个有道德心的世界。如果把宇宙看作由气组成,那么,在这种理论结构中,气本身就代表道德心,气组成人体就塑造了作为人的道德本源之性,气贯穿天地互相感应构成了整个世界的运动,它当然也包括了一切道德实践和事功。在王阳明心学中,良知必须从个人内心出发,并向外投射,才能转化为事功。而在宋明理学第三系的推理结构中,已经包含将道德境界与事功合一的可能性。事实上,无论是张载的气论还是胡五峰的无限心,事功与道德之间的关系均比程朱理学和陆王心学更紧密,刘宗周自然也不例外。他主张用心打通天人的内外合一论,并指出:“盈天地间一气而已”。他把气的流行看作道德心贯穿宇宙的过程。〔3〕

黄宗羲充分继承了刘宗周的理论结构,把理和气、性和心、性与情高度合一,主张彻底的心一元论。〔4〕 他还进一步把理论体系

---

〔1〕 刘述先:《黄宗义心学的定位》,(台湾)允晨文化实业股份有限公司1986年版,第1~29页。

〔2〕 牟宗三:《心体与性体》(一),(台湾)正中书局1968年版,第1~60页。

〔3〕 刘宗周:“语类二”,载《刘子全书》(卷七),“原性”,(台湾)华文书局1968年版。

〔4〕 楼宇烈:“黄宗义心性说述评”,载《黄宗义论》,浙江古籍出版社1987年版,第176页。

向强化事功方向发展。为了取消道德的境界层面,黄宗羲一开始就重新定义"致良知"的含义。他根据王阳明"致良知于事事物物",认为"致"就是行,而不是空谈心性。分析黄宗羲是如何加强理论体系的事功方法,可以发现这是一个不断深化的过程。青年时代,他的主张主要是把刘宗周的"慎独"转化为经世应务的实践。后来他日益意识到建构比解构更重要,仅仅从心学立场取消道德境界层面是不够的。于是黄宗羲主张内外合一,认为儒学是包括道德、艺文、事功为一体的"经天纬地"的学问。到了晚年,他更十分注重唯气论哲学,认为"盈天地之间,皆气也"。[1] 黄宗羲用代表道德心的气作为儒学之中心,以代替阳明心学中作道德中心的自我。因此,就气化宇宙观而言,黄宗羲对儒学的发展与王船山的主气唯物论有某种基本的类似。但必须注意的是,黄宗羲所推崇的气和王船山所讲的气不尽相同。黄宗羲体系中的气本身就是道德心,而王船山所讲的气更多地像物质,规律和道德秩序只是气运行中所表现出的性质。

只有认识到这种差别,我们才可以理解为什么黄宗羲的独特"气"论可以成为那个时代反对君主独裁的利器。在程朱理学中,天理作为一种代表宇宙秩序的永恒不变的伦常和人际关系,构成王权坚实的基础。而在心学中,人伦关系是从良知推衍出来的,良知的合理性来自于人之常情合理,因为孝和人的日常感情更为接近,人之常情合理已蕴涵着忠和孝不等同的可能性。但是心学高度强调将人的道德感外推到社会制度层面就是忠,因此,心学本身不可能从人之常情天然合理地推出忠孝不等同的结论。即无论程朱理学还是陆王心学,基本理论结构都不具有反君主独裁的基础。然而,一旦把人的道德感情看成某种气,情况就不同了。气有着物质(道德载体)的含义,在宋明理学第三系的气论中,从孝推出忠必

---

〔1〕 李纪祥:《明末清初儒学之发展》,第160~161、167页。

须依靠物质上的联系。而父子之间是有物质(血缘)上的关系的,君臣之间则无。于是黄宗羲第一次喊出了宋以来批判君主独裁的最强音。他坚决反对忠孝混同,认为只有父子关系是不变的,而君臣关系是暂时的;臣绝不是"君之仆妾",而为"君之师友"。他认为君臣关系不同于父子关系,其根据一方面是诉诸人之常情合理,另一方面则是基于气论。他认为"父子一气,子分父之身而为身",而君臣之间就没有父子关系中那种气之共同来源。[1] 这样一来,革不仁不义君王的命乃为天经地义。

黄宗羲的气论是《明夷待访录》中政治思想的基础。黄宗羲既然把充满天地的气等同于道德心,而"父子同气"、"君臣不同气",这样不仅推出忠不等同于孝,而且整个儒家伦常等级也出现了结构性断裂。所谓爱有差等、长幼有序的伦常等级,主要以家庭或"同气"的血缘共同体为自己的有效范围,即只有与父子关系相应的道德感情"孝",才是整个儒家道德的基础。君臣关系只是社会分工,它在儒家伦理中便不再占有中心位置。这种伦理秩序的新见解,与程朱理学有极大差别。程朱理学把伦常等级看成宇宙秩序一部分,而"君"处于人间伦常等级最顶端,直接和"天"相连接,因而必定是伦常关系的中心。也就是说,正因为程朱理学把皇帝看作是人间社会秩序的最高来源,于是臣和万民自然是服务于君的。根据黄宗羲的气论来构想合理的社会制度,只有家族制度和家庭伦常等级才能代表不可动摇与不可怀疑的道德价值。至于家与国之间是什么关系,它不是伦常等级所考虑的。这样一来,家庭如何组成社会,应该用何种制度法律就成为一个有待于重新探讨的新问题。据此,黄宗羲提出,法不是为一己而立的,[2]并强调读书人必须参与治国,以及他们在学校中议论、评判是非的重要。他

---

〔1〕 黄宗义:《明夷待访录·原臣》,第4页。

〔2〕 黄宗义:《明夷待访录·原法》,第4~5页。

说:“天子之所是未必是,天子之所非未必非,天子亦遂不敢自为非是,而公其非是于学校。”[1]这些思想后来被认为是类似于西方卢梭(Jean-Jacques Rousseau, 1712 ~ 1778)《民约论》(Du Contrat Social)和主张议会制度,在19世纪末对西方社会制度的引进起了重大作用。

虽然黄宗羲的气论对于君主制度比王船山的气论更具批判性,但就理论的自洽性和说服力而言,黄宗羲的气论远不能与王船山相比。在宋明理学第三系的意义结构中,气既代表欲望,同时又代表道德心,它立即带来一个难题,就是人的何种欲望应为人伦关系的基础?常识理性肯定人之常情合理的同时亦肯定人的所有欲望,这样,如何避免人的七情六欲对人伦秩序的颠覆?由于宋明理学第三系和气论不能克服这一困难,故一直不能成为如同王船山学说那样宏大的理论体系。虽然如此,黄宗羲对重构儒学重要性的自觉并不亚于王船山,这使他十分清楚地意识到六经皆史。他刻意地去记录儒生重构儒学的过程,他的名著《明儒学案》至今仍是中国学术史研究的典范。

4.6　戴震如何用气论批判“以理杀人”

道德哲学发现“以理杀人”的前提——戴震的哲学在理学中的特殊位置——气和理之间的紧张——戴震为什么被当作自由主义主智论的源头——戴震思想在传程中的形变。

除王船山的气论和宋明理学第三系的气论外,另一种重要的气论由戴震(字东原,1723 ~ 1777年)提出。作为清代考据大师,戴

[1]　黄宗义:《明夷待访录·学校》,第7页。

震在思想史方面最重要的贡献是他的《孟子字义疏证》。他第一个发现儒家道德系统中存在一种令人恐怖的可能性,这就是"以理杀人"。[1] 据此,戴震成为中国近现代思想中个性解放的先驱。五四时代,胡适甚至把中国自由主义的主智论一直追溯到戴震那里。戴震凭什么会产生这种只有近现代自由主义者才有的道德批判意识?我们知道,意识到"以理杀人"的前提是理和个人欲望之间的激烈冲突,即只有在观念系统中理和欲存在同等程度合理性且两者又发生对立时,思想家才会感到"以理杀人"的困境。清代以前的儒学不存在这种冲突的可能性,即无论是程朱理学的道德论证结构,还是陆王心学的道德推衍模式都得不出"以理杀人"的结论。唯气论的流行赋予欲望的重要性与合理性,但是从王船山的唯气论和宋明理学第三系的唯气论,仍推不出"以理杀人"。因为,宋明理学第三系的气论把个人欲望等同于道德,而理只是天地具有的道德心(它包括感情和欲望)的别名,这时不可能出现理和欲望的对立。在王船山提出的基于类理学模式建构的气论中,个人欲望虽不等同于理,但理可以看作大众公共的欲望。至于什么是天下之公欲,这必须通过知识性常识总结得到。由于个人欲望必须服从于外在的公共欲望,这里如何判别个人欲望是否属于天理存在明确自洽的程序,理和被视为合理的欲望是不会对立的。例如,陈干初认为"天理正从人欲中见,人欲恰好处,即天理也"。[2] 王船山将饮食男女视为性,提出"理皆行乎其中也",[3] 都是明显的例子。

那么,戴震凭什么把用形而上的理来扼杀人的欲望称为"以理

---

〔1〕 戴震:《孟子字义疏证》,中华书局1982年版。

〔2〕 陈乾初(确):《瞽言·无欲作圣辨》,载《陈确集》(下册),中华书局1979年版,第461页。

〔3〕 王夫之:《张子正蒙注·乾称篇下》(卷九),中华书局1975年版,第324页。

杀人”呢？关键在于戴震的思维模式既不是程朱理学式和陆王心学式的，也不属于宋明理学第三系。一方面他坚持知识性常识为合理性的根据，认为合理性最终判据必须来自于知识。和王船山类似，戴震认为道就是气化流行，而“理”是气化流行生生不息过程中呈现出的条理。另一方面他又把欲望看作道德的基础，坚持从人之常情出发由内向外推出道德规范。在《孟子字义疏证》一开始，戴震即利用孟子的“心之所同然者，谓理也、义也”，给出“同然”以明确定义。这就是“一人以为然，天下万世皆曰是……此之谓同然”。据此，他提出作为道德规范的理是同然，而不是物。[1] 这样，戴震提出一条从“情”来推出道德伦理之基本思路，这就是“以我之情絜人之情”。他说：

> 理也者，情之不爽失也；未有情不得而理得者也。凡有所施于人，反躬而静思之：“人以此施于我，能受之乎？”凡有所责于人，反躬而静思之：“人以此责于我，能尽之乎？”以我絜之人，则理明。天理云者，言乎自然之分理也；自然之分理，以我之情絜人之情，而无不得其平，是也。[2]

我们发现在戴震那里合理性最终判据同道德价值推衍模式处于不能整合的状态。明显的证据是戴震在主张人之常情为道德基础时却拒绝“心即理”。在陆王心学和宋明理学第三系中，由于人的自然感情和合理性判据的合一，故可称“心即理”。戴震一方面把人的自然感情当作道德的基础，但不认为它是合理性最终判据。因为合理性判据是知识性常识，心作为感情欲望的总和，它本身就不可能是理。戴震认为心，无非具备认识理的功能。他这样写道：“就人心言，非别有理以予之而具于心也；心之神明，于事物咸足以知其不易之则，譬有光皆能照，而中理者，乃其光盛，其照不

---

〔1〕 戴震：《孟子字义疏证》（卷上），第3页。

〔2〕 戴震：《孟子字义疏证》（卷上），第2页。

谬也。”[1]

由于戴震的气论中道德基础和合理性终极标准处于不能整合状态，故从人之常情推出的道德同以合理性最终判据得出宇宙秩序是可能不一致的。这时，气和理之间出现紧张，甚至尖锐的对立。用理来压制道德基础的欲，就发生了“以理杀人”的困境。显然，当理从知识推出，并从外向内、从上向下来规定伦常规范时，它最容易同自内向外通过每个人认同感情的以情絜情来推出道德过程矛盾。戴震正是在这种语境中提出了“以理杀人”。他这样论证道：

尊者以理责卑，长者以理责幼，贵者以理责贱，虽失，谓之顺；卑者、幼者、贱者以理争之，虽得，谓之逆。于是下之人不能以天下同情、天下所同欲达之于上。上以理责其下，而在下之罪，人人不胜指数。人死于法，犹有怜之者；死于理，其谁怜之！呜呼，杂乎老释之言以为言，其祸甚于申韩如是也！六经、孔孟之书，岂尝以理为如有物焉，外乎人之性之发为情欲者，而强制之也哉！[2]

胡适高度赞扬戴震提出的人只有认识功能的主智论，认为这是宋明理学的根本革命，甚至是新理学的建设。[3] 但胡适反对戴震的“以情絜情”，认为它与戴震主智哲学不相容。张寿安发现戴震哲学中用“以情絜情”论证道德伦理的重要性。她认为正因为这种用情欲论证道德的存在使得戴震对理的解释有效地突破明末理学中“性即理”和“心即理”两分范式，成为第三种新见解。[4]

根据我们在3.7节中对宋明理学理想结构的分析，戴震学说属于表3.1的B。它正好是合理性论证的断裂形态。在这种论证

[1] 戴震：《孟子字义疏证》（卷上），第7页。

[2] 戴震：《孟子字义疏证》（卷上），第10页。

[3] 胡适：《戴东原的哲学》，商务印书馆1932年版，第83页。

[4] 张寿安：“戴震义理思想的基础及其推展”，载《汉学研究》1992第10卷第1期，第57～83页。

结构中,合理性最终判据与道德推衍模式不能整合,因此这种论证结构不能建立新的意识形态。戴震学说可以说是最早代表了儒生在道德论证过程中追求统一意识形态的失效。在中国近现代思想中,中国式的自由主义也是建构新意识形态失效的产物。中国式自由主义者一方面主张用科学知识来论证科学人生观的合理,将科学常识作为合理性最终判据;但与此同时却坚持个人主义立场,主张由内向外地推出道德,据此中国自由主义者认同人权、个人独立和民主程序。由内向外、由个人向集体的道德正义和科学人生观始终处于不能整合状态。这同戴震的思维模式同构。故戴震可以作为中国式的自由主义主智论的先驱。

这种不能整合的分裂状态可以帮助我们解释戴震气论研究中的种种难点。首先,正因为戴震一方面以知识性常识为天然合理进行考据,这一点是类似于程朱理学的;但另一方面他重人生论,从内向外推出道德伦理,即把道德价值推衍到其他领域中去时不选择由外向内的"天人合一"结构,而倾向由内向外的"道德价值一元论"。这一特点是类似于陆王心学的。这使得其思想的来源不好定位。梁启超、认为戴震义理思想源于颜元和李塨,〔1〕即属于心学。钱穆则指出它来源于惠栋,〔2〕把戴震学说归于理学一系。胡适则别具慧眼,看到戴震学说中同时具有这两个来源,故他认为戴震的哲学是颜李学派和顾炎武新做学问方法结婚的产儿。〔3〕

由于这种思维模式建构理论的能力不强,故它不能成为一种独立且自足的理论体系。在继承这种学说时,很容易强调某一方面而忽略与其对立的另一方面。特别是戴震强调"以情絜情",即

---

〔1〕　梁启超:"戴东原哲学",载《饮冰室文集》之四十,台湾中华书局1960年版,第58~61页。

〔2〕　钱穆:《中国近三百年学术史》(上册),台湾商务印书馆1957年版,第325~328、338~339页。

〔3〕　胡适:《戴东原的哲学》,第4页。

用一个个人感情认同来合成普遍道德和正义,这更容易被人忽略。这样,后继者在发扬戴震之学时,极易将戴震的气论同王船山唯气论或宋明理学第三系唯气论混同。事实也是这样,胡适列举了洪榜、程晋芳(1718～1784 年)、段玉裁(1735～1815 年)、章学诚(1738～1801 年)、翁方纲(1733～1818 年)、姚鼐(1732～1815 年)、凌廷堪(1755～1809 年)、焦循(1763～1820 年)、阮元(1764～1849 年)、方东树(1772～1851 年)等十位人物以说明戴震思想的社会影响。[1] 张寿安指出,将理看作气在运行中的条理,并把情以及人的共同欲望视为理,一直是戴震哲学后继者的基本立场。除了凌廷堪、焦循、阮元之外,孙星衍(1753～1818 年)、黄式三(1788～1862 年)、黄以周(1828～1899 年)都持类似观点。如黄式三曾作《申戴氏气说》、《申戴氏理说》、《申戴氏性说》系统论述了理在气中和以气质论性的观点。[2] 但是,只要我们去严格分析戴震后继者的思想,便可以发现他们的气论基本上是王船山式的。例如,清代徽州学派如程瑶田、凌廷堪等人在发扬戴震气论时,实际上已演变为类理学的论证模式。而黄式三的《申戴氏气论》更从气来说明宇宙的形成和气如何在理的运行中显现。他对人们共同欲望即是理的观念和王船山一模一样。这可以帮助我们了解,在船山之学被人们广泛知晓之前,戴震的气论为什么在清代是主气唯物论的先驱,并最后汇入了王船山的主气唯物论。晚清儒生大多是用王船山气论来推出众人之欲即为天理。即使谭嗣同的《仁学》中对天理扼杀人欲之批判,也完全是用王船山唯气论述语展开的。戴震所主张的思想模式要到新文化运动中才被自由主义者发现。

---

〔1〕 胡适:《戴东原的哲学》,第 80～197 页。

〔2〕 张寿安:“黄式三对戴震思想之回应”,第五届清代学术研讨会论文(1997 年 11 月 15～16 日)。

4.7　中国现代思想与儒学强化事功变异的关系

儒学强化事功变异的六种理想类型——新知识分子与早期革命家的思想来源——以调查研究来救国和实践主义——毛泽东与王阳明、王船山——共产党意识形态为具有极强事功能力的思想体系——理解中国近代传统不能忽视思想变迁的内部动力。

综上所述,我们可以用道德境界层面的解构和儒家意识形态的重构来概括儒学强化事功的变异。首先,宋明理学虽然有四种理想类型,但戴震之前不存在代表观念系统不能整合这种思想类型的学说,对程朱理学、陆王心学和宋明理学第三系这三种观念系统进行解构,就得到顾炎武、颜元和李二曲三种经世致用学派。当取消道德境界层面后,顺应强化事功需求对儒学的重建是形形色色的唯气论。宋明理学四种理想类型背后是四种处理观念系统的模式,由于类心学模式排斥宇宙论,它不可能建立系统的气论,这样,四种观念系统处理模式对应着三种唯气论,故儒学强化事功的变异共存在六种理想类型(表4.1),这六种思想类型代表了中国近代传统的一个重要方面。

表4.1　清初思想谱系

强化事功的方式 \ 观念系统的类型	解构	建构
程朱理学 (类理学建构模式)	顾炎武的经世致用 (一)	王船山的气论 (五)
陆王心学 (类心学建构模式)	颜李学派 (二)	(六)

续表

观念系统的类型 \ 强化事功的方式	解构	建构
宋明理学第三系	李二曲的经世致用 （三）	（张载、刘宗周） 黄宗义的气论 （七）
观念系统不能整合	（四）	戴震的气论 （八）

今天的研究者可以在国共两党早期革命家中看到顾炎武、颜元、李二曲的影子，在他们的革命纲领中发现黄宗羲《明夷待访录》中有关民本政府之思想。唯气论则揭示出近代尚力说流行以及现代中国人接受唯物辩证世界观的内在模式。每当国难当头，总会有一批又一批的读书人深入民间，他们或像顾炎武那样以调查研究来修身、救国；或像颜元那样，把实践看作高于一切的信条。戴震的气论虽然在清代影响甚微，但五四时期，“以理杀人”居然成为新知识分子反传统追求个性解放的最强音。更有甚者，王船山哲学和黄宗羲气论的结构，却奇妙地指出了五四后新意识形态的建构方向。我们在本书第二、第三卷将论证：五四时期，中国知识分子先从科学常识中归纳出唯物主义的发展观，然后将唯物的进步观运用到社会领域得到唯物史观，进而从共产主义推出革命人生观。这是一条从科学常识合理证明宇宙规律存在，再进一步推衍理想社会和道德伦理的合理性论证之路，它在结构上与王船山哲学同构；即人们认同的马列主义几乎完全是根据类理学意识形态建构模式。更令人惊奇不已的是，毛泽东思想居然是用类宋明理学第三系的模式修改马列主义的。

人们将毛泽东思想视为马列主义中国化，但它也经常显现出一些令思想史家觉得困惑的特点。它的实践哲学似乎是颜（元）、李（塨）重亲知、反对读书这些把王学推向极端实用的反智主义的现代版。但无论是辩证唯物论哲学,还是知行观,甚或是军事思想,毛泽东都在相当程度上继承了王船山的观点。[1] 为什么毛泽东思想在具有类理学式宇宙观的同时,又可以具有心学式的结构?我们认为,其原因正在于毛泽东思想中道德论证模式与宋明理学第三系同构。宋明理学第三系以道德心为合理性最终判据,但从宇宙观出发推衍出个人道德,它通常是从儒学内部批判理学式道德论证模式的产物。毛泽东不同意党内留苏派以科学知识和马列主义书本为意识形态合理性最终判据,但又需要马列主义从宇宙规律推出道德的"天人合一"结构。他所能做的只能是把意识形态建立在类似于道德心的无产阶级立场之上。其结果是用类宋明理学第三系模式重构了马列主义。

发现中国现代思想和儒学强化事功变异的同构会产生一种近乎恐怖的神秘感。明末清初儒学的变构本是宋明理学对少数民族入主中原的某种响应,而中国现代思想则是西方现代化冲击的产物,为什么两者居然存在结构性的相似呢?这种相似正好说明了中国文化是通过道德可欲性破坏来接受西方文化的。明末清初少数思想家对儒学的发展是在假想宋明理学不可欲的前提下对儒学的重构。当西方冲击来临,儒家意识形态真的不可欲时,强化事功的结构和观念系统重构之原则,也就会在中国现代思想进程中显现出来。

这种同构除了证明文明融合的深层结构左右着中国文化现代化过程外,它还揭示了中国文化的现代转型最重要的特征,就是它本是在西方冲击下开始,并以对抗西方冲击为文化重建的目标,西方冲击下儒家道德理想的不可欲导致的道德理想的重构与现代化互相激荡,互相交融。在现代化过程中如何不断强化道德理想的

---

〔1〕 彭大成:《湖湘文化与毛泽东》,湖南出版社1991年版,第205~207、396~424、435~440页。

事功能力,一直是左右新意识形态形成的内在动力。正因为强化事功与现代化这两种需求在近代史上的合一,直至今天当代新儒家仍把现代化视为事功,认为儒学的价值系统是完全适合于现代社会的,只要不断强化其事功能力,让科学和民主从儒家道德价值中开出,儒学就能成为今后中国文化重建之核心。我们通过清末儒学强化事功的变异的分析,表明这种努力在历史上早已经做过。实际上,由于中国当代文化特别是共产党意识形态,也是道德理想主义的,故它具有相当强的动员能力,我们可以称其为具有极强事功能力的思想体系,它是中国文化对抗西方冲击的现代形态。而儒学强化事功的变异则让我们看到传统和现代形态之中间状态。分析这种中间形态一方面有助于我们了解高度强调事功的现代文化形态之起源,另一方面更重要的是,共产党文化对中国近代传统结构性取代极为形象的表明:不仅是儒学强化事功的变异,甚至包括儒学现代转化在内的整个中国近代传统是不可能抵抗西方冲击的;即只要保存儒学的基本价值,无论怎样对其进行改造,儒学也不能成为一个具有现代动员力的思想体系。实际上,只有等儒家道德价值被证伪,逆反价值与这种强化事功的基本结构结合,道德理想的事功能力才得以脱离儒学的限制,向进一步扩张方向演变,形成足以对抗西方冲击的新观念系统。

为了讨论第二次融合,一个必须解决的逻辑前提是:为什么中国近代传统不能对抗西方冲击?儒学强化事功的变异仅仅代表了中国近代传统的一个侧面,然而,任何传统的近代转型或调适,除了在外来冲击下应变外,都存在另一个侧面,这就是传统在内在近代化动力下的应变。在搞清楚内部动力之前,我们是不可能认清中国近代传统之全貌,也不可能全面地分析它同现代化的关系。为此,我们不得不花若干篇幅讨论促使中国近代传统形成的内部动力。

第五章　清代思想变迁的内在动力

在西方冲击下，何种道德理想可欲？何种观念系统不可欲？这通常不是一个仅凭意识形态内容就能判断的问题。因为意识形态作为社会行动的蓝图，通常不能完全包括社会组织构架，而直接承受并对抗外来文明冲击的却是后者。这造就了文化研究中数不清的困难和迷思。

5.1　内部动力：考据和朴学

中国近代传统的两个维度——推动儒学变迁的内部动力——为什么思想史会变成学术史——考据的兴起与明末清初儒者修身方式的变化——《日知录》和《朱子语类》——圣人言论的权威性——考据学是特定意义上宋明理学的变异。

要理解清代儒学变构而生成的中国近代传统为什么不能应付西方现代文明的冲击，仅仅着眼于表4.1所示的六种观念类型是不够的。因为在这六种理想类型中,除戴震的气论以外,其余只考虑了儒学变构的外部动力。实际上,任何观念系统的演变都是外部动力与内部动力综合作用的结果。在清代,推动观念系统变迁的内部动力与外部动力一样重要,甚至在一段时间内更为重要。因为在这些外部动力作用下对儒学的改造,虽在清初出现,但经过二百年的埋没才对社会思潮发生影响,而在这二百年的等待中,推动儒学变迁主要靠内部动力。换言之,中国近代传统除了儒学强化事功变异外,还有另外一个主要由思想内部演化规定的层面。只要思想史研究者不是立足于哲学观念本身而是回到历史中去,就会立即发现这一点。

众所周知,19 世纪 20 年代之前,明末清初大儒对儒学强化事功的重构并没有成为士大夫的普遍思想。相反,当时思想家的呐喊不过是空谷足音,甚至这些大儒本人也暂时被历史遗忘了。在大多数仕事清廷的儒生眼中,王船山、顾炎武等誓死不事清室的气节,只代表他们不识时务,是迂腐的明室遗老。清初少数人对儒学的再重构之所以没有社会影响,关键在于强化事功的社会需求在明末清初出现了一阵子后便迅速消失。清朝虽为少数民族入主中原建立的政权,但清统治者在入关前和开国后都高度重视儒学,在儒化方面相当自觉和成功。清军入关时就听从儒生出谋划策,厚葬崇祯皇帝,声称得天下于“闯贼”而非明朝。本来,儒家文化中就有不以种族认同为主而强调文化认同的华夏中心主义,〔1〕当清朝很快进入太平盛世时,反思官方意识形态的外在动力就消失了,强化事功的需求也不复存在。儒生又可以和明代一样,每天奔走在读经、修身、出仕做官的老路上。

那么,是不是说清代儒生又回到宋明理学的义理思辨之中呢?

---

〔1〕 金观涛:“创造与破坏的动力:中国民族主义的结构及演变”,载刘青峰编:《民族主义与中国现代化》,(香港)中文大学出版社 1994 年版,第 129 ~ 131 页。

令人困惑的是，随着清朝太平盛世的到来，虽然宋明理学仍是官方正统意识形态，是科举考试的内容，但在民间却是朴学兴起。讲义理的宋明理学渐渐被注重考据的朴学取代了。一种历史上从未有过的考证热潮在士大夫中兴起，成为二百年中压倒儒学种种其他变构的主流形态。揭示考据之风兴起的原因，有助于我们了解推动儒学变构极为重要的内在动力。

对于为什么考据会成为清朝前期学风的主流，以至于二百年的思想史竟变成学术史，历来有种种说法。艾尔曼认为考据兴起导致理学向朴学的过渡，是一种"从道德话语向知识话语的范式转化"，他十分强调朴学繁荣同清朝"太平盛世"的关系。如当时考证的纯学术研究需要官方和民间提供相当大的经济支持，许多学者出自商人之家，相当多的书院都从商人那里得到大量资助。这一切同江南经济繁荣密不可分。[1] 经济条件只是学术思想变迁的外部因素，它不足以说明考据兴起的内部原因。章太炎等人认为，考据之风兴起是因为读书人受满人压迫而不敢触及思想问题。[2] 梁启超则将其归因于清初对理学和王学空疏的反叛。[3] 余英时发现这两种观点都不能解释一个基本事实，就是清廷对程朱理学之提倡。当时学人讲义理思想并不犯禁，即使在热衷于考据的学者中信奉理学的仍大有人在。余英时认为必须去研究明末清初思想变化的内在理路。他指出早在晚明就已经出现考证经典之风，学人们试图用考证来判别王学和程朱理学哪一家更有道理。王阳明本人在提出"致良知"说时，其十分重视引用经典的权威，他曾专门考

---

〔1〕 Benjamin A. Elman, *From Philosophy to Philology: Intellectual and Social Aspects of Change in Late Imperial China* (Cambridge, Mass.: Council on East Asian Studies, Harvard University, 1984).

〔2〕 章太炎：《检论》（卷四），"哀焚书"、"清儒"，载《章氏丛书》（上册），正编上，（台湾）世界书局1958年版，第558～559、561～565页。

〔3〕 梁启超：《清代学术概论》，台湾中华书局1963年版，第13～15页；以及《中国近三百年学术史》，中华书局1937年版，第14页。

证了古本《大学》对修身的提法。清初黄宗羲、黄宗炎(1616～1686年)兄弟,稍后又有毛西河(1623～1716年)等人一直坚持王学立场,他们的考据明确以动摇程朱理学地位为目标。如考出宋以后易学中所谓先天、太极诸图本是从道教方面传来的,由此也就否定了程朱理学作为儒学正宗的地位。阎若璩(字百诗,1636～1704年)虽不是理学中人,但他的哲学立场是尊程朱而黜陆王,因此很多考证直接为否定陆王心学而作。如古文《大禹谟》中所谓十六字心传,是陆王一派最喜欢讲的;阎考证其为伪作,对程朱理学只有边缘价值,但对陆王心学却是一记致命打击。[1] 换言之,余英时认为,朴学之兴起乃为宋明理学内在矛盾冲突的结果。

余英时的解释虽有说服力,但他忽略了一个重要事实,就是清代程朱理学只是官方意识形态,考据却是在民间兴起的。清初民间知识分子对程朱理学和陆王心学谁对谁错已无兴趣。余英时是以顾炎武为立论根据,把汉学兴起归结为程朱理学与陆王心学争论的产物。而赵刚通过顾炎武著作观点整体考据发现,顾炎武不仅反对陆王心学,而且对整个朱学的理学体系与经学体系持批判态度。赵刚纠正章学诚所说顾炎武为朱学五代传人的错误,进而认为顾炎武的学术主张与朱子学术主张针锋相对,因而顾炎武不可能为了证明程朱理学的正确而反对心学。因此,赵刚得到的结论是:胡适、梁启超把汉学起源归之于对宋明理学整体批判和反动仍经得起检验。[2] 这样一来,讨论绕了一个大圈子,仍回到章太炎、梁启超最初的观点。这说明必须从新的角度探讨考据兴起的内部原因。

我们认为,考据之风兴起与明末清初儒者修身方式巨变密切

---

〔1〕 余英时:"清代思想史的一个新解释",载《历史与思想》,(台湾)联经出版事业公司1977年版,第146～148页。

〔2〕 赵刚:"告别理学:顾炎武对朱学的批判——与余英时先生商榷",载《学人》(第九辑),江苏文艺出版社1996年版,第41～70页。

相关。在某种意义上,它是明末清初强化事功需求在一个时期内勃兴但在清朝进入太平盛世之后又迅速消亡所带来的结果。我们在上一章指出,明末清初在强化事功需求推动下的社会主流思潮一度是经世致用之学,经世致用实际上是用入世精神来改变宋明理学的修身结构。为了强调实用和行动的重要性,它们把道德等同于规范和只需实践不需思辨的"行",或用唯气论把实践与精神境界合二为一。由于取消了对天理境界的冥想,儒生的修身就只有读经典和实践两种方法。至于读经典这种修身方法在当时转化为考证,其原因是耐人寻味的。我们知道,修身过程中读经典的意义在于了解什么行为是道德的。当常识理性成为意识形态后设层面时,经典必须具有真实性才能成为道德规范的标准,而经典的真实性又是可以通过常识理性指导下的考证来判别的。于是,一旦取消道德境界层面,思考道德是什么的过程就变成对经典和圣人之言的考据,而不是主静去欲之思辨。它表现在语言文字上,就是对天理良知思辨的厌恶,并用考据之热忱来代表向善意志的纯化。戴震就很明确地论证了小学与修身的关系,他说:"经之至者道也,所以明道者其词也,所以成词者,未有能外小学文字者也。由文字以通乎语言,由语言以通乎古圣贤之心志"。[1]

比较顾炎武《日知录》和朱熹的《朱子语类》的内容和结构,可以十分形象地反映出清儒修身方法与宋明理学的不同。《日知录》三十卷共收集读书札记1020余条,几乎全部集中于政治刑律、民生风俗、历史兴亡、赋税徭役以及经典考证、经世致用、文献考证等方面。对于"道器"、"忠恕"、"心和理"等宋明理学视为辨明道德是什么的重大问题,《日知录》则用百余字至多三四百字小札记交代,总数不过二十余条,仅占《日知录》总条数的2%。而《朱子语类》

〔1〕 戴震:"古经解钩沈序",载《戴震文集》(卷十),(香港)中华书局1974年版,第146页。

的结构与《日知录》完全不同,《朱子语类》全书140卷中,有关现实问题和历史兴衰的内容仅14卷,占全书10%。考证在《朱子语类》中可有可无,只具有边缘价值。[1] 这说明在宋明理学中,考证经典几乎不属于修身范围。换言之,正是明末清初的经世致用改变了儒学的修身方法,儒生以考证代替明经,以辩伪作为道德思辨。考证经典和躬身实践是强化事功限定下仅有的两种修身锻炼方法,因此,我们可以理解为什么顾炎武、王船山和黄宗羲都十分注重经典考据。即使把读书看作无用和口耳之学的颜元、李塨,他们对"礼"的超越本体不感兴趣,但要思索"礼"是什么时,也只有走向经典考证。[2]

我们可以设想一下,清朝进入太平盛世,强化事功能力的社会需求消失,对上述普遍潮流会带来什么影响?当然,对于官方意识形态的信奉者,仍可以把治国平天下作为重要的修身方法。信仰程朱理学的儒生修身齐家,充当地方精英,并参加科举考试,沿用历代的生活模式。但是对于那些拒绝与官方合作的民间学者而言,顾炎武所注重的救国已无意义。而任何一种维系现实社会规范的实践都已纳入为清廷服务的范围,这时民间知识分子唯一能做的,只能用考证去求天道,即把考证经典当作修身的主要方面。也就是说,社会的安定和繁荣对清初发展起来的修身方式进行了筛选,滤掉了实践一面,就只剩下考证经典了。

从上述分析,我们得到一个结论:清代学者并非为了判断程朱理学和陆王心学谁对谁错而去考证,而是先完成了从思辨向考证的转化。当士大夫抱着以考证来修身的心态再次反思宋明理学时,余英时所说的理学和心学之矛盾才会成为朴学进一步发展的内在动力。众所周知,明末早就存在理学和心学的矛盾,但当时人

---

〔1〕 赵刚:"告别理学:顾炎武对朱学的批判——与余英时先生商榷",载《学人》(第九辑),第57页。

〔2〕 邓克铭:《宋代理概念之开展》,第131页。

们主要是用义理之争的思辨，而不是用考证作为解决这一问题的方法。如果纯从考证方法来看，清代的考证直接是继承明代考证而来的。明儒杨慎(字用修，1488～1559年)、焦竑(字弱侯，1541～1620年)、陈第(字季立，1541～1617年)的训诂考据对清代的考证传统形成有着正面贡献。但是明儒从不把考证当作判别程朱陆王谁对谁错的方法，例如，杨慎重汉代经注，汉学与宋学在他身上并不是两个不兼容的经学系统。[1]

只有知识分子意识到主静去欲的义理思辨之虚妄、把考证作为修身方法时，他们才能真正体会到宋明理学用来证明“性即理”和“心即理”讨论的无效。即如果仅仅以常识和人之常情作最终判准进行思辨冥想，理学和心学各执一端，是谁也不能说服谁的。这时，不得不引进另一个判别标准，这就是圣人言论的权威性。

宋明大儒用常识理性建立理学，沿用了一个无须怀疑的假定，即认为从常识合理导出的结论和圣人之言是天然一致的。但是圣人的言论流传了上千年后到底是否真实，却是一个未曾认真考察的问题。这样，为了判别程朱理学和陆王心学哪一派更符合圣人之言，考察圣人言论的真伪就势在必行。在常识理性成熟之前，很难判别圣人言论之真伪，而常识理性却有判别常识是否正确的众所周知的方法。一句话如果是真的，就必须有不同来源的多个证据。越是接近古人生活时代所记载的言论，可靠性则越大。因此，隋唐以降，常识理性在中国文化结构中生成以来，经典考证已经成为经学中不可忽略的倾向。唐代，常识理性促使古文运动繁荣，以经典考证为特色的“春秋学”已经兴起。春秋学不同于以往经学的突出之处是以“经”验“传”，大胆地怀疑和否定历代学者对《春秋》的解释。其主要目的，是要引导人们越过三传，直接理解《春秋》经

---

〔1〕 Chow Kai-wing, Yang Shen and Chiao Hung, “Various Uses of Philology in the Ming Period”,《汉学研究》1992年第10卷第1期，第28页。

的本意。大儒韩愈、李翱不仅根据自己所理解的孔子写出新注解，甚至指出《论语》中有传抄错误，不合孔子的意思，应予以纠正。[1] 这些都是在常识理性推动下的经学发展新趋势。到了清代，这些用常识理性判断常识是否正确的方法高度发展，在小学中形成了类似于西方科学中实证主义的归纳法，并将其变为考证经典的锐利武器。如果没有顾炎武等创立的来自小学——文字、训诂、声训——的方法论，清代考据是不可能的。[2] 而顾炎武的文字、训诂、声方法正是常识推理在方法论上的集中表现。因此，只有在常识理性高度发达条件下清代朴学才可能臻于极盛。

总之，考据学的兴起，实际上也是常识理性的高度发达同强化"事功"需求压力的消失这两个因素所共同导致的宋明理学的一种变异。它可以解释为什么干嘉考据学来自于清初的经史之学，而经史之学则又源于明末清初的经世致用之学。[3] 也就是说，清代太平盛世的来临对民间文化思潮的选择起了关键作用。一方面，由于社会对经世致用需求不大，经世之学只能在方法论上极度发展；另一方面，强化事功的实践也无所作为，这两个方面综合的结果就是清代朴学。这方面最典型例子莫过于章学诚提出的"学术经世"。章学诚是考据大师，但他却把朴学视为一种学术经世，它应包括"经学经世"、"史学经世"及"文章经世"三个方面。[4] 表面上看，纯学术如何经世？这是很难理解的。但是清代的纯学术既然是经世之学在社会事功方面无所作为的替代，那么，经世之意

---

〔1〕 张跃：《唐代后期儒学的新趋向》，（台湾）文津出版社 1993 年版，第 52、53、55 页。

〔2〕 李纪祥：《明末清初儒学之发展》，（台湾）文津出版社 1992 年版，第 265 页。

〔3〕 山井湧："明末清初的经世致用之学"，庐瑞容译，载《史学评论》1986 年第 12 期，第 141～157 页。

〔4〕 周启荣、刘广京："学术经世：章学诚之文史论与经世思想"，载《近世中国经世思想研讨会论文集》，（台湾）中研院近代史研究所 1984 年版，第 117～154 页。

念一定隐含在纯学术之中。这对认识清末思想史极为重要。因为表面上看,朴学同实用毫无关系,两者的精神也背道而驰;但它正是来源于经世致用之学的变构,故一旦一体化结构受到外来冲击,强化事功的需求再次凸显,我们就可以看到朴学会自动向经世之学转化。

5.2　中国"科学主义"的源头

常识理性将理性化贯彻到底是推动中国近代传统形成的内部动力——今文经学的兴起——常识理性推动下今文经学成为儒学现代转化的一种力量——近代科学主义心态——方以智的重新认识天理——"科学即理学"、"藏理学于科学"——类科学主义心态不能等同于科学精神——干嘉时代的历算——重构意识形态的深层动力。

既然清代的考证来自于常识理性和修身方法改变的结合,而推动修身方式改变的属于外部动力,那么,我们可以得到一个重要结论:促使中国近代传统形成的一种极重要内部动力就是常识理性将理性化贯彻到底。我们在3.2节和3.3节中指出,中国文化第一次理性化的基本动力,来自于隋唐之后道德系统中出现了常识理性与儒家经典的双重权威,宋明理学的成熟意味着这双重权威的整合与统一。一旦常识理性成为意识形态合理性的最终根据,它就比经典更为根本。王阳明说:"反省到吾心而不能领会时,即使是孔子说也不从。"这句话已将人之常情合理性置于经典之上。由于宋明理学对儒家的重塑,是为了建立形而上学的"天人合一"结构与吸收佛教的修身方法,故其重心在于"天理世界",即道德理想的境界层面;这样,境界的思辨和建构作为实际道德规范和内容的理想化与抽象化,并不会同道德原则发生冲突;圣人提出的道德原则与常识理性一致,两者并不矛盾。因此,常识理性并未真正地凌驾于经典之上。清初,道德境界层面解体,儒生用常识理性方法考察心学与理学哪一个更符合圣人原意,并开始用考证来修身时,常识理性才真正成为判别经典真伪的根据,这个过程的推进必然会导致常识理性凌驾于经典文本之上。理性化进程终于在清代被贯彻到底。

它带来的第一个不可避免的后果,就是今文经学的兴起。因为以常识理性的方法来看,越是接近圣人生活年代的经典就越可靠,那么,随着考证的深入,对古文经的怀疑就会再次产生。古文经是东汉末年儒者批判今文经的凭借,对其真伪一直有争议。从被儒生信奉的前后顺序来说,今文经比古文经更古老,也更接近于生活在先秦时代的圣人。魏源认为,西汉以董仲舒为主的今文学家是最接近六经原意的,因而只有通过今文经才能接近圣人,孔子之道才能大明。陈寿祺(字恭甫,1771~1834年)告诫其子陈乔枞(字朴园,1809~1869年),说今文经之所以值得辑存,因为它是古文经的前驱。〔1〕我们在1.4节和2.1节中指出,今文经不过是适应大一统帝国社会制度的需求而对先秦儒学的塑造。它强调微言大义,即从经典出发但不拘泥于经典,甚至主张孔子为素王的托古改制的精神。它适用于一体化结构刚建立和面临外来挑战的时期。到清代,常识理性权威已凌驾于经典之上,作为今文经学兴起之动力,它无疑进一步强化了儒学改变自身内容与结构的能力。在常识理性的推动下,今文经学那种以微言大义创造性诠述经典的精神,终于有可能成为儒学适应现代需求进行转化的力量。所谓儒学的现代转化,是指在保存儒学某一种价值(如孝道和家庭伦

---

〔1〕王汎森:《古史辨运动的兴起》,(台湾)允晨文化实业股份有限公司1987年版,第78~84页。

理）或某部分结构（如尊孔子为权威）的前提下，被迫引进现代思想和价值，甚至打破"天人合一"结构，使其成为现代化改革的意识形态。不了解清代考据学背后的意识形态内部动力，我们就不可能理解今文经学为什么居然会成为中国近代传统的一部分。

第一次理性化贯彻到底的后果是中国出现了一种相当类似于西方19世纪科学主义的心态。所谓科学主义心态，除了包含人们把科学看作至高的价值和迷信科学之外，主要是把科学知识当作建构意识形态的基石。知识分子为了建构意识形态而萌发对科学知识的兴趣，并通过对科学或类似于科学的知识和方法的追求来探讨宇宙规律，最后推出道德价值。我们知道，程朱理学把天理建立在知识性常识之上，了解知识性常识的"格致"已成为认识天理的必经之途。这种用自然界科学知识建构道德意识形态的精神取向，已蕴涵在类理学的意识形态建构模式中了。但是程朱理学关心的是道德境界层面，而道德理想早已由圣人指出，所以儒生了解自然界的知识只是有助于学习和领悟圣人教导，程朱理学尚未强调用自然知识建构道德理想的重要性。然而，只要道德境界层面解体，儒生用常识理性来考证程朱理学和陆王心学哪一个更符合圣人原意时，情况就不同了。这时，作为宇宙秩序和道德来源的"理"，是有待于用知识性常识来探讨的。于是对理的追求，就激发出研究自然知识、考证前人有关自然界论述的热忱。

历史学家都注意到，明末清初中国士大夫对科学知识的重视是中国历史上罕见的。为什么明末清初会出现一个科学技术发展的小高潮？除了西方科学传入等外来因素外，当时士大夫研究科学背后的文化动力，正是力图用格致和考证来纠正儒学的缺失，重新认识（重构）什么是天理。方以智在这方面很具代表性。方以智的《物理小识》所达到的成就，是明末士大夫重视科学的重要证据。据考察有关方氏家族渊流，方氏学派肇始于明末方学渐。方学渐有感于阳明学的流弊，提出挽朱救陆的主张，并以朱子学矫正阳明学的偏颇。方氏学派三传至方以智,提出“藏理学于经学”的口号。[1] 这说明方以智对科学的重视正是出于我们说的那种类科学主义心态,他力图用格致和考证来进一步认识什么是天理。

进一步分析明末清初知识分子重视科学的原因,还可以明显看出它与当时少数儒生力图重构儒家意识形态的内在联系。当时有四位十分热心于科学的学者,包括熊明遇、游艺、梅文鼎(字定九,1633~1721年)、王锡阐。除王锡阐(字寅旭,1628~1682年)外,他们的学术源流均同方氏家学有联系。例如,熊明遇具有很明确的经世思想。他著《格致草》是因为不满宋明理学,而要从“真象”、“真数”中探讨“原理”。[2] 游艺则主张“理在气中”,并从“理在气中”推衍出“理在数中”,力图通过“反经”来建立真儒之学。[3] 王锡阐和游艺一样,是明遗民,在理学上拥程朱,与顾炎武接近。[4] 他成为著名博物学家的原因,类似于顾炎武通过调查研究来救国。也就是说,当时支配士大夫追求科学的内在动力,是和“经学即理学”、“藏理学于经学”等同的“科学即理学”、“藏理学于科学”。[5] 这表明,明末清初儒生对科学的重视,其重要原因之一是他们自觉地用格致来重构儒家意识形态,以强化事功能力。

随着清朝进入太平盛世,强化儒学事功的外部动力消失,但由常识理性主导的理性化内在动力依然存在。儒生具有的科学主义心态并没有改变,所不同的只是他们对知识的兴趣集中到文献考证,而不是自然界与调查研究。梁启超和胡适的学术史研究都十分强调清代考据已出现了类似于西方近代科学精神和方法。他们

---

〔1〕 张永堂:《明末方氏学派研究初编——明末清初理学与科学关系试论》,(台湾)文镜文化事业有限公司1987年版。

〔2〕 张永堂:《明末清初理学与科学关系再论》,台湾学生书局1994年版,第20页。

〔3〕 张永堂:《明末清初理学与科学关系再论》,第65~69、86、97页。

〔4〕 张永堂:《明末清初理学与科学关系再论》,第191页。

〔5〕 张永堂:《明末清初理学与科学关系再论》,第264页。

却十分感慨那时士大夫关注的对象是古代文献而不是自然界，致使他们的科学精神和方法没有能孕育出类似于西方那样的近代科学。然而，我们认为把类科学主义心态等同于科学精神和方法是错误的。表面上看，考据的求证求真与科学精神一致，其实常识理性所导致的类科学主义心态有两方面和科学精神有别：第一，常识理性视常识为天然合理，不需要再深究为什么；而从科学精神出发，常识是研究的对象，必须加以解释和进一步探索。第二，科学精神以求知和求真为终极价值，而常识理性的意识形态价值则高于求知求真本身。这两点在清代汉学中极为明显，最典型的例子是干嘉时代的历算。

清代汉学中，治经的利器有两个：一是考据，二是历算，二者互相联系，分别被称为"儒林之小学"与"儒林之实学"。[1] 历算同考据一样，贯穿着常识理性的基本精神。清代历算与科学精神推动下的数学二者发展呈现出微妙的差别。据考察，自阎若璩的《尚书古文疏证》问世以来，借历算辨古史的方法在经学中获得举足轻重的位置。这导致清代代数方程论的繁荣，汪莱（字考婴，1768～1813年）和李锐（字尚之，1768～1817年）在这方面做出了极大贡献。但在常识理性框架中，历算最终意义并不在于数学本身的发展，而是它对经学的贡献。戴震就曾明确指出，历算学的新发现并不是最重要的，至关要紧的是运用历算知识去建立对经学体系的完美理解。钱大昕（字晓征，1728～1804年）讲得更清楚："数为六艺之一，由艺以明道，儒者之学也"，即那些不能"达理"和"通古"的数学是毫无价值的。[2] 清代学者治学的价值取向，明显地反映

---

〔1〕 川原秀城："戴震と西洋历算学"，载《中国思想史》1989年第12号，第1～35页，转引自洪万生、刘钝："汪莱、李锐与乾嘉学派"，载《汉学研究》第10卷第1期。

〔2〕 洪万生、刘钝："汪莱、李锐与乾嘉学派"，载《汉学研究》第10卷第1期，第90～91页。

出常识理性上述两个特点及其对清代数学发展的限制,使历算不可能发展成近代数学。如果从数学史来看李锐的贡献,最值得注意的是,他在《开方说》中关于方程理论的原创性发现,但当时人们则只看重其经学意义。汪莱的历算研究以“超异”和“难古”为特点,这种标新立异精神同常识理性以常识为自明和天然合理的基本价值取向不合,所以汪莱的工作在当时显得不合时宜,没有什么社会影响。[1] 可见清代考据精神虽同科学精神有类似之处,但历史事实表明考据不可能真正促进近代科学在中国的成长。虽然如此,在清代由考据所代表的理性化潮流中,却包含着日后对中国文化发展极为重要的重构意识形态之深层动力。这就是当儒学被西方冲击颠覆时,科学知识又成为建构新意识形态的基础。它或呈现为1895年以后士大夫对西方科学的推崇,或表现在严复对西方思想创造性翻译所建立的庞大体系。五四时期,这种内在因素终于以科学与民主为口号,成为20世纪中国文化重建的最惊人力量。

5.3 清代思想变迁的大趋势

清代思想变迁的三个阶段——明末清初中国近代传统雏形的出现——清代太平盛世时期的思想走向——不同于汉代的“汉学”——18、19世纪之交中国近代传统的成熟——与实学并存的程朱理学——经世致用的另一个源头——儒学的现代转化:今文经学和二元论儒学。

[1] 洪万生、刘钝:“汪莱、李锐与乾嘉学派”,载《汉学研究》第10卷第1期,第94~95页。

搞清楚中国近代传统兴起的内部与外部两种动力后，我们就可以整体地把握清代思想变迁的大趋势了。总的来说，自宋明理学形成后，推动意识形态进一步变迁的有两种动力：一种为来自思想文化的内部动力，它表现为纯粹由观念系统内部问题而推动的思想变化。有时观念系统各部分的变化虽然都是由社会危机所导致，但内部动力专指这些已有观念互相碰撞或将其进行整合而推动的进一步变迁趋势。例如，明末清初经世致用的兴起和士大夫修身方式的巨变本是社会危机所引发的观念变化，但是这些新的观念一旦出现，它们的互动就会促使把意识形态彻底地建立在常识理性之上，导致常识合理性权威不断强化的过程。无论将常识理性置于经典之上，学者用常识理性所规定的方法考证经典的真伪；还是今文经学兴起，儒学借助今文经学的微言大义进行现代转化；甚至进一步发展出类似科学主义的心态，并在此基础上建立新的意识形态，这一切都是出于将观念系统进行整合的要求和观念的互相碰撞。因此，考证和今文经学的兴起均可以归为内部动力。第二种动力来自思想文化之外，它由社会问题引起。由于宋明理学将道德分成境界与规范两个层面而导致事功能力减弱，因此，每当社会出现内部危机和面临外来挑战时，强化事功的需求就成为不可抗拒的推动意识形态变迁的社会动力，我们称为外部动力。思想演变的内部动力是始终存在的，而社会（外部）动力在太平盛世时期则很微弱。只有当社会危机频频发生以至于出现改朝换代，或外来文明冲击接踵而来之际，社会动力才会成为支配思想潮流的主要原因。

根据以上分析，我们若以社会（外部）动力为横坐标，内部动力为纵坐标，清代知识分子思想变迁大趋势就可表示为如图 5.1 所示的由 OA，AB 和 BC 三个基本阶段。我们先考察 OA 段，此段是明末清初之思想变迁。这一阶段推动意识形态变迁的内部动力和社会（外部）动力同时存在，宋明理学在这两种动力作用下沿 OA

方向发展,其后果是明末清初出现中国近代传统的雏形。它有两种基本维度:一是重视知识、实用以强化事功,表现为经世致用和4.7节所说的各种强化事功的变构;另一维度是注重经典考证,并用考证作为修身的主要方法。在清初呈现的中国近代传统雏形中,这两个维度同时存在,不可分割。儒学强化事功的各种变构同时对应经典考证。正因为如此,明末清初的几位儒学大师既对重构儒学做出重要贡献,同时又是考据方法的奠基者,甚至是朴学的开山鼻祖。除了王船山不为当时社会广泛知晓外,师承顾炎武和黄宗羲,形成了考据中的浙西和浙东两个著名学派。由于顾炎武和黄宗羲分别属于表4.1中解构和建构两种不同的类型,使得浙东学派与浙西学派的考证方法论呈现出微妙差别。顾炎武把道德等同于"行"和实践,他的考证经典方法更注重证据的客观性。而黄宗羲则主张精神境界层面与实践的合一,把儒学看作经天纬地统一的学问。古文浙东学派讲究观念的整体性,考证时先确立一个大方向,即继承王学"先立其大"的精神,其代表人物是章学诚(字实斋,1738~1801年)。浙西学派代表人物为阎若璩,他们比浙东学派知识更广阔,但也更支离。[1]

随着改朝换代的完成和太平盛世的来临,推动意识形态变迁的社会(外部)动力大为削弱,这时,儒学发展轨迹迅速由两个动力推动之OA方向转化为仅由思想内部动力主宰的AB。AB为清代太平盛世时期的思想走向。其鲜明表征社会思潮由经世致用向考据转变。必须注意的是,理学始终是清代官方意识形态。清初经世之学在民间学者中盛行,考据只不过是强化事功的社会需求不断衰减最终被冻结后,经世之学中剩下的东西。因此,考据学的影响力虽不断加大,以至于最后成为清代学术显学,但我们谈这一潮流时,不要忘记它一直不是官方意识形态。

---

〔1〕 余英时:"清代思想史的一个新解释",载《历史与思想》,第150~151页。

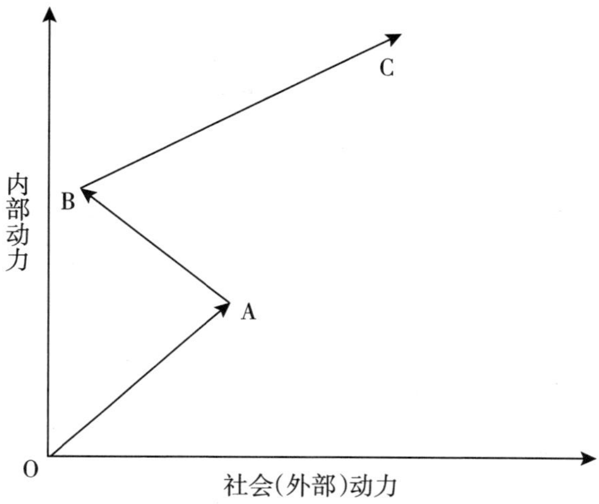

图 5.1　清代思想变迁大趋势

据图 5.1 所示,AB 同样有两个维度。我们先看沿纵坐标方向,思潮顺着内部动力所指向的维度不断发展。其表现为考据纵深展开,并在一个多世纪中达全盛状态。考据范围包括经学、小学、音韵学、史学、方志学、地理学、谱牒学,甚至还包括历算、乐曲学和其他学科的知识。儒生学人通过校注古籍、辨伪书、辑佚书,对中国文化来了一个大清理。它亦意味着儒学形态的一次大转变。在汉代,儒学本为经学,宋代经学变成理学。但自经世致用之学转化为考据之后,儒学从唐宋以后注重思辨的义理之学,再次转向儒家经典的考证、引用和注疏,变得极为繁杂、琐碎。士子学人往往以考证功底甚至博闻强记,来评定学术水平高低。学术研究似乎绕了一个大圈子,回复到汉代,故清代朴学又称"汉学"。

然而必须注意的是,正因为清代考据只是思想变迁沿内部动力指向的充分展开,故清代"汉学"和汉代儒学只是表面类似,其内在精神完全不同。汉代儒学中,记录圣人言论的经典是判别价值行为的最终合理性标准和权威来源,读书人引证考据只是把这股唯一合理性源泉之水引向各个方面，浇灌社会政治思想文化。而清代在经典权威后面还存在最终合理性判别标准，这就是常识理性。考证只是用常识理性的方法，检讨几千年来中国文化积存下的古典文献。考据的目的，是寻找儒家经典的原本、原意和历史文献之真实。它是中国文化的第一次理性化将自身贯彻到底的表现，其后果是今文经学的兴起和儒学走到现代转化的门口。

我们再看朴学为主的思想走向在横坐标维度的表现。图 5.1 中 AB 在纵坐标方向不断伸展，但横坐标方向却不断减少。其意义十分清楚，就是在清代太平盛世时期，与考据不断深入并行不悖的是儒生事功能力一天比一天退化。本来，宋明理学建立的形而上学道德体系导致儒学事功和精神境界分离，已使儒生事功能力有所减退，而清代一百多年的考据更几乎使儒生在事功方面的创造性丧失殆尽。早在明代，儒生已有道学先生之称，但仍涌现形形色色的人物。如和昏君奸臣作拼死抗争的东林党人；具有近代思想萌芽、大讲童心的李贽（号卓吾，1527 ~ 1602 年）、深入民间在百姓中宣讲阳明学的民间哲学家王艮（字汝止，号心斋，1483 ~ 1541 年），以及用家族做乌托邦实验的何心隐（字夫山，1517 ~ 1579 年），等等。但是到清代，儒生耗尽心血做了一百多年的考据之后，大多几乎成为创造性贫乏的学究先生。龚自珍（字璱人，1792 ~ 1841 年）最早觉察到这一点，他用“世无才相、才将，市无才商、才匠，甚至无才偷、才盗”，来形容当时万马齐喑、人才类型极度单一、整个社会书呆子化的闷局。

当时清王朝已露盛世危相，官僚机构腐败、土地兼并和不可控制的人口膨胀，正在孕育社会动乱。而同一历史时期的西方经过二百年的发展，挟先进科技军事武器和廉价工业品的实力，已扩张到中国大门口，清王朝不得不面对内外巨大冲击。一旦外来冲击成为不可逃避的现实，那么，无论意识形态的转化是多么痛苦和困难，儒生从“考证”的沉溺中惊醒，也就势在必行。事实上，中国思想自18世纪末至19世纪初就开始出现转向。从18世纪下半叶开始,又出现了推动意识形态变迁的内部和社会(外部)两种动力,因此,思想走向又回到类似于明末清初的局面。在图5.1上,就是BC方向对AB之取代。

显而易见,BC在方向上与OA平行,因此,在某程度上BC可以看作清初儒学新取向的再次复苏。我们在前面论述中把清初儒学的整体取向称为中国近代传统雏形的出现,那么,与OA平行的BC则意味着中国近代传统终于成熟了。BC也有两个维度:在横坐标方向就是对事功和经世致用的强调;在纵坐标上,它是常识理性高度发达并将考证精神发展到极致,把常识理性置于经典权威之上所导致的今文经学的繁荣。因此,18世纪末注重事功的经世致用思潮是和今文经学同时出现的。

进一步考察BC和OA的差别,有助于理解中国近代传统成熟的过程。虽然BC和OA方向一致,但BC起点基于纵坐标相当高的位置,它对应考据所导致的今文经学阶段。因此,可以说中国近代传统是从今文经学开出的。今文经学最先出现在18世纪末的常州庄存与(字方耕,1719~1788年)、刘逢禄(字申受,1776~1829年)家族内部。1780年庄存与转向今文经学,与庄、刘家族退出全国政治舞台时间一致。当时,庄、刘二氏于佞臣和珅(字致斋,1750~1799年)等人几近疯狂的贪污敛财行为中,看到作为官方意识形态的儒学价值中存在某种问题,决心从今文经学中寻找对抗腐败的资源。庄、刘家族世代联姻,不仅在地方有势力,而且在上层官僚机构中影响也很大。这样,由庄、刘两家在民间提倡的今文经学很快越出家学范围,在儒生中产生了相当影响,它不仅导致18世纪末和19世纪初今文经学的普及,[1]甚至还是晚清经世致用之

〔1〕 Benjamin A. Elman, *Classicism, Politics, and Kinship: The Chang-Chou School of New Text Confucianism in Late Imperial China* (Berkeley and Los Angeles: Univer-sity of California Press, 1990).

学的重要源头。

分析BC所代表的中国近代传统各个方面时,我们必须注意两点:第一,虽然今文经学对中国近代传统成熟贡献极大,但它并不是唯一的起点。图5.1所示的清代思想变化趋势,只不过是大略刻画了知识分子意识形态之走向。更重要的背景是,程朱理学在整个清代一直是占主流地位的官方意识形态。只要社会出现强化事功的需求,外部动力一样会推动程朱理学向经世致用之学转化。事实上,中国近代传统成熟的另一个起点正是18世纪强化事功动力所导致的程朱理学变构。1776年陆耀(1726~1785年)的《切问斋文钞》将清以来讨论学术、风俗、财赋、荒政、河防等四百余篇文章搜集成篇,为乾隆末年经世思想的重要著作。[1] 他编撰该书的基本构架和原则仍是朱程理学。[2] 这说明清初儒者那种把理学和经世看作为矛盾对立的心态,在《切问斋文钞》中已不复存在。该书所体现的经世思想和19世纪经世思想有一个重大不同,就是其主要内容为排斥佛道,反对三教合一,主张返回先秦儒学,并就一些地方性和社会性问题提出改革方案,而没有涉及所谓政治核心改革。[3] 这一切都表明它是以程朱理学出发的经世致用转向。魏源在《皇朝经世文编》例言中曾说明,该书的编辑是仿效陆氏的。[4] 可见《切问斋文钞》是19世纪初经世致用思潮的另一个源头。这表明,18世纪末,无论是官方程朱理学还是民间儒生的学术

---

〔1〕 黄克武:"理学与经世——清初'切问齐文钞'学术立场之分析",载《中央研究院近代史研究所集刊》(第十六期),(台湾)中研院近代史研究所1987年版,第37页。

〔2〕 张灏:"Three Conceptions of Statesmanship in the Ch'ien-Chia Era",清华大学"中国思想史上的经世传研讨会"参考资料。

〔3〕 黄克武:"理学与经世——清初'切问齐文钞'学术立场之分析",载《中央研究院近代史研究所集刊》第16期,第47页。

〔4〕 魏源:《皇朝经世文编·五例》,(台湾)世界书局影印,同治十二年版,1964。

取向,都发生了强化事功的转向。中国近代传统终于成熟,并开始应付一体化结构面临的内外冲击了。

第二,考察由BC所代表的中国近代传统时,我们切不可忘记它必须包括儒学的现代转化的全部内容。今文经学只代表儒学现代转化的开始。儒学现代转化的全面展开,发生于经世致用受挫之后。当经世致用和种种儒学强化事功变异付诸实行,中国仍不能富国强兵,仍不能抵抗西方冲击时,部分思想敏感的儒生意识到儒家道德理想不可欲,道德价值逆反机制便开始起作用。于是,大同理想、革命烈士精神成为激进士人的新追求。这些因价值逆反形成的新价值迅速汇入今文经学,成为变法的理论根据。另外,当清廷和广大士人意识到当学习西方科学技术和某些社会制度不可避免时,清廷为了捍卫自己的统治合法性,不能放弃纲常名教,但被迫允许士大夫学习西方学术和制度。这时,在广大儒生心目中,为了使西方制度及西学和儒家伦理并存,不得不放弃"天人合一"结构和"道德价值一元论",以使得纲常名教不至于同西方现代价值互相冲突。我们将这种具有类似于二元论心态的儒学称为二元论儒学。显而易见,二元论儒学和变法思想的具体要素虽来自于外部动力之塑造,但它们整体形态的呈现仍是将观念系统进行整合的产物,属于推动思想变迁的内在动力决定的维度。即将逆反价值纳入今文经学的变法理论和二元论儒学均为儒学现代转化的一部分,它属于BC的纵坐标方向的进一步展开。

5.4　为什么中国近代传统不能应付西方现代化挑战?

如何判断传统的调适是否具有现代性——儒家伦理和以家庭作为社会基层组织的关系——格申克龙论后进国家生存并追赶的六个共同特点——传统一体化结构缺乏现代国家应具有的动员能

力——君权、绅权、族权无法退到私人空间——今文经学让位于疑古思潮。

既然中国近代传统并存经世致用和包括今文经学在内的儒学现代转化两个维度,那么,考察它能否应付西方冲击就必须去分析这两方面与现代化的关系。表面上看,这两方面应付现代冲击应该不成问题。经世致用和强化事功的变异不仅把救国和实践放到道德活动的第一位,而且可以把求知和参与种种现代化事业作为事功。儒学的现代转化特别是二元论儒学似乎把儒家价值限定在私人层面,一个人可以视儒家孝道为终极关怀,但这并不妨碍他在公共生活中大胆地引进现代价值和思想,以积极主动的精神去适应现代化潮流。然而,这种将文化系统从社会组织结构中剥离出来,单就其现代性来判断是否可欲是错误的,因为在一体化结构中,意识形态是政治组织的合法性根据,它承担着不可缺少的社会整合功能。一体化结构的意识形态在西方冲击下是否可欲,不能仅仅看其内容,而必须去检讨与这种意识形态相应的一体化结构组织状况。

我们先分析经世致用和儒学强化事功的种种变异。无论它们有多少不同形态,有一点是共同的,就是它们都认同儒家的核心价值,并奉行孝道和儒家家庭伦理。将这一特点对应到一体化结构的组织状况,这就是"把家庭看作社会组织的细胞";或就一体化社会整合三层次来讲,它们均强调家庭宗族是社会基层组织。在中国近代传统中,对传统体制批评最激烈、改革最大胆的是顾炎武和黄宗羲。顾炎武提出寓封建于郡县,认为社会组织的核心仍是家族。黄宗羲提出一种类似于士大夫的民主的制度设想,但他认为需要改变的只是社会上层结构,县以下绅士自治和基层家族组织并没有必要去触动。可见,儒学强化事功的变异所对应的社会组织形态,仍以家庭家族作为社会基层组织,并以绅士的乡村自治构成中层组织。在这种组织方式中,社会精英和教育基地集中在农村,财富主要和农业与土地相连,绝大多数也集中在乡村。无论上层组织发生什么改变,这仍是一个农业社会。而现代社会是以城市为组织动员中心,教育、人才均集中在城市。显而易见,儒学强化事功重构相应组织同现代化是格格不入的。

当然,一个属于农业社会经济落后的大国仍可以对抗西方冲击,在民族国家争雄的世界格局中生存,但其前提是这个国家必须具有类似于现代社会才具有的现代化动员能力。所谓现代化动员能力,是指国家可以有效地汲取农业社会剩余财富和资源,将其转化为现代国防和工业投资实现工业化的追赶,并动员庞大的人力资源建立现代军事力量。哈佛大学经济史学者格申克龙(Alexander Gerschenkron)比较了欧洲大陆现代化后进国家与英国工业革命的差别,提出现代化后进国家在民族国家争雄局面下生存并追赶先进国家的六个共同特点。它们是:(1)落后国家的工业化必须以大冲刺方式开始,通常表现为制造业高速增长;(2)其工业化过程强调采用大工厂、大企业组织;(3)注重生产资料生产而非消费品生产;(4)对人们的消费水平加以限制;(5)国家对新生工业和企业进行指导,甚至建立特殊的机构和制度调控经济;(6)一个国家经济越落后,其农业就越不容易在工业化过程中通过新生工业形成日益发展的内部市场。换言之,国家是靠剥夺农业发展工业的。[1] 实行这六条要求是国家具有强大的控制经济和动员农村资源的能力。兰德斯(David S. Landes)进一步将格申克龙的研究深化,提出现代化后进国家"追赶"(chase)先进国家的一般理论。他比较了英国、法国、德国和俄国现代化的历程,认为在现代

[1] Alexander Gerschenkron, *Economic Backwardness in Historical Perspective* (New York: Frederick A. Praeger, Publishers, 1965), 353 - 54.

化追赶中,国家和官僚机构起着关键作用。[1] 那么,与儒学强化事功变异这种意识形态相应的社会组织,是否具有这种在民族国家争雄世界格局中生存的动员能力呢?我们在《兴盛与危机》一书中已论述过,中国传统农业社会之所以能实现大一统社会整合,关键是用具有统一儒家信仰的儒生为组织构架,以绅士的乡村自治和家族作为社会整合的中下层组织。这种组织方式的特点是,实现社会整合并不需要庞大的国家官僚机构。中国历代王朝官僚机构的末梢是县。清朝一个县平均约有五名官员,但要管理平均达二十五万人的地区。由于官僚机构没有能力具体处理乡村事务,政府对农业社会的管理(如收税、举办公共工程)就只能依靠绅士和家族组织。在这种整合方式中,国家官僚机构无法深入乡村,政府的汲取能力和动员农村人力物力的能力都极有限。清政府仅掌握整个农业总产出的2% ~4% 。这样低下的汲取能力既无法把农业剩余转化为工业投资,也无法建立庞大的军队和国防力量。也就是说,儒学强化事功的变构无法改变传统一体化结构官僚机构的大小,产生现代化必需的动员能力。

那么,如果儒学实现了现代转化,转变成二元论结构,后果又会如何呢?所谓二元论儒学,是把儒家伦理和社会制度分成两个不相干的领域,其目的是使儒学退到私人生活空间,而在一切公共领域都采纳现代价值。表面上看,这种传统的现代转型是文化观念的现代化,似乎是可行的。但是我们不要忘记,清廷在庚子事变后只是迫于形势不得不引进西方制度,并没有主动地有意识地接受二元论并改变僵硬的官方意识形态。二元论只是儒臣思想在暗中的变化。而且,即使官方意识形态成为二元论儒学,它也是注定失败的,因为在一体化结构中二元论儒学很难成为社会组织的基

[1] David S. Landes, *The Unbound Prometheus—Technological Change and Industrial Development in Western Europe from* 1750 *to the Present*(London:Cambridge University Press,1969).

础。儒学作为政治组织和权力的合法性来源,它所支持的君权、绅权和族权是无法退到私人空间的,二元论儒学在社会转型中,只能是一方面维护原有社会组织的稳定,另一方面在一切新开设的公共领域里尽量引进新事物,如工业经济、宪政和民主制度等。我们知道,一旦新出现的现代公共领域足够强大,它一定会冲击传统的社会整合构架,从而导致严重的社会整合危机。它或表现为城市化的绅士冲垮王权,或表现为现代化导致基层宗族组织的解体。

我们在《开放中的变迁》一书中,集中讨论清廷新政时期中国第一次现代化运动对社会结构的冲击。随着资金和绅士精英流向城市,农村家族组织再也不能充当基层结构并具有相应的整合功能了。绅士的城市化不仅意味着绅权的扩张,还带来地方主义膨胀和对王权的颠覆。〔1〕晚清中国现代化运动导致社会整合的解体,说明由儒学现代转化而成的意识形态无法完成保持社会整合与现代化这双重任务。

除了社会组织方面的原因外,儒学现代转化而成的意识形态还面临着内部困难,它往往是不稳定的。就以今文经学为例,今文经学之所以可以借助孔子为汉制法的微言大义精神创造性地注释经典,是因为今文经比古文经更接近孔子生活的年代,因而更可靠。但是,我们知道这种借复古求解放的动力不会停留在今文经上。常识理性推动的考证精神最终会把对儒家经典的解释推到春秋战国和诸子百家的年代,其后果是大一统意识形态的解体,今文经学终于让位于更彻底的疑古思潮。这样,将逆反价值纳入今文经学而产生的种种变法理论也不可能持久,成为一种可欲新意识形态。

〔1〕 金观涛、刘青峰:《开放中的变迁——再论中国社会超稳定结构》,(香港)中文大学出版社 1993 年版,第 122 ~ 146 页。

5.5 意识形态近现代转型的结构

中国近代传统如何才能向具有现代动员能力的意识形态转化——转型在理论上必须经过的四个阶段——中国近代传统的成熟和经世致用的失败——儒学现代转化的两种形态——新文化运动的历史定位——外来思想的中国化——如何研究第二次融合。

综上所述,在19世纪末民族国家争雄的世界格局中,中国要实现内部整合与抵抗西方冲击这双重目标,必须建立具有现代动员力的国家。它可以集中广大农业社会的人力物力建立现代国防,并将农业剩余转化为工业投资。要做到这一点,国家必须打破家族组织,剥夺地主对乡村的支配,并建立一个能广泛深入基层的超级官僚机构。而意识形态只有将上述组织状态作为自己的理想,它才是可欲的。从这个意义上讲,以家族为组织中心、以士大夫个人道德精英主义为基本特征的儒学,无论进行强化事功的变迁,还是实行现代转化,均不可能做到这一点。但是只要将强化事功的道德哲学结构从儒家伦理中分离出来,和大同乌托邦及革命烈士精神等逆反价值结合,所形成的新意识形态倒是在一段时间内符合历史需求的。革命烈士精神以冲决罗网为终极关怀,大同乌托邦则向往一个取消制度、人人平等、道德高尚的社会。它们在破除伦常等级之余,还提供了极具凝聚力的思想体系,有利于组织强有力的革命政党,实现内部社会整合和抗拒西方冲击这双重目标。

这样一来,如果我们把中国文化的近现代转型描绘成具有现代动员力意识形态对儒学的取代,那么,符合现代化动员需要的新意识形态和近代传统便处于一种既对立又互相依存的复杂关系中。所谓对立，就是具有现代动员力的新意识形态必须抛弃儒学的核心价值——家庭伦理。因为只要保持儒学的核心价值，无论在整体结构上如何改进，意识形态都不能抵抗西方冲击。具有现代动员力的新意识形态对中国近代传统的依存，则表现在整体结构方面。强化事功的道德哲学结构是抗拒西方冲击所需要的，将逆反价值所创造的新观念纳入强化事功的道德哲学结构中，更有利于具有高度动员力思想体系的形成。这种既对立又依存的复杂关系使得近代传统向现代意识形态的转化必须经过否定之否定才能完成。

第一个否定是中国近代传统被证伪，只有这样，强化事功的道德哲学结构才能与儒家家庭伦理分离，并使得价值逆反普遍发生，成为新意识形态的价值核心。第二个否定是逆反价值所选中的外来思想被纳入传统的强化事功的道德哲学结构。由于逆反价值是以选择西方观念作为自己的表现形态的，故表面上看来，逆反价值作为新意识形态的过程是外来思想全面征服中国知识分子，即全盘西化或全盘接受俄国的马列主义。这样，逆反价值纳入了强化事功道德哲学结构就表现为外来思想的中国化，呈现对全盘西化和本本主义的否定。因此，我们可以用中国近代传统的否定之否定高度宏观地勾画出意识形态现代转型的基本阶段。由于中国近代传统存在经世致用（强化事功的变异）和今文经学、二元论儒学（儒学现代转化）两个维度，这两个维度是分别被证伪的，故第一个否定可分成经世致用的失败和儒学现代转化被证伪两段。第二个转折也分为逆反价值对西方思想选择性吸收和强化事功的道德哲学结构建立新意识形态两段。这样，意识形态现代转型由四个阶段构成。

第一段为 19 世纪 30 年代到 90 年代这半个多世纪，主线是中国近代传统的成熟和经世致用的失败。所谓中国近代传统的成熟，包括经世致用和儒学现代转化两个维度。这阶段被否定的只是经世致用或儒学强化事功变异的一个维度。因为经世致用虽一开始与今文经学不可分,但今文经学的基本逻辑乃是从学术层层上翻,追溯圣人原意,是“道问学”的展开。它是思想文化沿着一百多年来的内在动力的惯性发展。自19世纪上半叶开始,社会危机日益深重,一体化结构愈来愈难以承担内外挑战的巨大压力,即推动儒学变迁的外部动力迅速压倒内部动力。因此,虽然“今文经学”思潮同“经世致用”同时兴起,并在一开始占优势,但在19世纪90年代之前,今文经学远不如顺应外部动力发展起来的经世致用之学重要。故中国近代传统是先运用儒学强化事功的变迁来应付一体化结构面临的内外挑战的。这样一来,继朴学之后,规定19世纪90年代前中国思想界主要面貌的可以说是经世致用之学。它的精神是把强化事功的内容加入儒家文化的基本价值和社会规范之中,将其落实到社会政治、经济、军事各个方面,以解决形形色色的社会问题。当时不仅明末清初少数思想家的著作被广泛阅读,顾炎武、黄宗羲、王船山甚至被人们私下尊为圣贤,他们很多政治主张直接转化为士大夫经世致用的实践。也就是说,儒学强化事功的首先变异成为对抗内外冲击的武器。

第二段是从甲午战败到新文化运动前这二十年,这是儒家意识形态被证伪不得不面临现代转化的阶段。1894年爆发甲午中日战争,中国的失败证明进行了半个世纪的经世致用未能使中国富国强兵,以立足于民族国家之林。这时,中国近代传统中的另一面凸显,儒学现代转化成为社会思想的主流。必须指出的是,儒学现代转化存在两种形式:一种是今文经学,另一种为二元论儒学,付诸实践的则只是二元论儒学。但首先导致儒学现代转化的,却是逆反价值与今文经学的结合。在部分思想敏感的儒生眼中,甲午战败证明儒家意识形态不可欲,这时价值逆反开始出现,一时革命思潮和政治改革风起云涌。由于儒学强化事功变异的具体内容明显过时,顾炎武、黄宗羲、王船山的政治主张已不再重要。但是,儒学强化事功变异的思想结构却没有随同它的内容被抛弃，它们反而迅速同逆反价值结合，产生了那个时代最激进的反叛思潮。例如，谭嗣同直接利用王船山的气论来发挥他的冲决罗网，即把用气来炸毁理看作至高无上的道德，从而标志着雄霸20世纪中国思想界的革命人生观的诞生。当时气论的基本结构不仅是普遍尚力思潮的依托，而且是知识分子认同达尔文进化论的内在基础。正是在这一时期，黄宗羲的《明夷待访录》被认为是中国民权思想的起源。这些新思想迅速被纳入今文经学，成为康有为等推动戊戌变法的指导思想。但是，我们必须看到，在帝后党对峙的政治格局中，康有为的变法思想很难成为官方意识形态，随着戊戌变法的失败，今文经学即被历史遗忘。最后付诸实践的是类似于二元论儒学的观念系统。

早在张之洞的“中学为体，西学为用”的口号中，已蕴涵了将儒家伦理和西方科技和制度划分为两个不相干领域的倾向。但事实上，要等到1900年庚子事变后，类似于二元论儒学的观念系统才被士大夫接受。今天思想史家在论及戊戌变法失败后的思想时，往往只注意到清廷为了维护自身利益坚持强硬的意识形态立场拒绝变革，而没有看到庚子事变后广大儒臣思想发生了微妙的变化。当时，迫于西方强大的压力，清廷一方面强调纲常伦理万古不变以维护自己权力的合法性；另一方面不得不把西方经济、政治制度引进中国。对于广大儒生来说，为了处理儒家意识形态和西方社会制度互相排斥的难题，不得不放弃“天人合一”结构和“道德价值一元论”，承认儒家伦理与西方的二元论并存。

我们有什么证据可以判定1900年后广大儒臣出现了类似于二元论儒学的心态？能反映当时一般士大夫思想的是《皇朝经世文编》。一位研究者曾对1898年和1902年两年中所刻印的四部《皇朝经世文编》中2336篇文章进行了统计考察，表明1898年刻印的两部《皇朝经世文编》与1902年刻印的两部在内容结构对改革议论的重点上几乎完全一模一样，只是1902年有关章程、条约和奏折等文献的比重比1898年较高。显然，1898年的《皇朝经世文编》反映了一般士大夫在戊戌政变前的改革思想，1902年的《文编》与它类似，表明庚子事变后甲午后维新思想已全面恢复，而奏折、章程条约的增多意味着庚子事变后士绅更趋向于立即行动。更重要的是，如果把人们的思想倾向分成154个观点，测定它们在书中得到认同的次数，可以发现认同率最高（我们取35篇以上者）为如下10个观点：

1. 中国宜采西学(59)
2. 西学与中国上古学术是相通的(53)
3. 提倡中西兼学、贯通古今(49)
4. 教育内容应中西并举(43)
5. 应鼓励选用新型有用人才(42)
6. 中国的国势日益衰落(42)
7. 多译西书(38)
8. 应广办新式学堂(39)
9. 官制宜改(35)
10. 变法是中国唯一的出路(35)

这十个认同率最高的观点不仅表明甲午后盛行的全面改革经济政法制度的主张已被士大夫普遍接受，[1]而且还意味着士大夫的观念结构发生了奇妙的变化，即认为西学及西方制度和儒家伦常可以并存。我们可以举出很多例子说明当时多位著名儒臣都具有这种二元论心态。例如，曾作《劝学篇》与康梁对抗的张之洞，他本来是最反对兴民权、办议院的，但庚子事变后，他的思想变得出奇得开放。他曾致电刘坤一等人，主张“西法最善者，上下议院互

〔1〕 乐正：《晚清四部经世文编变革取向的测定报告》，该报告于1994年底完成，提交给香港中文大学当代中国文化研究中心。

相维持之法也”，甚至主张一种各州县长官由绅民民选的制度。[1] 显然，张之洞并没有放弃他对儒家道德伦理的认同，但在认同三纲五常的同时，却认为西方政治制度和儒家伦理没有矛盾。这意味着把道德看作宇宙论与社会制度无关的二元论心态在士大夫心中形成了。正因为如此，我们才可以解释为何统计 154 个观点中认同率最高的观点，都是主张中国学术道德和西方学术社会制度可以兼行并举的。

二元论儒学的盛行造就了中国现代思想的最早形态。正是在这段时间中，公理代替了传统的天理，而且民族主义成熟，中国士大夫在相当程度上认同英美的社会制度和现代思想。以二元论儒学为背景的新政虽然掀起了中国第一次现代化高潮，但是现代化运动却摧毁了社会整合的基本结构。1911 年辛亥革命意味着扩张了的绅权对王权的颠覆，接踵而来的军阀坐大和混战显示了日益严重的社会整合危机。于是，二元论儒学被证伪，儒学现代转化的失败导致全盘否定儒家意识形态的新文化运动爆发。

第三阶段是新文化运动。否定二元论儒学使中国新知识分子重返“天人合一”和“道德价值一元论”。中国出现了全盘反传统主义。这时，逆反价值所创造的革命乌托邦已彻底从中国近代传统中分离出来，成为中国人选择性吸收西方现代思想的基础。在逆反价值的左右下，法国启蒙思想和无政府主义成为显学，而西方的自由主义最终不是马克思主义的对手。中国出现了全盘西化和全盘接受苏联马列主义的潮流。在第三阶段，由于儒家意识形态被整体地抛弃，顾炎武、黄宗羲、王船山、颜元这些名字在彻底反传统思潮中被遗忘了。但是，正如前面所说，在儒学现代转化过程中，被证伪的只是二元论儒学，逆反价值和强化事功哲学的结合并没

---

〔1〕 苏云峰：“张之洞的中国官僚系统民主化构思——对张之洞的再认识”，载《近代中国史研究通讯》（第 8 期），（台湾）中研院近代史研究所 1989 年版。

有被否定。故强化事功的道德哲学结构及革命乌托邦以新的名称整体地在20世纪社会主流思潮中显现出来。例如唯气论、尚力说变成唯物论;大同社会与社会主义共产主义相交融,而革命烈士精神却以斗争哲学结构整合。这样,中国开始了新意识形态雄霸天下并进行社会整合的阶段。

第四阶段是外来意识形态中国化并用它来实现社会整合的过程。狭义地讲,它是指五四后的30年。广义地讲,它包括20世纪20年代到70年代半个多世纪。早在新文化运动后期,唯气论和强化事功的哲学结构已成为中国知识分子整理新观念的潜在模式。国民党用类心学的意识形态建构模式提倡三民主义。戴震的思维模式普遍存在于中国式自由主义对道德和知识关系的探讨之中。类理学的意识形态建构模式则成为人们接受马列主义的根据。但是,外来思想的中国化普遍发生在20世纪30年代。先是三民主义儒家化,接着是马列主义中国化。为了和党内留苏派争夺意识形态领导权,毛泽东用类宋明理学第三系模式重构马列主义。人在实践中认识真理及改造世界被称为"物质变精神",物质既是世界本源,又代表实践,并和无产阶级利益相连,它居然完全具备了儒学强化事功变异中气的三重含义。正因为毛泽东思想与明末清初唯气论存在明显的同构性,毛泽东思想的成熟意味着马列主义儒家化。由逆反价值选中的意识形态终于与儒学强化事功的哲学结构相结合,一种既可以保持社会整合又能对抗西方冲击具有高度动员能力的意识形态出现了。中国大陆开始了用毛泽东思想改造社会的新时代。

用上述四个阶段来刻画中国现代思想的形成过于简单化了,它忽略了西方思想传入过程中与中国思想的互动,也看不到在同一阶段知识界思想变动的多面性。简而言之,这四个阶段只是通过中国近代传统如何才能演变为一种具有现代动员力的新意识形态分析得出的理论框架。它至多只能代表在道德理想主义前提下中国文化从自身境遇出发并用于理解外来思想意义结构变迁的逻辑顺序。从文化融合的模式来看,这四个阶段则代表了近现代中国文化接受西方文化的受体主导结构的变迁。它明显分成两个不同性质的部分:第一部分是四阶段中的第一阶段,它既代表中国近代传统的形成,还意味着儒家意识形态被证伪。通过这一阶段,广大儒生开始意识到儒家道德理想的不可欲;第二部分为后三个阶段。除了儒学现代转化失败外,这三个阶段主要刻画出价值逆反如何创造新道德以及外来思想的选择性吸收和创造性重构。这样一来,虽然探讨这四个阶段组成的中国文化近现代转型是本书三卷的主题,但本卷的重心是第二次融合中价值逆反如何对西方思想进行选择性吸收和创造性重构。由于部分价值逆反是在甲午战败以后开始的,于是考察晚清思想变迁的第一段——经世致用的兴起与失败——也就成为我们分析第二次融合的出发点。

第六章　经世致用的兴起与失败

思想不能孕育思想，一如蝴蝶不能孕育蝴蝶那样。

——柏林(Isaiah Berlin)

一个时代的精神有时最好见诸第二流的思想家。

——克罗齐(Corce)

6.1　经世致用的三个阶段

经世致用展开的逻辑——经世致用思潮与明末清初的思想联系——包世臣、龚自珍、魏源——《海国图志》与“师夷长技以制夷”——经世致用在海防事务中的表现

1839年第一次鸦片战争爆发，英国用武装贩毒打开了中华帝国的大门。西方冲击终于不可抗拒地来临了。从1840年到1890年这半个世纪中，中国社会先后发生了太平天国农民大起义和洋务运动这两件大事。由于这两个事件的性质和意义是如此不同，

以至于很难把19世纪30年代到90年代连贯起来加以考察并追溯其背后共同的本质。然而,只要我们从思想史角度去分析,其共同性是十分清楚的。太平天国农民大起义对清王朝的打击属于一体化结构内部危机,洋务运动则是对外来冲击的回应。在社会行动上响应内部危机和处理外部挑战方法的差别极大,但在意识形态上,它们都属于儒学的强化事功。也就是说,其背后共同性正是经世致用的展开。

经世致用是一体化结构受到内外两方面冲击时,儒学强化自身事功能力的一种应战,它的形态直接取决于社会危机的性质。在19世纪上叶、中期和下叶三个时期,由于外部挑战性质不同,需强化和落实官方意识形态的重点也必然有所不同,故儒学转化为事功的方向和性质也不尽相同。也就是说,这三个时期经世致用思潮的内容及其推行者的社会角色一直在变化中,因此有些学者不把经世致用当作有统一内核的思潮。[1] 但是,作为强化事功推行过程,必定存在经世致用思潮的凸显、落实和暴露局限这三阶段的逻辑。如前所述,由对明末清初社会大动乱反思而产生的儒学强化事功经世思想,它对于处理一体化结构内部危机和实现社会整合是有效的,而经世致用对于应付西方冲击则是无效的。这样,19世纪上叶、中期和下叶这三个时期,恰恰对应经世致用的兴起、成功以及失败三个阶段。

从1826年《皇朝经世文编》刊行至第一次鸦片战争爆发前后,即19世纪中叶之前为第一时期。这是经世致用思潮凸显阶段。这一时期,一体化结构已开始感受到内外冲击的巨大压力。当时基层的社会危机已极其严峻,但全国性农民战争尚未爆发。1839年发生第一次鸦片战争,对大多数士人而言,尚没有真正意识到鸦

---

〔1〕 韦政通主编:《中国哲学辞典大全》,世界图书出版公司1989年版,第694~695页。

片战争的失利和丢脸,仅仅是中国不断丧权辱国的开端。这一时期经世致用思潮的表现,只是少数先知先觉士大夫的呐喊,他们的著作表现出企图了解即将来临的内外冲击的内容和对象。我们在第五章已论述过,图5.1中,BC走向所代表的经世致用第一阶段具有两个特点。第一,它是清初经世致用的复苏;第二,它与考据走到极端而产生的今文经学有着某种联系。这两个特点在19世纪上半叶十分明显。众所周知,明末清初强化事功社会需求所推动的儒学变构,正是在这一阶段才开始从故纸堆中重新被发现,引起有识之士的注意。具有代表性的事件是《船山遗书》首次被较大规模的刊刻。林则徐的老师陶澍(字子霖,1779~1839年)(胡林翼的岳父)为两江总督,他十分欣赏王船山。在他的支持下,邓显鹤得到邹汉勋(字叔绩,约1805~1853年)和欧阳兆熊的协助于1842年首次刊刻了《船山遗书》180卷。魏源通过与邓显鹤、邹汉勋等人密切交往而受到王船山的影响。[1] 这一事件是经世致用与明末清初思想复活的象征。

至于它的今文经学渊源,则表现在经世致用的提倡者与今文经学流派的学术师承和广泛社会联系之上。包世臣(字慎伯,1775~1855年)、龚自珍和魏源是这一时期经世致用的代表人物。这三位中有两位,即龚自珍和魏源,是当时今文经学大师刘逢禄的学生。[2] 而包世臣则为一位干练的地方官,他自称"宋学既非性所好,汉学又不能自立"。在同辈学人中,包世臣最看重刘逢禄。[3] 进一步分析这三位先驱人物的思想,可以更明确地理解第一阶段经世致用思潮的性质。

包世臣是顾炎武一类人物。他熟读顾炎武的《日知录》,一生

---

〔1〕 彭大成:《湖湘文化与毛泽东》,湖南出版社1991年版,第133~136页。

〔2〕 李侃:《近代传统与思想文化》,文化艺术出版社1990年版,第64页。

〔3〕 韦政通:《中国十九世纪思想史》(上册),(台湾)东大图书股份有限公司1991年版,第116、119页。

在当地方官、办实事和调查研究中度过。他最早感觉到鸦片输入的严重性，对流民、漕运、水利都提出很多具体意见。龚自珍则是一位力图敲响警钟的警世者，大声疾呼："我劝天公重抖擞，不拘一格降人才"。他除了写诗歌和文章，大声呐喊以惊醒那个沉睡的时代外，还写了些注重实际问题的文章，如主张移民少数民族地区，以解决中原人口过剩的问题，并注意边疆事务。龚自珍的经世思想也可以分为前后两个阶段：1814 年到 1818 年为第一阶段，以正面批判或讽刺朝政为主；1818 年中举以后到 1839 年离京为第二阶段，其经世思想则透过今文经学表现出来的方法，如选五经中的"微言"，发挥经世"大义"。[1] 魏源提出了"师夷长技以制夷"的著名口号，他做了两件重要的事：第一件事为 1825 年他接受江苏布政使贺长龄（字耦耕，约 1785～1850 年）的邀请，编辑《皇朝经世文编》，被认为是开启了晚清经世思潮之先河；第二件事是撰写长达 88 万字的《海国图志》，向中国学人描绘他们即将面对的外来冲击者的面貌。

魏源编《皇朝经世文编》，是受到明末东林党人编《皇明经世文编》的启发。明末《皇明经世文编》成书于 1638 年，参与编写者不下百数十人，其中收集有明一代奏折、书信、文章三千余篇。我们在第三章已论及，经世致用从明末东林党人那里已经开始，先是"道德经世"，后进一步发展为"实学经世"，而《皇明经世文编》正属于"实学经世"阶段的典型代表。该书由"几社"的一群儒生如陈子龙（字人中，1608～1647 年）、徐孚远、宋征璧等共同编辑，于 1638 年冬付印。文编完全以求实用、求富、求强、求解决当务之急

---

〔1〕 周启荣："从'狂言'到'微言'——论龚自珍的经世思想与经今文学"，载《近世中国经世思想研讨会论文集》，（台湾）中研院近代史研究所 1984 年版，第 295 页。

为主。[1] 因为《皇明经世文编》中有很多关于“制奴”,即抑制满洲人入侵中原的建议,故此书在清代为禁书。这个文集表现了理学强化事功以对付内乱和外族入侵的尝试。约两百年后,魏源直接沿用该书书名,并收集了很多明末清初大儒有关事功实践的言论。可以说,魏源编《皇朝经世文编》的主导思想最接近顾炎武,[2]他曾把顾炎武的《亭林文集》、《天下郡国利病书》和黄宗羲的《南雷文定》、《明夷待访录》分别列为选文专集的第一、第二位。[3] 《皇朝经世文编》的出版,明确代表了清代有识之士的学术转向,他们开始从考据学问中走出来,面对风云变幻的时代。

至于《海国图志》的出版,则意味着经世致用已开始引入当时的海防和对外关系事务中。在鸦片战争中魏源曾参加了浙江前卫的抗英斗争,并据英国俘虏安突德的口供,写了《英吉利小记》。鸦片战争的失败,对魏源刺激极大。[4] 由于魏源与林则徐私交甚笃,1841 年,林则徐被清廷第二次罢官谪戍伊犁途经镇江时,就把与英国冲突中获得的各种资料包括《四洲志》都交给魏源,请他编一部世界地理著作。《海国图志》最大的特点是资料相当准确和及时,魏源并不懂英文,他如何做到这一点?实际上,魏源通过广泛比较研究当时有关中文资料才编撰成书。《海国图志》在引述资料比重上,西人翻译著作与国人著作之比例为四比一。在考证具体史实、处理古今中西记载歧异问题时,魏源的基本原则是立足今、西,即以新的著作、西人著作为基础。[5] 可见他是把编经世文编的求实方法用于研究世界地理之上。魏源对晚清思想最重要的贡献是,

---

〔1〕 李纪祥:《明末清初儒学之发展》,(台湾)文津出版社 1992 年版,第 50~74、103~107 页。

〔2〕 韦政通:《中国十九世纪思想史》(上册),第 47 页。

〔3〕 李汉武:“黄宗义与魏源——黄宗义启蒙思想历史命运的一个侧面”,载《黄宗义论》,浙江古籍出版社 1987 年版。

〔4〕 熊月之:《西学东渐与晚清社会》,上海人民出版社 1994 年版,第 255 页。

〔5〕 熊月之:《西学东渐与晚清社会》,第 259 页。

他在《皇朝经世文编》序言中提出的“注重效验”原则。[1] 因此我们可以说，魏源写《海国图志》并提出“师夷长技以制夷”，是把经世致用精神直接运用到海防事务方面。其实，那一时期中国士大夫所写有关西方著作的文章，大多可以包括到第一阶段的经世致用之中。与魏源写《海国图志》类似，梁廷枏（字章冉，1796 ~ 1861 年）的《合省国说》（1844 年出版）、《英吉利国纪》（1845 年编成），以及徐继畬（字健男，1795 ~ 1873 年）的《瀛环志略》（1848 年出版），均为受鸦片战争失败刺激而作。[2] 第一阶段经世致用的特点极为形象地刻画出中国近代传统是如何成熟的。

6.2　太平天国农民战争和“理学经世派”

经世致用的两个方向——内部方向如何压倒外部方向——平乱士绅“以礼经世”——“从理到礼”——曾国藩将礼学范围推至极致——王船山学说成为显学——经世致用如何由理念转化为现实——缺陷的暴露

经世致用的第二个阶段，是太平天国农民战争时期。1851 年，洪秀全在金田举事，大动乱开始，农民战争席卷大半个中国，持续了近二十年。尽管在这二十年中发生了第二次鸦片战争，但由于中国社会内部大规模动乱直接威胁到清政权存亡，因此，在清廷和士大夫眼中，西方外部冲击与其相比就不那么重要了，外来冲击被

[1] 刘广京：“魏源之哲学与经世思想”，载《近世中国经世思想研讨会论文集》，第 359 页。

[2] 熊月之：《西学东渐与晚清社会》，第 227、239、240 ~ 241 页。

内部大动乱掩盖。[1] 这一时期儒学强化事功的经世致用的方向，几乎完全是针对内部动乱的。清朝虽然没有被农民军推翻，但深受重创，特别是多个富庶省份的地方政府几乎完全被农民战争摧毁，在相当大范围内社会秩序完全遭破坏。因此，这一时期的经世致用与第一次鸦片战争前后的经世致用相比，内容和方向有很大不同。由于这时推动思潮变迁的是社会严重危机，因此外部动力远远大于思想史内部动力，今文经学不再重要，经世致用与今文经学脱离关系。而那些明末清初儒学强化事功的变构却在这一时期大有用武之地，它们在长期被埋没后，此时又得以广泛流传，并转化为社会实践。这一时期，经世致用的主题是把儒家意识形态所注重的人伦纲常重新落实到社会规范中，以重整社会秩序。

在清朝，理学一直是官方意识形态。在太平天国农民战争爆发之前，由于现实社会规范和意识形态所主张的价值方向是一致的，义理之学被视为理所当然，没有必要多说，儒生的兴趣主要集中在考证儒家经典或文献方面。太平天国以中国化的基督教为指导思想，它不仅要推翻清王朝，其矛头还指向整个儒家文化。于是，当时参与平乱的士大夫就身兼双重使命：一方面是平息内部的社会动乱，用纲常名教重建由绅士家族主宰的基层社会秩序；另一方面这还是一场保卫儒家文化的战斗。在这种背景下，儒学的义理，特别是它体现在社会规范中的“礼”的地位一下子凸显出来，显得压倒一切得重要。在这二十年中，已主导清朝学术文化百多年的汉学风气迅速退潮，出现了儒学从汉学向理学之转化。在剧烈的、持续时间相当长的社会动乱中，清代人口锐减八千万，特别是富庶省份的人口大量死亡，地方官和军事将领也伤亡惨重，需要迅速更替。在这样一个腥风血雨、刀光剑影的年代，推行经世致用的

---

〔1〕 金观涛、刘青峰：《开放中的变迁——再论中国社会超稳定结构》，(香港)中文大学出版社 1993 年版，第 73 ~ 74 页。

主力军已不可能是那些精通汉学、舞文弄墨的文官,而是乱世中挺身而出的儒将和他们的幕僚,以及那些在地方办团练和太平军决一死战、保卫家族和儒家文化的武装绅士。这些人基本上对汉学无兴趣,而是理学的卫道士。他们的目标是"以礼经世",因此,有些研究者将他们称为理学的经世派。[1]

其实用"理学经世派"来概括"以礼经世"是不准确的。理学强调道德境界,修身方式离不开对天理的冥想,而"以礼经世"对道德境界的层面不感兴趣。它实际上来自本书5.3节所讲的经世致用的另一个源头,即由程朱理学出发的强化事功的取向。在宋明理学中,礼从来被当作"理"的实践,因此"以礼经世"的萌芽本来就蕴涵在宋明理学重视实践的思想倾向之中。早在明末清初汉学兴起之前,儒生热衷于把理学等同于经学,提出"以礼代理",这就是"以礼经世"的萌芽。即使在干嘉之间考据最盛的时期,主张"礼"是儒学核心的仍不乏其人。在清代朱学重镇徽州,徽学的发展趋势,就是对"礼"的强调。例如,凌廷堪就用考证方法证明六经之中无理学。[2] 从戴震、程瑶田(1725~1814年),直至凌廷堪,有一条"从理到礼"的明显走向。[3] 即18世纪末19世纪初,重视"礼"的儒学流派已在宋学中占重要地位,与汉学形成犄角之势。它们是经世致用思想的另一渊源。这样,当19世纪初经世致用学派兴起时,重视"礼治"即为经世致用的重要内容。魏源编的《皇朝经世文编》共收2253篇文章,从内容上分类,讨论礼政的达397篇,占

---

〔1〕 罗福惠:"近代湖湘文化鸟瞰",载冯天瑜主编:《东方的黎明——中国文化走向近代的历程》,巴蜀书社1988年版,第377页。

〔2〕 张寿安:《黄式三对戴震思想之回应》,第五届清代学术研讨会1997年版。

〔3〕 张寿安:《以礼代理——凌廷堪与清中叶儒学思想之转变》,(台湾)中研院近代史研究所专刊1994年[72],第7页。

17.6%。[1] 因此,从思潮总体走向上看,太平天国大动乱发生,只是使得原来蕴涵在经世致用潮流中的"以礼经世"迅速凸显出来,成为占主导地位的思想。显然,在这一阶段,重要的不是经世思想本身,而是经世致用的实际推行。因此,我们也可以把这第二阶段称为经世致用大规模落实时期。

第二期经世致用代表人物是曾国藩(字伯涵,1811~1872年)、胡林翼(字贶生,1812~1861年)、左宗棠(字季高,1812~1885年)、刘蓉(字孟蓉,1816~1873年)等人。曾国藩将"礼学"的范围推至极致,使之成为无所不包的人间共同学问。他主张汉学和宋学必须会通于"礼学"。这样,"礼"一方面是礼仪和典章制度,必须考据翔实;另一方面又是修己治人的方法,必须身体实践。[2] 曾国藩用以会通汉学的"礼学"实际上有两个立足点:一是身体力行、建立道德楷模和规范,二是从考据和知识收集来强化治国的事功能力。其目标均在于恢复并强化一体化结构,并不注重在思想方面的建树。

在这一时期中,随着经世致用思想普遍地转化为社会行动,明末清初出现的儒学强化事功能力的各种流派也受到重视,并在社会上日益普及,成为中国文化对抗外来冲击的内在资源,甚至被广泛地运用到经世的实践中。曾国藩组织湘军就直接借用了戚继光(字符敬,约1528~1587年)组织训练"戚家军"的方法,并高度重视王船山思想。同治年间,曾国藩一面镇压太平军,一面组织刊刻《船山遗书》。当时刊刻的320卷《船山遗书》中,曾国藩亲自校阅了117卷。在实践方面,曾国藩镇压太平天国的很多战略战术也是读王船山著作受到的启发。例如,曾国藩之所以能很快认识到农民军采用的是"如蚁旋磨,忽左忽右"、"多打几个圈圈"的游击战

---

〔1〕 黄克武:"'皇朝经世文编'学术、治体部份思想之分析",台湾师范大学历史研究所1985年硕士论文,第9页。

〔2〕 郑克铭:《宋代理概念之开展》,(台湾)文津出版社1993年版,第151页。

术，就和他读王船山《读通鉴论》、《宋论》有关。王船山在这两本书中总结了农民战争这种“败亦走，胜亦走，无所不走”的战术。曾国藩把王船山学说看作对理学的大发展。[1]

正因为“理学经世派”的推崇，王船山学说在19世纪中叶成为显学。当时正值湘军初复金陵，曾国藩兄弟权倾一时。《船山遗书》出版后，天下书院、学者与书香世家莫不争相购备。金陵版的《船山遗书》问世第二年（1865年），参与《船山遗书》校雠工作的刘毓崧作《王船山先生年谱》，并于1866年由江南书局刊行。1872年，长沙建立曾国藩祠，郭嵩焘（字伯琛，1818～1891年）建议于祠旁设“思贤讲舍”，王船山入主其中，郭嵩焘亲自主讲其学说。王闿运（字壬秋，1833～1916年）著文评品船山著述，称船山为学。王船山被尊为“一代儒者之宗”，有“待王者之取法”之誉。1885年湖南学政朱逌然倡议在衡阳设船山书院，以宣扬船山学说，培育时代英才。1886年，王衙坪旧院址改为船山祠，供春秋祭祀之用。[2] 由此可见，在“同治中兴”过程中，王船山建立的儒学体系日益普及，船山学说被改革派和保守派矢口一词地推崇。

如果我们仅从思想史本身来评价，第二阶段的经世致用并没有什么新贡献。但是这些理学的经世派之所以重要，是因为他们的行动代表了经世致用的实现。早在明末清初，经世致用思想和儒学强化事功的各种流派已经出现，但在“理学经世派”之前，它们只不过是一种思想，尚没有机会大规模转化为社会实践。正是“理学经世派”在挽救清王朝的过程中完成了经世致用从观念到现实的转化。他们用行动与经验表明，应如何推行经世致用。既然经世致用的第二阶段已把一体化结构强化事功的种种实际可能都付诸实现，这就使得经世致用第三阶段不可能有什么新东西，在思想上它只能是第二阶

---

〔1〕 彭大成：《湖湘文化与毛泽东》，第145～149页。

〔2〕 许冠三：“船山学术思想生命年谱”（下），载《王船山的致知论》，（香港）中文大学出版社1981年版，第123页。

段的延续。但是经世致用第三阶段碰到的问题,却同第二阶段完全不同。在大动乱平息之后,如何应付西方文明冲击的问题,迅速凸显出来,是清廷和士大夫必须面对的。儒学强化事功的变构在平息内部动乱方面十分有效,但并不能应付西方冲击;于是从经世致用内在逻辑来看,第三阶段只不过是它的局限的全面暴露时期。

6.3　洋务运动的局限

洋务运动的经世致用——经世致用的成功与清王朝中兴——儒学的盲目满足——曾国藩与理学名臣的幻觉——清议派和务实派的矛盾——洋务的中心是维护一体化结构的稳定——同文馆及有关争论——倭仁的意见——经世致用的内在矛盾

19 世纪 60 年代末 70 年代初,中国内乱开始平息,外来挑战再次显现出来,面对西方工业文明冲击,不得不作出自己的回应。经世致用的重点迅速由内部转向外部。众所周知,这就是经世致用的第三阶段,史称洋务运动。

在长达三十年之久的兴办现代国防和工业的自强运动中,清廷向外国购买现代军舰、兴办兵工厂、钢铁厂,并设立同文馆,派第一批留学生出国,翻译了一批西方科技著作,做了不少学习西方的实事。相比而言,在思想和文化层面上,我们却看不到儒学认真而有深度的回应。西方影响并没有触及社会制度,更谈不上文化价值上的变化了,士大夫大多漠视西方文化的存在。[1] 似乎有一层钢铁般的外壳把中国制度文化和官方意识形态笼罩起来,使其与

---

〔1〕 张灏:"晚清思想发展试论——几个基本论点的提出与检讨",载周阳山、阳肃献编:《近代中国思想人物论晚清思想》,(台湾)时报文化出版事业有限公司1980 年版,第 25 页。

现实中推行的洋务事业隔开。正如史学界对洋务运动所作的概括那样,西方的影响以及一体化结构对西方冲击的响应被严格局限在器物层面之中。

上述现象与明末清初比较,我们更会觉得有点怪异。明末清初,中国传统社会尚未受到19世纪下半叶那种不可抗拒的西方现代化冲击,但王船山、黄宗羲却在常识理性基础上重构儒学,可以说,中国文化对社会挑战的反应极为灵敏。洋务运动时,真正的西方冲击来临了,但作为中国文化主体的儒学却变得麻木不仁。造成这一现象的原因不是别的,恰恰是经世致用付诸实践带来的成果。

必须注意的是,清朝是中国历史上唯一一个经过全国性农民战争大动乱后没有灭亡反而中兴的王朝。为什么清朝可以做到这一点?历史上大规模农民战争一般都带来改朝换代的结果。在大动乱中,新的"真龙天子"和他周围的儒臣儒将都力图推翻旧王朝,建立新王朝。但在清代太平天国大动乱爆发后,大多数儒生都志在清朝的中兴而不是去推翻它。事实上,清王朝之所以能在长期全国性农民战争打击下生存下来,随后并出现"同治中兴",所依靠的正是经世致用的成功。所谓经世致用的成功,有两个方面的标准:一方面高度弘扬儒学的基本价值,如"忠君"、"孝道",另一方面则是有效地贯彻一体化结构的各种事功。前者体现在儒臣儒将对清廷中央王权的效忠和服从,后者则表现为修复社会结构的能力,这两个方面都获得显著的成效。

镇压农民挽救清朝的,主要是由儒将曾国藩、李鸿章等自行招募和训练的湘军和淮军,这些武装力量具有很大的独立性。他们臣服于清廷,并不是由于清廷有足以压服他们的军事力量,而是出于他们对儒家伦理的遵循。例如,曾国藩一攻占天京,立即解散12万湘军,以消除清廷对他拥军自重的疑虑。他还劝告曾国荃,为了保存晚节,必须尽可能放弃权力。像曾国藩这样的"理学经世派",他们征战沙场,克服无数经济、军事难题,表现出极大的实干能力和智慧;但他们又深受君臣大义的道德伦理束缚而对清朝忠心耿耿,以挽救清朝渡过灭亡之大劫而再次中兴为己任。事实上,这正说明上述代表经世致用成功的两方面标准已同时实现了。

一旦经世致用取得巨大成功,它在造就了清朝中兴之同时,另一个不可避免的后果就是儒学的自我满足,即认为儒家意识形态在事功方面已无大问题,已克服明末清初以来儒学事功能力薄弱的缺陷,甚至如何应付西方挑战的难题也应可以解决了! 事实上,也正是这些“理学经世派”在战场上最早感到西方火器的威力。胡林翼见到西方舰船势不可当,深有感悟而变色吐血;曾国藩任命留学生容闳(字达萌,1828 ~ 1912 年)帮助筹建江南制造局。这些都表明,为了平息内乱,他们积极采用西洋火器和军事技术,军事现代化被认为是经世必不可少的一部分。既然包括军事现代化在内的经世致用已赢得胜利,那么,在平息内乱后清廷推行洋务时,自然会认为已经找到对抗西方冲击的办法。正如前面所说,魏源早已为学习西方在经世致用中加以定位,这就是“师夷长技以制夷”。因为第二阶段经世致用的成功,洋务运动广泛展开时,广大儒生并没有感到有超越魏源思路的需要,认为只要沿着战争年代搞船坚炮利的国防现代化之路走下去就可以了。

其实,不仅以为经世致用就可以抵御西方冲击是一个幻觉,就连曾国藩等人认为国防现代化和经世致用目标一致也是一个幻觉。只要平息全国内乱,国防现代化和经世致用的基本目标就立即产生不可调和的矛盾。经世致用的目标是全面贯彻儒家伦理在社会组织中的功能。战争期间,经世致用的最主要任务是平息动乱、忠君报国,军事现代化无疑是有利于平息动乱的,因此,引进西方武器并不和经世矛盾。在大动乱平息后,经世致用就会要求像每一个王朝建立之初时那样,推行教化,恢复纲常伦理秩序,实行轻徭薄赋和与民休息。但是,进一步加强国防现代化却需要政府拿出大量投资去兴办现代工业,重用精通西学的人才,这些政策在方向上正好与恢复一体化结构三层次的良好整合完全相反。因此，在如何经世致用上，士大夫就会根据自身处境分为两个不同派别。[1] 那些不得不处理外交事务、主持海防的儒臣，因为时时感到来自西方的压力，自然会主张国家拿出更多的经费来办洋务，全力推进国防现代化。而那些屁股坐在内部事务上的儒臣则认为大办洋务会加重百姓负担，不符合仁政原则，而且重用西学人才也是和强化儒家伦理道德秩序是对立的。这样，经世致用两个方向的争论和冲突势必会愈演愈烈。

随着洋务运动的展开，务实派和以批判洋务著称的清议派的矛盾一天比一天加剧，最后势不两立。今天深入审视清议派的保守和反西化言论，可以发现，他们并不是简单地不赞同在器物层面上向西方学习，而大多是出于现实的考虑和对儒家文化和社会体制的维护。[2] 1865 年后，清议派抨击的焦点是国内秩序，他们是先从国内事务出发才涉及对洋务批评的。也就是说，他们并不反对洋务，而是看到洋务与内部秩序之间的矛盾而提出异议。例如，他们对左宗棠提出的国防现代化方案，反对的基点是其所需巨额经费。1870 年后，清议派开始注意外交事务，他们也主张学习西方科技，攻击重点是变为洋务派的国防现代化计划中人员和装备不配套。[3]

由于经世致用作为儒学强化事功之实践，目的是将儒家伦理的基本价值落实到社会生活以解决种种现实问题，它一定存在两个基本方面：一是强调落实儒学伦理道德，二是注意解决现实社会问题。因此在经世致用实践中，一定会分为注重道德和注重现实社会问题的两个不同派别。其实早在 19 世纪上半叶经世致用思

〔1〕 石锦："清末自强观的内容、分野及其演变（1840～1895）"，载《近代中国——知识分子与自强运动》，（台湾）食货出版社 1977 年版，第 89～122 页。

〔2〕 孙广德：《晚清传统与西化的争论》，台湾商务印书馆 1982 年版，第 21～24 页。

〔3〕 Marianne Bastid, "Qing Yi 清议 and the Self Strengthening Movement"，载中研院近史所编：《清季自强运动研讨会论文集》（下册），（台湾）中研院近代史研究所 1988 年版，第 873～893 页。

潮凸显时,其内部就有注重道德的道德派和注重实际问题的务实派。林满红曾用道德派和务实派区别19世纪上半叶经世致用学者的两种不同类型(表6.1)。我们在6.1节所列举的代表人物,实际

表6.1　嘉道年间经世学者的两个派别

经世学者	祖籍	最后职位或科名
务实派		
丁履恒(1770~1833)	江苏	县丞,进士
林则徐(1785~1850)	福建	翰林院编修,督抚,进士
贺长龄(1785~1848)	湖南	学政,道台,督抚,进士
许梿(1787~1862)	浙江	知识,粮道,进士
许楣(1797~1870)	浙江	户部主事,进士
龚自珍(1792~1841)	浙江	礼部主事,内阁中书　进士
魏源(1794~1856)	湖南	幕友,县丞,知府,进士
冯桂芬(1809~1874)	江苏	翰林院编修,幕友,书院教师,进士
包世臣(1775~1855)	安徽	举人,幕友,县丞
道德派		
吴嘉宾(1803~1864)	江西	翰林院编修,进士
成毅(约1850)	湖南	塾师
管同(1780~1843)	江苏	举人
王鎏(1786~1843)	江苏	生员
徐鼒(1801~1862)	江苏	翰林院编修,进士
孙鼎臣(1819~1859)	湖南	翰林院编修,侍读,进士
梁章钜(1775~1849)	福建	督抚,进士
谢阶树(?　~1826)	浙江	翰林院侍讲学士,进士
沈垚(1798~1855)	浙江	幕友

上均属于务实类型。当经世致用思想刚实现时,道德派很容易与只讲义理和一般程朱理学官僚混同,故以往在讨论道咸时期学术精神时,往往只谈到经世务实,而对"经世"背后的重建中国传统修身立极或成仁救世的道德原则注重不够。[1] 由于务实派和道德派

〔1〕胡成:"略论道咸时期的学术精神",载《学人》(第九辑),江苏文艺出版社1996年版,第71~92页。

经世的重点不同，他们对社会危机的反应存在微妙的差别。林满红系统考察了这两派学者对当时中国银贵钱贱的货币危机的反应。道德派注重意识形态和国家的功能，强调“道德式”的解决方案，如主张限制商业、强化国家对市场和意识形态对官吏行为的控制。务实派则把商业看作和农业同样重要，强调市场机制，并主张私人利益只要不侵犯社会利益政府就无须干预。在制度改革方案上，道德派与务实派也是不同的。务实派大多主张渐进改革，而道德派貌似保守僵硬，但一旦谈到政治改革，则主张较激进的变革。[1]

洋务运动中出现清议和洋务两派，实际上正是经世致用实践中道德派与务实派以新形式的再现。在办洋务和引进西方事物等问题上，清议派因坚持道德教化和强化意识形态控制立场，必定是僵化保守的，而洋务派是务实的。一旦洋务运动失败，争论焦点转向政治改革时，正如我们在6.6节谈到的道德派更容易因儒家意识形态被证伪的价值逆反，而转化为比洋务派更激进的改革派。洋务运动中清议派与洋务派的关系与19世纪上半叶经世致用实行中的道德派与务实派一脉相承，这充分说明洋务运动也是经世致用的一部分。

既然洋务不能偏离经世致用的轨道，那么，它能展开到什么限度也就一清二楚了。经世致用作为强化事功应付外来挑战之努力，其中心是维护一体化结构本身的完整和稳定，保卫儒学基本价值和纲常名教从来都是第一位的。它们之所以强调事功，是因为它们以儒家道德为中心，并为儒家价值服务。因此在经世致用中，一旦事功的内容同儒家基本价值冲突或可能破坏一体化结构，那么，就必须严格限制这些事务。这也就规定了洋务只能停留在器物层面，向西方学习只要稍稍进入制度文化层面，就会受到批判甚

[1] 林满红：“嘉道年间货币危机争议中的社会理论”，载《中央研究院近代史研究所集刊》（上册，第23期），（台湾）中研院近代史研究所1994年版，第163～203页。

至是致命的打击。1866年关于同文馆的争论就是一个典型例子。

同文馆创办于1862年,目的是培养外语人才。同文馆成立时并没有引起争议,为什么四年之后却遇到强烈反对呢?关键在于:1866年总理各国事务的恭亲王奕䜣(1832~1898年)代表主张办洋务的官员,如曾国藩、李鸿章(字少荃,1823~1901年)、左宗棠、英桂(字香岩,1798~1879年)、郭嵩焘、蒋益澧等上疏,请求在同文馆中增设天文算学馆,招考二十多岁的举人以及正途出身的五品以下儒生入馆学习,培养中国掌握西学的人才。[1] 也就是说,本来同文馆只属于一体化结构之外的事务,而现在却要让有功名儒生学习西学,西化开始渗入一体化结构。它立即遭到暴风骤雨般的反对。抵制的力量是这样强大,这一方案即使得到注重洋务官僚甚至慈禧的支持,也无法真正实行。结果在半年之内报名者只有98人,没有一个是正途出身,到考的有72名,录取了30名,因程度太差,半年后退学20名,剩下的10名并入旧馆。同文馆教授的数学知识也十分有限,只相当于现在小学高年级和初中程度。正因为同文馆得不到士人认同,同文馆学生无心科学,却热衷于科举。"1894年以前,同文馆学生中共有十三人在乡试以上的科举考试中榜上有名,其中翰林二名,进士五名,举人及副榜六名。"[2]

今天我们去检讨当时争论的双方,可以明显看到洋务派的软弱,反对者则从儒家道义出发,振振有词。例如,倭仁(字艮峰,1804~1871年)反对的理由是中国立国之道在于礼义而不是西方技术,并担心儒生学习西方科技会使士人"变而从夷"。[3] 倭仁在关于同文馆的第二篇奏折中,也承认如果能做到中国士大夫不至于为夷人所用,算学并不是完全不可学的。但是,他一再强调如果

---

〔1〕《筹办夷务始末》,同治朝,卷四十六,(台湾)国风出版社1963年版,第1128~1129页。

〔2〕熊月之:《西学东渐与晚清社会》,第332~333页。

〔3〕韦政通:《中国十九世纪思想》(上册),第418~419页。

按奕䜣和文祥(字博川,1818～1876年)的建议用利禄动机来鼓励进士翰林学西方科学,那么,就有损害人心的危险,不如不学。倭仁明确看到了儒学价值同西学价值功利之间的矛盾,即在功名利禄吸引下学西法的人是无"志行"。[1] 倭仁这种见解极具影响力,连思想开明的郭嵩焘也以为奕䜣、文祥的建议不可行。

中国当时经历了二十年左右战乱后,社会最迫切的问题是恢复被太平天国战争破坏的农村基层秩序。因此,如果站在巩固一体化结构立场上看,立国之道在于重申儒家纲常礼义,这是完全必要的。巩固一体化结构,要求以忠于儒家意识形态为标准选拔官吏,而不是以"西学"作为考核官吏事功的标准。如果从三十年后清廷放弃科举制改用新学堂人才、不几年清王朝覆灭的历史来看,倭仁当时的反对意见实不失为有先见之明。确实,同文馆的争论正反映出在经世致用范畴中,向西方学习一旦越出器物层面进入一体化结构文化制度层面,就必定会碰到困难。故刘广京干脆将其称为"变法的挫折"。

6.4　西方影响的边缘性质

洋务运动的思想基础是中体西用吗——西学在中国文化中的边缘地位——越是边缘的人物对西方越了解——冯桂芬、王韬、胡礼垣、郑观应——广大士大夫的封闭心态。

今天人们常把洋务运动的指导思想概括为"中体西用"。其实这种概括是不准确的。从时间上看,"中体西用"这一口号为甲午

---

[1] 刘广京:"一八六七年同文馆争议——洋务运动专题研究之一",载《复旦学报》(社会科学版)1982年第5期,第100页。

战争后张之洞（字孝达，1837～1909 年）在《劝学篇》中提出的，它是同维新思想争论的产物。当时洋务运动已宣告失败。从内容上看，这种概括并没有反映西方和官方意识形态的关系。在“中体西用”，西学作为“用”，虽不如“体”重要，但至少可以同“体”并存，是士大夫必须从事的正当事业。而在洋务运动中，西学远没有这种正式的地位。“中体西用”所注重的是“西用”可与“中体”二元并存，两者结构完全不同。那么，洋务派的指导思想是什么呢？正如我们前面所说，唯气论是经世致用的理论形态；“理学经世派”主张体用不二，那么，我们充其量只能把洋务派的理论看作气论的儒学。在强调行动和事功实践的气论中，主张的正是“体用不二”和“道不离气”。正因为如此，洋务运动的一个首要前提是预防西方文化和现代事物损害一体化结构和儒学的基本价值，这一点即使是洋务派也认同。洋务派在推行国防现代化学习西方事务时，内心十分紧张，恐怕别人给他们扣上崇洋媚外、违背天理纲常的大帽子。郭嵩焘是一个最著名的例子。他被清廷派到英国当特使，在英国住了两年，是洋务官员中最了解西方的士大夫。但正统派的刘锡鸿看他不顺眼，把他出使英国的一言一行记录下来，作为崇洋媚外的证据。郭嵩焘出使英国之前，他的家就被示威反对者捣毁，回国后满朝文武又群起而攻之。内外攻击使他心力交瘁。这位被称为洋务运动思想导师的儒者，除了佩服王船山对儒学的新建构外，并不敢主张西学在整个意识形态中有正式的位置。

其实，洋务运动既然是经世致用的一部分，就早已规定了西学极边缘的性质。今天有的学者十分强调切不可低估洋务运动时期西方冲击在中国造成的影响，认为当时最多有五千人阅读过西方科学著作。[1] 特别是在通商口岸，西方的影响更为巨大。1876 年 6 月 22 日上海成立了格致书院，在当时看来，这无疑是一座相当现

〔1〕 熊月之：《西学东渐与晚清社会》，第 282 页。

代化的科学教育机构。其经费80%以上由官员绅商捐助。从格致书院的课艺以及今天发现的一大批答卷中可以看到，当时不少学生对西书相当熟悉，他们的西学素养和见解，绝不在人们所熟知的后来成名的康有为等人之下。[1] 然而，奇怪的是，这些人在当时默默无闻，完全不被社会所知晓。其实，这一现象正好反映出西方影响在当时的边缘性质。格致书院本身的建制就具有边缘性质，科技只是属于器物层面的事。在格致书院课艺超等、特等、一等获奖者部分名录中，只有7人有举人功名，占4%。[2] 也就是说，无论西学和洋务在通商口岸和某些方面影响力多么巨大，它们都处于一体化结构之外。不仅洋务在社会上影响如此，即使统计社会上有影响的与洋务有关的儒生，也可发现其中有功名的人极少。有学者列出在洋务运动中较有名的34名知识分子，其中有功名的只有6人，占18%，而受过西式教育的却有10人，占29%。[3] 这些统计显示，当时真正能在思想上重视并响应西方冲击的，只能是读书人中极少数边缘人物。

王栻曾罗列出甲午战争之前对西方冲击有所认识并作出响应的14位人物，即王韬、容闳、何启（字迪之，1859～1914年）、胡礼垣、汤震、陈虬（字志三，约1851～1903年）、宋衡、宋育仁（字芸子，1857～1931年）、陈炽（字次亮，1855～1900年）、康有为、郭嵩焘、薛福成（字叔耘，1838～1894年）、马建忠（字眉叔，1844～1900年）、郑观应（字官应，1842～1922年）。[4] 我们将其中顺应今文经

---

〔1〕 熊月之：《西学东渐与晚清社会》，第367页。

〔2〕 熊月之：《西学东渐与晚清社会》，第385～391页。

〔3〕 这三十四名知识分子是：徐寿、徐建寅、华衡芳、李善兰、冯桂芬、张斯桂、张文虎、吴嘉善、薛福成、王德均、赖长、赵元益、李凤苞、刘彝程、贾步纬、温子绍、祁兆熙、曾昭吉、黄遵宪、徐华封、潘骏德、董紫珊、杨仰曾、萧开泰、容闳、陆荣昌、邝其照、马建忠、马良、伍廷芳、郑观应、林森、辜鸿铭、舒凤（李长莉：《先觉者的悲剧——洋务知识份子研究》，学林出版社1993年版，第211～219页）。

〔4〕 王栻：《维新运动》，上海人民出版社1986年版，第45～46页。

学思路回应西方冲击和那些在甲午战争前后才趋活跃的人物除外(如康有为等),从剩下的人物中,可以看到一个明显的分布规律。这就是越是边缘的人物对西方越了解,其响应也较为深刻和广泛。我们可以将其分为三类:第一类是有功名的士大夫,冯桂芬(字林一,1809～1874年)是其中思想最深刻的;第二类是在有功名与无功名之间的学者,其代表人物为王韬;第三类为更边缘的人物,他们或是生活在香港的律师,或本人就是商人等,以郑观应为代表。这三类人物对西方的认识和回应正好构成一个由浅入深的谱系。

冯桂芬是一名小官,在太平天国农民战争期间办过团练,但并未受到重用。他写了一本名为《校邠庐抗议》的书,第一次意识到当时的世界格局已如中国历史上的春秋战国般,而非以中华帝国为中心的华夏世界秩序。冯桂芬认为,中国某些制度不如西方,应向西方学习;但中国并非一向落后,在古代中国是远远超过西方的。因此中国的自强应恢复古代有价值的事物,放弃后来导致中国落后的东西。曾国藩读了这本书的手稿,认为议论虽好但不切实际,没有进一步理睬。直到1885年王韬(字紫诠,1828～1897年)发现此书的价值,才将之刊印出来。

王韬的地位比冯桂芬要边缘一些,但他对西方的认识以及作出的回应则深刻得多。王韬只考上过秀才,是一位"有历史问题"的"流亡知识分子"。1862年他曾向太平军上书献策而被清廷通缉,在传教士帮助下逃到香港,帮助英国汉学家理雅各布(James Legge,1815～1897年)译"十三经"。1867年王韬应理雅各布之邀去英国时,中国仍处于大动乱中,而当时的英国却是西方文明的中心,是世界上最现代化的地区。英国的科技、社会制度和西方文明的深厚,使王韬深受震撼。1884年王韬再次回到上海并出掌格致书院后,成为新派学人的领袖。

王韬作为生活在洋务运动时期的思想家,是当时学者中对西方最了解、思想最解放最深刻的人物。在1865年后,王韬已突破了对中国传统儒生来说根深蒂固的“中国/道—西方/器”这种观念，认为所有国家都是平等的，西方也有圣人。[1] 今天去读王韬的著作，都会被他见解深入和对西方了解的广泛所震撼。他不仅把西方科技，如自来火、医术、照相、电报、煤气灯等中国人从未见过的事介绍给国人，而且在他的著作中，还记录了普法战争，他甚至第一个谈到当时刚被镇压的巴黎公社工人起义。出于对西方的了解，他深感中国要富强就只有向欧洲学习，并从取士、练兵、学校、律例各方面论证了中国应向西方学习。他也是第一个把当时正在轰轰烈烈进行的日本明治维新介绍给中国人的。王韬已感到西方冲击会导致中国文化出现危机，对此他深感忧虑。

在洋务运动时期，如果要列举比王韬更广泛深入的响应西方冲击的思想，只能到更边缘的人物中去找。胡礼垣虽是一位秀才，但他肄业于香港大书院。何启是早期留英学生，曾在香港办医院和学校。胡礼垣与何启曾合著《新政真诠》，广泛谈及变法。在比王韬地位更边缘的第三类人物中，思想最深刻的要数郑观应。他本是一位买办和商人，他比王韬小十几岁，活跃在洋务运动后期。郑观应目睹官僚机构管理现代工业的种种弊病，第一次提出把中国传统的“耕战”创造性地转化为“商战”，把经商看作救国救民的富强之路。这确实是对儒家农本商末传统观念的一个大突破，代表了经世致用思想在洋务时期的新发展。他甚至提出学习西方议会的民主制度，与此同时保存儒家传统的基本价值和君主制度的构架。和王船山把“理”落实到“气”中一样，郑观应提出“器能弘道”的思想，力图建立道器的辩证关系，以缓和在制度层面向西方学习与理学道统教条之间的紧张。《盛世危言》是郑观应这位近代先进的儒商累积三十年心得而写成的书，它是洋务运动时期最深

---

〔1〕 Paul A. Cohen, *Between Tradition and Modernity: Wang Tao and Reform in Late Ch'ing China*(Cambridge, Mass.: Harvard University Press, 1974).

刻最有系统的著作。但是这本书并不属于那个时代，当它正式出版时，洋务运动已经失败，甲午以后社会思想的大风暴临近了。

和边缘先觉人物构成明显对比的，是处于社会中心位置广大士大夫的封闭心态。他们或为官，或为地方自治和家族领袖，正是这些人对西方世界相当无知。甲午战争爆发时，有位贵州学台向皇帝上奏章说："日本北边，有两个国家，一个叫暹罗，一个叫缅甸；叫他们出兵攻日本之北，中国兵攻日本之南，那一定旗开得胜，马到功成了。"[1]这时魏源的《海国图志》发表已经半个世纪，即使是黄遵宪（字公度，1848～1905年）介绍日本及其维新事业的专著《日本国志》，发表也有十年了。这些管理地方的官员似乎不仅没有听说过，还如痴人做梦般提出荒谬的对策。由此，我们更可以看到洋务运动时期中国主流思想界的保守与沉闷，绝大多数士大夫都沉睡在中国伟大传统里，并做着那个把现代化纳入经世致用的幻梦。

6.5　走向判决性检验

洋务运动失败的意识形态含义——落实道德理想之事功过程的复杂性——清议派更注意儒学价值与事功的统一——清议派意识到一体化结构与洋务对立——清议派的分化与衰落——为什么洋务运动失败构成对儒学可欲性的判决性检验。

洋务运动作为经世致用的展开，导致西方影响只能停留在器物层面，具有边缘性质，这就带来中国主流思想三十年停滞不前的局面。也正因为如此，它在中国思想发展史上产生了一个意想不

[1]　曹聚仁：《中国学术思想史随笔》，三联书店1986年版，第374页。

到的效果，就是可以向中国士大夫提供一项判决性检验：如果洋务运动失败，就可以清清楚楚地证明，无论儒学在其内部是如何调整、如何强化其事功能力，它都不可能应付西方冲击！

综观整个清代中国思想演进的大趋势，无论是明末清初，少数思想家大胆越出宋明理学轨道重构儒学，还是主导 19 世纪下半叶的经世致用思潮，其基本方向均为强化儒家意识形态在事功方面的功能，使传统一体化结构能通过自我改良而有效地抵抗内外冲击。“同治中兴”和洋务运动把所有这些尝试落实到实践层面，有机会让人们看清楚它的成功和不可逾越的限制。

首先，“理学经世派”积极承袭了顾炎武、王船山等强化儒学事功的主张，重视实践调查、国家政治、经济实务等知识，将追求道德理想落实到重建儒学纲常，它在平息农民大起义、对付内部危机等方面获得显著成功。随后，“理学经世派”把“师夷长技”的国防现代化纳入自己的经世纲领中，力图做到既安内又攘外。洋务运动中，儒生一面推行国防现代化向西方学习，一面尽力做到引进西方事物不破坏儒学价值和一体化结构的社会整合。因此可以说，洋务运动所做的一切，已是一体化结构在保持其自身稳定的前提下向西方学习的极限。这样，只要证明洋务运动推行后一体化结构仍不可能抵抗西方冲击，就无疑宣布了传统一体化结构力图用强化自身事功能力来抵抗西方冲击之虚妄，儒家意识形态也就成为不可欲。

必须注意的是，自从理学把道德理想划分为道德境界（天理），以及这一境界落实到现实这样两个层面之后，儒家意识形态对社会制度的设计和改造过程就大大复杂化了。对其是否可欲的鉴别也比以前更困难。官方意识形态的实行被分解为几个部分：首先是把理想人际关系（天理）转化为“礼”，接着是将“礼”付诸实现，其目标是恢复一体化结构三个层次良好的整合状态。强化事功的要求使这一过程更加复杂化，因为它又增加了一个新的方面的内容,这就是要求儒生了解社会,学习实用知识,解决各种各样的社会问题以应付内外挑战。由于上述三个方面表面目标各不相同,各有各的内在逻辑,这就使得对意识形态整体是否可欲、三方面是否互相矛盾的鉴别相当困难。

其实,早在明代,儒生已经了解到落实道德理想之事功过程的这种复杂性了。丘浚(字仲深,约 1418 ~ 1495 年)认为在八条目"治国、平天下"之下,应包括许多技术层面,[1]即只有去处理大量技术性实际事务,才能做到外王。[2] 到了晚清,在西方冲击下,外来技术层面的事务进一步扩充为国防现代化。这时,要考察道德实践所包括的林林总总方面是否有矛盾,就只有一个途径,这就是在一个短时间内,儒生被迫同时去做这三个不同方面的事情,使得

---

〔1〕 丘濬:"大学衍义补原序"、"进大学衍义补表",载《大学衍义补》,(台湾)文洲阁四库全书本,商务印书馆 1971 年影印版。

〔2〕 自程朱理学把儒家道德分成精神境界与道德规范两个层面后,两个层面的统一就成为以往儒学中从未出现过的问题。由于儒家经典《大学》中所讲的八条目正是强调由内向外实行内圣外王(两个层面的统一),故宋以后《大学》地位日益凸显。自南宋真德秀(1178 ~ 1235 年)作《大学衍义》开始,推衍《大学》之《大学衍义》就逐步成为教育帝王的教科书。到了明代,一些敏感的士大夫意识到程朱理学拙于事功的弱点,开始寻找补救办法。丘濬的《大学衍义补》就是这方面的代表。丘濬生于明初盛世,但 1449 年"土木之变"和 1457 年的"夺斗之变"给他极大刺激。为了进一步强化《大学》中的内圣外王,他潜心著述《大学衍义补》,提出外王的"理想政治"模型。《大学衍义补》一百六十卷内容中,除首卷"诚意正心之要"外,还提出了十二项"治国平天下之要"。它们是"正朝廷"、"正百官"、"固邦本""制国用"、"明礼乐"、"秩祭祀"、"崇教化"、"备规制"、"慎刑宪"、"严武备"、"驭夷狄"及"成功化"。这十二项内容根据政府六部组织加以排列(尹贞粉:"丘濬大学衍义补的理论体系及其特点",载《汉学研究》1992 年第 10 卷第 1 期,第 33 页),由此可见大量技术性事务已成为外王有机组成部分,这是历史上从未有过的。有人把它看作明末清初"经世致用"之学的初始(间野潜龙:"明代儒学と阳明学",载《明文化史研究》,同朋舍 1979 年版,第 161 页);有人认为,这显示了当时儒者对传统儒学的怀疑与分离(李焯然:"大学与儒家的君主教育——论'大学衍义'及'大学衍义补'对大学的阐释与发挥",载《汉学研究》1989 年第 7 卷第 1 期,第 14 页)。其实,丘濬的时代,尚未出现宋明理学向经世致用的转化。《大学衍义补》只不过表明儒者已意识到外王的过程是十分复杂和具体的。

各个方面是否冲突可以充分地暴露在实践者面前。“同治中兴”正好提供了这一历史机缘，当时既要恢复一体化结构良好整合，又要对付外来冲击，要求儒生的经世致用把“落实礼治”、“保持社会整合”以及“国防现代化以抵抗西方冲击”三个方面纳入统一的架构内。也就是说，洋务运动使得儒家意识形态的可欲性变成可鉴别的。

在洋务运动中，清议派与洋务派的争论，在某种程度上标志着对经世致用学说鉴别过程已经开始。清议派不如洋务派那么了解西方，没有意识到办洋务、向西方学习的迫切性，这是因为清议派看问题从国情出发，更注意经世致用达到维护儒学价值和事功的统一。正如我们在6.3节中指出的，清议派一般不反对洋务，他们对洋务的非议除了指摘洋务事业的管理不善和腐败外，主要是立足于现实经济能力、社会整合与洋务事业的矛盾。洋务派要搞国防现代化，需要大量资金作为军备、国防以及相应配套工业的投资。而当时清廷仅掌握整个国民总产值的2%～4%，政府汲取能力的水平极低。中央政府掌握的税收仅够供养皇室和官僚机构，根本没有资金投资兴办现代国防。偌大一个主管洋务与外事的总理衙门，有的年份经费只不过有七百多两白银！洋务运动时期兴办现代国防的经费几乎全来自于关税，而相当多的关税又要用于偿还与列强签订的不平等条约中的赔款。[1] 投资的极度不足，使得兴办现代国防如同无源之水，工业化步履维艰。有限的资金只够用于购买外国的军舰大炮。

擅长于国内事务的清议派官员，无疑知道无法筹得办洋务所需的大量投资。因为在经历太平天国大动乱后，迫切需要推行与民休息、轻徭薄赋的“仁政”，否则就会带来严重的社会危机，甚至

〔1〕　金观涛、刘青峰：《开放中的变迁——再论中国社会超稳定结构》，第105、107、109页。

破坏社会整合。另外,从中国传统一体化结构,国家官僚机构只到县一级,绅士自治和宗法家族组织既要帮助国家将动员能力深入基层,同时也就要占有绝大部分农业收入的剩余。在这种社会动员模式中,国家汲取能力不可能有太大提高。这种整合模式是传统一体化结构之基石,是不能改变的。因为传统一体化结构无论怎样自我改良,都不能改变由绅士自治和宗法家族来维系社会中下层组织这一基本特征,儒学内部强化事功能力的各种努力,不管有多少新主张,都遵循着以孝道为本的儒家伦理,维护士大夫的文化和道德精英地位。在这种社会组织构架中,如果国家强行征税,经过各级地方官、胥吏、绅士地主的层层加码、中饱私囊,基层农民的负担将会达到不可承受的程度。历代农民战争都同国家压榨和地方扩大剥削有关。[1]

另一方面,类似于同文馆的争论正表明了清议派已意识到一体化结构组织原则和洋务事业的对立。无疑,向西方学习要求改变科举制度,让士大夫学习西学和现代化管理。但是清议派明确意识到,它同儒学价值系统以及整个一体化组织形式互相抵触。因为现代化是在城市兴办的事业,它要求在城镇办工业,办学习西方科技的新学堂,培养新型的现代化企业管理者。其前提是使历来集中在乡村和土地之上的资金与社会精英,转向城市和工业。而保持一体化结构稳定,势必要强化科举制和家族组织,需要绅士在地方和乡村充当社会管理者、家族族长。这就同现代化方向背道而驰,即绅士乡村自治和宗法家族越巩固,现代化就越不可能。这样,经世致用派的分裂本身,就具有对儒家强化事功之变构之部分鉴别意义。它证明保持传统一体化结构同向西方学习的现代化,如同鱼和熊掌不可兼得。

---

〔1〕 金观涛、刘青峰:《开放中的变迁——再论中国社会超稳定结构》,第39、84页。

事实上，中法战争后，清议派由盛到衰，这一变化趋势象征着经世致用被逐步证伪。正如一位学者所统计的，反对洋务的清议派是士大夫之中坚。其中进士和举人出身的加起来占95%。高级职官（一至三品）所占百分比高达60%，中级职官（四至五品）所占百分比亦达34%，[1]而贡生和行伍出身比例微乎其微（表6.2）。如果进一步分析这一代表士大夫中坚的清议派在洋务运动前期（1862～1874年）、中期（1875～1884年）和后期（1885～1895年）所占比例，可以发现1875年至1884年是一个高峰，反对派占清议官僚人数之40%。到1885年之后，十年间下降到只占官僚的23%，清议派人数明显减少了（表6.3）。

表6.2　清议派的成分

时间 出身	道光朝	咸丰朝	同治朝	光绪朝	总人数和百分比
进士	10	13	18	11	52人，87%
举人	1	3	1		5人，8%
贡生	1				1人，2%
行伍					2人，3%

取自陈清敏："清季自强运动时期'清议'之研究"，（台湾）东海大学历史研究所1988年博士论文，第152页。

表6.3　清议派的变化

官位 时间	一品至三品	四品至五品	总计
1862～1874	18%	12%	30%
1875～1884	26%	14%	40%
1885～1895	16%	7%	23%

取自陈清敏："清季自强运动时期'清议'之研究"，第157页。

---

〔1〕陈清敏："清季自强运动时期'清议'之研究"，（台湾）东海大学历史研究所1988年博士论文。

为什么会有这种变化？除了宫廷权力斗争因素外，一个重要因素是清议派在中法战争里是主战派，而在现实与西方较量中，他们中间很多人开始看到西方的力量，发现不学西方不搞洋务行不通。也就是说，中法战争的失败已经证明清议派的意见不可行。他们感到左右为难：搞国防现代化会破坏内部社会结构，而不向西方学习则会亡国！像张之洞本属于清议派，他很快发现清议派的主张不切实际，一变而成洋务派。张佩纶（字幼樵，1948～1903年）是清议派领袖，他在中法战争后失势以及甲午战败后的思想大转变，都是清议派思想变化的典型范例。〔1〕也就是说，清议派的分化和衰落已表明经世致用显现出自己的问题，它能否抵抗西方冲击已被更多的士大夫所怀疑了。康有为更是这方面的典型例子。在中法战争前，康有为的立场近似于清议派，但马江之役消息传来，康有为激愤异常，他这样写道："计自马江败后，国势日蹙，中国发愤，只有此数年闲暇，及时变法，犹可支持，过此不治，后欲为之，外患日逼，势无及矣"。〔2〕此后，他开始作《实法公理全书》、《康子内外篇》并第一次上书皇帝，走上变法维新之路。可见1884年中国福建水师在中法战争中全军覆没，促使某些敏感的儒生从相信儒学走到官方意识形态的对立面，预示十年之后甲午战败对经世致用最终被证伪的后果。

现在，我们可以理解，为什么1894年甲午中日战争及其结果对中国思想发展至关重要了。在此之前，中国经历了两次鸦片战争和中法战争。那时，即使有人怀疑经世致用是否可以抵抗西方，毕竟尚可以用没有真正贯彻"师夷长技以制夷"来解释中国的失败。而且对于英法这些老牌资本主义国家，中国要具有足以和其抗争

---

〔1〕 苏启昌："张佩纶与晚清清流集团"，（台湾）东海大学历史研究所1987年博士论文。

〔2〕 康有为："康南海自编年谱"，载中国史学会编：《戊戌变法》（四），上海人民出版社1957年版，第120页。

的实力,绝非一朝一夕之功。因此,这几次失败还不足以证明儒家意识形态所主张的理想社会蓝图有问题。但在甲午中日战争时,中国推行洋务运动已三十年,对手又是在士大夫眼中比中国更差的日本。中日两国之别在于这三十年内日本推行的是明治维新,不仅在器物层面,而且在制度、文化层面全面实行了学习西方的改革。当中国北洋水师全军覆没的消息传来时,全中国惊呆了!它明明白白宣告洋务运动的破产,而日本的成功正在于它实现了制度和文化的改革。这等于证明:虽然在中国悠久的历史中,一体化结构曾经是一有效保持社会整合的制度,但在西方冲击下它却不能保持、保证中国不会亡国。据以设计这种制度的儒家意识形态蓝图,也就同时被证伪了!

6.6　转型时期的开始

断裂点与出发点:1895 年——甲午战败是中国思想史上的分水岭——儒家意识形态魅力的消失——二次证伪与二次融合——强化事功的结构框架成为新思想的母体。

1895 年在中国近代思想史上是一个极为奇特和重要的转折点。在此之前,无论思想多么动荡、思想家多么解放,都没有摆脱儒学基本价值的轨道。但 1894 年甲午战争犹如惊天巨雷,一下子击中了整个儒学体系,引发了人们对儒学基本价值的全盘性怀疑,一些与儒学相反的价值追求大量涌现。这一思想的震撼是如此猛烈,与它相比,1895 年以前的观念变迁只不过是茶杯中的风波而已。梁启超称甲午战败引发的思想变化为“吾国四千余年大梦之唤醒”。[1] 张灏把1895年称为中国转型时期的开始。他发现,无论是中国正统士大夫的心态、社会所关切的问题,还是知识分子所办报纸、传媒的性质,甚至中国知识分子的终极关怀,1895年都是一个断裂点。1895年后的面貌与此以前完全不同。[2] 1895年清议派也出现了文化价值取向的大转变,他们中间的很多人纷纷由捍卫传统的保守派一下子转向激进的改革派。[3]

通常,历史学家都用甲午战败后中国面临空前的亡国危机来解释儒生的大觉醒。其实,仅就亡国和社会危机,还不足以理解为什么甲午战败在中国思想史上具有分水岭性质。例如满清入关和明朝灭亡,在广大儒生眼中也是亡国,当时亡国危机所激发的反思就没有越出儒家的基本轨道。而1895年之所以成为这样一个奇特的转折点,关键在于甲午战争宣告洋务运动的失败。洋务运动失败的真实含义,则是证明笼罩整个19世纪的中国近代传统中用经世致用来强化儒家事功能力的破产。它清楚地表明,既然儒家经过强化事功的变构都不能对抗西方冲击,使中国立足于民族国家之林,那么,与儒家伦理相应的社会制度在现代世界中也不是一种好的制度。如果一定要保持它,中国就会亡国,沦为西方的殖民地。甲午后,上至朝廷士大夫,下到民间读书人,个个反思洋务。洋务运动的核心人物李鸿章遭到“朝野上下的唾骂”。河南候补道易顺鼎呈文,认为李“国人皆曰可杀”。[4] 张佩纶说李“四十年之勋名威望,一旦为倭约丧尽”。[5] 反思洋务运动失败原因,逻辑地

〔1〕 梁启超:“戊戌政变记”,载《饮冰室合集·专集》(第一册),中华书局1936年版,第1页。

〔2〕 张灏:“中国近代思想史的转型时代”,载《二十一世纪》,香港中文大学中国文化研究所1999年4月号。

〔3〕 柯文(Paul A. Cohen):《在中国发现历史——中国中心观在美国的兴起》,林同奇译,中华书局1989年版,第32页。

〔4〕 中国史学会编:《中日战争》(四),上海人民出版社1957年版,第71页。

〔5〕 中国史学会编:《中日战争》(五),第229、230页。

指向否定中国实行了两千年的社会制度，正如欧榘甲所说："自中日战争以后，天下皆知朝廷之不可恃。"[1]谭嗣同则把三十年洋务运动称为"中国虚度此数十年"、"徒奉行故事虚縻帑项而已"。[2]当时人人谈西学，[3]家家议维新。[4]也就是说，在广大儒生心目中，洋务运动的失败意味着中国传统社会制度的价值定位发生了从好（肯定、维护）到不好（否定、变革）的巨变。

我们在1.4节中指出，一体化结构的一个重要特点是把社会制度和道德理想等同起来，使得社会弊病都可以归结为对道德目标的偏离。一旦社会制度被证明不好或不可实现，即意味着道德理想的不可欲，笼罩在社会制度和道德理想之上的魅力便开始消失。甲午战败后，儒家意识形态再也不能保持其基本价值之不变，而巍然屹立在世界的现代化潮流之中。儒学的创造性转化也就成为时代新任务。虽然对儒家意识形态的全盘否定要等儒学创造性转化失败后，但是，甲午以后来自内部的价值逆反狂飙已经初步涌现，越来越猛烈的西学东渐席卷了几乎所有读书人，中国开始了旧意识形态解体和新思想诞生的大时代。此后，中国人的思想观念变迁是如此迅速，以至于差不多每过五年就出现一代新人和新思想。短短二十年后，清王朝就在思想大变动中解体，中国走到新文化运动的门口。正如当时知识分子所感慨的，那一段时间的十年，比以往一百年所经历的变迁都要猛烈。

从秦汉帝国到清末两千年中，只发生过两次儒家意识形态被证伪。第一次在魏晋南北朝时期。我们在2.1节已论述，当时由于少

---

〔1〕 太平洋客（欧榘甲）："新广东（广东人之广东）"，载张枬、王忍之编：《辛亥革命前十年时论选集》（第一卷，上册），香港三联书店1962年版，第270页。

〔2〕 谭嗣同："上欧阳中鹄书"，载《谭嗣同全集》（上册），中华书局1981年版，第158页。

〔3〕 欧榘甲："论政变为中国不亡之关系"，载中国史学会编：《戊戌变法》（三），神州国光社1955年版，第156页。

〔4〕 谭嗣同："与徐仁铸书"，载《谭嗣同全集》（上册），第269页。

数民族大量内迁和佛教传入等巨大干扰,一体化结构三层次良好整合状态被破坏;宇宙论儒学的道德理想与大一统社会整合都不能实现,表明以宇宙论为中心的儒学是不可欲的。这就导致儒家道德理想从内部解体,使得以“无为”和“不干预”为天道的玄学、佛道取而代之,这是中国文化在外部冲击下的第一次大改造。为此,中国社会以近三百年的动荡分裂,作为消化外来冲击的代价。我们称其为第一次融合。而1895年甲午战败证明了洋务运动失败,广大士大夫终于意识到在越来越强烈的西方冲击潮流中,中国再也不可能保持传统一体化结构这种组织方式而立足于世界了。经第一次融合建立的理学,及与其相适应的社会制度也被证明不是最优的,因此,儒家道德理想再次成为不可欲的。自此以后,儒学意识形态再次解体,出现了一个类似于魏晋南北朝那样社会和思想巨变的时代,中国文化进入第二次大融合的时期。

第二次融合同第一次融合相比,除了外来冲击的性质不同外,儒家意识形态被证伪的方式也有很大不同。魏晋南北朝时,儒家意识形态的不可欲是指宇宙论儒学所主张的社会制度不可实现;而甲午战败后,儒生意识到儒家意识形态的不可欲,并非理学所刻画的社会制度不可实现,而是实现后不能对抗西方冲击,因而也不是一种好的制度。“理学经世派”镇压太平天国大动乱的成功和“同治中兴”社会整合之修复,都证明理学刻画的社会蓝图是可以实现的,但是甲午战败宣告此种制度在西方冲击下并不可取。这种差别导致在第二次文化融合中,知识分子的价值取向与第一次融合有极大的不同。在魏晋南北朝时期,儒家道德理想不可实现使得士大夫把道德价值追求从维系社会伦理规范转向个人精神解放,而实现道德理想的方式也由儒家的重实践变为道家的玄想和思辨,其后果可以概括为士大夫参与精神从社会中退出。而在第二次融合中,儒家道德理想被证伪的原因不是它不能实现,而是实现后不能对抗西方冲击,这样被抛弃的只是儒家道德理想本身,而不是士大夫强化事功的参与精神。

这一点对于理解甲午以后的思潮极为重要。本来,从原则上讲,儒学被证伪不仅意味着对宋明理学的否定,它还应包括放弃经世致用和明末清初种种儒学的变构。但是,正因为甲午后士大夫强化事功的道德实践精神,并没有因儒家道德理想被否定而受挫,这使得甲午以后宋明理学与明末清初儒家强化事功六种变构的命运各异。当时士大夫否定了宋明理学的内容和结构,但因抵抗西方列强的现实压力,士大夫仍保留了儒家的整体结构与强化事功的参与精神。顾炎武的用调查研究来救国、王船山的主气唯物论、黄宗羲的民本主义政府、颜习斋的实践主义,只要抽掉儒家道德伦理的内容,都可以成为士大夫对付西方冲击的思想资源。于是在甲午后二十年间,正在宋明理学的威信一落千丈之际,顾炎武、黄宗羲和王船山的学说地位不断上升,无论是新思潮的支持者还是保守的士大夫,对其都表示赞同。本来,顾、黄、王三儒都是明遗民,清廷对他们的肯定是有所保留的。但正是在甲午以后,这三位思想家的正统地位终于被官方承认,最后被入祀文庙。这证明甲午以后这些强化事功的儒学变构所孕育的社会行动结构和思想框架,迅速从儒家伦理中分离,成为吸收和接纳新思想的母体。〔1〕

---

〔1〕 如果我们把三儒入祀文庙作为官方承认其正统地位的标志,那么,三儒入祀文庙的过程十分形象地展示了儒学强化事功之基本结构如何在十九世纪下半叶出现,并在同治中兴中日益被正统士大夫接受,最后于甲午被公认。据研究,最早被倡议入文庙的是顾炎武,时间为同治朝。1876 年 8 月 20 日,郭嵩焘奏王夫之宜从祀文庙,朝廷下旨交礼部议奏,没有通过。1884 年,陈宝琛再次奏请顾炎武、黄宗羲从祀。1907 年赵启霖再而提出将王夫之、黄宗羲、顾炎武三儒入文庙的建议。当时,新政和立宪正在如火如荼地进行,顾、黄、王三儒的地位在士大夫中已几无异议,礼部在评论过程中收到二十六件说帖,其中十居其九赞同。1908 年 9 月 1 日,清廷终于批准三儒从祀文庙(何冠彪:“顾炎武、黄宗义、王夫之入祀文庙始末”,载《汉学研究》1991 年第 9 卷第 1 期)。本来清朝的官方意识形态是理学,三儒所提倡的学术都是批判理学的,他们的学说在儒学已实现现代转化之时才被官方视为正统,意味着他们的学说已可以同儒学道德内容相分离,而成为接纳新思想的框架。

第七章　革命乌托邦的起源

人们通常把观念当作事物的反映，我心中的橘子只是现实橘子的一个印象。如果把这种常识运用到思想史中去，就会大错特错。新的事物、外来的冲击固然可以反映在观念中，成为新的话语对象；但是对于思想来说，单个概念和词语是不重要的。思想的结构是由词语和行动的互相关系组成的，它犹如一张看不见的大网笼罩在可见事物之上，将其贯穿起来，构成我们心中那个有序的理念世界。新事物所带来的外来冲击则犹如排球触网，新的观念体系只能是原有观念结构的变形，或整体性逆反。一个传统越是伟大，观念体系性越强，这一点也就越明显并不可抗拒。

7.1　中国现代思想的开始

1895 年是中国现代思想史的真正开端——立足于中国文化变迁的内在理路——价值逆反对新价值的塑造——谭嗣同及其《仁学》——《仁学》的"道德一元论"和王船山的唯气论哲学——"以

太”和“气”——烈士精神。

如果把思想观念变迁分成传统、近代和现代三个大时段的话，那么，1895 年可以算作中国现代思想史的真正开端。史壮柏格（Roland N. Stromberg）为西方近现代思想史分期，把 1590 年到 1789 年法国大革命称为科学与启蒙的时代，将 1789 年到现在即启蒙运动后的观念统称为当代世界的思想。〔1〕根据这种分法，我们可以把明末清初以前的思想称为传统，清代形成的所谓“中国近代传统”代表了中国思想史的近代。而 1895 年以后为中国思想史的现代。确实，西方现代理性主义与启蒙运动孕育的大部分新价值在 1895 年至 1924 年间的中国差不多都能看到，它们是进步观念、民族主义、人权思想、浪漫主义、科学主义、唯物主义、乌托邦主义、社会主义、唯民主义和无政府主义，等等。自法国大革命后，西方开始所谓的意识形态时代，中国在五四以后也被现代意识形态霸权所统治。令人惊奇不已的是，1895 年到 1924 年这三十年间，中国思想居然经历了西方法国大革命前后用了近二百年才完成的转化。〔2〕

我们认为，中国思想用二十多年完成西方二百年走完的历程，绝不能仅仅用西方现代思潮对中国的征服来解释。从本章开始，我们将用第二次融合的基本逻辑来分析上述种种近现代价值的起源。我们发现，从思想变迁的内在理路来看，1895 年到 1924 年间中国涌现的绝大多数和西方启蒙思潮类似的新价值，差不多都是中国传统在价值逆反和第二次理性化作用下的产物。有时，西方观念的传入只给这种传统变构以新名字，在更多的场合中，西方现

---

〔1〕 史壮柏格（Roland N. Stromberg）：《近代西方思想史》，蔡仲章译，（台湾）桂冠图书股份有限公司 1993 年版。

〔2〕 陈方正：“‘五四’是独特的吗？——近代中国与欧洲思想转型的比较”，载《二十一世纪》，香港中文大学中国文化研究所 1999 年 6 月号。

代思想的内容虽融入了中国思想的结构,不过只是加速并丰富了这个本由中国文化变迁内在逻辑所左右的过程。

我们着重从中国文化变迁的内在理路来阐明一系列现代观念的起源有两个目的。首先,它有助于理解为什么中国对西方现代文化的接受具有高度选择性,以及为什么中国文化碰到的现代性问题与西方不尽相同。第二,它或许可以为研究人类思想观念变迁提供一般架构。至今为止,观念史和现代化研究的一般架构都是西方中心论式的,即它是立足于西方社会文化变迁的历史经验而提出的理论。和西方相比,中国传统社会和文化是一个高度整合且相对孤立的系统。我们知道,从研究相对孤立系统来总结系统变迁的一般规律,远比非孤立系统容易。立足于中国文化变迁内在理路得到的演化机制或许更具有普遍性,可以推广到世界史和西方观念变迁。而且,中国思想从传统到现代的变迁比西方晚数百年,并且是在西方冲击下被迫完成的,对它的研究有助于揭示不同文化之间碰撞的规律。

文化融合的第一步,是价值逆反过程对新价值的塑造。正如我们在1.7节所分析的,在以道德本身为终极关怀的文化系统中,鉴于道德价值非好即坏的两极性,当某种道德被证明不可能实现或是坏的,那么,相反的价值系统就被认为是可欲的或好的,我们称这个过程为价值逆反。甲午战败宣布儒家道德理想的不可欲,普遍出现价值逆反,造就了汹涌澎湃的维新思潮,它是中国文化第二次融合的开始。由于甲午之后价值逆反创造的新观念比五四时相对地更少受西方影响,因此分析这一时期的价值逆反就更具典型性了。为了清晰而形象地揭示价值逆反如何创造新思想的过程,我们最好从分析案例开始。

如果要为价值逆反如何支配中国知识分子思想变化找一个最典型的例子,那就非谭嗣同(字复生,1865～1898年)莫属。谭嗣同生于1865年,甲午战争爆发时,他刚好30岁。以30岁为分水岭,谭嗣同的思想呈现完全相反的两个世界。谭嗣同本是一个热情的文学型士大夫。1884 年他目睹中法战争的后果,写下他 30 岁前唯一一篇政论文章《治言》。《治言》作为其早期思想的代表,观点同当时清议派十分相像。他认为,致力于洋务救国是犯了本末倒置的错误。那么,中国应如何对付西方冲击呢?谭嗣同提出必须先立天下之不可变,乃可以定天下之变,不可变的就是儒家伦理纲常,即士大夫只能通过“修、齐、治、平”才能安邦定国,立足于世界。[1] 甲午战败,谭嗣同受到极大的刺激。他对过去虚掷岁月深表悔恨,“认为值此‘中外虎争,文无所用之日’,决心抛弃虚文,全力治实学,以期匡世济时。”[2] 正是在这一时期,谭嗣同对儒家道德伦理的态度发生了一百八十度的转向。

这种大转向集中表现在他于金陵任候补知府时所著的《仁学》一书中。谭嗣同主张冲决把人重重限制住的一切罗网,这些罗网包括利禄、俗学、辞章、全球群学、君主、伦常、天、佛法。[3] 谭氏所称罗网其范围之广,可以说包括了所有人类社会的制度、规定甚至各种差别和界限。他对君主专制、三纲五常、男尊女卑的锐利批判,达到中国历史上从未有过的高度,并将反皇帝专制直接落实为反清排满。他主张男女自由恋爱,顺从自然交合的欲望;要求人人打开心灵大门与社会一体,中国打开大门与世界一体以及这种彻底的社会开放和性解放观念,恐怕比以后的无政府主义者都有过之而无不及。表面上看,谭嗣同那种把一切限制和罪恶都看作因事物“名”而来,并力图取消之的主张,极像老庄思想和大乘佛教。虽然谭嗣同相信过佛教,但《仁学》所表达的精神境界与佛教有一个根本差别,就是它的积极有为精神。它是这样彻底地有为和入世,以至于认为凭思想解放的“心力”就自然可以达到富强。谭嗣

〔1〕 谭嗣同:“治言”,载《谭嗣同全集》,中华书局 1981 年版,第 104 ~ 109 页。
〔2〕 王樾:《谭嗣同变法思想研究》,台湾学生书局 1990 年版,第 32 页。
〔3〕 谭嗣同:“仁学”,载《谭嗣同全集》,第 4 页。

同思想的变化正是价值逆反过程的最好例证,即当儒家道德被证明为不可欲时,破除伦常——儒家道德的价值就成为新道德。谭嗣同用积极有为改造社会的入世精神来冲垮天理信条的束缚,并把打破一切规定和伦常当作一种全新的道德境界。

思想史研究为我们提供了这种价值逆反的实现过程。据张灏研究,谭嗣同的《仁学》和王船山的唯气论有着某种奇妙的师承关系。[1] 谭嗣同的青少年时代,正是顾炎武、王船山的著作影响如日中天之时。谭嗣同九岁时,居北京浏阳会馆,拜浏阳学者欧阳中鹄为师。欧阳中鹄最推崇王船山的学问和气节。可以说,谭嗣同从小就受到王船山哲学的熏陶,[2]认为“五百年来学者,真通天人之故者,船山一人而已”。[3] 1890年,谭嗣同曾作《王志》,承认自己是“私淑船山也”。[4] 正如谭嗣同所承认的那样,他就是直接立足于王船山的唯气论哲学,来建构他用于推翻整个儒学体系的新“道德一元论”——《仁学》。[5]

我们在4.4节曾指出,王船山为了强化儒学的事功能力,把程朱理学中天理层面与实践事功层面打成一片,他认为代表实行道德理想之能力的气是第一位的,而天理只寓于气的运行之中。王船山主张“理寓于气”之中,目的是使“气”更为有力地去实现“理”,从而避免道德境界与事功的分离。在唯气论的语境中,气是宇宙本源,又代表欲望,同时也是实践。用气来建立道德哲学,有两个理论演化方向:一是把和气相当的道德(心)感情视作理论合理性出发点,来建构宇宙论和道德哲学。因为气代表了道德,用气

---

〔1〕 张灏:《危机中的中国知识份子——寻求秩序与意义》,山西人民出版社1988年版,第123页。

〔2〕 王樾:《谭嗣同变法思想研究》,第21页。

〔3〕 梁启超:《清代学术概论》,台湾商务印书馆1963年版,第15页。

〔4〕 谭嗣同:“三十自纪”,载《谭嗣同全集》,第205页。

〔5〕 谭嗣同:“王船山的学术思想与仁学”,载《湖南文献》1977年第5卷第2期。

来冲破束缚当然也是道德的，这就是宋明理学第三系气论的基本结构。第二个方向是仅把逆反价值作为新道德的内容，即把气对天理的否定作为道德基础。这两个方向中，第二个方向是王船山气论构架的某种新发展。王船山气论的基本理路是把道德(理)当作气在运行中呈现的东西，理寓于气运行之中这种思想方法，固然可以运用于强化儒家伦理的事功能力，但将道德伦理看作气在运行中表现出来的共性和关系，这种思路已隐含着以否定某种固定的道德规范作为理。也就是说，王船山哲学的理论结构是可以同儒家伦理脱钩的。事实上，只要改变维护儒家伦理这一基本前提，王船山的理论结构就可以从儒家伦理中解放出来，成为容纳逆反价值的基本框架。因为从理论结构来看，理必须依附于气，这已经是对宋明理学理气关系的否定。在唯气论的主张中，可以进一步把否定推广为价值逆反，即气不是去实现理，而是去推翻炸毁现存的伦理秩序。这样，把推翻儒家伦理作为新道德的价值逆反哲学，也可以建立在唯气论之上。这正是谭嗣同对王船山哲学的继承与发展。

谭嗣同继承了王船山气论的基本结构，所不同的是他主张用气来炸毁那个天理，冲决天理设下的种种规定和限制。谭嗣同用了一个从当时西方科学中获得的新名词“以太”(ether)，来代替王船山的“气”。正如我们在3.4节所论及的，程朱理学将天理作为一种精神境界，巧妙地结合了佛教的修身与儒学的道德目标。天理既然是理想化的人际关系和宇宙秩序，它就必然是物质的“无”而关系的“有”。物质的“无”使它可以容纳佛教的“无欲”、“主静”来修身；而形式的“有”则肯定儒家的道德伦常，使修身目标不是指向虚无而是儒家伦理道德。而谭嗣同用气(以太)冲决一切罗网、消除所有规定和障碍后，达到的境界则是物质的“有”而形式的“无”。“物质的有”即用代表入世精神的“气”或“以太”(物质)来冲破一切束缚；“形式的无”是指原来天理世界所设立之一切等级秩序、人际关系都应一扫而空。显然,谭嗣同将理学的天理世界中物质和形式的关系倒置过来,作为新时代的道德。这就是所谓冲决罗网的烈士精神的诞生。

烈士精神由两个方面构成:一方面,冲决罗网最后指向的精神世界和佛教境界一样,用取消一切形式化的关系来反抗制度对人的约束,甚至视个体生命为枷锁,而解除一切束缚后才能达到永生、崇高的境界,它极为辉煌。另一方面,达到这新境界依靠的是"气"(以太),即主张人积极地改造世界并为炸毁这个旧世界而献身。毫无疑问,正是这种信仰促使谭嗣同在戊戌变法失败后主动无畏地选择死亡,成为中国近代史上为改革变法自愿牺牲的第一名烈士。正如张灏所说,谭嗣同继承了张载的气化论后,认为宇宙的成毁就是气的聚散,而气是永恒的存在,因此无生无灭。这样,冲决罗网所达到的状态就是一个永恒不死的大生命。自他在1896年认识到这一点后,就抱定了"杀身灭族"的决心。1898年,戊戌变法失败,谭本有充分时间逃亡,但他从容就义,以实现他在《仁学》中所写的烈士精神。[1]

7.2　价值逆反之一:革命人生观和革命道义

将原有终极关怀倒置以创造新的终极关怀——晚清志士的游侠心态——为什么"革命"在19世纪末凸显并在20世纪成为主宰全民的新道义——中国革命道义的特殊性——革命的双重含义——革命道义附着于唯气论——王船山和宋明理学第三系的方向。

---

〔1〕 张灏:《烈士精神与批判意识——谭嗣同思想的分析》,(台湾)联经出版事业公司1988年版,第107~108页。

我们之所以要详细分析谭嗣同《仁学》中标举的道德理想，是为了强调：谭氏终极关怀是理学的天理世界中物质和形式关系的倒置，这种将原有终极关怀逆反倒置过来创造出新的终极关怀，是近代中国思想变迁极为重要的逻辑。本来，新价值（特别是新终极关怀）很难凭空创造出来，由旧价值逆反则是创造和接受新价值的快捷方式。它使得代表逆反价值的革命人生观迅速风行天下并征服一代学人。在中国历史上，从不缺乏捍卫道德理想的殉道者，但他们大多忠于传统道德和某种理想秩序，而以革命和破坏本身为道德理想，并在投身社会革命中达到永生，却是自谭嗣同开始的。我们可以称这种全新的文化心态为革命道义情结。谭嗣同牺牲后不久，19 岁的邹容（1885 ~ 1905 年）作《革命军》，把冲决罗网的烈士精神和反满民族主义结合起来；成书后，广为流传。从此革命道义风行天下，势不可当。

同时，晚清志士普遍存在着一种游侠心态，这不仅表现在他们对游侠的诸多溢美之词中，还集中于这些人推崇尚武精神、平等意识和锄强扶弱等方面。而且，最令晚清志士倾心的是对“牺牲”的渴望，在最后一击中体现生命的辉煌。[1] 这种游侠心态，正是为革命献身的新道德和在革命中达到永生的新终极关怀。

以往学者在讨论为什么革命精神会在 20 世纪上半叶表现出极大魔力时，大多注重谭嗣同思想的传承和影响力。例如对毛泽东早期思想最有影响的两位人物——杨昌济（1870 ~ 1920 年）和李大钊（字守常，1889 ~ 1927 年），都是谭嗣同的崇拜者。毛泽东在青年时代，曾写过一篇题名《心力》的文章，受到杨昌济的欣赏。

《心力》的命题和观念均来自于谭嗣同。可见当时研究谭嗣同《仁学》的风气在学生中盛行。甚至在胡适的“大我不死”观念中，

---

〔1〕 陈平原：“晚清志士的游侠心态”，载《学人》（第三辑），江苏文艺出版社 1992 年版，第 45 页。

以及丁文江(字在君,1887～1936年)的为"全种万世"而牺牲的信念里,都看得到谭嗣同"烈士精神"的痕迹。[1] 然而,革命烈士精神除了依靠文化传承、书本的影响力扩散外,更重要的它是可以根据价值逆反逻辑创造出来的。只要人们发现某种道德不可欲,用逆反价值来排斥它时,就会自动达到谭嗣同的境界。在本书第三卷,我们将讨论"文革"中红卫兵对刘少奇共产主义道德修养的否定,也产生和谭嗣同类似的追求,即使他们根本没有看过谭的著作。这就可以帮助我们理解,为什么无论在邹容对革命后辉煌境界的描绘中,还是在后来国民党人、共产党人的献身热忱中,甚至文革时期红卫兵的造反有理中,都可以看到谭嗣同的影子。

天理世界和某种确定道德秩序的逆反可以自发产生革命道义情结,这一新价值起源的机制有助于回答中国近现代思想史中一个最有趣也极为重要的问题,就是为什么"革命"一词会在19世纪末凸显出来,并在整个20世纪成为主宰全民的一种新道义。在中国古语中,"兽皮治去毛曰革","命"意味着生命和命运。把"革"和"命"两个词联起来而成革命一词源于《易经》:"天地革而四时成,汤武革命,顺乎天而应乎人,革之时义大矣!"。[2] 它的原来意义为"朝代循环",或者更准确地讲,是推翻丧失天道的旧王朝建立符合天道的新王朝的意思。革命这个词虽然自古以来就具有正面意义,但在清末之前,它不太常用,也从未具有中国人所认同的最普遍道义。

表面上看,今天中国人之所以频频使用"革命"一词,是因为日本人最早用《易经》中"革命"二字来翻译西方 revolution。革命的新含义在清末从日本输入中国,为人们普遍接受。我们知道,在西方,revolution 最早是指天体周而复始的运动,后变成激烈地颠覆

---

〔1〕 张灏:《烈士精神与批判意识——谭嗣同思想的分析》,第137～139页。
〔2〕 《周易正义》(卷五),脉望仙馆刊本1887年版。

(有时亦包括和平地改变)原有政治制度和范式转换的意思。自18世纪后,它更是具备了一种"唯新是求的情结",革命把进步包括在自身意义中,代表着一种不可抗拒的历史前进潮流。[1] 但是,考察20世纪中国人所接受的革命观念,可以发现它与西方的revolution含义不完全相同。最近一位学者考察了革命一词如何从中国传入日本,然后又怎样从日本再输回中国。他发现,革命一词在这双向旅行中意义发生了极大变构。首先,日本用革命来翻译revolution,其含义既不同于革命一词在中文中的原意,也不同于西方revolution的全部含义。这个翻译词清末再输回中国时,中国人认同的"革命"也不完全等同于日文中的革命含义。[2] 这样一来,20世纪中国人普遍认同的革命道义是如何形成的,就成为一个扑朔迷离的问题。

早在8世纪,《孟子》中有关汤武革命的理论就传入日本。但日本基于天皇万世一系的传统观念,很难接受中文"革命"中改朝换代的意义。然而到江户末期,"革命"一词中的道义和除旧布新之义却和尊王攘夷运动相结合,最终日本人把明治维新当作革命。因此,日本人用革命翻译revolution时,排除了其中朝代循环,也不采用revolution一词中用暴力颠覆原有政治制度之含义,革命成为改良、渐进进步之同义语。清末从梁启超开始,大量留日学生和革命者把日本对西方思想之翻译和消化输入中国。立宪派在介绍日文中"革命"一词时,尽量维护其在日本的原意,反对用暴力颠覆原有政治秩序。但革命这一词从日本再传入中国时,又被明显赋予改朝换代和以暴力推翻旧制等意义。更奇怪的是,从此以后革命成为中国人心目中永恒的终极道义;即使一个反动的(代表过时旧秩序)王朝(政权)被推翻之后,革命不仅仍然是新政治制度维系自己合法性并镇压不同意见的最后根据,它还是每个人生活的终极

---

〔1〕 Hannah Arendt, *On Revolution* (New York: The Viking Press, 1965), 21－52.

〔2〕 陈建华:"现代中国革命话语之源",载《二十一世纪》1997年6月号。

目标,甚至是一种约束自己行为的新人生观。革命的这种新含义,在西方 revolution 中也是不明显的。

这说明我们应该从中国文化内部意义结构的变迁,来研究革命道义的起源。革命一词在翻译引进中的意义变化,反映了中国人认同的意义结构对外来观念的改造。我们认为,革命在 19 世纪末以后成为最普遍的新道义,可以从价值逆反创造出中国人的新终极关怀来说明。在清末以前,革命虽然是一种“有道伐无道”的行为,但它不可能具有终极价值。因为终极道义已由儒家伦理规定,一个王朝丧失天道,是因为它不再按儒家伦理标准来行动;而代表儒家伦理的新政治实体推翻旧王朝,只是顺天意应民心的恢复原宇宙秩序的过程。其目标只是再次新将王朝合法性建立在儒家道德上,这时,革命只有短暂的工具性意义。

甲午后,知识分子意识到儒家伦理不可欲,价值逆反把冲决罗网的烈士精神作为新的终极关怀,烈士精神就迅速顺着“道德价值一元论”和“天人合一”结构,成为普遍社会正义和天道。革命正好涵盖了与烈士精神这种新道德所相应的社会正义和宇宙道德秩序。也就是说,使用“革命”概括新的道义,正好有如下双重含义:第一,它代表着推翻现存的不合理社会制度,这一重含义是中国原有革命意义的继承和扩充,所谓继承是指它们含有“有道伐无道”之意义,但明显地把顺应进步潮流、冲决罗网以逼近理想境界的内容加到原有含义中。第二,革命代表了最终取消一切制度和差别的理想境界,这含义是全新的。其结构上既不同于中国传统的“革命”含义,也不完全等同于日本和西方对“革命”的理解。首先,这种道义不会随着旧制度被推翻而消失,因为推翻旧制度只是万里长征的第一步,取而代之的新制度只代表向理想境界过渡的中间状态。因此,革命一直作为一种最终道义而存在,指引着社会制度进一步向前演变。总之,甲午后革命道义的势不可当,正表明逆反价值所创造的新终极关怀是如何根据“天人合一”和“道德价值一元论”,将自己贯彻于宇宙规律、人生观和各个方面的。正如邹容在《革命军》一书中对“革命”的描写和界定,他说:“革命者,天演之公例也;革命者,世界之公理也;革命者,争存争亡过渡时代之要义也;革命者,顺乎天而应乎人者也;革命者,去腐败而存良善者也;革命者,由野蛮而进文明者也;革命者,除奴隶而为主人者也”。[1] 这里,革命的意义已扩张到宇宙、社会、历史、人生和道德领域等一切方面,成为一种最普遍的价值。

由于革命必须凭借一种有为入世的精神去破坏旧世界,而在中国传统语境中,有为入世的实践精神就是气,所以谭嗣同通过改造王船山气论结构而提出革命烈士精神绝不是偶然的。正因为如此,革命道义在中国的形成,始终是附着于唯气论之上的。19 世纪末它以王船山的气论为根据;20 世纪后,气论被唯物论取代,革命精神主要以唯物论和辩证唯物论为自己的理据。这样,革命道义之成长同唯气论对道德哲学的建构是一个不可分离的过程。我们可以将两者的关系表示为图 7.1。

从图 7.1 可以看到,以唯气论来建立道德哲学,有王船山式和宋明理学第三系式两个方向。如果从王船山体系出发,其结果是用气去炸毁纲常,将逆反价值视为新道德;如果从宋明理学第三系出发,气本身被当作道德,用气去冲垮纲常当然也是道德的。它可以从气(道德的)推出一个普遍道德化的宇宙观。宋明理学第三系与王船山体系的不同,在于它可以从正面确定新道德。在谭嗣同的革命烈士精神里,是同时涵盖着这两个方向的。虽然谭嗣同依据王船山哲学来建构他的《仁学》,但由于思想的含混性,他在把逆反价值当作道德内容的同时,又把气(欲望)本身作为道德;这样用气冲决罗网扫除束缚后是一个不死的大生命。但是,谭嗣同思想中这种同时

---

〔1〕 邹容:“革命军”,载周永林编:《邹容文集》,重庆出版社 1983 年版,第 41 页。

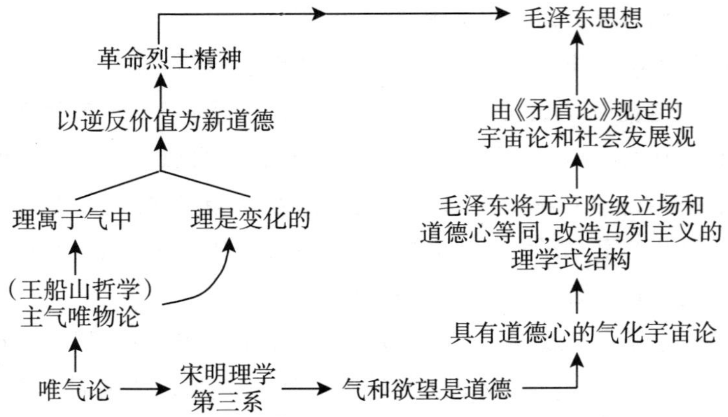

图 7.1　革命道义和唯气论建构道德哲学的两个方向

涵盖两个方向含混的烈士精神，很难在其社会化和进一步发展中维持下去。因为当气论被唯物论取代时，物质就不可能是道德的。王船山式的气论转化为唯物论，而宋明理学第三系是唯意志论，故 20 世纪初革命人生观基本上是用唯物论语言来建构的。

从谭嗣同开始一直到五四时期马克思主义传入，革命道义一直沿着王船山主气唯物论所开辟的方向发展。新知识分子把革命、推翻旧制度、取消家庭、反抗束缚作为新道德，这是一种以打破儒家纲常的逆反价值为核心的革命人生观。但是，这不等于说，宋明理学第三系的气论对革命道义不重要。因为革命人生观把逆反价值作为新道德，并不能建立社会秩序。社会新秩序的形成还必须从正面规定道德。在中国共产党文化中，这一环要等 20 世纪三四十年代才实现。这就是毛泽东、刘少奇用宋明理学第三系的基本结构重构共产党意识形态。

五四时期，中国知识分子认同的马列主义是理学式的，共产主义道德和革命人生观由社会发展规律推出，而社会发展规律又建立在辩证唯物论世界观上。共产党人要坚定无产阶级立场、建立新道德理想，就必须先掌握马列主义本本。这样，学习原典和马列知识是建立新道德的前提。而毛泽东和刘少奇把理学式的知识和道德的关系颠倒过来,让它具有类似于宋明理学第三系的结构,这就是道德决定宇宙观和知识。他们提出,只有先确立无产阶级立场,才能理解马列经典,成为马列主义者。这样,毛泽东、刘少奇破天荒地提出,共产党人首先要学习马克思、列宁等的高尚品质,而经典作家的品质是什么,是马列主义中没有的东西。这样,毛泽东、刘少奇就可以根据需要把道德规范正面地纳入意识形态。从此,中国共产党所信仰的马列主义中的革命人生观不再完全以逆反价值为基础,冲决旧世界罗网、扫除一切差别的共产主义境界只是一种遥远未来,现实革命道德完全由无产阶级立场所规定。我们在本书第三卷将指出,这是一种儒家化马列主义。共产党文化中的革命道德形成,最后仍回到气论建构革命烈士精神时的状态:它同时包含着道德建构的两个方面。这说明气论对革命道义的基本结构限定是多么有力和不可抗拒。

7.3　价值逆反之二:中国式的进步观

"变"和"进化"成为新的天道——甲午前进化论并未引起社会注意——中国式进化论与西方进化论及社会达尔文主义不同——西方17、18世纪的进步观——中国知识分子注重干预社会——康有为的进化观——大多数中国知识分子进化观类同于康有为。

谭嗣同的《仁学》写于1896年,即甲午战败后第二年,但直至他被杀身亡,此书都没有公开刊印。在甲午后的社会思潮中,冲决罗网的烈士精神只是激荡在热血青年心中的一股暗流,尚未公开表现出来。当时报刊言论热点是崇尚进化,而中国式进步观恰恰是冲破程朱理学中天理之后逆反价值在宇宙论方面的表现。

程朱理学的一个基本出发点就是从君、臣、父、子等人际关系抽象出来的普遍天理。天理既是一种等级秩序关系,同时又具有恒常的不变性。因此,儒家道德伦理的逆反可以表现在两个不同方面,一是否定伦常道德本身,二是否定天理的不变性,而把与其相反的"变"和"进步"当作天道。确实,在甲午战败以后,无论是谭嗣同、康有为、梁启超,还是孙中山等人所认同的宇宙论,都以"变"和"进化"作为最普遍的信条。价值逆反如何主宰中国传统宇宙观变化的具体过程,最典型的莫过于中国对达尔文进化论的吸收,它特别体现在严复(字又陵,1853～1921年)对赫胥黎(Thomas Henry Huxley)《天演论》的翻译之中。

1894年至1895年甲午战争之际,身为天津北洋水师学堂总教习的严复一边翻译《天演论》,一边写下了"论世变之亟"、"原强"、"救亡立决论"、"辟韩"等一系列重要文章。他深怀危机意识总结洋务运动失败的原因,将达尔文的进化论引进中国,揭开了以进化为新天道之序幕。[1] 严复用"物竞天择、适者生存"来说明中国为什么不能抵御西方。首先,"物竞天择、适者生存"是对当时国际关系的描述:落后就会挨打、就要灭亡,只有国家"富强",才能在国与国的斗争中取胜。这是甲午后人们很容易达到的共识。严复介绍进化论的目的在于把这种事实性陈述转化为新天道,即"进化"、"竞争"才是支配宇宙的普遍规律。

进化论和社会达尔文主义是外来思想,19世纪后半叶在西方盛极一时。据统计,1873年到1891年间,约有13种有关进化论的著作,由莱伊尔、傅兰雅等着或由华衡芳、李善兰等翻译成中文见诸书刊(表7.1)。[2] 但在甲午战争之前,进化论并未引起社会重

---

〔1〕 郭正昭:"从演化论探析严复型危机感的意理结构",载《中央研究院近代史研究所集刊》(第七期),(台湾)中研院近代史研究所1978年版,第535页。

〔2〕 金钟润:"近代中国的进化思想研究",(台湾)国立台湾师范大学历史研究所博士论文1991年版。

视。甲午后，进化论和社会达尔文主义以雷霆万钧之势在中国传播，是因为它正好符合了士大夫在宇宙论上对理学不变天道的逆反心理。既然中国士大夫接受进化论的动力，是来自对理学"天不变道亦不变"宇宙观的否定，这就使得在思想形态上，存在着两种进步观：一种是中国式的，它由逆反价值规定，另一种是西方式的，它代表西方进步的理念、进化论和社会达尔文主义的原意。而逆反价值对中国士大夫宇宙观的塑造，就表现为知识分子用中国式进化论比附误读西方进化思想同社会达尔文主义之过程。

表 7.1　甲午战前译刊中介绍进化论之书刊

书(文)名	原著者	译者	发表时间	备注
西博士新著人本			1873 年 8 月	《申报》同治十一年闰 6 月 29 日
地学浅释	雷侠儿(即莱伊尔)	玛高温、华衡芳	1873 年	江南制造局本共 32 卷(1871)年起译
谈天	侯失勒(赫歇尔)	李善兰	1874 年	江南制造局增补再版
混沌说(5)	(疑为)傅兰雅	玛高温	1877 年秋	《格致汇编》第二年第七卷
地学指略中册	文教治		1881 年	益智书会本
西学考略卷下	丁韪良		1883 年	光绪九年夏同文馆聚珍珍本(共二卷)
西学略述卷七	艾约瑟		1886 年	光绪二二年总税务司本(共十卷)
格致说	钟天纬		约 19 世纪 80 年代	
地学举要	不详、韦廉臣	慕维廉	约 19 世纪 80 年代 1890 年 3 月	《万国公报》第 16 册光绪十七年二月
生命大道		幕韦廉	1891 年春	《万国公报》第 16 册光绪十七年二月
地理初桄	孟梯德	卜舫济	1891 年秋	《格致汇编》
地学稽古论	(疑为)傅兰雅		1891 年冬	《格致汇编》
博物新闻	艾约德		1891 年春	《格致汇编》春

资料来源：冯自毅："进化论在中国的早期传播与影响"，引自金钟润："近代中国的进化思想研究"，(台湾)国立台湾师范大学历史研究所 1991 年博士论文。

确实,如果我们去分析梳理甲午后的求变进化思潮,可以发现士大夫所信奉的中国式进化论同西方进化论与社会达尔文主义本质不同。差别主要有如下两个方面:第一,西方进步观念的主流形态一直是将自然、宇宙秩序和人类社会严格区分开来的二元论。所谓西方有关进步的理念,是一种对进步的信仰,相信人类的文明向一个理想的方向发展,并认为这是人类心理和社会的本质,而不是听命于外在意愿。[1] 这里,进步所指涉的是人类社会,而非自然世界。西方之所以持这种二元论进步观,是因为它从基督教的末世论演变而来。众所周知,自从基督教诞生之后,教徒就处于对即将来临世界末日的期待和思辨之中。公元 12 世纪佛罗利斯的约阿希姆(Joachim,1131 ~ 1202 年)构造出一种社会秩序向世界末日演进的历史图式,把历史看作是一个救赎的历程。这是一种天意规定的向末世演进的历史观。约阿希姆利用三位一体理论,将与其相应的三种不同秩序在三个不同历史时期展开。第一种是圣父的秩序,第二种是圣子的秩序,第三种是圣灵的秩序。这样,历史朝着救赎即"灵"的完满"自由"发展。约阿希姆的理论在 13 世纪激起极大的反响,它如魔术般地影响了他的学生和追随者。[2] 显然,末世论的进步观只和人类有关,而不可能涉及自然和宇宙。因此我们可以说,进步理念二元论的基因一开始就由西方基督教文化决定了。

自 17 世纪之后,随着西方社会的现代转型,进步理念被激活。当今思想史研究者在强调西方 17 世纪后进步理念形成时,除了指出它和基督教的关系外,更多地将其归因于文艺复兴和科技进步。文艺复兴以后,人们相信古人不如今人,启蒙思想家主张科学进步

---

〔1〕 J. B. Bury, *The Idea of Progress* (New York: Dover Publications, 1955), 2 – 5.

〔2〕 洛维特(Karl Löwith):《世界历史与救赎历史》,李秋零、田薇译,(香港)汉语基督教文化研究所 1997 年版,第 182 ~ 195 页。

可以带动社会和道德的进步。[1] 但是正如洛维特所说，这是一种反基督教的基督教进步观。所谓反基督教，是指西方近代进步理念把《圣经》中对末世的期待，置换成对未来社会的向往，进步动力也改成科技进步和人类道德完善。表面上它与基督教相反，但实际上这种进步观的结构仍是与基督教末世说相同。[2]

所谓西方17、18世纪盛行的进步观的结构和基督教末世论相同，是指它仍保持了二元论立场，即认为社会和人类心灵在进步，而自然界却和进步无关。为什么这种来自基督教末世论的二元论进步观可以一直保持下来？其原因十分有趣。我们知道，17世纪西方开始了科学革命，当人们根据牛顿定律把天体运动看成一个大钟表，认为自然现象服从力学定律时，无疑是对基督教的严重挑战。在西方，基督教是个人道德的基础，为了避免道德规范受到自然科学新发现的颠覆，最好的办法是把心灵理性（道德的基础）和自然界看成互不相干的。这就是心物二分的二元论。在二元论哲学中，自然界是一部几何化的大机械，而人类的心灵则被永恒不变的理性所笼罩，理性背后是上帝。既然进步理念的基本结构来源于基督教，那么它当然可以被纳入二元论哲学。这样，几何化的自然界是无所谓进步和演化的。因此，在17世纪生物学世界和物理学世界一样，基本不存在演变的观念。[3] 进步只是与人类心灵道德以及社会有关。无论是末世论中的向救赎之进化，还是道德进化，与进步有关的一切被严格限制在人和社会。这种把自然界排除在进步之外的观念是如此普遍，以至于像黑格尔这样的把变化

---

〔1〕 Carl Becker, *The Heavenly City of the Eighteenth-Century Philosophers* (New Haven: Yale University Press, 1932); Christopher Dawson, *Progress and Religion* (London: Sheed & Ward, 1931); Morris Ginsberg, *The Idea of Progress* (Westport, Conn.: Greenwood Press, 1972).

〔2〕 洛维特:《世界历史与救赎历史》，李秋零、田薇译，导言。

〔3〕 包默(Franklin L. Baumer):《西方近代思想史》，李日章译，(台湾)联经出版事业公司1988年版，第71页。

看作统治宇宙社会以至于万物的一元论者,都认为"自然并没有历史",天体和自然界事物只是在那里无止境地循环往复,不能发展出新的东西,这跟人类历史的进步完全相反。[1]

达尔文进化论无疑是对当时认为自然界没有历史的主流思想一个巨大的挑战。然而,就在自然界的演化已被大量事实证明,并成为19世纪压倒地位的信念之后,在西方主流思潮中,由于二元论思想方法的影响,绝大多数人仍把人类心灵的进步和自然界的演化看作两回事。或者说,很多人把进化论严格限定于生物学,它所谈的主要是自然界的演化,这和社会及道德的进步观不是一回事。大多数人仍坚持道德理性与自然二分的立场。天亘大主教(Frederick Temple)一直认为,道德律永远屹立不变。赫胥黎晚年虽认同道德在进步,但坚持道德与自然界是两个领域,[2]这是一种经过改进的二元论。而中国的理学宇宙观本来就是以道德为中心的,将其逆反过来,只要"天人合一"结构不变,宇宙观依然和道德脱离不了关系,于是中国人认同的进步观是一元论的,宇宙的进步和社会和道德理想演进可以联成一气。

中西进步观的第二个最基本差异,是对进步模式或机制的不同看法。在西方,持类似于中国进步观那样一元论立场的,是社会达尔文主义。他们将社会和道德也归入进化之中,斯宾塞(Herbert Spencer)的哲学为典型代表。但在斯宾塞的《第一原理》、《社会学研究》等著作中,道德和社会的进化是择优汰劣的自然过程。将它引申到社会原理中,就是主张任天为治,以至于认为自由放任是最合乎进化法则的社会模式。[3] 而中国人信奉的社会和道德进化,是对理学的否定,其重点是道德理想越出现在水平向前演变。一

[1] 史壮柏格:《近代西方思想史》,蔡仲章译,第502页。

[2] 包默:《西方近代思想史》,李日章译,第424页。

[3] 汪晖:"严复的三个世界",载《学人》(第十二辑),江苏文艺出版社1997年版,第31页。

方面是道德水平随时代不断提高,另一方面因道德强调应然,人去追求应然就是改造世界。故在中国式进化思想中,总是假定人可以按照这些标准积极有为地改造社会。因此,中国式进步观极强调人为干预社会,用追求新理想的道德热忱推动社会进化,具有更浓重的唯意志论和乌托邦社会工程色彩,而并不推崇斯宾塞把社会与道德进化当作任天为治和自然选择的观点。

康有为的进化观就是中国式进化观念极形象的代表。他在《大同书》中给进化一个明确定义:“日益思为求乐免苦之计,是为进化”,即进化为快乐增加,痛苦减少。这里我们看到,在中国式进化论中,进化一方面是某一种价值水平的不断提高;另一方面,水平提高过程是人可以通过努力达到,甚至可以控制的。例如康有为把人的毛发多少作为进化程度的标准。人越进化,毛发越少。而毛发多少又是人可以控制的。康有为在《大同书》中就指出,到了大同之世,人身上除了鼻毛有防御尘埃进入体内功能须保留外,头发、眉毛、五阴之毛都应剃去。〔1〕 这种单因素直线式的进化论同社会达尔文主义完全不同。

确实,当我们去考察近现代大多数中国知识分子所认同的进化观,就可以发现他们至多只在观念的复杂性以及对自然选择的理解方面与康有为所讲的模式有所区别外,进化所涉及的领域和单线论结构是完全一样的。不仅谭嗣同、梁启超、孙中山如此,即使到新文化运动期间,胡适、陈独秀(字仲甫,1879～1942年)、李大钊也是如此。例如梁启超一生观点多变,但是他对进化观的推崇却始终没有改变过。〔2〕 他在介绍达尔文主义时,明确把进化看作

〔1〕 康有为:《大同书》,中华书局1935年版,第441、448页。

〔2〕 黄顺二:“梁任公的社会思想”,载萧公权等:《近代中国思想人物论——社会主义》,(台湾)时报文化出版事业有限公司1980年版,第95页。

是笼罩政治、宗教、风俗和历史的“大理”,[1]而且认为进步存在明确的方向,它在时间上遵循螺旋形上升的法则。据此,梁启超认为孟子所谓“一治一乱”是误会了历史真相。[2] 五四新文化运动中,陈独秀和李大钊放弃了社会达尔文主义,认同经济决定论,但经济决定论所推崇的进步观念,仍是社会顺着某种价值(如生产力)指针向前不断演进的单线论。后来,中国的马列主义者进一步接受了世界螺旋式上升的辩证发展观,但它在深层结构上仍同康有为所阐发的中国式进化理念同构。

7.4 唯气论、尚力说和辩证唯物论

进化论成为传入进步理念的载体——为什么不直接翻译达尔文的原著——严复的删改和按语及其对赫胥黎原意的曲解——《天演论》风行的原因——尚力说与中国式进步观念——严复与王船山——尚力思想与类似于辩证唯物论的宇宙观——中国式进步观念的现代表达。

只要去分析严复如何翻译有关进化论著作,以及外来进化观念在社会接受过程中如何变形,就能看出进化论在中国的传播,一开始就是用中国式进步理念来代替和重塑西方进化论和社会达尔文主义的过程。照理说,介绍西方进步理念,应该直接去翻译当时多如牛毛的崇尚进步的社会哲学著作。但由于西方二元论的进步理念与中国一元论进步观不合,使得进化论成为传入进步理念的载体。但是引进达尔文进化论的思想,为什么不去翻译达尔文的

[1] 梁启超:“新史学”,载《饮冰室文集》(之九),台湾中华书局 1960 年版,第 9 页。

[2] 梁启超:“新史学”,载《饮冰室文集》(之九),第 8 页。

原著？严复在英国留学时，早就仰慕达尔文大名，他知道达尔文的著作是纯自然科学的，显然不符合讲社会道德的中国式进化理论。因此，严复并没有去译达尔文的《物种起源》，而选择了赫胥黎不到十万字的《进化论和伦理学》，并译名为《天演论》。史华兹（Benjamin I. Schwartz）指出，严复选择这本书的一个重要原因，正在于赫胥黎在这本书中论述的是进化论和道德伦理的关系。而赫胥黎作《进化论和伦理学》之目的，是反对斯宾塞的社会达尔文主义。他不认为道德伦理也由自然选择的进化机制决定。与自然界的物竞天择的自然进化论相对立，赫胥黎认为人对自然的积极干预是属于另一个领域，这就是伦理学。严复完全了解这本书的宗旨和他倡导的中国式进化观的差别所在，因此他采用加按语、论辩式地翻译此书，达到"为我所用"的目的。严复站在斯宾塞的立场上，赞同社会达尔文主义，主张进化论与道德有关。他一面引进赫胥黎立论背后的进化论思想，同时反驳他对斯宾塞的批评。正如史华兹所说，在《天演论》一书中，赫胥黎则几乎成了斯宾塞的一个陪衬角色。[1]

严复对进化论和社会达尔文主义的"为我所用"的曲解，早在新文化运动时期就已被注意到了。傅斯年认为这种不合原意的翻译是最糟糕的。[2] 进一步研究严复是如何曲解赫胥黎著作的原意，就可以看到，严复的删改和按语都是为了把进化论表述为具有如下特点的学说：首先，社会和道德是处于不断演进之中的。而这种演进又不是像西方社会达尔文主义所认为的那样应依靠自然选择的"任天为治说"，而是应"与天争胜"。[3] 这两点恰恰是中国式

---

〔1〕 史华兹（Benjamin I. Schwartz）：《寻求富强：严复与西方》，叶凤美译，江苏人民出版社1989年版，第90～104页。

〔2〕 傅斯年："译者感言"，载《新潮》第1卷第3号，第532页。

〔3〕 李泽厚："论严复"，载《中国近代思想史论》，人民出版社1979年版，第249～285页；郑永福、田海林："'天演论'深微"，载《近代史研究》1985年总27期，第220～221页。

进化观的精髓。严复非常清楚地意识到,要强调社会制度和道德是合理的,必须借用斯宾塞的社会达尔文主义。但斯宾塞强调"任天为治",有消极无为的含义,它和"自强保种"是有矛盾的;反而赫胥黎直接把道德活动看作非自然过程的见解,可以"救斯宾塞任天为治之末流"。[1]

为了克服这一矛盾,严复对斯宾塞哲学进行了创造性重构。首先,他将斯宾塞的放任主义看作黄老之学,"任天为治"不是无所作为,而是确认生存欲望的正当性,鼓励人为此而奋斗。由此把"物竞天择、适者生存"建立在"尚力说"之上,即它是宇宙永恒的"力"在运动中表现出的法则。更重要的是,严复区分了人类社会——"群"的两种不同含义。严复认为"群"的第一重含义是"种",这是一种生物学概念,"物竞天择、适者生存"对于作为种的群之演化,无疑是不容否认的铁律。而群的另一重含义是社会内部的伦理本质。在这一层面,生物学意义上的"物竞天择、适者生存"并不适用。[2] 那么,严复又如何将人在群的内部尊重道德规范,而在群的外部应积极保国保种统一起来呢?为此,严复将物竞天择赋予道德内容,即天是有道德的,而"物竞"不仅仅是人和动物发挥自私本能求生存,正包括了有为地实现道德。也就是说,严复充分利用了赫胥黎主张人可以有为改造世界、干预自然进化的思想(不过,在赫氏那里这是属于伦理学的),并把这种积极有为的精神与斯宾塞的社会达尔文主义巧妙结合在一起,从而产生了一种中国化的社会达尔文主义。

严复的批判评论性翻译,无疑有助于达到这样一种效果:中国人不必以某一个洋人为权威,而是选择性地吸取和创造性地诠释,使得逆反价值在外来概念中找到最恰当的表达。正因为如此,《天

〔1〕 严复:"译《天演论》自序",载《天演论》,商务印书馆1981年版,第X页。
〔2〕 汪晖:"严复的三个世界",载《学人》(第十二辑)。

演论》自1898年出版后，立即风行大江南北，十几年间，就发行了三十多种不同版本，[1]成为知识界老少争相阅读的必读书。小学教师往往拿这本书做课堂教本，中学教师则用“物竞天择、适者生存”做作文题目。[2] 正如梁启超所描绘的，在甲午以后二十年中，新文化运动之前，《天演论》一直处于中国思想界霸主的地位。进化论已成为毫无疑问的新天道。

严复利用尚力说对社会达尔文主义的创造性重构，这本身说明中国式进步理念同尚力说有着不可分割的联系。道德沿着直线方向不断奋发提升，必须依靠人始终不渝的努力。在中国哲学传统中，力就是气，这样，和前面所述革命必须依附于唯气论一样，中国式进步理念也注定与气论结下不解之缘。也就是说，进步必定靠气来推动，表现在气的运行之中。在王船山对理学的重构中，已蕴涵着进步概念了。虽然，王船山提出用气来实现理时并没有太多论及理是否是变化的，即船山哲学并不直接论及进步观。但是，当把气放到第一位，而理是气在运行中的某种呈现时，无疑在理论上已经包含了真理不是一次达成，天理有逐步呈现的可能性。王船山在《思问录》、《读通鉴论》等著作中明确表示过人类祖先是“直立之兽而已”，人类的道德伦常是从无到有逐步完善的；君臣、父子、夫妇、兄弟、朋友等人伦关系绝不是未有天地之前就永恒存在的“天下之定理”。[3] 王船山曾说“燧农以前，我不敢知也，君无适主，妇无适匹，父子兄弟朋友不必相信而亲，意者仅颎光之察乎！”[4]因此，包括钱穆在内的学者都把王船山哲学解释为主张进

---

〔1〕 王栻：《严复传》，上海人民出版社1976年版，第44～45页。

〔2〕 王栻：“严复与严译名著”，载商务印书馆编辑部编：《论严复与严译名著》，商务印书馆1982年版，第7页。

〔3〕 唐凯麟：《走向近代的先声——中国早期启蒙伦理思想研究》，湖南教育出版社1993年版，第122页。

〔4〕 王夫之：《诗广传·周颂》，中华书局1965年版，第154～155页。

步甚至是进化论的。[1] 当谭嗣同把王船山的唯气论进一步发展为他的《仁学》时,进步观就立即呈现出来了。因为在谭嗣同的烈士精神中,高尚道德境界是对纲常的废除,它不是存在于现今世界,而是冲决罗网的结果。和这种终极关怀相配合的天道,只能是一种求变的进步观。王樾研究了谭嗣同《仁学》的结构,发现其中贯穿着"仁——通——日新——平等"这样的内在逻辑。[2] "日新"就是一种主变的进化哲学。

严复作为当时的"西学圣人",并没有特别从王船山学说角度来解释进化论。但是,正因为严复对西方社会达尔文主义诠释的内核是中国式的,它必定同蕴涵中国式进化观念之王船山哲学暗合。确实如此,严复用于讨论太阳系演化的正是气论,他说"万物皆始于简易,终于错综。日局始乃一气……"。[3] 在《天演论》的按语中,严复曾狠批理学的理在气先之说。他曾论证:"朱子主理居气先说,然无气又何从见理?"[4] 更何况严复把"物竞天择、适者生存"建立在尚力说之上,批判程朱理学将天理与人欲对立起来的观点,认为天演论所揭示的道理与宋儒"以理属天,以欲属人"相反。[5] 而尚力说与重视人的欲望,正是船山哲学的基本思想。并且,严复将物竞天择看作为天具有道德属性,而"群"在实现自己欲望的过程中体现了天理,这几乎是王船山理寓于气之中的某种翻版。也就是说,严复所推崇的进化论与船山哲学在结构上是一致的。

正因为力是进化的基础,在中国思想史上,尚力思潮是同进化论传播并行不悖、互相激荡的。自从严复提出鼓民力以后,一种越

---

〔1〕 钱穆:《中国近三百年学术史》(上册),台湾商务印书馆1957年版,第99页。

〔2〕 王樾:《谭嗣同变法思想研究》,第57~61页。

〔3〕 严复:"导言二·广义",载《天演论》,第7页。

〔4〕 严复:"论十三·论性",载《天演论》,第85页。

〔5〕 严复:"论十六·群治",载《天演论》,第92页。

来越强大的尚力思潮吞没了中国思想界。五四以前,其典型形态是蔡锷(字松坡,1882～1916 年)的《军国民篇》和梁启超的《新民说·论尚武》鼓吹体育和尚武精神。五四时期尚力思潮还表现为崇尚感情意志力和“诗力”;[1]《新青年》杂志在鼓吹科学民主之同时,还刊登介绍大力士霍元甲的文章。五四以后,尚力思潮进一步哲学化、体系化。如果用王船山哲学构架来看,无论梁启超所谓的“胆力”、“体力”,还是谭嗣同在《仁学》中所开出的十八种力,以及鲁迅所推崇的“诗力”,这诸多有关力和感情的说法均属于气,气也可以进一步解释为物质。因此,尚力思潮只是与进化论并行不悖的由主气唯物论所开出的推崇物质思潮的另一个侧面而已。正因为如此,自从甲午战败以后,一种极类似于辩证唯物论的宇宙观,已在当时进化新思潮中若隐若现。王船山的唯气论离唯物论只有术语之差,而王船山哲学又可以被诠释为主变的,即进化观很容易演变为辩证法的发展观。事实上,后来历史发展证明,很多知识分子是从接受王船山哲学而认同辩证唯物主义与历史唯物主义的。[2]

虽然王船山的唯气论已包含着辩证唯物论进步观所有结构性要素,但唯气论进步观要得到辩证唯物论表达,必须经历一个否定之否定的过程。本来,唯气论中气是物质、力和实践这三重含义,对中国式进步观都是必不可少的。但是当五四知识分子用唯物论代替他们认为不科学的气论时,力和实践这二重含义同物质的分离,使得唯物论不可能涵盖中国式进步理念的全部意义,它充其量只能概括宇宙秩序的进化和社会随经济发展而进步。至于用斗争来改造社会,以及实践对道德的进步的重要性,则必须用另外因素

〔1〕 郭国灿:“近代尚力思潮述论”,载《二十一世纪》1992 年 6 月号。

〔2〕 翻阅很多老知识分子以及共产党早期人物的自传,可以明显看到他们在接受辩证唯物论前曾热衷于王船山哲学。例如曹聚仁在记述自己思想变化过程时,认为自己接受唯物辩证观点,正是从王船山的史论中来的(曹聚仁:《中国学术思想史随笔》,三联书店 1986 年版,第 253～254、370 页)。

来说明。这一切要等到 20 世纪 30、40 年代,毛泽东思想对五四以来本本主义式的唯物论作出否定之后才得到改变。在毛泽东思想中,进步的动力不仅是物质和经济的,而且必须依靠对立面斗争和实践。《矛盾论》强调对立面斗争,涵盖了气的尚力表述,而《实践论》对实践的分析,使之成为人类道德进步的动力。毛泽东的两论对唯物论作出这两方面补充之后,才恢复了王船山哲学中气的完整意义。中国式进步理念终于得到一种与王船山哲学同构但更完整且现代的表述。

7.5　价值逆反之三:大同理想和共产主义

鼓民力、开民智、新民德与大同世界——知识分子的两个目标:中国富强和世界大同——《礼运篇》的结构——为什么古代大同乌托邦没有转化为一种现实的社会理想——大同社会与儒家道德理想主义和道家价值——大同乌托邦被魔化——康有为的《大同书》——大同理想与中国式马克思主义的关系。

中国式进化观对天理世界的否定与冲决罗网革命烈士精神的差别,不在于价值追求方向,而是达到目标的方式,即前者主张进化是渐变过程,它一步步慢慢地冲决罗网。而在最后追求的目标上,进化论同冲决罗网精神无本质的不同。它们都指向解除一切束缚、取消一切差别和规范限制的状态。即使对西方自由主义十分了解的严复,也是用解除束缚的程度去判别道德进化水平的高低。他认为,中国人只要解除自己身体上的束缚,如不再缠小脚、抽鸦片等而“鼓民力”;解除智力上的束缚,如放弃虚饰无实用的学术而“开民智”;解除心灵道德和社会制度上的束缚,如不民主、专制等而“新民德”,就一定可以超过西方,达到更高的进化阶段。[1]

进化论否定天理的方式是改良主义,全盘地炸毁天理世界的冲决罗网是激进主义,两者都把完全解除对人的各种束缚当作进化之最终方向或最终的道德目标。[2] 因此,那个时代无论是革命还是改良,其思想和道德热忱都指向解除一切束缚、取消一切差别的完美境界。谭嗣同的《仁学》代表了这种道德境界。而在中国的道德和社会制度合一传统中,道德理想一定会投射到社会制度,人们相信有一个作为进化最终目标和体现完美道德的理想社会存在,这就是“大同”世界。

19 世纪末 20 世纪初中国思想的重要特征,表现为当时知识分子改造社会有两个普遍的目标,就是中国的富强和世界的大同。[3] 中国富强只是达到进化的低水平标准,其目标是中国进入世界强国之林;而世界大同才代表了人类社会无冲突、无战争、无剥削、无差别的最终理想境界。正如谭嗣同的《仁学》代表了一种同儒家伦理相反的道德一样,大同社会也是价值逆反在社会观上的反映。

---

〔1〕 严复:“论世变之亟”,载《直报》1895 年 2 月 4 ~5 日;“原强”,载《直报》1895 年 3 月 4 ~9 日;“辟韩”,载《直报》1895 年 3 月 13 ~14 日。

〔2〕 其实,斯宾塞的社会达尔文主义,已蕴涵着人类社会发展逐步趋于“善”的看法。斯宾塞的《社会学原理》把社会进化看作具有如下特征的过程:社会组织日益复杂,其各部分功能日趋专业化,并且各部分能自动整合(Herbert Spencer, *Principles of ociology* [Hamden, Conn. : Archon Books, 1969])。由于斯塞主张自由放任,认为政府对经济的干预越少越好,因此有些学者认为,斯宾塞已具备人类社会发展逐步进化的最终状态是一个无政府乌托邦的思想。严复推崇斯宾塞,其进化观是中国式的,他自然接受进化朝着完美尽善方向演进的观点(王中江:《严复与福泽论吉》,河南大学出版社 1991 年版,第 251 页)。正如王中江指出,严复的自由论最大的特点在于:严复侧重于群,关心群体而不是个体的自由。而且,严复在论自由价值的根据时,明显运用《老子》和《庄子》的观点,并将它与厚生联系起来(王中江:《严复与福泽论吉》,第 229 ~231 页)。很明显,严复的进化观中也有把解除约束、取消规范作为进化最终目标的含义。

〔3〕 汪荣祖:《晚清变法思想论丛》,(台湾)联经出版事业公司 1983 年版,第 25 页。

它是对儒家主张用家庭和纲常名教来建立社会等级秩序的否定。

“大同”来自儒家经典,它似乎是儒家文化所向往的理想社会。从价值取向上来分析,“大同”有两个不同方面:一个是把天下视为一家,另一主张取消社会等级、贫富差别。“大同”是亲情全面泛化的社会,而小康世界则是宗法关系使亲情有序扩大的社会。[1] 显然,大同把世界看作一个充满亲情的大家庭,而家庭内部秩序来自于家庭成员对道德的遵从,因此,大同理想其实是主张只要人人道德高尚,社会就可达到无弊病的完美状态,这无疑是儒家道德理想主义的社会投射。但另一方面,大同又把取消制度、法律和各种社会规范的社会当作理想状态,这种思想方法与其说来自儒家,还不如说是道家价值在社会观上的体现。

我们知道,“大同”理想最早出现在儒家经典《礼记》的《礼运篇》中。《礼运篇》是战国末年或秦汉之际儒家学者托名孔子答问的著作。作为汉代的文献,它更多地反映了秦汉之交的思想。我们在1.4节指出,为了赋予儒家学说“天人合一”的结构,很多道家思想的要素在秦汉之交被吸收到儒家意识形态之中。我们认为,《礼运篇》描述的大同社会正是儒家道德理想主义吸收了道家对社会弊病看法的结果。例如大同小康之论中“讲信修睦”、“人不独亲其亲……矜寡孤独废疾者,皆有所养”来自儒家,它是孔子所说“老者安之,朋友信之,少者怀之”的翻版。而把“大同”社会称为“大道之行”,“天下为家”则是“大道既隐”的观点,明显与儒家不同,这是典型的道家思想。“选贤与(举)能”是墨家,“货恶其弃于地也……”则出于农家。[2] 可见,大同是糅杂了“儒”、“道”、“墨”各家思想汇合所创造的社会理想。

我们认为,《礼运篇》作为“纪帝王礼乐之因革”探讨合理社会

---

〔1〕 姜义华:“论‘礼’及其文化内涵”,载《中国文化》1996年第14期。

〔2〕 陈正炎、林其锬:《中国古代大同思想研究》,上海人民出版社1986年版,第91~93页。

秩序“礼”的起源与沿革的文献，在其开头作大同小康的议论，意义绝不寻常。在一体化结构之中，“礼”是治国之蓝图，是社会设计的模本。《礼运篇》继承了儒家道德理想主义用道德价值来塑造世界的心态。与此同时，吸收了道家对社会制度及其弊病的看法，把道家的规范取消主义放到礼治之上，从而提出了中国历史上第一个把取消制度规范的道德社会作为最终理想的乌托邦。这种奇妙的儒道结合，一方面，是战国末年到秦汉之交儒学借用道家“天人合一”结构以创造一种大一统意识形态的一个副产品；另一方面，更重要的是，自从魏晋南北朝中国文化的超越层面形成后，道家的无为和规范取消主义一直以道德乌托邦的形式，保存在中国文化的超越意识中。大同理想的规范取消主义，可以说是道德乌托邦在社会制度设计上的投射。

正因为“大同”在价值上包含了儒学和道家两个不同的方向，在一体化结构中，它作为一个应然世界反映在人们改造世界蓝图中时，这两个方向是不可能同时无矛盾展现的。儒家一向把道德落实于伦常等级，它所主张的理想社会只能是“长幼有序”，体现理想伦常关系的社会。用这种蓝图改造世界，应然社会是一个“至德、至善”的状态，它当然不可能包含取消社会制度的内容，更反对打破伦常等级。既然道德被等同于儒家伦理，那么大同理想中那些符合道家价值的蓝图由于缺乏道德的支持也不具实行的力量。特别是在如何实现大同理想社会的途径及方式上，《礼运篇》毫无涉及，它就不能通过儒生实现道德理想的入世精神转化为社会行动。因此这种蓝图只能想象，往往不能在社会中实践出来。特别是理学成熟之后，儒学以天理世界作理想境界，它是形式的“有”、物质的“无”。形式的“有”直接肯定了等级伦常秩序，而物质的“无”则把来自道家佛教的主静去欲，限制在一个不会破坏伦常等级的范围内。因而大同理想中那些由道家价值取向规定的理念，也被深深地埋藏在儒学的深处，不可能凸显出来转化为一种社会理想。[1]

表7.2给出了汉以后部分关于理想社会的想象。从中可见，大多数乌托邦理想和“大同”社会一样，结合了儒家的道德理想主义和道家价值。其中以儒家价值为主的理想社会蓝图或多或少地可以在儒生治国平天下或帝王仁政中表现出来，而属于道家佛教的理想社会蓝图基本不具有可实践性。我们在这表格中还可以看到，宋明理学成熟后，道家佛教式的乌托邦明显减少。它表明宋明理学的天理世界作为一种道德境界，有效地取代了道家思想的乌托邦。这时，儒生所追求的至善社会已不是真正意义上的大同，而是作为“天理”的礼，[2]即是一种理想的君、臣、父、子关系。当时，再异端的社会理想，都难以摆脱儒学的引力场，例如没有一个儒生认为理想的桃花源是可以取消家庭的。

表7.2　汉朝至清朝文献中的部分乌托邦社会蓝图

朝代	理想社会的名称	出处	思想来源
西汉	“至德”社会	陆贾《新语》	儒家
西汉	“修伏羲氏之迹，而反五帝之道”	《淮南鸿烈》	黄老(儒家)
东汉	“公羊三世”与“井田制度”	何休《春秋公羊解诂》	儒家
东汉	“万年太平”	《太平经》	道家
魏晋	“华胥氏之国”、“终北国”	《列子》	老庄和佛教
魏晋	鲍敬言的“古者无君，胜于今也”	葛洪《抱朴子外篇》	道家
东晋	“桃花源”	陶渊明《桃花源记》，《五柳先生传》	道家
唐朝		《无能子·纪见篇》	道家
唐朝	“百丈清规”	怀海《敕修百丈清规》	佛教

〔1〕 金观涛：“中国文化的乌托邦精神”，载《二十一世纪》1990年12月号。

〔2〕 上山春平：“朱子的人性论与礼论”，载《中国哲学史研究》1986年第3期，第54～65页。

续表

朝代	理想社会的名称	出处	思想来源
五代	“大和社会”	谭峭《化书》	道教
五代一宋	“海人国”	王禹偁《录海人书》	道家
北宋	“井田”设计和“民胞物与”	张载著作	儒家
北宋		李觏《平土书》	儒家
南宋	“西京隐乡”	康与之《昨梦录》	道家和儒家
宋元之际	“广有司,去县令”	邓牧《伯牙琴》	道家
明	“聚和堂”	何心隐	儒家
明清之际	“爱无差等”	傅山《霜红龛集》	儒道墨
明清之际		黄宗羲《明夷待访录》	儒家
清初		唐甄《潜书》	儒家和道家
清初		颜元、李塨、王源 《言行录》《平书》	儒家
清		李汝珍《镜花缘》	儒家和道家

根据陈正炎、林其锬所著《中国古代大同思想研究》一书的资料整理。

甲午以后,儒家意识形态被认为是不可欲的,万古不变的天理被进化论和冲决罗网的革命精神所击碎,包含着道家价值的“大同”理想才可能游离出来,被改革者重新诠释。这时,由于大同理想中的道德含义再也不是儒家伦常,而是逆反价值的冲决罗网,于是那些本由道家价值规定的内容如取消制度、差别等被注入现代和西方名词变成容纳逆反价值的框架。大同乌托邦被魔化了。[1]它迅速凸显出来,成为新时代的社会理想。在当时这种社会理想最突出的代表就是无政府主义和消灭私有制的共产主义。大同成为无政府主义和共产主义的代名词。

然而必须指出,由于否定儒家伦理的直接后果是把自由平等作为一种新的价值取向,这样,大同理想的信仰者也就成为中国近

〔1〕 金观涛:“中国文化的乌托邦精神”,载《二十一世纪》1990年12月号。

代最早鼓吹自由平等并用它们来改造社会的先行者。自由平等这些价值落实到政治上，就是主张民主、民权以及大众参政。由于上述原因，在中国现代政治文化形成过程中出现了如下重要现象：认同法国启蒙运动所推崇的价值，把自由作为新道德和公共意志，并用其作为民主共和理论根据的鼓吹者，与早期无政府主义、共产主义信仰者往往是同一批人。例如，当章太炎具有与无政府主义相似理念的时期，他开始推崇卢梭，认为卢梭“能光大冥而极自由”，是“提出民权自由”的初祖。[1] 平等价值体现在经济制度上，就是社会主义。因此，在中国社会主义是同共产主义和无政府主义一起传入的。最早较有影响的社会主义鼓吹者，是无政府主义者刘师培（字申叔，约 1884 ~ 1920 年）和张继（字溥泉，1882 ~ 1947 年）。他们曾同章太炎一起组织“社会主义讲习会”，介绍西方社会主义、无政府主义和 1905 年的俄国革命，并在《天义报》上发表《“共产党宣言”序》。《共产党宣言》的第一份中译本，就是刘师培组织翻译并刊行的。[2] 正因为平等是大同理想的一部分，中国形形色色的社会主义（无论是江亢虎的新社会民主主义，[3] 还是后来的所谓基尔特社会主义，以及浑朴的社会主义等），包括孙中山的社会主义纲领民生主义都和共产主义没有明确界限。它们之间的差别仅在于实现经济平等的方法和程序，而不是价值理念，而且它们与中国大同理想均有某种联系。

必须注意，自由、平等这些西方价值在中国虽然可以由对儒家伦理的否定导出，但它们只是逆反价值的部分，而不代表逆反价值建构理想社会的整体。逆反价值在社会观上的整体体现，是将理

---

〔1〕 朱维铮：“《民报》时期章太炎的政治思想”，载《复旦学报》1979 年第 5 期，第 43 页。

〔2〕 朱维铮：“刘师培的脚印”，载《音调未定的传统》，辽宁教育出版社 1995 年版，第 309 页。

〔3〕 杨幼炯：“民初各派社会主义之政治思想”，载萧公权等：《近代中国思想人物论——社会主义》，第 199 页。

学的宇宙秩序颠倒过来,它是形式关系的“无”和物质的“有”。这种天理境界的逆反很像佛教理论般付诸实现,即它似乎是把佛教对社会苦难的看法落实到社会制度设计的结果。[1] 因此,整体地体现逆反价值的社会理想,应该很类似于佛教。非常有趣的是,如同逆反价值在道德理想和天道观上存在典型实例一样,代表天理世界逆反的社会观也有它的典型形态,这就是康有为的《大同书》,它给出了一种类佛教式的共产主义蓝图。朱维铮曾考察了《大同书》的思想渊源,发现它同《礼运篇》所说的大同社会关系不那么大。也就是说,康有为只是利用大同这一名称,塞进了新的思想。康有为的早期著作《实理公法全书》,可以看作他创作《大同书》的思想基础。[2] 康有为在《实理公法全书》和《大同书》中,将西方价值和中国传统价值结合在一起,设计出超越国界的理想社会。[3] 其实说得更准确些,康有为的《大同书》正是把天理世界的逆反——这一种和佛教类似的“形式之无”——当作普遍公理来建构理想社会。

《大同书》把一切痛苦和社会弊病都归因为九大根源,也即存在九种差别的结果。它们是国界(国家的存在)、级界(人类分贵贱清浊)、种界(人种差别)、形界(男女形态和社会角色之差别)、家界(家庭组织)、业界(私有制和财产有别)、乱界(法律不同和社会分层)、类界(人和动物差别)、苦界(因差别而产生的差别)。康有为认为,只要消灭这九大差别,就可以消除一切社会苦难,人类社会即可达到“大同”的理想境界。这里,无论是把社会弊病和痛苦根源归因为差别和社会规范,还是把取消一切差别和制度所达到

---

〔1〕 金观涛、刘青峰:“理想主义与乌托邦——《大同书》中儒家与佛教的终极关怀”,载《二十一世纪》1995 年 2 月号。

〔2〕 朱维铮:“从《实理公法全书》到《大同书》”,载《音调未定的传统》,第 288 页。

〔3〕 萧公权:“理想与现实——康有为的社会思想”,载萧公权等:《近代中国思想人物论——社会主义》,第 39 ~ 70 页。

的至善状态的完美主义，都使人感到它不过是佛教思想方法的现代版。《大同书》中描绘进化的最终目标（即终极理想）时，佛教色彩十分鲜明。全书篇幅最长的就是论述"去家界"，康有为干脆把取消家庭等同于"出家"。他还进一步主张超脱人和动物形态之差别，甚至连神仙方术、炼丹和尸解也被视为进入大同社会后应追求的更高的进化境界。[1] 梁启超和张灏先后指出过，康有为的大同理想中有很强的佛教背景，但他们同时认为康有为的大同理想所具有的积极有为的入世取向，使其区别于佛老，只能是来自于儒家道德和社会理想的某种新形态。[2]

如同谭嗣同的新仁学主张用"以太"冲决一切罗网一样，康有为的大同境界既然作为理学中天理世界的物质与形式关系之倒置，必定主张物质的"有"，即大同不仅直指现世，而且充满了欲望和各种物质力量。因此，大同理想既可以寄托于"气"和"以太"的"通达"，也可以通过追求富强的民族、民生主义来实现，进一步甚至能引申出生产力高度发展的高科技共产主义社会。大同世界成为19、20世纪之交知识分子的广泛认同目标，预示出传统天理世界覆灭之后，20世纪社会理想的发展方向。

由大同理想所代表的中国式共产主义社会，与马克思和苏联教科书中所主张的共产主义，是一种什么关系？显而易见，大同理想的本质是一个人人道德高尚，以至于可以取消一切社会制度和货币的社会。在历史上，它曾是中国人接受马克思和苏联共产主义的传统文化基因。作为内在因素，它除了可以决定选择吸收什么样的外来思想外，也规定了中国人的共产主义实践自发模式。这方面最典型的例子莫过于康有为的《大同书》与中国共产主义实践的关系。

---

〔1〕 康有为：《大同书》，中华书局1935年版，第451页。

〔2〕 张灏：《危机中的中国知识分子——寻求秩序与意义》，第78页。

中国现代思想中，康有为的《大同书》代表了受俄国和西方马克思主义影响之前的共产主义理想。其思想虽然影响了清末民初一代人，但全文正式发表是在1935年。当时，这种中国式的共产主义在百分之百的布尔什维克看来是十分落后的了。除了思想史价值外，似乎没有共产党人认为《大同书》具有现实性。然而，只要中国人力图摆脱苏联影响，实行中国式的共产主义，在1958年大跃进和“文革”运动中，大同社会的蓝图将不以实验者意志为转移，在适当的时机显现出来。

1958年广大共产党干部响应毛泽东号召，在农村掀起共产主义公社运动时，他们对《大同书》的回忆是遥远而淡薄的。但毛泽东当时却讲到汉末张鲁在关中地区的割据政权实行吃饭不要钱，认为中国的社会主义是由来已久的，且下达文件让共产党干部阅读康有为的《大同书》。很多干部是拿着《大同书》去农村推行人民公社运动的。1966年文化大革命爆发，当私人财物被充公，消除城乡差别、男女界限，中国成为一个清一色穿蓝制服的公有制国度时，红卫兵中几乎没有人读过《大同书》。他们并不知道康有为提出的公有制和古玩归公，更不可能知道《大同书》对未来社会的描绘中，从人人有自行车到男女穿一式衣服，甚至火葬场和追悼会，都同当时的中国十分相像。这表明，当中国思想使用外来词句表达自己时，人们可以忘记其中的中国文化源流；但只要这种思想付诸实践，中国基因将比外来思想更有活力地表现出来。

7.6　无政府主义的类型

无政府主义把革命乌托邦当作当下实行的新道德——刘师培、何震夫妇的案例——师复的案例——章太炎的相对主义、个人主义与无政府主义——对全人类彻底革命的渴求——无政府主义

和佛教以及禁欲的关系——无政府主义的四种理想类型。

在理想社会等同完美道德的结构中,大同理想与冲决罗网的新道德目标紧密相联,而道德追求则必须诉诸行动。因此,大同理想与冲决罗网精神一旦转化为知识分子的实际行动,就必然会造就出一种中国历史上从未有过的追求道德目标与理想社会的行为方式,这就是无政府主义。19 世纪下半叶,无政府主义在西方和俄国风行一时,它本是庞杂的社会主义思潮中的一支。甲午之后,这种思潮与否定理学反对清政府的中国知识分子的激进道德追求一拍即合。中国的无政府主义思潮,最早出现在 20 世纪初日本和法国的中国留学生和流亡知识分子中。他们大多是有献身精神的狂热革命者。他们主张追求新道德务必落实到行动。他们反对一切现存秩序和规范,目的是创立一个无国界、无种界、无人我界、无贫富、无尊卑、无贵贱、无政府、无法律、无纲常的世界。另外,暗杀、牺牲、破坏、消灭一切差别,也是他们追求的全新道德准则。

显而易见,具有大同理想和烈士精神的知识分子,是否把这种终极关怀转化为行动和现实的道德追求,取决于大同社会在他们心目中的位置,即它是不是只代表遥远的未来。当大同社会的信仰者主张立即行动,或将冲决罗网变为当下的道德实践时,他们马上就转变为无政府主义者。刘师培、何震就是典型例子。他们在 1907 年以前,已经为逆反价值所左右。1907 年 2 月,刘师培夫妇到日本后,接受了日本社会"硬派"所谓直接行动的主张,促使他们变成激进的无政府主义者。一般说来,取消政府、废除金钱和私有制这些主张能否推到遥远未来,往往同知识分子对进化论的看法有关。进化论主张渐进和一点一滴的改革,这种天道观,自然不会把进化的最后目标提前到当下实行。如康有为虽早已萌发大同社会的构想,但他一直认为"孔子志在大同",却"事在小康",马上去实现大同会导致天下大乱。因此,只要知识分子不把进化论当作普遍天道，或主张必须用革命逻辑来代替进化观（即认为运用革命手段就可以更迅速地向理想目标迈进），取消一切差别的道德理想和无政府的大同社会也不能推到遥远的未来，那么，这些理想作为当下的道德追求，就一定要在知识分子的行动和主张中体现出来。这时，天理世界的逆反也就表现为无政府主义了。

考察清末无政府主义者的心路历程，可以发现他们和主张渐进改良的知识分子不同，大多都力图用革命、破坏、暗杀等手段来加速旧秩序的灭亡，促使理想境界早日来临。其中有部分人不相信进化论，例如师复（原名刘思复，1884～1915年）只相信知识有进化，而不认为道德完美可以通过进化来实现，他说："道德与知识，反比例之物也，知识愈开，道德往往越下，此事于百年来之欧美验之。于二十年来之中国复验之。"〔1〕刘师培也不相信进化论，他把道家的无为和不干预称为最早具有无政府主义性质，认为中国是世界上最易达到无政府主义的国家。〔2〕

如果我们要找一个否定进化论而转化为无政府主义的典型案例，这就是章太炎。甲午后，章太炎相信进化论并加入强学会，主张变法维新。他一度对严复翻译的《天演论》思想推崇备至。〔3〕1903年《苏报》案发生，章太炎入狱。在狱中章太炎思想发生了很大改变。他深深地被佛教唯识论所震撼。他反复研究《瑜伽师地论》，开始用唯识论作为认识世界、解剖人生的基本方法。唯识论认为人性中有"善"、"恶"、"无记"三种，〔4〕以此考察进化，必定会得出善在进化的同时，恶也在进化。章太炎将这种善恶同时进化

---

〔1〕 蒋俊、李兴芝：《中国近代的无政府主义思潮》，山东人民出版社1991年版，第171页。

〔2〕 何震、刘师培："论种族革命与无政府革命之得失"，载《天义报》（第六、七卷），1909年9月1日、15日。

〔3〕 王汎森：《章太炎的思想（1868～1919）及其对儒学传统的冲击》，（台湾）时报文化出版事业有限公司1985年版，第34～36页。

〔4〕 熊十力：《佛家名相通释》（卷上），（台湾）广文书局1974年版，第49页。

的观点,称为“俱分进化论”。[1] 在中国式的进化论中,世界向善的方向进化是普遍的天道,既然章太炎认定恶也在进化,那么,进化就不能保证人类可以进入无差别、无纲常的理想境界。而且,从佛教观点看,无论是天理,还是公理,同样是虚幻的,因此章太炎不仅认为进化论和人的终极关怀无关,而且任何公理甚至公共性都不具有自性。但是,唯识论断定一切皆为虚妄的根据,乃是认为一切皆为主体之建构。这种否定一切法的理本身不是虚无,它被称为“妙有”。主体和这个“妙有”之理就成为将逆反价值作为新道德之基础。于是,在章太炎身上取消一切差别的绝对平等,就作为一种至高无上的道德实在呈现出来。章太炎用它来批判和否定任何政府、人群和社会组织,汪晖称其为“否定性的自由”和“反现代的和临时性的个体观念”。[2] 其实,章太炎的相对主义和个人主义的本质,是把天理世界的逆反作为唯一存在的道德,从这个意义上讲,这仍是无政府主义的一种。

无政府主义把天理世界的逆反作为道德,它的理想形态是关系(差别)之无和物质之有,这种理想形态非常类似于佛教。正如它在社会观方面的表现为康有为的佛教共产主义,无政府主义作为一种道德理想也规定了一个极其类似于佛教的超越层面,章太炎的“五无”世界就是这方面的代表。“五无”表达了一种彻底取消一切差别的状态(包括物种、性别等),它由五个相继的环节组成。先达到无政府,然后是无聚落、无人类、无众生,最后是无世界。章太炎认为,只有消灭了人类,政府才永无复起之望。而人类是生物进化而来的,要使生物不再进化为人类,就必须消灭物种。同样,

---

〔1〕 章太炎:“俱分进化论”,载《章氏丛书》(下册),(台湾)世界书局1958年版,第861页。

〔2〕 汪晖:“个人观念的起源与中国的现代认同”,载《中国社会科学季刊》,(香港)1994年秋季号,第51~84页。

要消灭物种,就必须进一步做到无世界。[1] 表面上看,章太炎的想法十分荒唐,当世界和人类都不存在时,平等作为一种道德又何以谈起？但是,只要站在唯识论角度,一切又是很自然的。平等这种道德相当于论证世界为虚无之理,它背后是“妙有”,因而它是可以独立于世界而存在的。于是,类似于佛教的“五无”世界作为天理世界之逆反的彻底形态,同样是一种永恒的道德存在。正如王泛森所指出的,“五无”构成章太炎道德理想的超越层面。[2]

而那些相信进化论的无政府主义者,则主张立即实行全人类的彻底革命。因为,只有主张立即彻底的革命,逆反价值作为一种道德理想才能转化为当下的追求。他们认为,尽管世界在进化,但世界革命的迫切性使得大同理想不能推到遥远未来去实行。因此,相信进化论的无政府主义者大多批判革命党只谋求局部革命,因而也是无意义的。[3] 他们渴望20世纪来临时出现世界性革命浪潮,并期待每一个国家瓦解。[4] 此外,既然人类的道德处于进化之中,那么,必定可以将当时中国现存的各个思想流派依其道德完善(进化)程度分成不同等级,根据这种划分,儒家伦理处于最低等级,各种改革团体居中,无政府主义者则处于最顶层,代表着最高尚的道德。[5]

甲午之后,必须依靠有为的入世精神去冲决罗网颠覆天理世界,在当时的语境中,这种有为入世的精神是用气来表达的。正如我们在7.1节所讨论的,当人们用气来冲决束缚、打破伦常等级时,道德哲学有两个发展方向,一是只把逆反价值作为新道德,另

---

〔1〕 章太炎:“五无论”,载《民报》,第16号(东京,1907年9月),第1～22页。

〔2〕 王汎森:“章太炎的思想(1868～1919)及其对儒学传统的冲击”,第123页。

〔3〕 四无:“无政府主义可以坚决革命党之责任心”,载《新世纪》第58期。

〔4〕 匿名作者:“七国”,载《新世纪》第48期。

〔5〕 真:“革命与进化”,载《新世纪》第20期。

一个是把气(欲望)当作道德。这两种取向一定会在中国无政府主义得到表现。这样,清末民初也有两种无政府主义者,一种是不禁欲的无政府主义,即在把逆反价值当作新道德同时,还把气代表的各种个人欲望也等同于新道德(图7.1)。这种情况下,知识分子认为个人欲望的实现代表了自由,它本身就是一种新道德。也就是说,进行了"三纲革命"后,[1]消灭政府和各种差别所达到的将是充满了个人欲望和行动的世界,个人的绝对自由是至善的理想状态。因此,他们追求个人情欲的放任,认为只有个性是真实的,甚至实行取消婚姻的性解放,"欲人群进化、爱情普及、必自废婚姻始、必自男女杂交始。"[2]

另一类无政府主义者只把逆反价值作为道德,而不把人的各种欲望都等同于道德。相对于前一种而言,这是一种禁欲的无政府主义。他们除了把取消差别、反抗制度和破坏伦常作为新理想追求外,还主张实行节制欲望以求个人道德的纯粹和高尚。总之,我们可以把无政府主义分成如表7.3所示的四种类型。

表7.3 清末民初无政府主义的谱系

对进化论的态度 对个人欲望的态度	同意(但主张用革命代替或加速进化)	不认同进化论为新的天道
不禁欲	A 以《新世纪》多数作者为代表	B 《天义报》的无政府主义
禁欲	C 吴稚晖、李石曾等少数理学式的无政府主义者	D 师复的无政府主义 章太炎的无政府主义

这四种基本类型中,A、B两类为不禁欲的无政府主义,是清末

〔1〕 真:"三纲革命",载《新世纪》第11期。

〔2〕 李良玉:《动荡时代的知识分子》,浙江人民出版社1990年版,第108页。

民初无政府主义者的多数。其中 A、B 的差别主要看他们对进化论的态度。B 类型不认同进化论，其典型为刘师培夫妇所办的《天义报》。《天义报》上发表的无政府主义纲领不讲社会进化，这样，主张废国家政府、取消社会制度就和道家学说没有本质差别，而且对中国古代传统抱有极大敬意。A 类为认同进化论的无政府主义，1907 年在巴黎创办的《新世纪》周刊代表了这种主张。《新世纪》派和《天义报》派无政府主义的最大不同，是他们相信进化论，认为无政府主义不是自古就有的，而是社会进化的结果。但他们与主张渐变的进化论者也不同，强调必须用革命来加速进化。[1] 而且，《新世纪》的大多数作者都把放任个人欲望当作新道德。

C 和 D 两类则为禁欲的无政府主义。其中 D 是不相信进化论的禁欲无政府主义，对于这一类型，禁欲的力量主要来自佛教和类似于佛教的主张。章太炎是这一类型的代表，他一度想去印度当和尚。[2] 师复是另一个例子，他看到无政府主义者道德败坏对社会秩序的冲击，格外强调无政府主义信仰要求禁欲来保持道德高尚。1912 年，师复与彼岸、纪彭三人发起“心社”，社约中规定“不食肉、不饮酒、不吸烟……不结婚、不用仆役、不称种姓”等，具有极强的禁欲主义色彩。师复本人坚守不食肉的信条，他在病重之际，医生建议他吃点牛肉汤以恢复体力，却被他拒绝。师复在某种程度上可以说因固守无政府主义信条而营养不良去世。他曾专门写文章论述吃荤是不道德的，[3] 这种观点和康有为在《大同书》中讲的“去类界”有点相像。因此，师复的思想模式在某种程度上也和佛教相似。

至于类型 C，它的特点是认同进步观（用革命来加速理想社会

---

〔1〕 蒋俊、李兴芝：“中国近代的无政府主义思潮”，第 84 ~ 85 页。

〔2〕 汪荣祖：《章太炎研究》，（台湾）李敖出版社 1991 年版，第 78 页。

〔3〕 师复：“素食主义浅说”，载《民声》，第 7 号（1914 年 4 月 25 日），第 1 ~ 4 页。

的实现)但不主张放任欲望。从思想形态上讲,他们大多持王船山的主气唯物论,气只代表物质,和它相应的欲望并非全都可以等同于道德。因此,这一类无政府主义者往往也是唯物论的科学主义者。吴稚晖曾从科学角度论证不吃肉的好处,而《新世纪》派的另一位代表人物李石曾一直是一位科学的素食主义者。[1] 必须指出,在清末民初的无政府主义者中,禁欲和不禁欲之分仅仅在于他们是否把所有个人欲望当作道德。由于常识理性肯定个人欲望的正当性,当时即使禁欲的无政府主义者也没有把正常的两性关系以及人的性欲看作不道德的。实际上,主张克制人的所有欲望视两性关系为不道德的禁欲无政府主义,要等到"文革"中红卫兵运动中才充分表现出来。它是和在"文革"中中国人常识理性破坏联系在一起的。

7.7 革命乌托邦、民粹主义与拟佛学

什么是革命乌托邦——乌托邦在中国的泛道德主义属性——佛学短暂复兴的原因——为什么天理世界逆反形成的观念与佛学相似——拟佛学的定义——拟佛学对中国现代思想形成的贡献——民粹主义与大众主义、平民主义——全面逆反和部分逆反——近代和魏晋南北朝两次儒家意识形态危机之比较分析了价值逆反林林总总的各个方面,我们可以发现,无论是作为终极关怀的革命烈士精神,还是作为天道的进化论和理想社会的大同世界,在这些将儒家意识形态的内容和结构颠倒过来而形成的新价值中,有如下三个共同特征:

---

〔1〕 高慕轲(Michael Gasster):"辛亥革命前的无政府主义者",陈家秀译,载萧公权等著:《近代中国思想人物论——社会主义》,第155~156页。

第一,它是一个革命的乌托邦。革命是指这些新价值都主张冲破儒家纲常罗网和解除各种束缚。而乌托邦表现在人们把取消一切差别、规范和限制的状态视为至善和终极目标。其实,只要稍有社会生活常识就不难看出,取消国家、家庭、男女角色差别的大同社会,以及谭嗣同所谓绝对平等通达之境界,在现实生活中都不具有可行性,如果将其立即转化为现实社会制度就可能带来种种问题和灾难。人们使用乌托邦这个词时,主要用来指涉那些不具可行性的理念,它与空想是同义词。在西方,乌托邦起源于人们对于基督教某些原则的改进,把千年纪对"新天新地"的向往落实到尘世,是地理大发现和文艺复兴的产物。[1] 由于它与革命本分别属于两个范畴,故在马克思主义出现前,西方乌托邦和革命很少相联系。而在中国,乌托邦一开始就同革命互为表里,革命以乌托邦社会为目的,乌托邦以革命为表达的方式。

中国现代思想中的革命乌托邦和西方另一个重大差别是:它并不是一般意义上不可实现的理念,而是根据道德原则对未来社会的建构。固然西方乌托邦社会描绘中也会谈到乌托邦社会的法律、家庭伦理甚至个人道德,但是西方思想家向往的乌托邦社会不是根据某种道德原则建立起来的。而在中国,无论是革命烈士精神、大同社会,还是无政府主义,其价值核心都是新道德。所谓革命乌托邦,实为将逆反价值的道德顺应着"天人合一"结构和"道德价值一元论",扩张到社会制度和宇宙秩序而形成的一组观念群。正因为它具有泛道德主义的本质,无政府主义者把乌托邦原则作为当下实行的道德实践,生活在一种想象与行动不分的世界中。大同理想和革命人生观的信仰者意识到革命乌托邦在现在不具可行性,但他们从未怀疑过这些道德原则在未来是可行的。他们不

---

〔1〕 Krishan Kumar, *Utopia and Anti-Utopia in Modern Times* (Oxford: Basil Blackwell, 1987).

仅将实践这些新道德原则推到未来，而且坚信完美的社会人人必须遵循这些道德原则。如果没有坚信这种本只属想象的道德原则的，革命者也就不可能团结起来形成改造旧世界的力量。

然而，道德活动一个最本质的规定性，就是它要求人必须身体力行，一种仅在想象中成立但不需人去当下实行的道德本来是无意义的。19 世纪末 20 世纪的中国人广泛接受一种只需在想象中成立（或一万年后合理但不必立即推行）的乌托邦作为自己的道德证明：中国现代思想中的革命乌托邦，并不单纯是西方与俄国、日本等近现代思想中革命和乌托邦的传入与结合，而是中国文化中本来就存在的泛道德主义乌托邦的传承和发扬光大。我们在第二章指出，道德乌托邦起源于魏晋南北朝，它是中国文化第一次融合的独特产物。当时，无为构成了一种不同于名教只存在于想象中的价值层面，它通过内圣外王的结构融入中国文化大传统里。而在宋明理学中，由于佛教修身方法被完整地纳入儒家道德理想，一个没有气的纯粹理念世界，构成一种想象中才有的伦常关系。这是道德乌托邦发展的第二阶段。而中国现代思想中的革命乌托邦，无疑代表了道德乌托邦进一步发展的第三阶段。在漫长的历史过程中，我们可以看到道德乌托邦由隐性变为显性的不断凸显过程。

第二，新观念系统十分类似于佛学，但本质上又不同于佛学。不仅康有为的《大同书》中所描绘的理想境界和章太炎的“五无世界”十分接近佛教，谭嗣同的《仁学》也几乎是用佛学为指导写成的。据谭嗣同说，写此书是受吴雁丹所托，目的一为畅演佛教宗风，二为陈变法大义。[1] 更何况，谭嗣同把冲决罗网后充满“以太”的绝对平等通达之境界，视为一个不死的大生命，其宗教性是

〔1〕 谭嗣同：“致汪康年书·三”，载《谭嗣同全集》，第 343 页。

这样强,以至于有的学者干脆将其称为应用佛学。[1] 甚至连受过西方教育的严复,也对佛学保持极大的敬意,认为"佛不可思议"。[2] 葛兆光指出:戊戌变法前后,那些最开明最容易接受新思想的知识分子,往往都是佛学的爱好者。除宋恕(字平子,1862~1910年)、梁启超、汪康年(字穰卿,1860~1911年)、胡惟去、孙宝瑄(字仲玙,1874~1924年)外,他还举出夏曾佑(字穗僧,1863~1924年)、文廷式(字道希,1856~1904年)、周锡恩、陈宝箴(字右铭,1831~1900年)等人。[3] 事实上,五四前几乎所有在思想上有影响力的人物都受到过佛学熏陶,甚至他们的思想创新都烙上了佛学的印记。[4]

即使在新文化运动中,我们仍然看到无政府主义、社会主义、共产主义的鼓吹者,大多都和佛教信仰有着这样那样的关联。新文化运动前夕的中国无政府主义两个主要流派中,以太虚(本姓吕,法名唯心,1890~1947年)和鲁哀鸣为代表的"极端社会主义派"的社会理想,几乎直接来自于佛教。太虚本身就是和尚,因发现佛教理想与社会主义一致而主张无政府主义。[5] 鲁哀鸣以写小说《极乐地》闻名。该小说描绘了废除金钱、消灭政府、合五洲为一家的新桃花源,在社会上引起广泛回响。"极乐地"一词就是直接取自佛教的极乐世界用语,鲁哀鸣不仅在理想社会构想上类似佛教性质,他本身也把佛教作为终极关怀。最后鲁哀鸣干脆跑到杭州六和塔寺削发为僧,以出家作为其无政府主义理想的最后收场。

---

〔1〕 陈少明等:《被解释的传统——近代思想史新论》,中山大学出版社1995年版,第112~125页。

〔2〕 严复:《天演论》(真幻、佛法按语)。

〔3〕 葛兆光:"从无信本,立一切法——戊戌前后知识人的佛学兴趣",载《二十一世纪》1988年2月号。

〔4〕 麻天祥:《晚清佛学与近代社会思潮》,(台湾)文津出版社1992年版。

〔5〕 "太虚自传",载《太虚大师全书》(第五十八册),(台湾)太虚大师全书影印委员会1970年版,第194页。

正因为当时几乎在所有社会主义和无政府主义的信仰者身上,都可以看到认同佛学的成分。据说梁启超和蒋百里认为:新文化运动作为中国的文艺复兴,有可能在中国造就一种新佛教。确实,就如周恩来在青年时代也宣传过去类界、无国界的无政府主义,并公开承认它是佛教和西方混合的理想。他在1916年5月发表的《诚能动物论》一文中,认为人类的将来,是"种界破"、"国界灭"、"相跻于大同之境"。而这种理想的根据正是"儒之孔,西之耶苏,佛之释迦"。[1] 有人干脆把革命者和无政府主义者称为"金钢性的革命党"。[2] 汉口安社的入社誓言中,公然宣称:"务使阿弥陀佛的极乐国、耶稣基督的天堂实现于地球之上"。[3]

由于维新和崇尚革命的新思潮同佛学极为类似,使得佛教词汇成为中国现代语汇的一个极为重要的来源。表7.4为中文今天的惯用词汇,人们一般意想不到它们是佛教首先使用的。这些词汇大多在甲午后才进入俗世大众生活,演化为日常用口语或政治、文化术语。新思潮与佛教的互相辉映和促进不仅表现在语言上,而且还体现在各地区的革命行动中。光复南京时,各地僧人或组织僧军,或直接参加革命军。上海由灵隐寺玉皇率领,参加攻打南京联军;绍兴成立绍兴革命军,推谛闲和尚(本姓朱,名古虚,1858~1932年)为统领。[4] 20世纪初,无政府主义在东南亚佛教国家也极为盛行,它们成为当地佛教响应西方冲击的波澜壮阔抵抗运动的一部分。[5]

---

〔1〕《梭风》,第30期。

〔2〕朱谦之:《革命哲学》,泰东图书局1921年版。

〔3〕《学汇》,第346期,1923年11月11日。

〔4〕释东初编:《中国佛教近代史》(上册),(台湾)东初出版社1992年版,第89页。

〔5〕Heinz Bechert and Richard Gombrich, eds., *The World of Buddhism* (London: Thames and Hudson, 1984).

表 7.4　近现代流行的佛教来源语词

语词	须说明的词意	出处举例
一分二二一	名异实同	《景德传灯录·菩提达摩》
一分子	原指极小一点,后指全体之一	《景德传灯录·福州玄沙师备禅师》
不可思议	原指语言无法表达之微妙境界	《维摩诘经·不思议品》
世界		《楞严经》卷四
世论	原指其他宗教、学派言论	《神僧传》
博物	万物	《大唐西域记·摩腊婆国》
人道	原指人界	《业报差别经》
入理	原指领悟道理	《与智琰法师书》
入圣超凡		《坛经序》
化身		《大乘羲章》卷十九
化境		《华严经疏》卷六
信奉		《与孟尚书书》
信徒		《洛阳伽蓝记·景明寺》
条贯部分	条理贯穿,部位分明	《弘明集·正诬论》
假名	不能反映实际的概念、语言	《大乘羲章》一
伟大		《大唐西域记·伊烂拏钵伐多国》
共相		《俱舍论》卷二三
前因(后果)		《刑神认》(《南齐书·高逸传论》)
前身		《晋书·羊祜传》
前尘		《楞严经》卷二
真我		《俱舍论·破执我品》
真空		《长干寺众食碑》
真相		《洛阳伽蓝记·修梵寺》
真理		《令指解二谛义》
真实性		《南岳大师大乘止观科判》
真谛		《重答张长史书》
玄关	原指佛教入道法门	《文选·王中〈头陀寺碑文〉》

续表

语词	须说明的词意	出处举例
冷暖自知		《大日经疏》
凄凉		《洛阳伽蓝记·建中寺》
冥灭		《摩诃般若忏文》
冤有头，债有主		《五灯会元·西禅需禅师法嗣》
出现		《坛经·付嘱品》
印可		《维摩诘经·弟子品》
刀山		《三昧海经·观佛心品》
分化	原意分施教化	《坛经·机像品》
分文不值		《古尊宿语录》
分身		《高僧传·神异下·邵硕》
利他		《净土论》
删繁		《高僧传·译经中·鸠摩罗什》
差别		《百喻经·人谓故屋中有恶鬼喻》
专门	独立门户，自成一家	《大唐西域记·印度总述》
专修		《教引信证·六本》
导师	原指导引众生入于佛道者	《佛报恩经·对治品》
大千世界		《景德传灯录·希运禅师》
大我	原指“常乐我净”之我，后指集体	《涅槃经·高贵德王菩萨品三》
味同嚼蜡		《楞严经》卷八
命根		《与智顗书》
唯心	唯有内心，无心外之法	《华严经·十地品》
唯我独尊		《五灯会元·七佛》
单刀直入		《景德传灯录·旻德和尚》
四大洲		《俱舍论记》卷八
圆心	原指求涅槃圆果之心	《南海寄归内法传》
圆满		《与释智顗书》
圆融		《楞严经》

续表

语词	须说明的词意	出处举例
希望		《百喻经·贪儿欲与富者等财物喻》
常住	永存	《法华经》卷一
律师	原指善解戒律的僧人	《涅槃经·金刚身品》
安身立命		《景德传灯录·景岑禅师》
宗旨	原指佛教教义	《宋书·夷蛮传》
定力		《无量寿经》卷下
实际	原意犹言实相	《金光明最胜王经》

资料来源:《汉语大词典》(不含索引,共十二卷),前三卷,汉语大词典出版社1991年版,此表为钱文忠整理。

另外,在观念自身发展逻辑中,鉴于甲午后先进士大夫纷纷利用佛学作为建构新观念的资源,它导致清代一直处于衰退中的佛教出现某种程度的复兴。[1] 最近已有越来越多的学者注意到19世纪末20世纪初佛学有一个短暂复兴。而且这种佛教复兴的特点和原因似乎不能从佛教本身来解释。例如,葛兆光曾指出清末民初所盛行的佛教有如下的特点:首先,佛学复兴的时间为19世纪末,甚至是1895年以后的事,而在此以前,佛教状况可以说是江河日下。19世纪中叶,是佛教进入中国以后的最衰落期,到19世纪下半叶,就连佛教中的人都感到佛教的影响一天不如一天。那么,为什么在1895年后佛学会突然复兴?其次,当时对佛学发生兴趣的,主要是持新学的文人士大夫,如谭嗣同、康有为、梁启超、宋恕、章太炎等。也就是说,促使晚清佛教的短暂复兴、风靡一时的,不是宗教意义上的佛教,而是文化意义上的佛学。由于它始终是一次上层知识阶层的思想运动,所以复兴的佛学不能进入社会生活的实际领域,也不能演变为可以操作的制度和规范。

---

〔1〕 高振农:《佛教文化与近代中国》,上海社会科学院1992年版,第8~13页。

葛兆光对此的解释是,1895年甲午战败后,中国士大夫误以为日本明治维新所靠的是佛教,故开始从佛教中寻找了解西学并对抗西方冲击的精神资源。[1] 但葛氏的解释并没有涉及文化思想变迁的内在根据。虽然甲午后数以万计的中国学人留学日本,但是当时他们心目中的理想社会制度和学习的榜样,主要是西方而不是日本。我们认为,佛教短暂复兴的主要原因,是天理世界的逆反所造就的观念与佛教类似,这些新思潮在形态上极像佛学,所以先进知识分子会不约而同地到佛学中去寻找新思想。这有助于我们理解,为什么当时短暂复兴的只是作为知识分子文化的佛学,而不是民间佛教。即使是在士大夫中,也主要是那些敏感的先进知识分子对佛学感兴趣。然而,必须看到,清末民初佛教和新思潮交融互映只是一个短时期现象。五四后新思潮逐步定型,它们同佛教的差别也逐步增大。首先,作为占主流地位的新思潮反对宗教的解脱和出世倾向。新思潮大部分的基本观念可从科学宇宙观推出,或寄托于西方最新潮流,这就使之拒绝与佛教同流。十分典型的事件是20世纪20年代佛化青年与接受新思潮青年的大论战。[2] 其后果是新思潮(逆反价值所主导的理念)最终与佛教分道扬镳。20世纪20年代后,由于佛教缺少了新思潮的推动力,对中国思想界的影响也就一落千丈,以至于像太虚这样的高僧反而从谭嗣同的《仁学》和康有为《大同书》中来汲取营养,以改造佛教。[3] 也就是说,甲午后儒家的价值逆反是一种类似于佛学但本质上不是佛学的东西。我们可以称之为拟佛学。

第三,新观念系统具有民粹主义(populism)的性质。所谓民粹

---

〔1〕 葛兆光:“论晚清佛学复兴”,载《学人》(第十辑),江苏文艺出版社1996年版,第89~119页。

〔2〕 李少兵:“佛学与现代新文化——中国现代史上佛化新青年与非宗教新青年论战述评”,载《中国文化》1996年第13期,第181~190页。

〔3〕 冉云华:“太虚大师与中国佛教现代化”,载《太虚诞生——百周年国际会议论文集》,(香港)法住出版社1990年版,第2~15页。

主义,通常指那种将平等视为至高无上道德的思潮。由于崇尚平等,人民大众也就成为新道德的载体,民粹主义往往也被称为“大众主义”或“平民主义”。在西方,将平等视为新道德是始于法国大革命,学术界往往把法国大革命前的启蒙运动特别是卢梭的著作视为民粹主义的源头。在俄国,民粹主义本身源自于民粹派的政治主张,它同俄国知识分子用俄罗斯村社精神对抗西方个人主义有关。[1] 中国士大夫向来注重精英的传统,而民粹主义盛行于19世纪下半叶的俄国,因此人们通常将中国现代思想中的民粹主义看作由俄国传来。但是,事实是在中国知识分子知悉法国大革命和以俄为师之前,民粹主义的价值取向已经形成,甲午后兴起的维新思潮中已具有民粹主义倾向。

众所周知,正是1895年之后,士大夫开始兴办白话文报纸,目的是向广大人民群众普及新思想。当时凡具有新思想的知识分子,无论是主张改良还是革命,都信仰人民力量并主张到人民中去。五四时期,青年知识分子对民粹主义更是热衷,他们鼓吹大多数农民群众的解放,并如俄国民粹主义者一样,离开城市到农村中去发动民众。[2] 据李孝悌考察,这种民粹主义取向并非从五四时期突然涌起,其起源一直可以追溯到甲午之后。清末士大夫虽不如五四时期的青年那样直接信奉俄国式的民粹主义,但就注重人民、向人民做宣传以及教育人民的基本模式而言,两者是完全一致的。[3]

为什么甲午后,当儒家意识形态不可欲时,否定儒家伦理所导致的价值逆反具有革命乌托邦、拟佛学、民粹主义这三个特点?如

---

〔1〕 金雁、卞悟:《农村公社、改革与革命——村社传统与俄国现代化之路》,中央编译出版社1996年版,第259～293页。

〔2〕 迈斯纳(Maurice Meisner):《李大钊与中国马克思主义的起源》,中共北京市委党史研究室编译组译,中共党史资料出版社1989年版,第77～82页。

〔3〕 李孝悌:《清末的下层社会启蒙运动(1901～1911)》,(台湾)中研院近代史研究所专刊[67],1992,第15、223～225页。

果我们把儒家伦理分成入世有为的精神和纲常名教的具体内容这样两个层面，那么，对儒家道德的逆反就存在着两种形态，一种是在否定纲常名教内容并将其反面视为道德同时，也否定入世精神，我们称为全面逆反。另一种是只否定道德内容，不否定入世精神，我们称为部分逆反。显然，对儒家道德的全面逆反逻辑地指向佛老思想，魏晋南北朝就是全面逆反的例子。而甲午后对儒家伦理的否定不是全面逆反，只是部分逆反。革命乌托邦、民粹主义和拟佛学实际上只是在保留积极有为的入世精神前提下，仅仅否定儒家伦理内容所导致的结果。

前面我们已讲过，康有为的大同理想、章太炎的"五无世界"以及谭嗣同的冲决罗网和佛教精神的最大不同，就在于它们以积极入世为终极关怀。其实，不仅谭嗣同、康有为、章太炎如此，晚清那些推崇佛学的士大夫，虽然各人好佛的角度不尽相同，但以积极入世为最终目的却是普遍的共性。蔡元培（字鹤卿，1868～1940年）写《佛教护国论》，把中国衰落的原因归咎为傅奕、韩愈等愚儒反佛，[1]鼓吹佛教其背后的精神动力是救亡。文廷式用佛陀比康德、用龙树比拟莱布尼兹、用佛教经典来解读柏拉图，[2]目的也是了解西方以变法图强。拟佛学之所以不是佛学，是因为它不仅用积极有为的入世精神来实现佛教的主张，而且不认同入世佛教以解脱为最终目的。入世佛教虽主张救世，甚至可以参加革命行动，但入世只是手段，最后目的是解脱。这同新思潮是完全矛盾的。由于终极关怀不同，拟佛学最终都不得不告别佛教。因此，要解释为什么甲午逆反价值造就的是一种拟佛学，就必须去剖析当时为什么不曾否定入世有为精神。

如果把甲午后儒家意识形态不可欲同魏晋南北朝的格局作一

---

〔1〕 高平叔编：《蔡元培全集》（第一卷），中华书局1984年版，第105页。

〔2〕 汪叔子编：《文廷式集》（下册），中华书局1993年版，第953～956页。

比较,可以发现,魏晋之际,儒家意识形态不可欲造就的是包括否定入世精神在内的全盘性价值逆反。而甲午后却是不否定入世精神的部分价值逆反,那么,为什么当时有为的入世精神不能被否定呢？我们在5.7节讨论过,甲午后儒家意识形态被证伪时所面临的格局与魏晋南北朝不同。魏晋南北朝期间,儒家意识形态的不可欲是它所主张的理想社会蓝图不能实现,士大夫认识到儒家道德理想不可实现时,有为入世的精神先受到挫折。人们以"无为"作为新天道,而后魏晋玄学和佛教才取而代之。清末,中国文化受到西方工业文明冲击时,儒家意识形态的不可欲,并不是它主张的理想社会蓝图不能实现,而是实现后不再代表一种好的社会制度(它会使中国亡种亡国),这时知识分子否定的只是儒家意识形态的具体内容,而有为的入世精神却是对抗西方冲击所必需的。其实,清末知识阶层不否定入世精神,除了和当时历史条件有关以外,关键仍在于中国文化理性结构的内部形态。因此,我们有必要比较一下汉代的与清末的中国文化结构的差别,就能验证甲午后逆反思潮的上述三个特点。

7.8　两次价值逆反的结构性比较

为什么两次价值逆反的后果不同——入世的两重含义——两个条件限定下价值逆反的面面观——拟佛学为什么不是新意识形态的对手——从入世佛教到民粹主义——不断革命和悬置革命——能否抗击外来冲击成为理想境界可欲性的最重要判据。

汉代一体化结构只有意识形态和社会组织两个层面(图1.1),而到清代,意识形态背后还有常识理性这一构成合理性最后判据的新层面(图3.3)。而且,就儒家意识形态内部结构而言,清代和汉代也已存在显著不同。汉代道德理想中的目标是“礼”,它等同社会规范,是入世精神直接指向“礼”的实现。而在理学中,社会规范之上,又形成了一个代表道德境界的天理系统。“礼”被认为是“天理”落实到现实世界。在这种结构中,由于天理境界与“礼”分离,道德理想的追求过程就被分为两段,先是指向天理境界,然后才是将天理落实到社会制度之中。正是这种结构上的差异,所以当道德理想不可欲时,两次价值逆反出现的结果大相径庭。

首先,由于常识理性力量十分强大,它直接肯定当下世界的人生价值,否定逃避现实进入以“无”作为精神境界修身行为的意义。这使得19世纪后出现的价值逆反只能是常识理性限定之下的道德价值指涉的变化。换言之,常识理性成为中国文化深层结构,对中国思想的发展带来两个极深远的后果。第一,入世精神从此已是不可能被否定的。所谓“入世”,通常有广义和狭义之分。广义地讲,入世是指人在此世活动的终极意义,不认为存在来世或另一个彼岸世界。狭义的入世更进一步规定人必须关心社会,把社会价值看作高于个人。常识理性作为文化价值系统的后设层面,常识和人之常情的终极合理性意味着不承认人死后的神秘世界,人们必须肯定现世生活的终极意义,并把舍离此世的出家看作是违背常识和常理的。我们在3.1节提出,在常识理性的影响下连佛教也出现入世转向,把舍离此世转化为在此世间寻找解脱。因此,只要常识理性为意识形态后设层面,当知识分子意识到儒家道德不可欲,已不可能把否定世界的虚无当作新道德;而且,抵抗西方冲击需要知识分子关心社会,常识理性在肯定广义的入世时,也认同狭义的入世精神,即人必须关心社会,而不能沉溺于自我中心的独善其身。故自晚清以来,中国知识分子救世精神极为高昂,无论西方冲击如何猛烈,中国社会如何混乱、衰落,甚至山河破碎、国破家亡,知识分子从未泯灭积极有为地担当社会责任的热忱。因此,当甲午后知识分子发现儒家道德理想不可欲时,全盘性逆反已是不可能。在广义和狭义入世精神的限定下,否定的矛头只能指向道德理想的具体目标,人们用革命打破旧道德,其后果是儒家道德理想的部分逆反。我们在前面所说儒学强化事功能力的变构在儒家道德伦理被证伪前提下,其强化事功的基本结构可以与儒家伦理分离并保存下来,进而成为吸收逆反价值之框架,它的本质正是入世精神与否定儒家伦常的所导致的观念系统之结合。

常识理性成为中国文化深层结构带来的第二个结果,是任何价值系统只有从常识和人之常情推出,它才是稳定的。由逆反价值所创造或吸收的新观念如果不能用常识和人之常情证明其合理(新观念系统用常识理性导出),它就不能持久,更不能同经过理性化的观念系统竞争。例如入世佛教的最终目标是解脱,但只要把救国救民当作手段,且不宣传最终目标,它与革命乌托邦区别本是不明显的。即使如此,入世佛教也不可能与革命思潮并行不悖地发展下去。为什么会这样?因为随着理性化的进行,革命乌托邦在常识理性中找到根据,就必定与入世佛教分道扬镳。这在佛化青年与新意识形态的争论中表现得最为清楚。在20世纪20年代新思潮和佛教的争论中,革命青年除了不满佛教的宗教性和在入世中寻找解脱之外,[1]批判佛教最重要的根据是佛教所主张的共产主义等新价值没有科学根据,以及它同人权、民主这些价值不合。像蔡元培早年鼓吹佛教,但在新文化运动中却主张"科学发达以后,一切知识道德问题皆由科学证明,与宗教无涉"。[2] 我们在本书第二卷将指出,科学民主和个人独立实际上是常识理性的现代形态,因此,用科学、民主和个人独立来支持革命乌托邦而批评佛学正表明逆反价值已和常识理性中的合理性最终判据结合,马克思主义已是建立在现代常识理性之上的新意识形态,它与入世

〔1〕 李少兵:"佛学与现代新文化——中国现代史上佛化新青年与非宗教新青年论战述评",载《中国文化》1996年第13期,第181~190页。

〔2〕 蔡元培:"通信",载《新青年》,第3卷第1号(1917年3月1日)。

佛教不可同日而语。

这样，在常识理性限定之下的部分价值逆反通常有着三部曲：首先是那些原蕴涵在全盘性价值逆反造就的观念系统中但被舍离此世精神掩盖的价值先显现出来；其次是由它组成的入世佛教与部分价值逆反推动的新思潮互相辉映、相互交融；最后由于革命乌托邦与现代常识理性结合而转变为新意识形态，并终于和入世佛教产生越来越大的分歧，以至于发生激烈的论战而不得不分手。前面我们已论证了革命乌托邦兴起是如此的，只要我们详细分析中国民粹主义的兴衰，更能看到这三部曲的存在。毫无疑问，对儒家伦常的任何一种颠覆必定具有民粹主义性质。儒家伦理讲究伦常等级，主张读书人的精英主义。对伦常等级和精英主义的否定，就是推崇众生平等，在价值逆反机制支配下，平等为一种新道德，从而构成民粹主义基本结构。但是在全盘逆反情况下，民粹主义会被舍离此世精神所掩盖。在魏晋南北朝之际，众生平等的救世宗旨是包含在大乘佛教中的，因大乘佛教视此世为虚幻，平等只能更多地表现在一阐提可以成佛上。对于成佛机会平等而言，虚幻的现世是否平等是极小的事情。而且当平等与出家结合时，把平等价值落实到普罗大众，就是去普度众生。然而，只要在佛教体系中把舍离此世的取向换作积极入世，那么，民粹主义便可以从佛教教义中凸显出来。

章太炎的思想就十分典型。章太炎用唯识论来建构他的道德理想。我们在2.5节已论述过，在印度唯识论中用于论证万物为虚幻的道理，主要指向世界的现象学建构，中国佛教中妙有之理却更多地指向佛性。无论是对世界的现象学建构还是佛性，在佛教舍离此世的价值取向下，都不过是一种视世界为虚幻的解脱之门。而章太炎却用这种理来容纳包含有为入世精神在内的逆反价值，它就转变成一种主张取消一切差别的平等观。这种平等观在有为入世精神推动下，就成为一种和民粹主义类似的道德追求。也就是说,唯识论在章太炎身上,破天荒地表现为一种强烈的平民主义。章太炎在信奉唯识论之后,再也不认同西方民主和议会政治。他认为议会、政党是富人豪民的玩意。[1] 章太炎公然把佛教定义为"平民宗教",[2]他支持打击旧世界的总罢工,并于1910年创办《教育今语杂志》,其宗旨是"凡诸撰述,悉演以语言,期农夫野人,皆可了解"。[3] 章太炎的唯识论的民粹主义性质是如此明确,以至于有的研究者干脆将他称为极端的平民主义。[4] 显而易见,民粹主义出现在章太炎身上证明它只不过是入世佛学的一种变构,这种平民主义虽然在清末民初影响极大,但很快就被五四思潮中的民粹主义思潮压倒。新文化运动中的民粹主义,价值方向虽然与章太炎类似,但却是建立在经济平等观和民权普及之上,而经济平等和民权正是现代常识理性的一部分。它作为一种新道义迅速纳入新意识形态之中。而章太炎的入世佛教式的民粹主义,在20世纪20年代就已变成了思想史博物馆中的东西了。

如果说,常识理性成为意识形态后设层面造就了逆反价值具有拟佛学、民粹主义和革命乌托邦的性质,那么,宋明理学的"天理"和"礼"二分结构却规定了中国现代思想的另一些宏观特点。由于宋明理学中道德理想是"天理"和"礼"两个子系统组成的,对这两个子系统进行否定,用逆反价值充斥它,也会造就两个不同的子系统,一个为"天理境界"之否定,另一个是对现实社会制度的礼的否定。前者构成了永恒的革命道义,而后者则代表某一时期的革命对象和阶段性纲领。由于前者只需要在思辨和想象中存在,它可以是远离现实没有可能实行的乌托邦。后者却要求有切实可

---

〔1〕 章太炎:"五无论",载《民报》第16号。

〔2〕 章太炎:"总同盟罢工论序",载《章氏丛书》(下册),第858页。

〔3〕 汤志钧编:《章太炎年谱长编》(上册),中华书局1979年版,第322页。

〔4〕 王汎森:《章太炎的思想(1868~1919)及其对儒学传统的冲击》,第140页。

行性,并在革命过程中是可变的。道德境界和道德实践的分离使得在逆反价值的实践中存在着两种可能。一种是不断革命论和阶段革命论,强调完成一个阶段革命后应开始新的革命,以达到向乌托邦目标一点一点地逼近。第二种可能是将作为境界革命理想悬置起来,只作宣传而不去实行。不断革命论和悬置革命代替了传统的道德派与务实派,成为 20 世纪革命党人和知识分子中激进和保守的新分界。

在理学基本结构中,现实社会规范既然是天理境界的落实,它也就提供了判别天理是否可欲的某种检验指标。当逆反价值充斥这两个子系统时,这种检验与被检验的关系同样存在,于是通过革命而建立的新社会制度能否有效地抵抗外来冲击,也就成为鉴别理想境界可欲性的最重要标准。正如洋务运动失败的经验所表明那样,用儒家意识形态来塑造社会,国家和社会均无经济力量来实现现代化,也就是不够“富”,同样国家和社会没有现代化国防来抵御西方侵略,也就是不够“强”。于是“富”和“强”自然也就成为人们衡量新观念系统可欲度,以及某种社会制度能不能代表理想道德境界的试金石。

总而言之,从思想史演变的内在理路来看,价值逆反如何塑造新观念,可以用当时中国文化的理性结构来说明。魏晋南北朝时,对汉代儒学结构(如 2.1 节所述)的逆反,出现否定入世精神和取消社会规范的全盘虚无主义。而在晚清,指向现世的常识理性已不可泯灭,用入世精神对理学结构(如图 3.4 所示)的逆反,所导致的是一个革命乌托邦。这一乌托邦理念落实到现实中,必须能使中国走向富强。这一逻辑规定了甲午后由价值逆反原则创造出来的种种新观念的原始形态,以及逆反心理所主导的社会思想发展的大方向。

第八章　第二次融合的逻辑

西方近现代思想变迁错综复杂，气象万千。但是归根结底，它由两条基本线索交织而成。一条为基督教文化对科学革命的响应，它使得二元论和多元主义成为西方现代文化的主导结构。另一条是不同于道德（向善的意志）的正当性——权利概念的形成，并且成为西方现代价值的核心。中国近现代以来，逆反价值对西方思想的选择性吸收和创造性重构，同样可以用这两条线索在中国现代思想中的展开来说明，这就是科学一元论对二元论理性主义的取代，以及权利的道德化。它使得在西方本是作为现代性批判而存在的马克思主义，成为现代中国的主导思想。

8.1　西方近现代思想变迁的大趋势

过程比结果更重要——两张关系网的整合——基督教对科学革命的回应——心物二分的理性主义——流变对实有的颠覆和辩证唯物论兴起——理神论与欧陆启蒙运动——从心物二元论到价

值多元主义。

在第七章,我们不厌其烦地分析价值逆反所造就的新观念理想类型(ideal type)以及它们的总体特征,目的是想探讨在第二次融合过程中,中国文化是如何选择和接受西方思想的。既然我们已经论证了甲午后中国士大夫萌发的激进思想是价值逆反的产物,而且它们与20世纪共产党文化同构,那么,中国共产党文化的兴起并占据20世纪主导地位这一事实,本身已证明逆反价值与第二次融合结果之间的内在关系。但是,比较第二次融合过程的一头和一尾,充其量只能说明融合结果,尚未刻画融合过程。而对于思想史研究,分析其演化过程往往比结果更为重要。一旦撇开最终结果去看过程本身,就立即会陷入一张变动不已、无法把握的大网:一方面西方近现代观念本身就处于不断演进之中;另一方面,逆反价值的呈现和中国社会危机直接相关,有一个复杂多变的社会背景及发展过程。在分析每一个重要观念在近现代的变迁时,我们都能明显感到中国特有的价值和思想方法对西方文化有所选择,并再诠释。许许多多外来价值观念的引进、形变再引进,以及它和社会其他因素的互动过程十分复杂,以至于难以整体把握。

为了使中西文化碰撞融合的具体过程整体而清晰地显现出来,就必须去考察两张关系网。第一张关系网是西方近现代思想变迁的内在理路,它包括西方社会主流价值系统展开的历史大脉络,以及对它的批判和否定所引致的流变和分叉。第二张关系网是甲午以后一百年中国人理解接受西方现代文化的概念结构,也就是价值逆反所主导的中国文化所依据自身意义展开的脉络。所谓研究文化融合中逆反价值对西方思想选择性吸收和创造性重构的具体过程,正是去考察这两张网如何互动。在第七章,我们已经概括论述了逆反价值的结构和它展开的网络。本章我们要做的是先疏理第一张关系网,给出西方近现代思想变迁的大趋势。只有在这个大背景中,才能理解中国本土逆反价值对它们的再诠释是在哪些关节点发生,并如何把西方思想意义变化中的某一部分作为寄生对象。

西方近现代思想变迁错综复杂,涉及面极广,要给出一个简明清晰的意义展开脉络,几乎是不可能的。但是如果我们以中国思想为参照系,集中关注文化系统的核心价值和终极关怀,就可以发现西方近现代文化的深层结构由两条主线组成。第一条线索是基督教对科学革命的响应,其后果是形成主导西方整个近现代思想的心物二分二元论理性主义。对这一主流心态的挑战和否定,产生了浪漫主义、一元论的科学主义和辩证唯物主义、法西斯主义等等。第二条线索是不同于道德(向善的意志)的正当性——权利概念的出现,在启蒙运动中它成为西方现代价值的核心,构成 17 世纪以来崇尚市场经济和个人自主性的自由主义思潮。对这一主流心态的否定,是权利道德化所导致的民粹主义、无政府主义和社会主义思潮等。实际上,在中西文化第二次融合过程中,中国的逆反价值对西方文化的选择性吸收和创造性重构,正是要研究分析中国文化与西方近现代占主流地位的二元论理性主义的关系,以及逆反价值对科学一元论的吸收和权利道德化等过程。也就是说,在中国由价值逆反展开的观念变迁关系网与西方近现代思想展开关系网的互动,可以分别从这两条线索来把握。

我们先来分析第一条线索。在西方宗教改革时期,自然界被看作有别于信仰的可以征服和控制的外在世界,二元论萌芽已蕴涵在基督教的入世转向之中。但是在科学革命之前,基督教并没有遇到真正的挑战。笼罩着西方近现代主流思想的是心物二分理性主义,它诞生于 17 世纪,是基督教文化在科学革命冲击下的创造性转化。西方思想史中,继宗教改革以后最重大的事件就是科学革命。牛顿定律确立了自然界几何学、力学的图景。这种面目一新的自然观,对基督教产生了巨大冲击。由于宗教是西方人的道德基础,为了避免被自然科学观念革命颠覆,基督教所规定的终极关怀和社会道德规范就必须克服基督教与几何学力学自然观尖锐的冲突。心物二分的理性主义就是在这种历史条件下产生的。所谓心物二分,是把人的心灵和自然、宇宙分成两个互不相干的领域。信仰、理性和道德是一回事,宇宙秩序和自然现象又是另一回事。这种二元论理性主义,与欧洲大陆和英国的略有不同。在欧洲大陆以笛卡尔二元论为代表。笛卡尔把整个自然界看作由物质组成的大机器,即便是动物,由于它们没有灵魂和感情,也被视为机器,同样服从几何与力学定律,可以用科学方法来研究;而人的理智和心灵则同物质世界分隔开来,作为另一种存在。[1] 这样,世界被赋予某种心物二分的二元结构:一方面是类似于钟表的物质化机械化自然界;另一方面是人类的理性和信仰,特别是从思维着的自我可以推出上帝的存在。[2] 在这种结构中,道德作为人类理性的产物(它可以是来源于上帝的)和自然界无关。以笛卡尔哲学为代表的心物二分理性主义,在不同的领域中有不同名称,很多时候它被称为新古典主义,有时简称为理性主义。它在相当程度上代表了西方欧陆近代观念的主流形态。[3]

就把心灵与自然严格划分成两个领域而言,英国启蒙思想与欧陆一样,持坚定的二元论立场。但英国的理性主义和笛卡尔哲学稍有不同,其主要差别在于如何处理理性和道德的关系。英国启蒙思想家大多把道德看作信仰的结果,而对能否从理性推出道德存疑。自 17 世纪到 19 世纪,西方社会思潮随着资本主义兴起和科学技术革命而突飞猛进,顺着笛卡尔的理性主义和英国启蒙思想,发展出欧陆理性主义和英美经验主义两系。无论这两系表现

〔1〕 René Descartes, *Descartes:Philosophical Writyings*, ed. Elizabeth Anscombe and Peter Thomas Geach(London:Nelson,1966).

〔2〕 E. J. Dijksterhuis, *The Mechanization of the World Picture*, trans. C. Dikshoorn(Princeton,N. J. :Princeton University Press,1961).

〔3〕 Albert G. A. Balz, *Descarter and the Modern Mind* (1952,1967).

出多少差别，上述心物二分的理性主义也为两系共同推崇，即将道德、信仰与自然界分开的二元论结构一直没有改变过，它是西方近现代思想的主流。因此，我们可以用笛卡尔二元论为例，考察对其批判、否定后会产生什么样的新观念。

显然，批判及否定理性的划一、普遍化和忽略人的感情，可以导致推崇个性、情感和非理性创造力的浪漫主义。而从思想的基本结构来讲，从内部否定心物二分理性主义，又有两条理路：一条是机械唯物论和无神论，它直接否定精神独立于物质而存在，把理性和心灵看作物质的属性；另一条是质疑和否定作为理性基础的永恒不变之实有。包默(Franklin L. Baumer)在评价笛卡尔二元论时曾这样写道："笛卡儿和他所属的整个理性主义者集团，可以说创造了一个新式的'古典'宇宙：调和、合理、几何化，可以用永恒本质或本体对它作究竟的说明"。[1] 在这种宇宙观中，虽然物质在运动变化，但仍存在着永恒不变的实有和秩序。特别是作为道德基础的心灵，也被不变的理性规则所笼罩。包默将其称为"实有凌驾流变"。[2] 对永恒实有的否定，就是主张一种流变观。显而易见，一旦出现某种历史契机(比如这种二元论的理性主义碰到某种困难，如不能解释科技新发展或现代资本主义危机等)，对心物二分二元论理性主义的否定，就展现出西方近现代价值另一种演进方向。它们犹如树木的分叉，生长在西方近代思想演进的主干上。

我们知道，自从二元论诞生以来，唯物论、无神论作为对二元论的批判和基督教思想一直并存着。据包默的看法，18、19 两个世纪西方思想发展的总趋势就是流变对实有之颠覆。他甚至认为，到 20 世纪初，流变凌驾于实有之上，取得彻底的胜利。[3] 当然，在

---

〔1〕 包默(Franklin L. Baumer)：《西方近代思想史》，李日章译，(台湾)联经出版事业公司 1988 年版，第 45 页。

〔2〕 包默：《西方近代思想史》，李日章译，第 38～51 页。

〔3〕 包默：《西方近代思想史》，李日章译，第 477～491 页。

20世纪初作为西方近现代主流思想的心物二分理性主义是否真的已经被颠覆，可以仁者见仁，智者见智。但毫无疑问，各种否定二元论主流价值所展开的流派由隐到显，逐步形成强大的思想潮流。它们作为对西方近现代主流思想的批判反省而存在，同时也代表着某种现代价值。例如，辩证唯物论就是否定心物二分的理性主义的集大成者。它用物质一元论代替二元论，用发展观代替永恒实有与不变理性，从而构成了一种与心物二分理性主义相反的意识形态。

辩证唯物论的成熟是通过两个环节实现的，一是启蒙运动反对宗教权威，二是对启蒙思想本身的批判。欧陆18世纪的启蒙运动，是二元论理性主义战胜宗教确立自己权威的时代。欧陆启蒙运动的主调，是笛卡尔式的心物二分理性主义得到充分发展。在法国，它以理神论(deism)和百科全书运动为代表。而康德哲学否定了理神论，把二元论理性主义提升到一个新高度，成为启蒙思想的集大成者。比较康德二元论哲学与笛卡尔二元论，就可以看到心物二分理性主义在启蒙运动中是如何壮大，并日益同宗教划清界限的。笛卡尔的二元论把自然界与理性区分成两个领域，理性是思考着的心灵，它可以推出上帝的存在。而康德却在事实与道德价值、本体之间划出界限。这样，理性主义从17世纪的"上帝—自然"二元论，演变为现代的"价值道德—事实"二元论。二元论的内容现代化了，但心物二分的基本结构却没有变化。正如史壮柏格所说："对笛卡儿而言，我们有两种领域，物质的领域与心智的领域，一种是必然的领域，另外一种则是自由的领域，康德也认为如此，但笛卡儿觉得物质世界是完全可知的，而康德则不认为如此。"[1]对康德二元论哲学的整体性反叛，奠定了西方辩证唯物主义的哲学基础。我们知道，马克思的辩证唯物主义有两个来源，一个是黑格尔的唯心主义发展观，另一个

〔1〕 史壮柏格(Roland N. Stromberg)：《近代西方思想史》，蔡仲章译，(台湾)桂冠图书股份有限公司1993年版，第339页。

是费尔巴哈的唯物论。而无论是黑格尔哲学还是费尔巴哈学说，都是基于对康德二元论哲学的否定。因此，西方辩证唯物论哲学可以说是批判启蒙思潮的结果。

由此可见，如果从基本结构演化角度来梳理西方近现代思想的变迁，它表现为作为主流形态的心物二元论结构自身的细化、改变名称，日益发展成今天的价值多元主义。在这个主流结构展现过程中，经常伴随着对它批判和否定形成的各种分叉，如19世纪上半叶的浪漫主义和文化民族主义、19世纪下半叶和20世纪的社会达尔文主义、马克思主义和法西斯主义等。在西方，无论否定二元论结构的批判思潮多么强大，或以什么样的新面目出现，它们却一直是作为主流结构的补充而存在的。

8.2　为什么科学一元论取代二元论？

中外思想在世纪之交演变的相反趋势——进化论的普及与1890年至1914年欧洲思想危机——科学一元论和新二元论的两种新进步理念——唯物论和反理性主义的兴起——科学一元论传入放慢——天理的衰落和公理的兴起——公德与私德的分开——1900年至1915年的中国知识分子较为了解英美思想——逆反价值如何成为接受西方文化的意义结构。

在上述西方现代思想演变的大背景中，中国文化如何选择性吸收西方文化并完成由传统到现代形态的转化呢？显然，传统儒家意识形态的“天人合一”和“道德价值一元论”作为中国文化大传统，与西方二元论理性主义是格格不入的。因此甲午战败前，中国可以接受西方近现代思想中与船坚炮利有关的科学技术，甚至发生了基督教影响下的大规模的太平天国运动，但唯有对二元论理性主义最难理解。我们在第六章谈到,洋务运动中西方影响只有边缘位置。在处于边缘地位和各种外来影响中,中国人最陌生的恰恰是西方近现代思想中占主流地位的心物二分理性主义结构和价值多元论。正如张灏所说,甲午前无论西方冲击多么猛烈,思想界却普遍漠视西方价值。如在当时主要思想家陈澧(字兰甫,1810~1882年)、朱次琦(字雅圭,1807~1881年)、俞樾(字荫甫,1821~1907年)、黄以周(字元同,1828~1899年)的著作中,几乎看不到西学影子。[1] 甲午后人们意识到儒学意识形态不可欲,中国士大夫原有的意义世界粉碎了,西方思想开始如火如荼地传入。表面上看来,中国知识界对西学的接受,一时出现了所谓"梁启超式"的输入,即无组织、无选择、本末不具、派别不明、惟以多为贵。[2] 但是只要中国知识分子力图将外来思想和价值整合起来,他们立即需要处理个人道德、社会正义和宇宙论的互相关系。正如我们在前面反复论证过,当儒家伦理不可欲、价值逆反普遍发生时,价值中主宰个人道德、社会正义和宇宙论互相关系的仍是"天人合一"与"道德价值一元论"。

这样一来,在中国无论是传统儒家意识形态占主导地位的时期,还是儒学被证伪、逆反价值占主导地位的时期,思维基本模式均为一元论所笼罩,中国文化缺乏接受西方现代二元论理性主义的心态。唯有1900年庚子事变后的十几年例外。当时,清廷一方面坚持僵硬的官方意识形态,不遗余力地维护纲常名教,另一方面在西方压力下却不得不实行学习西方社会经济政治制度的新政。在这种形势下,广大儒臣不得不把儒家道德同社会制度宇宙论划分成两个领域,这就破坏了儒学的"天人合一"结构和"道德价值一元论",我们称之为儒学被迫实现了下意识的现代转化。这时,社

---

〔1〕 张灏:"晚清思想发展试论——几个基本论点的提出与检讨",载《近代中国思想人物论——晚清思想》,(台湾)时报文化出版事业有限公司1980年版,第27页。

〔2〕 梁启超:《清代学术概论》,台湾中华书局1963年版,第71页。

会精英的普遍心态变成一种类似西方二元论的结构，这就是所谓二元论儒学，它在整体上是比较接近二元论理性主义的。但正是在这一段时间，西方主流二元论理性主义恰好陷入困境，它的影响力远没在这之前和之后有力。也就是说，只要我们去考察西方思想变迁之网如何与中国逆反价值展开之网碰撞，就可以看到这两张网的演化正好处于相反的趋势。

今天思想史研究者把1880年至1914年这段时间称为欧洲思想危机的时代。[1] 所谓欧洲思想危机，并非指某些领域和某些价值受到挑战，而是西方17世纪末奠定的整个近现代文化结构出现了被颠覆的危机。发生危机的原因除了资本主义引起各种社会问题外，从思想史内部来看主要是由于进化论的普及。为什么进化论作为生物科学的进展会对整个西方近现代思想造成那么大的冲击？关键在于：进化论所涉及的恰恰是心物二分的二元论理性主义基本结构。我们在7.3节指出，二元论理性主义有一个基本出发点，就是把进步严格限定在人类心灵和社会中，自然界则遵循几何学和力学定律，是没有历史的。但是，进化论的发现立即使这种哲学显得虚妄，因为不仅自然界在进化，而且其演化机理同人类心灵、社会的演化并没有本质差别，甚至人类也是由猿进化而来的。笛卡尔式二元论理性主义本是西方近现代思想的基本结构，它一旦动摇，整个西方近现代文化就受到强烈震撼。这是17世纪西方进入近现代社会以来空前的思想危机。当时宗教与科学的大论战日趋激烈，原来认为二元论理性主义已解决的道德、终极关怀和科学之间的冲突再次爆发。

在欧陆和英美，为克服二元论理性主义的困境而产生的新思潮不尽相同。英国对达尔文进化论造成思想危机的响应，可以归结为新进步理念的形成，其中分为新二元论和科学一元论。我们

---

[1] 史壮柏格：《近代西方思想史》，蔡仲章译，第571～635页。

可以用不可知论和斯宾塞的社会达尔文主义来分析这两种思潮的差别。斯宾塞推翻了古典式二元论式进步观,把达尔文发现的进化机制推广到人、社会和整个宇宙。正如韦布(Sidney Webb)所说"主要由于孔德、达尔文与斯宾塞之努力,我们现在已不能再把理想社会想象成一个不变的国家。社会的理想,已经从静态的变成了动态的。社会有机体之必然经历不断的成长与发展,已成为一项公理"。[1] 这里,已经把原来仅属于自然界研究的科学理论,作为建构道德、社会制度的基础,这是一种科学一元论。而"不可知论"(agnosticism)为赫胥黎所倡导,它和历史上的"知者"(gnostics)相对立。不可知论主张对无法证明的事情不乱下结论,[2]这是一种纯粹的科学精神。根据这一精神,道德、宗教、社会制度等不同领域不必统一起来,它们可以各自服从自己的价值法则,其本质仍是一种多元主义的立场。实际上,不可知论只不过是心物二分理性主义的新形态。和"不可知论"类似的各种新二元论在英美影响极大。新二元论同社会达尔文主义一起,直接推动了英美经验主义的进一步成熟。

而在欧陆,除了流行科学一元论和形形色色的新二元论外,和英美最大的不同是:现象学、唯物论和反理性主义的兴起。现象学一反西方近现代心物二分的传统,提出一种从主体意向性出发的一元论哲学。它的影响主要限定在学术界。在社会层面上,声势浩大的是唯物论和反理性主义。唯物论自 19 世纪 30 年代开始显现,但只有到达尔文进化论流行之后,它才成为一种普遍的社会思潮。[3] 海克尔(Ernst Haeckel)的《宇宙之谜》(*Riddle of the*

---

〔1〕 Sidney Webb, "Historic", *Fabian Essays in Socialism* (London: George Allen and Unwin, 1931), 29.

〔2〕 Thomas Henry Huxley, "Agnosticism", *The Nineteenth* Century, vol. XXV (February 1889).

〔3〕 包默:《西方近代思想史》,李日章译,第 367 页。

Universe at the Close of the Nineteenth Century, 1900)是唯物论进步观的典型代表。海克尔是德国生物学家,因宣扬达尔文进化论而被称为达尔文在德国的斗犬。他提出物质一元论,把物质与人类社会统一起来,认为物质是在不断进化之中的。它为人们接受辩证唯物论提供了基础。19 世纪末,除了和辩证唯物论一起勃兴的马克思主义和活力论、唯能论外,欧陆另一种越来越盛行的思潮是反理性主义。既然传统的理性主义是错的,那么,理性就被看作束缚人类创造力的桎梏。人们开始崇尚意志。在尼采提出"上帝死了"的道德基础危机中,违反道德的"凡事皆可为"风气兴起。这种趋势一旦同反犹主义、帝国主义及种族主义结合,就指向 20 世纪初的法西斯主义。〔1〕 在这形形色色的思潮中,虽然社会中坚所信奉的一直是新形态的二元论理性主义,但科学一元论、辩证唯物论、反理性主义也声势浩大,极易吸引人们的心智。

在上述 19、20 世纪之交西方现代思想演变的背景下,中国经历了甲午战败,从此进入社会与思想的全面转型时期。甲午战败对思想的冲击是证明儒家意识形态不可欲,它使得中国文化在吸收和整合西方价值和思想时出现了两个新因素:一个是逆反价值。它同科学一元论、唯物论和社会达尔文主义一拍即合。另一个是儒家被迫实行现代转化。正如第五章所说,它存在用今文经学重新阐述儒家经典与二元论儒学两种转化途径。二元论儒学在某种意义上有点接近西方二元论理性主义。紧接着戊戌变法失败,宣告儒学利用今文经学进行现代转化是虚妄的。社会主流思想在一时间内只能是二元论儒学。这一切使得 1895 年到 1914 年这二十年间中西思想的互动呈现十分微妙的状态。

首先,1895 年至 1900 年间,二元论儒学尚未形成之前,社会主

〔1〕 汉娜·鄂兰(Hannah Arendt):《极权主义的起源》,林骧华译,(台湾)时报文化出版企业有限公司 1995 年版,第 79、203、251 页。

流思潮一度以逆反价值接受社会达尔文主义为主线。严复用《天演论》来表达中国式进化理念就是这方面最好的例证。虽然,甲午后西方的唯物论和科学一元论与中国的逆反价值一拍即合;但随着1900年的庚子事变迫使清廷推行新政,广大儒臣不得不把儒家伦理同社会制度划成两个不相干的领域,他们的心态变成类似于二元论那样的结构。这时,即使西方二元论已受到挑战,但中国接受和整合西方思想的基本结构却变成了最容易理解17～18世纪的思想状态。于是中国文化出现了一个相对倾向于西方二元论理性主义时期。基于二元论心态,逆反价值的蔓延受到控制,西方唯物论传入中国比社会达尔文主义晚了十几年。众所周知,在西方,唯物论进步观同社会达尔文主义几乎是同时产生的。从结构上讲,唯物论进步观比社会达尔文主义更接近中国逆反价值的气论结构,但海克尔的唯物论进步观代表作要等到新文化运动爆发时才译成中文,比社会达尔文主义的传入几乎晚了一代人的时间。这显然同1900年后中国社会思想被二元论儒学笼罩有关。一般来说,自甲午后严复翻译了《天演论》,"物竞天择,适者生存"无人不晓,进化论称霸中国思想界三十年。但是,只要我们去比较1900年至1915年间人们所认同的进化论与严复主张的进化论,就可以发现两者之间的微妙差别。严复翻译《天演论》的一个直接动机,是证明道德随时代进化。而1900年后知识分子大多把进化论限定在社会制度和宇宙秩序,并没有包括个人道德和家庭伦理。也就是说,在1900年至1915年间科学一元论被打了折扣,道德和宇宙已被划成两个不同领域。

事实上,正因为1900年以后个人道德、家庭伦理和宇宙论被划分为两个不相干的领域,"公理"才可能迅速兴起并代替传统的"天理"。罗威廉(William T. Rowe)曾注意到晚清"政治词汇"的变化:包含在"公论"、"公务"中的"公"被人们广泛使用,一种同西方public十分相似的"公共"概念被精英接受,成为讨论政治问题的新参量。[1] 1908 年,章太炎在描绘当时社会思潮时曾讲过一句很形象的话:“昔人以为神圣不可干者,曰名分。今人以为神圣不可干者,一曰公理,二曰进化,三曰惟物,四曰自然。”[2]为什么在新政期间,人们在表达宇宙规律和社会正义之时,普遍用“公理”一词,而不再用以前的“天理”?公理取代天理并不能单单用晚清社会公共空间的形成和民间社会扩大来解释。我们知道,中国历代县以下从来就是民间自治,在绅士的权力结构中,非官方的公共空间从来是存在的。而且在中文中,“公”一词一直有超越个人和家庭之外的公共领域之含义,它早在《诗经·国风》中已经运用。既然“公”作为一种普遍价值出现得相当早,那么,为什么“公理”要等到 20 世纪初才成为普遍而公共的道理呢?

我们认为,正因为在中国“公”代表了一种超越个人、家庭之外的领域并有着正面价值,在“天人合一”和“道德价值一元论”体系中,它是不能用来代表普遍真理的。普遍真理——天道,是一个把宇宙秩序、社会正义和家庭伦理整合在一起的东西。例如像孝道属于家庭关系范畴,在领域上等于“私”,但它却是天理,因此,在“天人合一”结构和“道德价值一元论”支配的话语体系中,“公”这一概念从来未曾用来表示天道。在理学中“公”的意义仅在于和“私”对立。而“私”这一概念只有当个人或家族行为和伦常无关或明显违背纲常时才能运用。这样一来,和“私”对立的“公”的运用也受到了限制,它不能用于表达“天人合一”家庭与国家同样条件下最普遍的正义和道理。只有当宇宙规律、社会正义和家庭伦常、个人道德划开界限时,用来表达个人家庭之外道理的“公理”才能成为宇宙规律和最普遍的社会正义的代名词。这里我们看到,公理和天理不同,天理是一元论的理,公理在当时则代表了一种二元

---

〔1〕 William T. Rowe, “The Public Sphere in Modern China”, *Modern China*, vol. 16, no. 3 (July 1990).

〔2〕 章太炎:“四惑论”,载《民报》,第 22 号(东京,1908 年 7 月)。

论的理。公理的普遍使用表明中国知识分子的心态一度出现了类似于二元论的结构。

宇宙规律、社会制度和家庭伦常、个人道德发生二元论式的断裂,意味着儒家伦理在普遍观念层面开始退出宇宙和社会制度领域,这时必须用新的道义来填补儒家道德退缩所导致的空缺。如果说进化论可以作为宇宙规律的新内容,是某种公理的话,那么,面对社会正义领域巨大的价值真空,思想家必须对公共道德进行新的建构。对"公德"进行具体建构的典范性文献是梁启超的《新民说》。1902 年梁启超在日本横滨出版的《新民丛报》上以"中国之新民"为笔名,长篇连载了《新民说》的内容。梁启超指出,中国人的道德意识虽很早发达,但表现在生活中,却"偏于私德,而公德殆阙"。他认为,君臣、父子、兄弟、夫妇、朋友,都是"一私人对于一私人之事",因此与此相关的道德是私德。中国人讲个人道德修养,向内反省虽极有价值,但这只是一种个人的道德。在中国传统道德中完全缺乏指向公共事业如国家、群体利益的价值。梁启超论证道,私德并非不善,而是不足。要救中国,必须建立公德,这种公德是中国传统文化中完全没有的东西,必须向西方文化学习。但公德不能代替私德。公德成就于社会国家,私德则成就于个体。根据这一道理,他把西方重知识、重程序、重权利、重民族、重国家的现代意识引进,认为这正是中国人所必须确立之公德。〔1〕显然,公德和私德的并列,最形象不过地表达了家庭伦理的社会正义的二元论。事实上,正因为梁启超的公德力图填补家庭伦理与个人道德之外的价值真空,《新民说》的发表犹如一个晴天霹雳,在当时知识分子心中引起巨大的震撼。不仅被知识分子广泛传诵,甚至

---

〔1〕 梁启超:"新民说",载《新民丛报》,第 1 ~ 11 期、第 38 ~ 41 期、第 46 ~ 48 期(日本横滨,1902 ~ 1903)。

影响到当时出版的小学教科书。[1] 毛泽东青年时代曾建立“新民学会”，直至今天我们仍可发现，很多中国人引用“新民”作为自己的名字，可见《新民说》影响之深远和巨大。《新民说》的普及意味着公共领域正式与家庭和私人领域断裂并开始独立出来，这是中国心灵现代性的开始。这一切证明，1900 年至 1915 年这段时间是中国主流思想大结构最接近西方二元论理性主义的阶段。

如果以西方近现代思想演进为参照系，中国知识分子对西方现代思想的了解，是一个和西方相反的过程。在西方先有笛卡尔和康德的二元论，对它们的否定才是社会达尔文主义和科学一元论。而中国知识分子先接受社会达尔文主义和萌发革命乌托邦追求，后因二元论心态，才发现笛卡尔和康德学说的意义，即到新政期间具有新思想的士大夫才开始推崇康德的学说。笛卡尔和康德的二元论哲学与经改造过的王阳明心学成为很多知识分子阐述二元论儒学的基本结构。清廷则以西方国家作为现代化的榜样，英美自由主义思想得到一定程度的传播。1900 年至 1915 年间，二元论理性主义的基本结构在西方已受到挑战，但中国知识分子用来接受西方文化的意义结构这时与西方二元论结构最接近，故这 15 年居然成为 20 世纪 80 年代之前中国人较多地了解接受西方近现代思想主流观念的唯一时期。这一惊心动魄的现象揭示了两种文化互相碰撞时一个重要规律，就是在两个文化互动中，弱势文化接受强势文化中的什么内容，基本不取决于强势文化本身的状态，而依赖于弱势文化对外来文化理解的意义结构。

正因为如此，随着儒学现代转化的失败，逆反价值和气论迅速成为中国知识分子接受西方文化的意义结构。这时我们看到二元论立即让位于科学一元论和“道德价值一元论”，宇宙论社会制度

---

〔1〕 黄克武：《一个被放弃的选择：梁启超调适思想之研究》，（台湾）中研院近代史研究所 1994 年版，第 53 页。

再次同道德伦理高度整合起来。1915年陈独秀吹响新文化运动的号角,他用以批判儒家伦理的最重要根据正是道德必须随时代而进化。无论是钱玄同对皇帝制度与儒学关系的论证,还是吴虞的非孝,其前提均为破除二元论,重返一元论结构。在逆反价值的推动之下,科学一元论成新时代道德的基础。用不了几年,科学一元论又被唯物论进步观取代,辩证唯物论成为雄霸20世纪中国思想界的基本结构。新文化运动本是中国知识界有意识地全盘西化并大力引进西方自由主义的时期,但是我们看到,无论新知识分子对西方现代思想的渴望是多么强烈,但新政时期清廷的腐败与二元论儒学的失败,使他们都不可能摆脱科学一元论。从此以后,不论思想界发生什么样的争论,新的观念和意识形态在与社会组织互动中不断改变自己,但中国新文化再也没有接近过那种在西方近现代占主流地位的二元论结构。二元论即使通过某些思想流派留存了下来,它们也只能作为纯学术,在思想界毫无影响,而且大多是以新儒学这种特殊形态处于极边缘的地位。

8.3 非道德的正当性——权利的起源

如果没有自由主义理念,现代市场经济是不可能的——16世纪资本主义背后全新的文化因素——非道德正当性的权利观念是西方现代价值的核心——什么是非道德正当性——自主性的背后:道德与权利的不同性质——个人权利或自由作为一种非道德正当性——英美经验主义传统成为权利理念的温床。

仅仅比较西方二元论理性主义和中国的一元论思想的差别,并不能得到中国文化第二次融合过程完整的图画。结构只是容纳价值的框架,结构形态变化不能包括价值系统的演变细节。为了理解中国文化是如何对西方价值进行选择性吸收和创造性重构，还必须展开西方近现代思想变迁的另一条线索。这就是一种非道德的正当性——权利观念，是如何出现并成为西方现代价值的核心？没有人会否认，现代西方文明不同于一切传统文明最重要的特征有两个，一个是科学技术革命，另一个是资本主义市场社会。正如我们在8.1节所讲，心物二分的二元论理性主义以及多元主义兴起，正是基督教文化和科学革命互动的结果，它造就了现代思想的第一个特征。所谓第二条线索，则要针对西方现代文明的第二个特征——市场社会，研究它如何形成以及其同西方文化大传统是一种什么关系。

关于西方传统中基督教和资本主义的互动，韦伯的新教伦理研究已揭开序幕。但是对于中国学者，有一个领域很少被深入讨论过，这就是权利观念是如何产生的。据布罗代尔的看法，资本主义市场经济的所有制度，我们都能在威尼斯甚至古罗马时代找到萌芽。博兰尼通过市场社会形态形成过程的历史考察证明，现代市场经济绝不是自发地从古代市场经济演变过来的。它是西方近代政治和观念系统干预的产物。例如英国市场经济的成长和国家重商主义及自由主义意识形态密切相关。[1] 因此在某种意义上讲，16世纪以后西方资本主义革命中全新的因素主要发生在思想观念上。这就是自由和平等作为一种非道德的正当性的出现，或者说权利观念的诞生。据柏林考察，在古希腊罗马时代人们是没有权利这一观念的，像个人私隐权这样的权利观念在西方的出现，最早不会超过16世纪。[2] 我们认为，正是因为权利这一理念的全新性质，使得在它规定下的市场经济和政治运作呈现出一种古代

---

〔1〕 博兰尼(Karl Polanyi)：《巨变：当代政治、经济的起源》，黄树民译，(台湾)远流出版事业股份有限公司1989年版。

〔2〕 柏林(Isaiah Berlin)：《自由四论》，陈晓林译，(台湾)联经出版事业公司1986年版，第238~239页。

世界(例如希腊和罗马)的市场经济和民主政治所不可能有的形态。为了理解这一点,我们必须先分析一下何谓非道德的正当性。

我们知道,传统社会的人被束缚在等级制度和身份制度中,自由和平等并没有获得正当性。在古希腊哲学和罗马法中,权利和"正确"、"正义"意义相同,它是一个纯粹法律概念,[1]意义为法律保护的利益和可做的事情,并无今日具有的"自主性、自由"之含义。而在近现代打破人的等级、解除传统束缚的社会转型过程中,人们肯定自由和平等时,又极易将其视为一种具有向善意志结构的新道德。自由平等作为非道德的正当性是西方16世纪以后最惊人的创造。至今,中国人仍很难了解自由和平等如何作为一种非道德的正当性而存在。表面上看,今天西方政治哲学家在界定权利时,认为权利在某种程度上也具有道德含义,并把自由主义的政治哲学也归为伦理学。但是今天政治哲学家在讨论权利的道德属性时,道德的定义已同康德所说的"向善的意志"不同,它至多只属于麦金太尔所说的"规则的道德"(morality of rules),[2]既不包含德性,更没有涉及向善的意志。这个道德定义已同传统使用的,特别同本书的含义不同。本书严格地将道德定义为向善的意志,而在权利观念中去除德性和向善的意志,这恰恰是权利这一观念的本质规定;因此,我们将权利界定为非道德的正当性。为什么可以这样讲?所谓权利强调的是"自主性",而道德除了将自主性归在可欲性和德性之自由名下外,更强调"向善的意志"。向善意志的结构同自主性的结构完全不同。例如,当人们把自由平等视为人的权利,是注重每个个人的独立自主,并不涉及这些行为应不应该,或是好是坏。权利主张人的自主性具有非道德的合理性,即并不要求在自主性名义下人的

---

〔1〕 沃克(David M. Walker):《牛津法律大辞典》,北京社会与科技发展研究所组织翻译,光明日报出版社1988年版,第774页。

〔2〕 石元康:"二种道德观——试论儒家伦理的形态",载刘述先编:《儒家伦理研讨会论文集》,(新加坡)东亚哲学研究所1987年版,第234页。

行为都是好的、向善的；只要这些行为不损害他人利益（或公共规则），人就有权做这些事，权利就保证了它们的正当性。

这种对权利正当的论证，从其立论之始就不是道德论证，而是建立在如下基本的假定之上：只有每个人自己才最清楚他需要什么和他能做什么；社会只有最大限度发挥个人自主性，即让每个人去做他想做或能做的事情，才能具有最大的活力。将这一假定运用到文化、经济和政治制度上，就可以得到当今西方自由主义的基本信条。例如在文化上强调个人信仰自由、价值判断的自主，这就是多元主义。把个人自主性运用到经济上，就是市场经济的基本原则和出发点，即认为经济制度是人类互相合作的一种方式，每个人把自己生产或拥有的东西拿出去同别人交换，在实现他个人利益的同时也增大了社会利益，经济制度最重要的功能就是保证私有产权和自由交换能有效地进行。根据这一原则，人有生存权主要是指其他人不能侵犯任何个人的人身安全，而非指人生下来就有吃饭的权利。进而言之，个人自主原则表现在政治上，是每个人交出部分权利以使政府能执行处理公共事务的功能。因为政府权力来自于人们自愿交出之部分权利，故政府的统治必须取得人们同意，人们可以用民主选举来改变政治结构和统治者，而且政府的权力必须受到限制，以免其损害人们的个人自主性。此外，因为并没有一个一成不变的原则可以决定人的哪些权利应交让给政府，于是政府的组织公布之法律所依据的只是经验，它必须具有试错性，是在不断试错的经验积累中成长的。

总之，只要我们愿意，可以利用上述推理得到当今西方自由社会政治、经济和文化等方面的基本原则。所以哈贝马斯高度重视自主性概念，认为它是现代性的本质。而自主性的背后正是一种非道德的正当性。我们可以设想一下，如果权利这一观念不是一种非道德的正当性，一切会变成什么样子？显然，如果让平等自由这些本属于权利的理念变成一种道德，即使它们具体内容不变，由此引出的推论和社会制度运作原则却会和自由主义冲突。道德作为一种向善的意志,具有如下两个权利不可能有的特点:第一,道德是应然,它反映在社会制度上,就是那些代表道德价值的社会是应然的社会。由此可以根据道德原则蓝图来设计社会,这时道德原则就具有某种建构社会之功能,它的实施极易转化为乌托邦社会工程。第二,道德是一种善,反对这种道德价值就是不善,不道德和破坏道德是应该谴责的。如果把这种观念上升到社会制度层面,本来属于工具性的处于不断试错中的某种制度和道德价值画上等号,即使这种道德价值是所谓“自由与平等”,但对不道德之谴责也极易变成迫害不同政见的人。作为道德的自由平等转化为社会制度,就有形成一个取消个人自由的专制或极权政府之可能。可见,一旦权利道德化,现代自由社会就会退化或变质,在某种程度上会退回到传统社会组织形态上去或成为极权主义。既然我们把权利界定为非道德的正当性,并认为它是现代社会价值核心,或所谓现代性的基石,接着必须回答的问题就是:自由平等作为非道德的正当性是怎样起源的?为什么它最先出现在西方?又为什么它主要是顺应英美经验主义的发展成长起来的?

我们认为,这个问题可以从文化系统如何对道德合理性论证来考察。将权利从道德区分开来的首要前提是认识到“正当”(对某种行为的肯定)与“应该”是不同的。那么,人在何种社会条件下会意识到在肯定某种行为时又不能将善的意志指向它呢?这只有在道德基础论证失败时才会出现。我们在1.7节已指出,道德在西方文化大传统中有两大来源:一个是对上帝的信仰,这是希伯来传统;另一个是注重求知,这是古希腊传统。基督教在其发展过程中吸收和消化这两种传统,形成了西方传统文化中特有的道德论证结构。一旦社会发生转型,例如市场经济的发展、主权国家的出现,需要论证个人自由和平等这些新价值的合理性时,上述传统结构基本上是无能为力的,对上帝的信仰至多只能维系传统的道德。

随着社会的世俗化,由基督教提供的传统道德逐渐退到家庭和私人空间。至于新的行为规则,不可能将其视为上帝和人之间的契约。当然基督教仍可以对现代性作出种种批判,但不可能对新价值进行道德论证。另一方面,由于知识本身无所谓好坏,只有真假之分,所以由知识来论证自由、平等这些新价值合理性,就会碰到实然不能推出应然这一逻辑困难。也就是说,指向上帝的信仰和求知的意志都不能指向自由与平等,并使之成为一种向善的意志。于是随着市场经济发展,像自由这种新价值很难成为一种新道德。正是在这一背景下,非道德的正当性才顺利地成长起来。麦金太尔通过对启蒙运动以来西方以道德基础论证历史的考察,发现一个惊人而重要的事实,就是从 17 世纪直至今天,西方所有道德基础的论证都是失败的。〔1〕 我们认为,西方近现代对道德基础论证的失败和非道德正当性的形成,实为同一件事的两个方面。

这方面的一个重要证据是:个人权利或自由作为一种非道德的正当性,历史上主要是在英国逐步成熟的。思想史家常常津津乐道如下事实:自 16 世纪以来,英国思想家开始把自由、平等理解为权利和法治,主张限制政府的权力,特别是保证个人自由避免受任何权力集中可能带来的威胁。格林利夫(W. H. Greenleaf)称其为 Libertarianism。〔2〕 1688 年英国的光荣革命可以视为这种价值理念在政治领域中的成熟。弥尔顿(John Milton,1608 ~ 1674 年)的《论出版自由》(*Freedom of the Press*)和洛克(John Locke,1632 ~ 1704 年)的《政府论》(*Two Treaties of Civil Government*),就是这方面最有代表性的著作。18、19 两个世纪中,这种自由的理念进一步扩张到经济领域,表现在自由贸易、商业和有关劳动阶层等

---

〔1〕 麦金太尔(Alasdair MacIntyre):《德性之后》,戴扬毅等译,中国社会科学出版社 1995 年版,第 48 ~ 79 页。

〔2〕 W. H. Greenleaf, *The British Political Tradition* (London:Methuen & Co. Ltd.,1983),15 – 28.

各个方面的讨论。如亚当·斯密(Adam Smith,1723～1790年)的“天赋自由”(natural liberty)概念、弥尔(James Mill,1773～1836年)对市场经济是体现自由价值的论证,以及边沁(Jeremy Bentham,1748～1832年)提出功利主义(主张有利于个人的行为也有利于社会),都是这方面典型的例子。[1] 然而问题的实质在于:为什么恰恰是英美的经验主义传统,成为孕育非道德正当性——权利这一理念并的温床呢?

如果我们撇开16、17世纪英国有助于个人权利观念成长的独特政治和经济条件,仅仅从思想内部寻找原因,就可以清楚发现,英美经验主义思想比欧陆理性主义,更不利于对个人自由和平等这些新价值作出道德性论证。也就是说,对新价值道德论证的无效,乃是非道德正当性成熟的文化条件。事实上,所谓英美启蒙思想逐步同欧陆启蒙思潮分开,形成不同于欧陆理性主义的经验主义,这本身是与人们发现对个人自由和平等的道德论证无效联系在一起的。我们在8.1节中指出,17世纪的科学革命改变了西方思想中的自然图景。为了克服作为道德基础的基督教和几何化自然观的冲突,西方出现了心物二分的二元论理性主义。二元论理性主义一开始在欧陆和英国就呈现不同形态。在欧陆,笛卡尔把那种来自于科学几何式推理的清晰思想方式作为自明的理性,从理性可以推出上帝的存在,也可以建构人类道德的原则。在英国,却把道德基础归为信仰,不属于理性,即认为人类的理性不足以发现宗教真理。在自然界与道德关系上,英国启蒙思想家同欧陆理性主义一样持心物二分立场,但他们认为上帝的存在和道德的基础并非理性所能证明,而必须基于信仰。显然,欧陆理性主义用理性来推出道德,只是用知识来论证道德基础的变构。英国启蒙思想家则放弃从理性来推出道德,其后果是个人

---

〔1〕 郭少棠:《西方的巨变:1800～1980》,香港教育图书公司1993年版,第249～251页。

自由和平等不能获得道德的论证。因为,道德基础被严格限定在对上帝的信仰中,而这种信仰只能用来支持人们早已熟悉的传统道德,它们和自由平等这些新价值无关。这样,这些新价值要存在,只能是一种非道德的正当性。

8.4　经验主义、理性主义和社会主义

英国经验主义的背后是怀疑论——怀疑论成长的线索——休谟的怀疑论和英国启蒙运动中道德论证的失败——用理性和情感论证道德的基础:西方现代价值的另一种形态——权利的道德化——什么是积极自由——欧洲理性主义的发展——公共意志一旦成为新道德之后——卢梭思想、民粹主义和无政府主义。

今天,思想史家在讨论英国经验主义的起源时,十分强调不能从理性推出道德的信仰主义,促使了英国怀疑论的成长,而经验主义的最重要成分乃是怀疑论。包默曾指出,宗教改革时"唯信"(fides sola)是新教徒反对正统天主教最有力的武器。但到 17 世纪,一切反了过来,越来越多新教徒成为理性主义者,主张从理性推出上帝的存在。天主教则放弃了传统的托马斯主义立场而求助于信仰。17 世纪后,这种二元论信仰主义和皮洛怀疑主义(Pyrrhonism)结合,把一种知性上的谦卑灌输到人类心灵中去。[1]我们认为,随着这种来自二元论信仰主义的怀疑论成为英国经验主义的重要成分,英国启蒙思想家终于发现,要给自由、平等这些新价值以道德论证是不可能的。他们最早认识到应然和实然之间的断裂。正是在这种文化前提下,自由平等获得的正当性只能是

---

〔1〕 包默:《西方近代思想史》,李日章译,第 79 ~ 80 页。

非道德的。因而作为非道德正当性理念的成熟，是一个和二元论理性主义向怀疑论方向发展同步的过程。

人们一般从洛克、柏克莱(Bishop Gerge Berkeley)、休谟(David Hume)、亚当·斯密一直到边沁的思想演变来总结英国经验主义传统的形成。实际上，从另一个角度看，这正是英国怀疑论成长的线索。洛克是一位介乎于理性主义和怀疑论中间的思想家。在某些方面洛克像笛卡尔一样，就是推崇那种清晰的思维，并认为可以用理性证明上帝的存在，它等于数学上的确定性。但洛克又摒弃天生观念，认为人类之悟性无法把握无限，自己承认"对上帝之实体根本一无概念"。[1] 这样，洛克的观点就有异于欧陆理性主义而持经验主义立场。而柏克莱将外部世界的一切都归为我们的感觉，由此证明人不可能拥有上帝的理念。[2] 休谟将柏克莱的思想继续往怀疑主义方向推进。除了进一步论证不可以由理性证明上帝的存在外(虽然我们可以用信心去接受上帝)，他更第一次清楚地意识到，实然不能推出应然。休谟曾这样论证道："在我所遇到的每一个道德学体系中……不再是命题中通常的'是'与'不是'的连接，而是没有一个命题不是由一个'应该'或一个'不应该'联系起来的……对于这种似乎完全不可思议的事情，即这个新关系如何能从完全不同的另外一些关系中推出来，应当列出理由加以说明"。[3]

怀疑论者一旦意识到由知识推不出"应然"，那么，理性就永远不能成为道德的根据了，因为理性本质上是人指向求知的意志。"实然"和"应然"之间不可逾越的鸿沟使人的意志无法与自由平等

---

〔1〕 John Locke, "An Examination of P. Malebranche's Opinion of Seeing all Thigs in God", *The Work of John Locke*, vol. VIII (London: Routledge/Thoemmes Press, 1997), sect. 6.

〔2〕 George Berkeley, *Three Dialogues Between Hylas and Philonous* (Oxford: Oxford University Press, 1998).

〔3〕 休谟(David Hume)：《人性论》，关文运译，商务印书馆 1980 年版，第 509 ~ 510 页。

整合。故麦金太尔将休谟发现实然和应然之间的不可推导性,称之为道德论证运动的"墓志铭"。[1] 确实,休谟正成为从怀疑论角度论证权利是一种非道德正当性的集大成者。例如,他把这种怀疑论推衍到政治方面,提出没有政府人们可能过得更好。这种态度一直贯穿到边沁和其他英国自由主义哲学家。怀疑主义一方面用信仰作为基督教的基础,尽可能保持它不受科学革命和政治变革的影响,但同时并不把来自数学和科学的理性置于人的心智之上,使它成为道德基础。这时,自由平等自然被理解为一种和自主性有关的权利而非道德。

欧陆理性主义的发展就明显与此不同。一开始,人们普遍相信可以用理性推论道德和上帝的存在。随着时间的推移,基督教日益同理性主义孕育的启蒙思想分道扬镳。启蒙思想家发现理性不能证明上帝的存在,但理性和人的感情应该是道德基础这一点却始终没有改变。例如,康德在《纯粹理性批判》中指出,上帝的存在只能从道德存在中得到证明。他从人类的道德天性推出上帝、自由与不朽,他说:"道德必然把人们导向宗教"。[2] 表面上看,康德用道德证明上帝而否定用理性证明上帝的可能性,是走向怀疑论和信仰主义的立场,其哲学似乎有着经验主义的成分。但在他那里,道德也是理性之一种。也就是说,道德是可以从理性推出的。在这点上,康德仍属于欧陆理性主义。和德国哲学用理性推出道德不同,法国启蒙思想家则更喜欢用人的感情来论证道德的合理。也就是说,在欧陆理性主义思潮中,并无英国经验主义那种对道德论证失败的认识。即使他们也发现"实然"与"应然"有别,甚至"实然"不能推出"应然",但理性的追求可以含混地看作趋向普遍规则的意志,它可以和道德联系起来。这样,当他们把自由平等这些价值看作是从理

---

〔1〕 麦金太尔:《德性之后》,龚群、戴扬毅等译,第72页。

〔2〕 Immanuel Kant, *Religion within the Limits of Reason Alone* , trans. Theodore M. Greene and Hoyt H. Hudson(New York:Harper,1960), introduction.

性或感情推出时,就很容易滑到一种道德论证,即它被纳入人的向善意志。在这种结构中,权利不仅代表正当和善,还带有某种"应然"性质,我们称之为权利(或自由)观念的道德化。

众所周知,欧陆理性主义对自由平等的理解不同于英美经验主义。例如,弥尔(John Stuart Mill)在《论自由》(*On Liberty*)中指出,法国式的自由是以平等为先的自由,这里,平等首先被理解为一种道德价值,而不仅仅是权利。又例如,卢梭把自由分为自然自由和政治自由,政治自由是人的一种新道德。柏林将自由分为积极自由与消极自由两种,认为欧陆理性主义所认同的自由更接近于积极自由,它有别于英美强调免予别人干预的消极自由。为什么自由有积极与消极之分?为什么欧陆理性主义对自由平等的理解不同于英美经验主义?海耶克认为这是因为欧陆理性主义夸大理性的力量,把文明理解为理性建构的产物,而不像英美经验主义把文明看作自发演化的试错结果,这是一种理性的自负。但海耶克的观点不能解释为什么欧陆理性主义认同积极自由。积极自由的本质是把自由看作主体性并强调应该去实现自由这种价值。这里,自由已被等同于善,而追求自由则是一种向善的意志,人的意志指向善又恰恰是道德的基本结构。可见积极自由之所以不同于消极自由,乃是因为它比消极自由具有较多的道德色彩。

一般来说,道德注重应然即强调人的义务。积极自由既然把人在法律许可下的自主性视为一种应然,"应然"自然包括人的义务。这样,在积极自由和理念中,人为社会尽义务是他享受权利的前提。此外,当权利仅仅用以刻画人的自主性为正当时,并不要求人一定有能力可以实现权利所规定的各项内容。而一旦权利(或自由)道德化,道德要求其内容为人之可欲,人们就会认为人的权利一定是人可以做到,即如果有人没经济能力实现法律赋予他的权利时,就认为权利的虚妄。进一步,把每个人向善的意志集中起来,就是公共意志。公共意志作为向善意志的普遍化,就是一种道德。这样一来,社会制度作为公共意志的表现当然也就等同于新的道德。在卢梭那里,社会公义既是公共的大我,又是全体人结合而成的公共人格和道德,它既是国家,又是公民。[1] 民主则被认为是一种实行了新道德理想的制度;而法律的行使,应该有助于人类的道德化。[2] 这就构成了张灏所说的高调民主,它有别于英美自由主义将民主视为一种保护个人权利制度的低调民主观。[3] 一旦把社会制度作为道德价值的实现,必定包含着用理想原则来设计的含义,它极易转化为乌托邦。因此更准确地讲,自由变成一种新道德并非仅仅是因为人们夸大理性力量,而是坚信可以从理性或感情推出道德。也就是说,从理性或感情推出自由平等这些新价值时,有意无意都需要运用道德论证的模式。

因此我们可以用自由平等这些理念中所包含的道德价值之成分多少(即对向善意志强调程度不同)将相应的观念和观念系统分类(表8.1)。随着权利这一观念中所蕴涵的道德成分增加,出现了权利的道德化,个人权利和消极自由也就变为积极自由和强调义务的权利。进一步将积极自由道德化,个人权利完全转化为平等,自由也变成号召人们参与解放事业的一种公共意志。与其相应的观念系统是无政府主义、民粹主义和共产主义。因此,我们可以理解,为什么卢梭的公共意志一旦成为一种新道德后,就可以从法国启蒙思潮中开出无政府主义和民粹主义来。

---

〔1〕 卢梭(Jean-Jacques Rousseau):《社会契约论》,何兆武译,商务印书馆1980年版,第24~25页。

〔2〕 伊士顿(Stewart C. Easton):《西洋近世史》(一),李迈先译,(台湾)幼狮文化事业公司1989年版,第344页。

〔3〕 张灏:“中国近代转型时期的民主观念”,载《二十一世纪》,(香港)香港中文大学中国文化研究所1993年8月号。

表 8.1 道德化程度与西方观念系统

	道德化程度		
	低	中	高
观念	权利 消极自由	强调义务的权利 积极自由	平等 公共意志
观念系统	英美经验主义	欧陆理性主义	无政府主义 民粹主义 共产主义

已有不少学者反复论证过,卢梭思想是民粹主义和无政府主义的源头。[1] 今天人们追溯共产主义革命,总要回到卢梭思想中去。问题是为何卢梭思想可以成为民粹主义和乌托邦主义的基础?卢梭把本属于个人自主性的权利变为一种道德价值,那么,自由的反面——束缚就是不道德的。人的束缚又大多来自于社会。这样就得到一个重要推论:人的自然状态代表无束缚的自由,它是善,而恶乃由社会造成。这种理念的进一步可沿两个方向发展。第一个方向是反社会和取消任何社会组织。既然个人自然状态代表了善,那么,社会就毫无必要了,换言之,人类有社会之前的状态,就体现了理想道德境界。这就是所谓卢梭所说的"高贵的野蛮人"。当时法国皇后玛利·安东妮(Marie Antoinette)在宫中养乳牛,亲自挤奶,布瑞安(Chateau Briand)亲自到美洲,同印第安人一起生活,都表明在启蒙思想中盛行无社会原始状态的憧憬。[2] 这种价值追求,后来成为 19 世纪浪漫主义的源头。显而易见,它的进一步发展可以引出无政府主义。第二条发展线索是:"恶只代表了以往社会,而不包括应然的理想社会。在理想社会,社会不仅不是完全没有必要,它甚至是个人最重要的决定因素,我们的任务乃

〔1〕 朱学勤:《道德理想国的覆灭》,三联书店 1994 年版,第 74 ~ 130 页。

〔2〕 伊士顿:《西洋近世史》(一),李迈先译,第 350 页。

是重建它,将它从腐朽力量骤变成崇高力量”。[1] 卢梭主要基于第二条线索来发展他的“平等和自由”观念,认为良好的社会不能建立在自私之上,它应该是一个以自由平等这些新道德为理想的新社会。这是一个民主乌托邦。这里我们看到,从卢梭的思想中既可以引出法国大革命的合理性,也可以进一步发展成无政府主义和共产主义。

在 18 世纪,自由、平等、民主理念在法国和欧陆主要沿着第二条线索展开,无政府主义和共产主义只是潜含着的。但是,只要人们认为法国大革命在争取人的自由和平等方面失败了,以及支持积极自由的二元论理性主义破产,法国式启蒙思想就会演变为马克思主义。一种和自由主义完全不同的新意识形态,就会随着二元论理性主义的危机和权利道德化走向极端而兴起。

8.5　国家独立与个人自主

中国文化的终极关怀始终是道德——中国知识分子很难将平等自由视为非道德的正当性——权利一开始往往局限于群体和国家——为什么中文中权利在字面上较少“正当”性含义——中国人为什么拒绝用“民直”而用权利来翻译 rights——权利主体如何由国家变为个人——权利有助于竞争与非道德的正当性。

一旦我们将西方权利观念的道德化谱系与中国近现代思想的自身意义结构展开联系起来考察,就可以较清晰地看出中国文化对西方现代价值选择性吸收和创造性重构的机制和具体过程。首先,众所周知,中国文化的终极关怀既不是上帝也不是求知,它始终是道德

〔1〕 史壮柏格:《近代西方思想史》,蔡仲章译,第 227 页。

的。因此,西方16世纪后那种社会转型过程中对自由平等的道德论证及其失效,在中国不可能发生。常识理性的成熟更加强化了这一点。在西方文化中,只要在怀疑主义支配下人们认识到实然不能推出应然,求知的理性就难以转化为向善的意志,这就会促使个人自由与平等成为非道德的正当性。而在中国,无论是常识理性对入世道德的肯定,还是常识的自明性,都预先排除了怀疑论成长的空间。只要儒家伦理不可欲,打破伦常等级的平等和冲决罗网束缚的自由获得正面价值时,它们就立即和向善意志结合,演变成一种新道德。这就是我们在前面已作过详尽论述的价值逆反。因此,在儒家意识形态占主导地位的传统中国社会,破除纲常等级的自由平等不会获得非道德的正当性。当儒家意识形态不可欲,冲决罗网、否定纲常等演变成新道德后,中国知识分子就更难认识到平等自由是一种非道德的正当性。中国文化对西方近现代主流价值的拒斥,与中国一元论思想结构和西方二元论不兼容是一致的。

那么,中国人在何种条件下可以认识到自主性为正当呢?显而易见,这只有在中国的国家自主被外来冲击损害时才有可能。据考察,用权利一词翻译rights最早出现在19世纪六七十年代总理衙门斥资刊印的《万国公法》上,[1]这本身说明中国人对自主性的认识是从国家开始的。在19世纪下半叶的洋务运动中,随着西方思想的传入,自主性为合理的观念开始进入中国。有学者认为,中国人肯定个人独立自主最早是受到基督教的影响。[2]康有为在《实理公法全书》中曾以几何公理为模拟,论证人人有自主之权,这无疑和他从传教士所办的《万国公报》中获得的知识有关。但是,康有为在《实法公理全书》中并没有用“权利”一词来表述人的自主

---

〔1〕 刘广京:“晚清人权论初探——兼论基督教思想之思影响”,载《新史学》1994年第5卷第3期,第6页。

〔2〕 刘广京:“晚清人权论初探——兼论基督教思想之思影响”,载《新史学》1994年第5卷第3期,第21页。

之权。在整个洋务运动期间,即使自主性观念已传入中国,它也处于极边缘的位置。

我们发现,权利这个词在士大夫政治术语和议论中频频出现是在甲午战争前后。这表明自主性进入中国知识分子的视野,是和中国国家主权普遍丧失联系在一起的。通常国家主权可分为政治上的自主和经济利益两个领域。在中文中,经济利益和财政大权通常称为“利权”;“权利”则用来通指权势和财货。《荀子·劝学》中就有这样的话:“君子知夫不全不粹之不足以为美也……是故权利不能倾也,群众不能移也。”这里权利包含政治权力和经济利益两个方面的意思。甲午前后,士大夫深切感受到国家经济利益和自主性的丧失。签订不平等条约和割让台湾,使人们普遍意识到国家自主性受到威胁,故在当时的上谕、奏折和外交文件中,先是广泛出现“利权”一词,然后“利权”与“权利”并用,最后人们纷纷用权利来表述国家自主性。表8.2为戊戌变法前后“利权”和“权利”这两个词的用法。从中可见,利权较严格地用于国家经济方面利益和自主性,而权利则包含国家在政治和经济两方面的利益和自主性。谭嗣同运用“权利”一词时已明确指出它是群体所具有的自主权,也就是说,在甲午前后中国知识分子之所以用权利来表述自主性,是因为他们意识到国家独立自主的重要。正因为如此,当时广大绅士所理解的自主性同西方意义中的权利有很大差别。

表8.2　1900年以前“权利”的用法

人物及出处	有关“利权”和“权利”的言论	简要分析
光绪皇帝上论(1877年)	乃近年出口之数锐减,若非亟为整顿,恐俞趋愈下,益无以保此利权。	利权指国家在经济方面的利益或自主性。
光绪帝皇上论(1879年)	至丝茶为商务大宗,近来中国利权,多为外人所夺。	同上

续表

人物及出处	有关"利权"和"权利"的言论	简要分析
总理衙门"奏覆请讲求商务摺"(1895年12月)	至于洋商仅完正子两税,便可畅行无阻,利权校华商为优。	利权指经济利益方面自主性。
光绪帝皇上谕(1896年5月)	马关商约,于华民生计,大有关碍,亟宜设法补救,以保利权。	利权指国家在经济方面的利益或自主性。
盛宣怀"附请设银行片"(1896年9月)	立法既善于中国之票号钱庄,而国家任保护,权利无旁挠,故能维持不敝。波斯尽去权利,尤存旧封。	权利泛指国家在政治和经济各方面的利益和自主性。
康有为"上清帝第五书"(1897年)	波斯尽去权利,尤存旧封。	权利指国家在政治方面的利益或自主性。
罗长"呈请代奏应诏陈言疏"(1898年)	中国现在铸镑,专以抵制外洋,抬镑跌银之弊,虽不必据获奇赢,亦绝不至多有亏折,实挽回利权之急务也。	利权指国家在经济方面的利益或自主性。
盛宣怀"筹办中国通商银行次第开设情形摺"(1898年4月)	议覆银行利弊情形,并由南北洋稽查以保利权。	利权为国家在经济方面的利益和自主性。
康有为"上清帝第六书"	有尽取其利权,一举而亡之者,缅甸是也。……有收其利权而后亡之者,印度是也。有握其利权而徐分割而亡之者,土耳其、埃及是也。	利权指国家在经济方面的利益或自主性。
康有为"上清帝第六书"	一曰法律局,外人来者,自治其民,不与我平等之权利,实为非常之国耻。	权利指国家在政治方面的自主性。

续表

人物及出处	有关“利权”和“权利”的言论	简要分析
康有为“复依田百川君书”	而上于是乎几几废矣，幸恭邸力谏乃止。迨膠、旅继割，政权利权，纷纷输失。	将利权和政权相区别，可见利权特指国家在经济方面的利益或自主性。
谭嗣同“报唐佛尘书”	或售矿之权归省局，办矿之权归县局……或权利皆归县局；……欲祛将来之膠葛，碍不能不与县局以自主之全权也。所谓权利皆归县局也。	明确将权利和自主之全权等同起来，其主体为国家的省和县。

此表说明：“利权”一直用来指国家经济方面的自主性，权利则泛指国家在政治和经济两方面利益和自主性，故中国士大夫用权利来代表群体的自主性为正当。

首先，西方的“权利”主要是指个人的自主性。而中国人在国家权力和利益在西方列强的干涉下受到损害而认识到自主性为正当，故权利的主体一开始是群体和国家，它的准确含义是国家和群体的独立自主以及正当的利益和权力。表 8.2 中有关权利所有论述的主体大多是国家和群体。由于国家能否做到自主，主要看她有无实力，因此，权利又常常等同于权力。当时权力更常被称为权利。直到 20 世纪上半叶，不少人仍将权利和权力混用。在西方，权利和权力却基本上是不同的东西。

中西权利观念的第二个重大不同是，在西方个人自主具有非道德的正当性，正当这一价值含义在 rights 这一理念中占极大比重。而中国在理解权利时，更多地想到在某种前提下才可享用的利益和权力。中国文化中，正当性通常和道德不可分割地连在一起。即便权利被理解为伦常道德规范下的正当利益和权力之时，正当性的价值判断并不在利益和权力之中直接表现出来。[1]

表8.2 析中文“权利”这个词的字面意义就可以发现这一点：“利”虽包含价值判断，但不直接和正当相连；而“权”这个字则基本上不含价值判断。严复在翻译《天演论》时使用“权利”译 rights，已经发现这一点。英文 right 有“直”、“正确”之意义。他曾写信给梁启超，认为这是“以霸译王”。[2] 严复本人则更喜欢用“民直”来翻译个人自由，并认为“直”、“民直”，能更准确地表达西方 rights 的意义。[3] 严复用“民直”译“权利”虽然更准确、恰当，但并没有被社会接受。原因不言而喻：中国知识分子既然是从国家主权和利益认识到群体自主性为正当，权和利这两个字最明确地表达了国家利益和独立自主，而民直却不能表达国家的自主性。换言之，若以国家为主体，没有其他词比权利更恰当地代表国家自主性为正当这一理念。

1900年庚子事变后，清廷在捍卫国家自主之权方面的软弱无力，使人们认识到，国家能否独立自主同国民有无自主性密切相关。国家由个人组成，如果没有个人争取独立自主，也就不会有国家和群体的独立自主。这时，权利观念开始从国家、群体延伸到个人。当时，二元论将儒家伦理和社会制度划成两个领域，在社会活动和制度层面上，观念系统受道德的笼罩相对减弱。权力作为非道德的正当性开始被先进知识分子广泛接受。因此，中国知识分

〔1〕 这方面一个典型的例子是康有为的言论。他将伦理规范下合法利益合称之为权利。他曾这样论证：“春秋有临一家之言焉，有临一国之言焉。自臣民身家之权利义务与国家君相之权利义务，天下万国之权利义务，皆规定焉。权利义务者，春秋庄生谓之道名分也。令人人皆守名分，则各得其所矣”（康有为：“刊布春秋笔削大义微言考题词”，载汤志钧编：《康有为政论集》（下册），中华书局1981年版，第807～809页）。

〔2〕 严复：“与梁启超书”，载《严复集》（第三册），中华书局1986年版，第519页。

〔3〕 黄克武：《自由的所以然：严复对约翰弥尔自由思想的认识与批判》，（台湾）允晨文化实业股份有限公司1998年版，第123页。

子对权利的了解最接近于西方的时期应该是1900年至1915年间。我们的分析有无证据呢？表8.3为1900年至1911年间知识分子对“权利”一词的运用，正是这方面的证据。

表8.3　1990年至1911年间对“权利”的运用

人物及出处	有关权利的言论	意义分析
梁启超“十种德性相反相成义”《清议报》第82、84期（1901年）	盖西国政治之基础在于民权，而民权之巩固由于国民竞争权利寸步不肯稍让。	国民竞争权利使民权巩固。（B）
	故人而无利己之思想者，则必放弃其权利，弛掷其责任，而终至于无以自立。	权利基于利己思想，是人的自主性。（A）
（无署名）“说国民”《国民报》第2期（1901年）	何谓权利？曰：天之生人也，既与以身体自由之权利，即与以参预国政之权利。	权利天赋。（A）
	故权利者，暴君不能压，酷吏不能侵，父母不能夺，朋友不能僭，夫然后乃谓国民之权利。……无权利者，非国民也。	权利是个人的自主性，是正当的。（A）
梁启超“新民说，论权利思想”《新民业报》第7期（1902年）	权利思想之强弱，实为其人品格之所关……贪目前之苟安，计锱铢之小费者，其必至视权利如弁髦，此正人格高下垢净所由分也。	权利观念的道德化：认为权利思想是同个人道德有关的。（D）
	大抵人生之有权利思想也，天赋之良知良能也。	权利观念被道德化：权利来自良知。（D）
	权利何自生？曰：生于强。彼狮虎之对于群兽也，酋长国王之对百姓也，贵族之对平民也，男子之对女子也，大群之对于小群也，雄国之对于孱国也，皆常占伏等绝对之权利。非狮虎酋长等之暴恶也，人人欲伸张己之权利而无所厌，天性然也。是故权利之物，必有甲焉先放弃之，然后有乙焉能侵人之。	从竞争论证权利的合理性，认为争权利导致竞争，在此权利被认为是一种不等同于道德的正当性。（B）

续表

人物及出处	有关权利的言论	意义分析
	权利者常受外界之侵害而无已时者也,故亦必常出内力之抵抗而无已时,然后权利始成立。抵抗力之厚薄,即权利之强弱比例差……	权利和竞争有关:权利和抵抗力成正比。(B)
	夫权利之竞争,亦若是则已耳。为国民者协力各尽其分内竞争之责,则侵厌自不得行……	权利有助于竞争。(B)
	权利竞争之不已,而确立之保障之者厌恃法律。	权利、竞争和法律之间的关系。(B)
	夫是以动力与反动相搏,而大争起焉,此实生物天演之公例也。当此时也,新权利新法律之能成就与否,全视乎抗战者之力之强弱以为断,而道理之优劣不与焉。	由生物竞争论证新权利的形成。权利为不等同于道德的正当性。(B)
	国民者一私人之所结集也,国权者一私人之权利所团成也。	国家权利由私人权利结集而成。(C)
	重为言曰:国家譬犹树也,权利思想譬犹根也。其根既拨……而必归于槁亡……	国家权利为个人权利的相互依存关系。(C)
	欲使吾国之国权与他国之国权平等,先必使吾国中人人固有之权皆平等,必先使吾国民我国所享之权利与他国民在彼国所享之权利相平等。	只有个人权利平等,才有国家权利的平等。(C)
	形而上之生存,其条件一端,而权利其最重要也,故禽兽以保生命为对我独一无二之责任,而号称人类者,则以保生命保权利两者相倚……苟不尔者,则忽丧其所以为人之资格,而与禽兽立于同等地位。	权利的意义是生存所必需的自主性。由于权利和形而上生存有关,故有无"权利"是人与禽兽的分界。(A)
	为一私人者,无论士焉、农焉、工焉、商焉、男焉、女焉,各以自坚持权利思想为第一义。国民不能得权利于政府也则争之,政府见国民之争权利则让之。	权利为个人的自主性,必须努力争取。(A)

续表

人物及出处	有关权利的言论	意义分析
	天生人而之以权利,且赋之以扩充此权利之智识,保护此权利之能力。	个人权利为天赋。
	一部分之权利,合之即为全体之权利;一私人之权利思想,积之即为一国家之权利思想。	国家权利与国人和一部分人的权利合成的。(C)
(无署名)"权利篇"《直说》第2期(1903年)	权利思想,伟乎大矣!当此生存竞争之世,权利为竞争之利器,君权赫怯日无时,列强雄雄来日方多,我国民无权利以抵抗之,地球狭小,其将何以托足耶?	权利为竞争之利器。(B)
	权利之作用何也?曰竞争,曰强制。竞争者,富强之兆也。……夫生此天演界中,能自存者优,不能争自存者劣……谦让者实为弱者劣者之基础也,茫茫膏壤,将为白人之殖民地,呜呼悲矣!	权利的功能在于竞争,只有竞争才能富强。(B)
	……权利之定义,可章然明矣。今更为一大断语以总之曰:权利者,人人为全其本性,以与他人竞争而强制他人也。	权利的本质是人为全其本性与他人竞争。(B)
	夫权利思想,即爱重人我权别之谓。我不侵害人之权利,人亦不侵害我之权利。……不容少须假借,不准退委揖让,是权利思想之大旨也。	权利的本质为个人的自主性。(A)
	夫人生活于天地之间,自有天然之权利,父母不得夺,鬼神不得窃而攘之。	个人权利是神圣不可侵犯的。(A)
	人之权利,各有畛域,而不可以互相侵害。	以个人划分权利的界限。(A)
	权利之实质,即人之本分也。……本分即权利之实质,权利因本分而生。	权利实质是人的本分。(A)

续表

人物及出处	有关权利的言论	意义分析
张继煦"叙论"《湖北学生界》第1期(1903年)	虽然,竞争风潮之所趋,惟甘为傀儡,任客之所为,故权利为人所侵耳;若因权利导……竞争不遗余力者,夫岂知适以助吾之进化耶?	论证权利、竞争和进化之间的关系。(B)
(无署名)"教育泛论"《游学译编》第9期(1903年)	夫个人之权利,即全体权利之一分子也,一人失其权利,则全体之权利已失其一分矣。若相牵相制,驯致人人皆失其权利,则全体之权利,遂落尽无余矣。	国家权利与个人权利互相依存。(C)
杨笃生"湖南之湖南人"《新湖南》(1903年)	夫二人(指王先谦、叶德辉)之所争,个人之私权私利也,争个人之私权私利,而遂至牺牲湖南人之公权公利以从之……	将权利分成公权和私权。(D)
	而公德发达如晓日之升于天,公权牢固如磐石之根于地……是故个人权利主义者,非个人权利主义,实公德之建筑场地也。	权利是建立在公德之上的。(D)
大我"新社会之理论"《浙江潮》第8期(1903年)	权力者,权利也,现存之权利,皆外至者也。予之权力(利),神与国家、与自然,皆不能与予。予之有权利耶,否耶?唯一之裁判,我而已。	个人权利为自主性;权利与权力混用。(A)
	国民者,不论州与村,异其众寡,皆可自主,有自治之权利。	权利为自主性。(C)
汉驹"新政府之建设"《江苏》第5、6期(1903年)	立国于世界者,万不可无一国民之政府……有政府而本群之权力可以进拓……	政府可以进拓群之权力。权利与权力混用。(C)
亚卢(柳亚子)"中国立宪问题"《江苏》第6期(1903年)	论者亦知大地各国君主立宪之政体何自成乎?人心发奋,群思爱护祖国要求权利……	爱国而要求权利。(C)

续表

人物及出处	有关权利的言论	意义分析
邹容《革命军》(1903年)	自由独立国中,所有宣战、议和、订盟、通商及独立国一切应为之事,具有十分权利与各大国平等。	国家权利自主的正当性。(C)
	自格致学日明……自世界文明日开……自人智日渐聪明,而人人皆得有天赋之权利可享。	人人享有天赋权利。(A)
	各人不可夺之权利,皆由天授。 生命自由,及一切利益之事,皆属天赋之权利。	权利不可剥夺。(A) 天赋权利包括生命,自由和个人利益。(A)
	各人权利,必须保护……建设政府,而假以权,专掌保护人民权利之事。	政府必须保护个人之权利。(C)
	无论何时,政府所为,有干犯人民权利之事,人民即可革命,推倒旧日之政府……更新政府,以求遂其保护之心,岂非人民至大之权利,且为人民自重之义务哉?	政府干犯人民权利,人民即可革命,推倒政府。(C)
张继"读'严钵留学生密谕'有愤"《苏报》(1903年6月10、11日)	观我权利,则所谓保卫国家权力之兵权,所谓保护安宁生命之法权,所谓保护国民膏血之财产权,而今皆安在哉?	将国家权利分成兵权、保护生命权和财产权。(C)
沈翔云"复张之洞书"《黄帝魂》(1903年)	总之人人有自主之权,为地球之公理文明之极矣,无可訾议者也。	人人有自主权。(A)
林獬(白话道人)"国民意见书"《中国白话报》(1904年)	凡国民有出租税的,都应该得享各项权利。这权利叫做自由权,如思想自由、言论自由、出版自由。这些自由权,我们都应该享受的。	个人权利包括思想自由、言论自由、出版自由。(A)

续表

人物及出处	有关权利的言论	意义分析
竹庄"论中国女学不兴之害"《女子世界》第3期(1904年)	男女同生天地间,同有天赋之权利,同有争存之能力。	男女同有天赋权利。(A)
	吾国女子,正宜奋发其争存之能力,恢复天赋之权利,以扫除依赖男子之劣根性……	权利为个人独立自主,无依赖性。(A)
丁初我"女子家庭革命说"《女子世界》第4期(1904年)	苟无权利,即为人权;苟非自由,即为天囚。	权利为个人自主性。(A)
柳亚子(亚卢)"哀女界"《女子世界》第9期(1904年)	夫权利云者,与有生俱来,苟非被人剥夺,即终身无一日之可离。	权利为自主性,不能被他人剥夺。(A)
	必如论者所言,将中国男子亦在不能有权之列,而翻怪独夫民贼仅夺国民之公权,而不夺其私权,为放任太过矣。	权利分为公权和私权。(D)
亚特"论铸造国民母"《女子世界》第7期(1904年)	吾今原二万万同胞……抖擞精神,改造性质,使千百年前已失之权利,一旦竞争而恢复之。	用"竞争"来追求妇女的权利。(B)
(无署名)"论朝廷欲图存必先定国是"《东方》第7期(1904年)	效欧美之良法、师日本之成规,订立宪法,布告天下,咸使闻知,以制限主治者之威权,以保护被治者之权利。	限制统治者威权,保护国民权利。(C)
汪精卫"民族的国民"《民报》第1、2期(1905年)	公权云者,以构成国家机关之资格而获之权利也;私权云者,以个人之资格而获之权利也。人民于一方为构成国家之分子,于他方有自由独立之人格,其权利义务,类规定于国法……	将权利分成公权和私权。(D)
	自个人权利观之,专制必不认人民之自由,故国家对于个人,只有权利,而无义务;个人对于国家,只有义务,而无权利;若立宪,则国家与个人,皆有其权利,其有义务者也。	只有立宪,才能使国家、个人皆有权利。(C)

续表

人物及出处	有关权利的言论	意义分析
陈天华（思黄）“论中国宜改创民主政体”《民报》第1期(1905年)	吾侪以为中国国民可享完全之权利也。……苟一日者皆明国家原理,知公权之可实,而义务之不可不尽,群以义务要求公权,悬岩坠石,不底所止不已……	将权利分成公权和私权。(D)
孙文“‘民报’周年纪念大会上的演说”《民报》第10期(1906年)	因一切谋生利益,尽被资本家吸收,贫民虽有力量,却无权利去做。	孙中山的民生主义最先将权利与个人经济,暗含权利必须人人可做到。(E)
梁启超“答某报第四号对于本报之驳论”《新民丛报》第79期(1906年)	……而私法上相约者之一方,或不履行所约之义务,而他方有可以强迫使履行之权利者,则以其权利由法律所规定,而法律则有国家之权力在其后也,故强制其权利,实自国家来也。	国家制定并维护法律,可强制履行权利。(C)
汪精卫“驳《新民丛报》最近之非革命论”《民报》第4期(1906年)	上海罢市事件,在欲主张国际上之权利……国际观念,本于国家观念也……。然观其(指罢市商人)能由个人权利观念,而进于国家权利观念,则知其必能由浑括的主张,而进于条理主张也。	主张国际之权利,本于国家观念,而国家权利基于个人权利观念。(C)
叶夏声（梦蝶生）“无政府党与革命党之说明”《民报》第7期(1906年)	国家与社会之区别,以强制力之有无定也。故个人之服从国家者,亦以其有强制力也。盖苟无强力之国家,则人民权利自由无保障。	国不强,人民无权利自由。(C)

从此表可以看出,当时权利观念虽然已有道德化倾向,但人们更多地将其视为不等同于道德的正常性。人们从竞争和国家独立自主来论证个人自主为正当。权利尚未和儒家道德对立起来。

从表8.3五十多个典型例句中,我们可以看到人们对权利意义的理解大致可分为A、B、C、D、E五种类型。第一种类型A数量最多，其意义为个人自主性，人们将个人权利看作天赋，是不可以剥夺的。这一类言论与西方天赋人权观念最为接近。B、C 两类也相当多，其中 B 类是从物竞天择原理来论证权利为正当。由于捍卫个人自主性有利于竞争，于是竞权利就可以帮助国家进化和富强。有人甚至从弱肉强食来论证自主性是天然合理的。这与当时人们普遍接受进化论有关。第三种 C 类，是从个人一部分人（或地方）与国家的关系、立宪、法律与国家、个人权利的关系来讨论权利。在这种论证中，我们可以看到一条基本思路，就是认为人之所以要有个人自主性，是出于国家独立自主的需要；如果无个人自立，国家不可能具有争独立自主的力量。当时虽有国家权力过大会损害个人自主的看法，但这种观点并不占主流地位。而且在论证这一点时，其目的大多在于反对满族国家政权。这三类型论证中，个人权利明显具有非道德的正当性含义。

然而，即使当时先进知识分子对权利的了解已相当接近西方权利的意义内涵，但我们必须看到，在中国知识分子心目中，无论是把争个人权利当作国家独立自主的动力，还是从物竞天择的天演规律来论证个人权利，其背后都有强有力的意志指向，即权利必须是个人奋发努力、积极争取的目标。故当时士大夫所认同的自由不可能是消极自由，权利或多或少代表着道义和进步，有道德化倾向。但是，由于当时儒家伦理尚占据价值系统中的核心位置，故权利即使道德化，在公德与私德二元论的格局中，它至多只能当作辅助性的新道德，人们将其视为公德建筑新场所，却并不能取代儒家伦理的核心地位。

表 8.3 的 D 类是把个人自主性看作道德的一部分，这一类显然比前三类少。在这一类型中，人们大多模仿梁启超将道德分成公德与私德，将权利分为公权和私权。而完全把权利当作道德并将其用到个人经济领域的 E 类更少。在这一类型中，人们把道德可欲性赋予权利，即认为权利所规定的内容必须是人人可以做到

的，特别是穷人无经济实力就等于无权利。实际上，这种用法只有一例，即孙中山谈社会主义和民生主义时，才运用"权利"这样的观念。

综合考察表8.2与表8.3，我们可以看到"权利"观念进入中国现代政治思想，首先是与清廷无能、丧失国家主权的历史联系在一起，与洋务运动追求国家自强一脉相承；甲午之后，中国人又从竞争的功能来理解权利的意义。可见权利道德化倾向一开始已经存在。而在1900年至1911年间，士大夫之所以在相当大程度上承认权利是一种非道德正当性，是由于将"权利"观念完全与儒家伦理划分开，使儒家伦理不致被西方价值颠覆。而一旦传统道德被颠覆，中国人必须寻找新道德时，这一保证非道德正当性得以存在的屏障也就完全消失了。

8.6　权利道德化的历程

两极化：权利变成纯法律概念和权利的道德化——新文化运动早期，个人自主性成为和纲常名教对立的新道德——权利由于其内容不可达到而被认为是虚妄的——关于生存权的争论，劳动者应全权享有劳动产品——无政府主义和社会主义思想在中国的传播。

到1915年新文化运动开始时，在中国知识分子重返道德价值和"天人合一"结构的前提下，社会、国家和群体这些原先可以容纳非道德正当性的领域已不再存在，在政治文化中离开道德价值谈自主性和正当性显得可笑而且过时。由于非道德的正当性已不再重要，这时人们对权利这一词的使用出现了两极化：一方面很多人将其视为纯法律概念，即权利为法律保护下的利益或实现这种利益的权利(甚至将花钱就能享受的利益也称为权利);另一方面,随着全盘反传统主义的盛行,价值逆反普遍发生,新知识分子把冲决罗网、实现个人独立平等视为新道德。当时,权利这一观念中所包含自由和个人自主性与逆反价值所肯定的新道德一度重合,于是权利也就更多地同个人相联系,并具有更明显的道德含义。在新文化运动前期个人自主为积极自由的同义词,在更多情况下它的意义是平等。很多人在使用权利时,往往强调人民参政和当家做主,它不仅和义务并重,而且是有别于纲常名教这一奴隶道德的新道德。

以最有影响的《新青年》杂志为例,权利一词共出现 1047 次,若将它们的意义大致分类,可以发现"权利"观念不仅同辛亥前的意义有着很大差异,而且在新文化运动的不同阶段,其含义也是不同的。表 8.4 是从《新青年》杂志中选出的有关"权利"观念的代表性例句。表面上看,其中使用得最多的意义仍为个人独立自主,与表 8.3 中 A 类相似。但是,只要我们从上下文研究来看当时如何使用"权利"一词,就可以发现其中一半以上的例句都与新道德有关。即权利作为个人自主性,是一种与纲常名教对立的新道德。表 8.3 中相当多的 B 类,在表 8.4 中几乎不存在,《新青年》杂志中谈论权利和竞争关系的例句相当少,即人们再也不把权利看作一种由物竞天择所规定的非道德的正当性了。相反,表 8.3 中甚少出现的 D 类在表 8.4 中则相当多。这说明随着儒家伦理被当作奴隶道德,冲决罗网的自由和个人自主性就开始被认为是一种可以取代传统道德的新道德。这样,作为自主性的权利被完全道德化了。

表 8.4　《新青年》杂志有关“权利”的用法

人物及出处	和权利有关的论述	意义分析
陈独秀“敬告青年”(一卷一号)(1915 年 9 月)	等一人也……绝无奴隶他人之权利,亦绝无以奴隶自处之义务。奴隶云者,古之昏弱对于强暴之横夺而失其自由权利者之称也。……忠孝节义,奴隶之道德也……以其是非荣辱听命他人不以自身为本位,则个人独立平等之人格消灭无存。	在此权利含义是自主性,但陈独秀使用这个词的目的是表明自主性为一种和奴隶道德相对立的新道德。(A)(D)
陈独秀“法兰西人与近世文明”(一卷一号)(1915 年 9 月)	法兰西革命以前……视人类之有独立自由人格者,唯少数之君主与贵族而已。其余大多数之人民,皆附属于特权者之奴隶。无自由权利之可言也。……近时之社会,民主社会也。人人于法律前,一切平等。不平等者虽非全然消灭,所存者关于财产之私不平等而已。	在此权利含义是自主性和平等。陈独秀在这篇文章表明必须反对一切不平等之特权,权利一词有包括财产平等在内的道德含义。(A)(D)
高一涵“共和国家与青年之自觉”(一卷一号)(1915 年 9 月)	顾自由要义,首当自重其品格。所谓品格,即尊重严正,高洁其情,予人以凛然不可犯之威仪也。然欲尊重一己之自由,亦必尊重他人之自由,以尊重一己之心,推而施诸人人,以养成互相尊重自由权利之习惯。此为平等的自由也。	尊重自由权利是新道德。(A)(D)
陈独秀“今日之教育方针”(一卷二号)(1915 年 10 月)	近世欧洲文明进于中古者,国家主义亦一特异之征也。等国家主义既盛,渐趋过当,遂不免侵害人民之权利。……真国家者,牺牲个人一部分之权利,以保全全体国民之权利也;伪国家者,牺牲全体国民之权利,以奉一人也。	国家会侵害人民之权利。真国家的权利必须来自于个人权利的集合。(C)

续表

人物及出处	和权利有关的论述	意义分析
高一涵“共和国家与青年之自觉”(一卷二号)(1915年10月)	损社会以利一己者固非,损一己以利社会者亦谬。……自利利他主义,即以小己主义为基。……何言乎自利他主义,必以小己为主义为始基也?……以保护小己之自由权利,俾得以自力发展其天性,进求夫人道之完全。质言之,盖先有小己,后有国家。非先有国家,后有小己。为利小己,而创造国家,则有之矣。为利国家,而创造小己,未之闻也。……吾辈青年,正当努力与旧习俗相战……而自由权利二者,即为发扬能力之梯阶。务须互重权利,互爱自由……一己之天性,完全发展。即社会之一员,完全独立。	在此高一涵不仅指出,权利作为个人独立自主是建立自利利他主义这种新道德的基础;而且还坚持个人权利并非因为为国家争权利需要而产生,这同辛亥革命前人们对个人权利的基础看法存在很大的差别。(A)(D)
李亦民“人生唯一之目的”(一卷二号)(1915年10月)	去苦而就乐,亦乃人性之自然,天赋之权利。吾人所当自为主张者也。……忠孝节义,全非植根于汝身,由身外之人课汝以片面之义务。……自由意志毫无发展之余地。如知之也,其速决汝大方针,曰:“为我”,以进于独立自主之余。其速定汝大目的,曰“快乐”,以遂汝欲求意思。	权利是取决于个人意志的自主性,它做作者看作有别于忠孝节义而取决于自己的新道德。(A)(D)
高一涵“近世国家观念与古相异之概略”(一卷二号)(1915年10月)	向也,国家剥夺人权……今也,国家一视同仁,凡属人类,均享人权……人之身体,为享有权利之主,不得视同器皿,附属于人。……夫国为人而设者,国家权利,即以人民权利为根基。自由人格,全为斩求权利之梯阶,而权利又为谋达人生归宿之凭借。……今者国本在民之理,大阐明于西方,举国家全力,保护人民之权利。……(中古)公私两法,无所区分。领土权视同物权,为国王所私有,国王权力,即其家族权利焉。(近世)公法私法,划然判分。公共权利,一变为公共义务。……自由、平权、人格、权利,在他国视为天经地义,倾国家全力以保护之者,在吾国必视为离经畔道,倾国家全力以铲除之。	权利的意义是个人独立自主性,国家的权利以人民个人权利为基础,故国家必须保护个人权利。而在中国,国家则铲除个人权利。(C)

续表

人物及出处	和权利有关的论述	意义分析
高一涵“民约与邦本”(一卷三号)(1915年11月)	国家之存,专以保护人民权利为职务。……人民对于不良政府之革命权,……已允为道德上之权利矣。……夫人民对于国家可牺牲其生命,捐弃其财产,而不得自毁其自由,暂丧其权利。	权利的意义是个人独立自主性,国家不可以剥夺个人权利。(A)(C)
高一涵“共和国家与青年之自觉”(一卷三号)(1915年11月)	青年自觉之道,首在练志。……正以负有此志,可以人力胜天行,能胜物而不为物胜。先定一当然之方针,因之以求其将然之归宿。而幸福、安宁、自由、权利,乃可获得,乃可常保,此则立志之用也。	权利作为自主性是立志的一部分。(D)
高一涵“国家非人生之归宿论”(一卷四号)(1915年12月)	国家得要求于人民者,可牺牲人民之生命,不可牺牲人民之人格;人民之尽忠于国家者得牺牲其一身之生命,亦不得牺牲一身之人格。人格为权利之主,无人格则权利无所寄,无权利则为禽兽为奴隶而不得为公民。……吾人爱国之行为,在扩张一己之权利,以搘柱国家。牺牲一己之权利,则反损害国家存在之要素,两败俱伤者也。	权利意义为自主性,它是个人人格道德。爱国行为是扩张一己之权利,以搘柱国家。(C)
李大钊“青春”(二卷一号)(1916年9月)	彼幽闲贞静之青春,携来无限之希望……于吾前途辽远之青年之前,而默许以独享之权利。	在此权利意义类似于资格,即某一前提下正当的利益和可做之事。
罗佩宜“读者论坛——论生活上之协力与倚赖”(二卷二号)(1916年10月)	惟是率私奉公必有其界,若衣租食税,漫无制防,惟务竞小己之权利,谋司枋之尊荣,则与协同办治之义已乖。	在此权利意义为个人利益,作者认为官员不能只竞小己之权利。(F)
记者“国内大事记——借款交涉”(二卷三号)(1916年11月)	共和复活,度支骤涨,政府穷于应付,拟向五国银团商借第二次善后大借款一万万元。……故此项借款,无论如何,关系殊至重要,损失权利无论矣。	权利含义为国家主权和经济利益。(C)

续表

人物及出处	和权利有关的论述	意义分析
杨昌济“治生篇”（二卷四号）（1916年12月）	欲得有事权以伸其行道济时之志，则可投身于政界，服官者义务也，非权利也……夫当兵亦如服官，乃国民之义务，非可视为私人之权利者也。	权利被用于经济领域，意义是经济利益。（F）
光昇“中国国民性及其弱点”（二卷六号）（1917年2月）	自由有表里两面，自消极方面言之，为不羁；而自积极方面言之，为权利自由思想，即权利思想，由人格主义而来，人格者即法律上能享权利尽义务之主体也。……然自国家主义言之，彼曰权利，而吾曰仁义；彼曰竞争，而吾曰礼让。卒之礼让流为颓靡，仁义遁于空虚。……	权利为积极自由，它由人格导出，具有道德含义。它同中国礼让是对立的。（A）（D）
陈独秀“对德外交”（三卷一号）（1917年3月）	而自弱者，被征服者之吾人之地位论之，当然不承认强者征服者有天赋之权利，而竭力与之抗争。	不承认强者有征服弱者的天赋权利。（G）
梁华兰“子女问题——女子教育”（三卷一号）（1917年3月）	所谓男女教育平等者，非教育种类之平等，乃教育人格之平等也。……男子能受教育上之尊荣及权利；女子亦能受同等之尊荣及权利。此所谓教育平等也。	权利平等是人格平等。（D）
高一涵“近世三大政治思想之变迁”（四卷一号）	近世乃知人民之权利自由，由法律所赋予。	肯定权利。 权利具有自主性和积极自由的含义。（A）
吴敬恒“论旅欧俭学之情形及移家就学之生活”（四卷二号）（1918年2月）	吾人食物但嫌太多，不嫌过少，则英人俭学生寓中之饮食，于养生之料，固已绰乎有余。此八元之权利，除房间饮食外，又有一余福可以享受者，则每星期得洗浴一次。	权利在此处的意义为某一前提下可享受的利益。（F）
陈独秀“再质问东方杂志记者”（六卷二号）（1919年2月）	功利主义之所谓权利，主张所谓最大多数之最大幸福乃民权自由、立宪共和中重要条件。	权利的意义为积极自由。在此权利已隐含着经济利益，被运用到经济领域。（A）（F）

续表

人物及出处	和权利有关的论述	意义分析
高一涵“斯宾塞之政治哲学”(六卷三号)(1919年3月)	斯(宾塞)氏所以反对国家就是为想保全自然权利。……斯氏所说的权利是自然的权利,是从天赋得来的,在未有社会以前,已经有了的。……卢梭也是这样说。	认为英美经验主义包含在法国式自由主义之中,权利同时有自主性及积极自由之含义。(A)
周作人“日本之新村”(六卷三号)(1919年3月)	体弱的人,如什么工都不能做,便不劳动也可以的……各人有这样的权利,便只因各人在劳动上,已经尽了义务,而且各人又都替不幸的邻人,代为劳动了;所以无代价的给予,毫不奇怪。	权利被运用到经济领域,而且具有相当的道德含义。第一重意义为平等。第二重含义为“义务是权利的前提”,“权利”具有各尽所能、各取所需的意义。(F)(D)
吉野作造著,高一涵译“选举权理论上的根据”(六卷四号)(1919年4月)	研究现在政治的实质,开宗明义第一章,就不能不承认选举权——人民参政权,为人民固有的权利。……这种学说(天生人权说)是把那十八世纪末了,法国人所主张的个人绝对自由和个人无上权利的各样学说总合在一块儿的。	特别强调人民参政在权利观念中的重要性,权利具有积极自由含义。(A)
唐俟“我们现在怎样做父亲”(六卷六号)(1919年11月)	他们的误点,便在长者本位与利己思想,权利思想很重,义务思想和责任却很轻,以为父子关系只需“父兮生我”一件事,幼者的全部,便应为长者所有。	权利在此的意义为个人利益和利己。(F)(G)
胡适“新思潮的意义”(七卷一号)(1919年12月)	向来教育是少数“读书人”的特别权利,对于大多数人是无关系的,故文字的艰深不成问题。近来教育成为全国人的公共权利,人人知道普及教育是不可少的。	强调权利规定事项的人人可达到性,这里已将道德的可欲性塞入权利观念之中。(E)

续表

人物及出处	和权利有关的论述	意义分析
陶履恭"游欧之感想"(七卷一号)(1919年12月)	向来的代议,固然是代表人民,但只可以代表消费者的利益,不能代表生产者的利益。现在那许多劳动者一生专从事制造,要想保护扩张他们生产者的权利,在现在的国会是不能办的。	权利观念应用于经济领域,权利在此的意义为利益。(F)
陶履恭"欧美劳动问题"(七卷二号)(1920年1月)	……此外还有那些有工作能力而无人雇用的和那些无工作能力的都要求他们工作的权利。……知道只有劳动者是生产者,所以劳动者自身该有相当的权利,操纵生产,操纵与他们生命有密切关系的工业。	权利观念应用于经济领域,在此权利被理解为人人都可以做到的事。(F)(E)
高一涵"对于治安警察条例的批评"(七卷二号)(1920年1月)	原来法律上所承认的权利,并不是凭空结撰的,是拿对于社会所尽的义务换来的。	强调尽义务是获得权利的前提,义务有应然的含义,故权利概念是已具有某种道德属性。(A)(D)
周作人"新村的精神"(七卷二号)(1920年1月)	人人有生存的权利,所以应该无代价的取得衣食住。	权利为分配平等代名词。周作人主张人有天赋吃饭权,权利观念不仅被等于道德,而且被运用于经济领域。(H)

续表

人物及出处	和权利有关的论述	意义分析
陈独秀“马尔塞斯人口论与中国人口问题”（七卷四号）（1920 年 3 月）	假令人口过剩是造成贫困的唯一原因，……也没有理由专门要限制下层贫民。上流富裕阶级就有孳生的权利，他们的这种权利是从哪里来的？又何至主张贫民没有生存权，又何至说没有得父母财产的人没有吃饭的权利，好比宴会里未请的宾客没有入座的权利一样呢？	权利被运用到经济领域，从生存权推出人有吃饭的权利。权利蕴含着经济平等的含义。（H）
王星拱“奋斗主义之一个解释”（七卷五号）（1920 年 4 月）	所以我和不良的社会奋斗，一方面是为我争生存的权利，一方面是为我争“应该服务社会”的义务。	作者提出人应争为社会服务的义务，即要求有工作做是一项人人享有的权利。这里道德的可欲性被赋予权利观念，即权利所规定的事项必须是人人可做到的。（E）
陈独秀“劳动者底觉悟”（七卷六号）（1920 年 5 月）	第一步要求还是讨饭吃，必须到了自己做饭吃的时候，油盐柴米菜蔬锅灶碗碟等，都拿在自己手里，做工的人底权利，才算稳固。	权利被运用到经济领域，强调工人必须自己掌握经济命运。权利各项内容被称为是每个人可以做到的。（E）（F）
侯可九君“告穆藕初先生”（七卷六号）（1920 年 5 月）	假使拿了生活最低额的八元大洋一月的工资，去做每天十二小时的牛马工作，还要写一张卖身式的志愿书，束缚得他紧紧的，难道不是把他们的做人权利取消吗！	权利被运用到经济领域，认为工人已丧失做人的权利。（E）（F）
知耻“通信——劳动问题”（卷八一号）（1920 年 9 月）	工人应当要求“受教育的权利”，热心劳工问题者，应当鼓吹工人有要求受教育的“权利”……彻底的办法，只有一种，就是平民主义的教育。无论何人，应该有受教育的权利。	工人有受教育的权利。权利内容被理解为必须人人可以做到。（E）

续表

人物及出处	和权利有关的论述	意义分析
高一涵记“杜威博士讲演录——社会哲学与政治哲学”(八卷一号)(1920年9月)	权利是什么？是在行为的规定当中,有权力可以这样做。……他所以能够这样做,因为社会的全力在法律背后帮助他;……所以权利就是全社会的势力在法律背后允许他这样做的一种权力。……每种权利都连带义务。……有权利而不履行义务,就没有所谓权利。……权利的三种公别:第一,个人的权利,或曰天赋的权利;第二,公民的权利;第三,政治的权利。……这些个人所有的权利,是社会国家所公认的。所以个人在法律政治上的自由,便是种种权利的总数。	将权利和可欲性相联系。权利被规定为实现义务前提下有能力做某种法律允许的事。这有两种含义:一是权利回到法律意义下的意义,它是一种受法律保护的利益;二是道德目标的可欲性被赋予权利概念。当它达不到时,人们可以用此质疑权利的正当性。(E)
陈独秀“国庆纪念底价值”(八卷三号)(1920年11月)	只可惜……多数人得不着幸福,固属当然(上面曾说过共和政治不能造成多数幸福),即次少数人也没有像欧美中产阶级都得着了幸福,自由权利与幸福还是为最少数人所独占。	在资本主义社会,权利只为少数人独占,权利是不平等的。(G)(F)
(俄)波哈莲著,震瀛译“俄罗斯研究:俄国‘布尔塞维克主义’和劳动的女子”(八卷五号)(1921年1月)	苏维埃政府和革命,贡献全体工人,用手工和脑力来创造……便是帮忙他们创造人类生存的价值。他们协助的权利和义务,没有什么男女区别。	在苏俄,做到了男女权利平等。(I)
李达“讨论社会主义并质梁任公”(九卷一号)(1921年5月)	我并不主张利用游民实行革命。但是劳动者不幸失业而造成游民,若有相当的团体训练,何以绝对不许他们主张自身的权利。	失业劳动者有革命的权利。(I)

续表

人物及出处	和权利有关的论述	意义分析
高一涵“共产主义历史上的变迁”(九卷二号)(1921年6月)	现在欧洲和别的文明国家所有的私有财产,都是法律赋予社会中某阶级垄断别阶级生产结果的权利。……劳动者应该享受自己劳动结果的全部,由这第二个原则发生出来的权利,便是“全劳动收益权”……如果劳动者要实行这种权利,那么,财产制度便不能不改变了。	权利被运用到经济领域,主张劳动者有享受自己劳动成果的权利。资本主义社会剥夺了工人享有自己劳动成果的权利。(F)(G)(I)
欧声白、陈独秀“讨论无政府主义”(九卷四号)(1921年8月)	凡是只享权利而不尽义务,或是只顾一己之自由而侵犯他人之自由,都是叫做个人主义。……如日本之不许朝鲜独立,只顾一己之权利,以侵犯他人之权利方算个人主义。	认为无政府主义者和帝国主义者只顾自己的权利而不顾他人的自由,这里已把追求权利看作个人主义,而个人主义是不道德的。(G)
存统“马克思底共产主义”(九卷四号)(1921年8月)	据马克思底意见,一切权利,都是有产阶级社会的残渣,劳动全收权也是一样。……这个叫做“平等权利”的权利,实在是对于不平等的劳动的不平等的权利。……还有别的种种差别;例如一个劳动者结了婚,别个劳动者没有结婚;这个小底小孩子,比别个人多等都是。……如果要想避免这些弊害,那么我们就可以知道:“权利”不是平等的,实在是不平等的。……在主张有权利的时候,是没有平等的;一切权利,都是不平等的权利。	由于经济不平等使得劳动者不能实现他们的权利,作者据此认为“权利”是不平等的,是不道德的,因而也是虚妄的。这里明显存在如下逻辑。第一步是将道德的可欲性赋予权利的各项内容。当这些内容不可实现时,权利就被否定。权利观念因道德化而导致否定权利。 权利是有阶级性的。现在所谓权利只是有产阶级社会的残渣。(G)(I)

续表

人物及出处	和权利有关的论述	意义分析
高一涵"省宪法中的民权问题"(九卷五号)(1921年9月)	凡是十七、十八世纪中政治家所要求的权利和宪法上所规定的权利,通通可以叫做"政治的基本权"。……个人发展的第一步,便在打破同业公所的专制,要求"职业自由",推翻同业公所专卖专营的特权。向海外发展的第一步,便在打破保护政策,要求自由放任政策,要使这种个人自由得到法律上的保障,所以大家都在宪 法上用意,把"营业自由"、"居住迁徙自由"种种权利,规定在宪法之上,使他们都成为神圣不可侵犯的东西。……以上种种自由权利,都是"政治的基本权"。……既然是中产以上的阶级所要求的……必定要有相当的财产,相当的职业,相当的技能的人才能够享受,这都是非享受高等生活的人不能有的权利。……自马克思以来,大家都知道"财富是劳力的创造品"。……因此便有人主张"凡是劳动者生产的东西,都应该完全归劳动者自己享用",由这个原则上发生出来的权利,就是"全劳动收益权"。……当共产制度没有采用之先,应该以法律来保障那些得不到生存资料的人。详细说来:就是法律上应该承认未成丁的人有受教养的权利,承认衰老残疾失掉劳动能力的人有受救济的权利。……在私产制度之下,如果想救济失业的弊病,法律上应该承认凡有劳动能力的人都有要求劳动机会的权利。	十七、十八世纪权利观念重新界定为"政治的基本权",认为它是中产阶级的要求;其前提是人已有财产可以享用。由于财产来自于劳动,故从劳动者有权享用自己产品权利出发,推出以往权利观念是不合理的。合理的权利还应包括经济平等。这篇文章十分典型地反映出,由于权利的道德化,知识分子如何用道德可欲性来规定权利,最后与自由主义分道扬镳。(E)(H)(I)
周佛海"自由和强制,平等和独裁"(九卷六号)(1922年7月)	资产阶级所争得的自由平等,乃是他们一阶级底自由平等……他们有企业的自由、有贸易的自由……有剥削劳动者的自由……别阶级所有的权利,他们都尽有了。	权利是有阶级性的,资产阶级霸占了别阶级的权利。(G)(I)

续表

人物及出处	和权利有关的论述	意义分析
记者“中国社会主义青年团第一次全国大会纪略”(九卷六号)(1922年7月)	民主革命的胜利,我们无产阶级虽可以得着些自由与权利,然而不能得着完全的解放。	自由和权利不是无产阶级最后解放的目标。
瞿秋白“世界的社会改造与共产国际”(季刊I一号)(1923年6月)	资产阶级既独占“赢余价值”。在客观的经济结构上,他若放弃此权利,他自身就不能存在……	权利被运用到经济领域,资产阶级不会放弃霸占赢余价值的权利。(F)(I)
周佛海“社会之现在与将来”(季刊I二号)(1923年12月)	什么叫生存权？就是社会的成员,对于社会主张自己生存的权利。……资本主义的社会……贫民没有受社会周济的权利。……但在社会主义社会之下则不然。……各个人当然有向社会主张生存的权利。社会须维持其各成员的生存,乃是社会的义务,各成员受社会的维持,乃是他们的权利。……老幼残疾都有要求扶养的权利。	主和社会有义务维持其各成员的生存。生存权被理解为人人有吃饭的权利。(H)
周佛海“生产方法之历史的观察”(季刊I三号)(1924年8月)	但是农奴虽然当做贱民,任领主自由虐待杀戮,然而他们对于土地,有几分权利,是被承认的,这就是他和奴隶不同的主要之处。	权利被运用到经济领域,意义为阶级对生产资料的支配权力。(F)(I)
蒋光赤“在伟大的墓之前”(季刊II一号)(1925年4月)	十月革命轰然一声,把俄罗斯境内东方之弱小民族的锁扣完全解去……十月革命后,他们才能享得民族平等的权利,他们才能得到抬头的机会。	十月革命赋予弱小民族平等的权利。(I)

此项研究为我们受香港研究资助局(RGC)资助的“中国现代政治观念形成的计量研究”课题的一部分。“权利”一词的统计由戚立煌先生作出。

当时仍有很多言论是讨论个人权利同国家权利之间关系的(属于C类),但其重点和逻辑却同辛亥前有很大差别。在辛亥革命前十年中,知识分子大多从国家的自主性来推出个人必须自主。

在新文化运动中,却运用了社会正义来自个人道德的模式:个人独立自主既然成为反对儒家伦理的新道德,而社会正义和天道必须具有这种新道德的属性,这样,新知识分子不再将个人权利的合理性看作来自国家独立自主的需要。相反,他们认为个人独立自主比国家更重要。很多人强调国家权利过大会侵害个人权利。应该注意的是,这种推理的根据并不在于西方注重消极自由,而是在反儒家伦理的思想运动中将自主性视为新道德。由于"权利"成为新道德,道德的可欲性也被广泛地赋予权利。在新文化运动前,人们很少将个人权利观念运用到个人经济平等之上,也很少有人认为人无经济能力就意味着权利不可欲。类似言论在1919年后急骤增加。这表明由于权利的充分道德化,人们不由自主地用道德的可欲性和种种意义内涵来要求和评价"权利",当权利的内容并非人人可欲时,权利就被认为是不平等的和虚妄的。

在表8.4中有表8.3中不存在的新类型,如将权利视为自私和负面价值的G类,以及主张人的生存权必须包括吃饭权利的H类,甚至认为权利是有阶级性的I类。而且表8.4中还有着一个明显的趋势,即1919年前权利一词具有正面价值,1919年后,权利这一词被技术化,它或成为一个纯法律概念,表示在某种条件下特许做的事,或成为个人经济利益的代名词。随着权利观念被广泛应用于经济领域,经济分配的不平等,被视为权利的不平等;贫苦大众受教育的权利受到普遍关注。陈独秀等人开始意识到人的生存权是否应包括吃饭权利的问题。从广大贫苦人民无吃饭权,知识分子对自由主义产生怀疑。1920年后,人们开始批判争权利导致的社会问题。特别是由于人的经济地位不平等,以至于有的人无法做到他有权做的事。据此,权利被认为是不平等和虚妄的。这样,权利一词也越来越具有争议性,当其衍生出负面含义时,最终也就成为批判对象。

这里我们看到,在逆反价值建构新道德的潮流中,权利的道德化是不可避免的。而把道德的内涵赋予权利，就一定会主张权利各项内容的人人可达到性。这样，经济地位不平等，或人在市场社会中没有经济能力也就意味着权利的不平等。从自由主义走向社会主义和马克思主义的阶段也就难以阻挡了。在新文化运动以后，除了极少数二元论者坚持自由主义对权利的定义外，[1]几乎所有知识分子都把道德的内涵赋予权利。我们知道，当自由和平等这些新价值中的道德含义愈演愈多时，它们已不是“权利”这个词所能概括了，权利就会被摒之不用，这样，革命乌托邦便随之而成为政治思想的主导。

其实，当逆反价值成为占主导地位的意义结构后，“权利”一词无论怎样道德化，都不能够强有力地表达把打破伦理等级、扫除一切束缚作为新道德的价值追求。于是一些道德属性更明显的新观念兴起，取代了权利在政治文化中的位置。表 8.5 为《新青年》杂志中某些关键词出现频度统计，从中明显看到 1920 年后“社会主义”的使用频度开始超过“自由”和“权利”，成为人们普遍接受的新道义。

---

〔1〕 在新文化运动以后的人物中，对权利看法相当接近西方意义下自主性的是张君劢。我们知道，张君劢一直以儒家道德为终极关怀，他的思想为中国当代新儒学的一个来源。他对权利的看法，同他主张把个人道德与政治制度划分为两个领域有关。实际上，他是二元论儒学基本立场的继承者。即使在张君劢对权利的理解中，也还可感到他对义务的强调，仍有一点积极自由的味道（张君劢：《立国之道》，出版社不详，1939 年版；“新儒家政治哲学”，载《自由钟》，第 1 卷第 3 期（1965 年 5 月 1 日）。

表 8.5 《新青年》杂志中某些政治术语的频度统计

卷数	篇数/次数										
	总篇数	自由	平等	权利	民主	(德先生)	(德谟克拉西)	人权	个人独立	社会主义	民权
第一卷(1915—16)	163	41—250	16/43	26/125	7/14	0/0	1/1	10/24	3/3	6/9	3/8
第二卷(1916—17)	155	41/79	16/48	30/72	2/6	0/0	0/0	3/7	1/11	5/6	0/0
第三卷(1917)	147	34/155	24/67	24/47	13/28	0/0	0/0	3/7	0/0	5/7	1/1
第四卷(1918)	112	12/55	6/7	9/26	1/58	0/0	0/0	2/4	0/0	1/1	1/2
第五卷(1918)	157	26/93	20/35	15/46	2/11	0/0	0/0	4/4	0/0	3/11	1/1
第六卷(1919)	161	31/144	20/50	21/76	5/19	2/4	0/0	7/21	0/0	19/124	2/2
第七卷(1919—20)	145	41/334	27/103	46/216	4/13	1/3	1/1	9/15	0/0	21/97	2/2
第八卷(1920—21)	174	48/347	36/110	40/186	7/14	0/0	13/35	6/7	2/2	60/528	1/1
第九卷(1921—22)	126	33/181	24/200	33/157	6/27	0/0	6/13	5/6	0/0	45/708	1/1
季刊 I(1923—24)	65	27/148	15/49	23/59	13/60	0/0	11/53	2/2	0/0	37/508	2/8
季刊 II(1925—26)	56	18/132	13/37	15/37	5/10	0/0	13/86	4/5	0/0	25/208	3/4
总数	1461	325/1918	217/749	282/1047	65/260	3/7	45/189	55/98	6/16	227/2207	17/30

此表由章清博士作出。此项研究为我们受香港研究资助局(RGC)资助的“中国现代政治观念形成的计量研究”课题的一部分。

8.7 中国文化如何选择西方近现代思想

西方近现代思想的四种理想类型——中国二元论者如何接受西方自由主义——为什么中国知识分子在接受启蒙思想同时倾向马克思主义——逆反价值由隐到显——思想变迁的连续图景——英美思想不是法国启蒙思想的对手——法国启蒙思想主要通过日本传入中国——革命知识分子对卢梭的推崇——法国式民主自由被当作西方近代思想的代表——中国知识分子认同马克思主义之路。

综上所述,我们可以用是否认同二元论(多元主义)和权利道德化程度将西方近现代思想分成四种基本类型。英美自由主义具有二元论结构,但不把权利当作道德。法国式启蒙思想在世界观上属于二元论,但对权利的看法相当道德化。这两类为西方近现代思想的主流形态。第三种基本类型是马克思主义。它主张一元论,对权利的看法中道德化程度很高。第四种基本类型是法西斯主义,它是一元论反道德的意识形态。所谓中国文化选择性地吸收西方近现代思想,其含义正是指中国知识分子在不同时期认同的意义结构与这四种基本类型的互动。显然,中国文化一直是道德理想主义的,它不可能亲和反道德的意识形态,故法西斯主义在中国一直很难有真正的影响。而且,由于权利道德化倾向,即使在二元论儒学占主导地位时期,中国广大知识分子仍有着把自由当作新道德的价值取向。这样,中国二元论者亲和西方近现代思想,表现为同时汲取英美自由主义和法国启蒙思想。通常较保守的倾向于英美经验主义,较激进的认同法国式的自由平等。换言之,即使人们以英美自由主义为认同对象,法国式启蒙思想也潜含在知识分子心灵深处。

当知识分子以逆反价值为意义结构时,它所汲取的西方观念又是什么类型呢?逆反价值在结构上是一元论式的,它直指科学一元论和唯物论。但当自由平等作为一种新道德时,它直接亲和的却是法国式启蒙思想。于是,就逆反价值的内核而言,它选择的是唯物论和马克思主义,但作为它的外围,又包含着法国式启蒙思想。这可以帮助我们理解中国知识分子接受革命乌托邦、马克思主义的方式与西方有什么不同。在西方,民粹主义和无政府主义从法国式启蒙思想中脱颖而出,必须经历一个过程,只有当人们认识到法国大革命不够彻底,才会用无政府主义和社会主义取代法国式启蒙思潮中的积极自由。启蒙思想转化为民粹主义和社会主义是一步步完成的。在中国,无政府主义、社会主义思想与法国式启蒙思想的传入几乎同步。中国知识分子甚至可以跳过法国启蒙思想,直接接受马克思主义。

据研究,最早介绍西方社会主义思想的是赵必振。当时法国式启蒙思想刚刚被人知晓。赵必振于1900年参加唐才常(字黻丞,1867~1900年)自立军起义,失败后东渡日本,1902年回上海参加广智书局的翻译工作。[1] 他翻译了幸德秋水于1901年出版的《二十世纪之怪物帝国主义》。该书是中国第一部分析批判帝国主义的译著,出版后不久便遭清政府查禁。[2] 1903年赵必振又翻译出版了福井准造的《近世社会主义》,该书为系统介绍马克思主义的第一部译著。[3] 书中不仅介绍马克思生平和剩余价值理论,还写到第一国际和巴黎公社,称赞《资本论》是"一代之大著述,为新社会主义者发明无二之真理。"广智书局在《近世社会主义》新书广告中,谈到该书的出版有两个时代意义:首先,该书对欧美各国劳动问题解释最详,今后可以作为中国社会工业发达后的借鉴;其次,该书出版是帮助中国人搞清楚社会党和无政府党的根本不同。[4] 而《共产党宣言》传入中国,与知识分子向往法国大革命几乎同步。《共产党宣言》最早的节译本也许是朱执信(名大符,1885~1920年)以"蛰伸"为笔名在《民报》第二号上发表的。[5] 1906年宋教仁(署名"强斋")和叶夏生(署名"梦蝶生")也介绍过《共产党宣言》的两部分内容。[6] 可见,在中国马克思主义不仅和

〔1〕 熊月之:《西学东渐与晚清社会》,上海人民出版社1994年版,第643页。

〔2〕 田伏隆、唐代望:"马克思学说的早期译介者赵必振",载《求索》1983年第1期。

〔3〕 姜义华:"我国何时介绍第一批马克思主义译著",载《文汇报》1982年7月26日。

〔4〕 熊月之:《西学东渐与晚清社会》,第644页。

〔5〕 蛰伸:"德意志社会革命家小传",载《民报》,第2号(东京,1906年5月),第7~10页。

〔6〕 劈齐:"万国社会党大会略史",载《民报》,第5号(东京,1906年6月),第80页。梦蝶生:"无政府党与革命党之说明",载《民报》,第7号(东京,1906年9月),第119~120页。

无政府主义社会主义同时传入，它们还混同于法国大革命和启蒙思想中。

上述分析可以帮助我们勾画出1900年至1915年间中国文化如何同西方思想互动的图画。一开始，二元论心态占据主导地位，故中国知识分子在这一阶段主要以英美自由主义为学习对象。但是正是在这15年中，逆反价值不断发展，它的地位有一个由隐变显、从非主流慢慢变为主流的过程。由于逆反价值亲和的西方理念为马克思主义和法国启蒙思想，那么，随着逆反价值在社会上影响的扩大，西方思想的传入应该逐渐变成英美自由主义、法国启蒙思想和马克思主义三者共存。当逆反价值为主流思潮时，人们对英美自由主义兴趣减弱，法国式启蒙思想和马克思主义成为西学的主体。最后当一元论取得彻底胜利时，法国启蒙思想亦将不是马克思主义的对手。也就是说，随着逆反价值由隐到显，中国知识分子对西学的选择性吸收过程日益强化。社会所认同的西方思想经历了一个从英美自由主义、法国启蒙思想和革命乌托邦三者共存，到选择单一化、激进化的连续过程。

中国知识分子最早接受的是英美自由主义思想，这是思想史研究者公认的事实。一方面，中国早期去西方的留学生集中在英美而不是欧洲大陆，从西学传入的时间上讲，英美自由主义比欧陆理性主义与法国启蒙思潮更早。此外，在1900年至1915年间，由于儒学试图实现现代转化，而造成了二元论心态，它相对接近英美近现代思想的结构，当时大多数知识分子把英美现代思想作为主要学习对象。这方面最形象的例子，莫过于中国人对严复翻译的接受。严复在甲午战败后翻译《天演论》虽然代表了逆反价值对西方科学一元论之认同，但严复翻译的西方名著基本上属于英美自由主义一系。例如，《原富》、《群己权界论》、《法意》典型地代表了英美自由主义在经济、政治、法律等方面的基本思想。但是，如果我们考察严复译著的社会影响力，可以发现其基本趋势是它们依出版时间排成一个不断递减的数列。《天演论》对保守型和激进型知识分子都有征服力,但《原富》、《群己权界论》仅仅吸引当时的温和改良派,而在革命青年中并没有激起太大共鸣。表 8.6 为严译名著发表时间和发行版数。很明显,出版最晚的《名学浅说》是例外,因其是逻辑学和方法论通俗著作,其他偏重西方思想学理的严复译著的发行是一次比一次少。为什么严译西方名著系列的影响力不断减弱?鲁迅认为这是由于这些译文难以读懂。[1] 其实,更重要的原因是它们难以与法国启蒙思想竞争。因为随着逆反价值在革命暗潮中不断高扬,在广大青年心目中,英美经验主义和自由主义开始不如法国启蒙思潮有吸引力。

表 8.6 严复译著目录及其社会影响

书名	原书名	原著者	原书出版年份	译著年份	出版情况	发行量估计
天演论	*Evolution and Ethics*	赫胥黎(T. H. Huxley)	1891	1894(?)~1896	陕西本(1895)沔阳卢氏慎始基齐木刻(1898)	至 1921 年 20 版(仅商务,下同)
原富	*An Inquiry into Nature and Causes of the Wealth of Nations*	亚当·斯密(Adam Smith)	1776	1897~1900	上海南洋公学译书院(1901~1902)	不详
群学肄言	*The Study of Sociology*	斯宾塞(H. Spencer)	1873	1898~1903	文明编译书局(1903)	至 1919 年 10 版
群己权界论	*On Liberty*	穆勒(John S. Mill)	1859	1899	商务印书馆(1903)	至 1920 年 7 版
社会通诠	*A History of Politics*	甄克思(E. Jenks)	1900	1903	商务印书馆(1904)	至 1915 年 7 版
法意	*Spirit of Law*	孟德斯鸠(C. L. S. Montesquieu)	1743	1900(?)~1909	商务印书馆(1904~1909)	至 1913 年 4 版
穆勒名学(上半部)	*A System of Logic*	穆勒(John S. Mill)	1843	1900~1902	金陵金粟齐木刻(1905)	至 1921 年新版
名学浅说	*Logic the Primer*	耶芳斯(W. S. Jevons)		1908	商务印书馆(1909)	至 1921 年 11 版

根据王栻的“严复与严译名著”及贺麟的“严复的翻译”资料制表。商务印书馆编辑部编:《论严复与严译名著》,商务印书馆 1982 年版,第 11、29 页。

[1] 鲁迅:“关于翻译的通信”,载《二心集》,人民文学出版社 1980 年版,第 178~196 页。

法国启蒙思想主要通过日本传入中国。19世纪80年代日本兴起“自由民权运动”，在这一运动中，大量有关法国革命史和法国文明的著作译成日文。在日本，法国与现代文明挂钩，法国大革命被认为是推动西方文明发展的巨大动力。而此时正值大批中国青年留学日本。1900年以后，留学生对革命的向往，使他们把法国当作中国学习的榜样，[1]甚至认为法国是西方文明之母。他们很快把法国启蒙思想传回中国。

据估计，从1896年至1911年15年间，至少有1014种日文书籍被翻译成中文，这个数字远远超过此前半个世纪中国翻译西方书籍的总和，也大大超过同时期中国翻译西方书籍的数目。[2] 在这如海啸大潮涌来的日译书中，介绍法国大革命、启蒙思想和社会主义的著作占了相当大一部分。日译著述数量之大、流传之广、冲击之强，不仅改变了思想界面貌，甚至造成当时人们使用词汇上的一次大变革；而从事大量翻译工作的留日学生大多对西方文化、甚至对日本都不甚了解。[3] 事实上，正是这种译介更能表达中国人所熟悉的意义结构。这些介绍法国启蒙思想和社会主义著作，除了数量上占绝对优势外，在性质上也更接近中国人熟悉的观念。虽然严复在翻译西方进化论及自由、权利等理念时，已尽可能使其符合中国人的思想模式，但英美自由主义有关个人权利的思想，远不如将其当作新道德更容易使中国人接受。在法国自由主义中，革命作为一种新道义和自由平等的关系，很容易在信奉逆反价值的中国知识分子中引起共鸣。所以中国知识分子大多都把法国启蒙思潮当作英美自由民主理念的进一步发展。

---

〔1〕 Paau Shiu-lam, “The Vogue of France among Late-ch'ing Chinese Revolutionaries: Metamorphosis and Interpretations”，《中国文化研究所学报》（第17卷），香港中文大学中国文化研究所1986年版。

〔2〕 熊月之：《西学东渐与晚清社会》，第640页。

〔3〕 王汎森：“戊戌前后思想资源的变化：以日本因素为例”，载《二十一世纪》1998年2月号。

这方面一个重要证据是,1900 年后卢梭的名字在中国政治思想文献中频频出现,卢梭的著作几乎成为中国知识分子理解西方民主自由的经典。1900 年夏,卢梭的《社会契约论》(《民约论》)在横滨出版的《开智录》中首次摘要刊出。几个月后东京出版的《译书丛编》分四期发表了《社会契约论》部分译文。1901 年《爱弥尔》中译本出版,同年 11 月、12 月《清议报》一连三期发表评介卢梭的文章。从此以后,卢梭的平等自由观逐渐成为革命仁人志士心目中西方民主自由的代表。1903 年朱执信、胡汉民、汪精卫在广州组成"群智社",以卢梭著作为指导性书籍。邹容《革命军》倡言"执卢梭诸大哲宝幡,以招展之于我神州土"。刘师培在上海依卢梭思想写作《中国民约精义》、陈天华在《民报》上发表小说,把卢梭比为黄宗羲。[1] 梁启超认为西方所有政治革命与日本明治维新,都是依卢梭《民约论》的指导。[2] 他说:"卢梭之倡天赋人权……自此说一行,欧洲学界,如平地起一霹雳,如暗界放一光明,风驰云卷,仅十余年,遂有法国大革命之事"。[3] 孙中山一生接触最多的是英美思想,但最后仍然根据法国启蒙思想的自由、平等、博爱来讲解三民主义。他将法国革命的口号"自由、平等、博爱"与中国革命的"民族、民权、民生"相等同。[4] 孙中山不仅对法国《人权宣言》推崇备至,[5]而且把卢梭视为欧美的圣人,认为卢梭在西方享有中国人心目中孔子的地位。换言之,孙中山的"取法西方",主要精神

---

〔1〕 马丽安·巴斯蒂:"辛亥革命前卢梭对中国政治思想的影响",载刘宗绪主编:《法国大革命二百周年纪念文集》,三联书店 1990 年版,第 55～63 页。

〔2〕 亓冰峰:《清末革命与君宪的论争》,(台湾)中国学术著作奖助委员会 1966 年版,第 69 页。

〔3〕 梁启超:"论学术势力之左右世界",载《饮冰室合集·文集》(第三册),中华书局 1941 年版。

〔4〕 孙中山:"民权主义·第二讲",载《国父全集》(第一册),(台湾)中国国民党中央委员会党史委员会 1973 年版,第 80 页。

〔5〕 孙中山:"饬内务部通饬所属禁止买卖人口令",载《国父全集》(第四册),第 38 页。

乃是“以法为师”。[1]

总之，在1895年甲午战败到1915年新文化运动开始这20年间，中国知识分子对西方的了解有一个明显趋势，就是人们越来越多地用法国式民主自由，作为西方近代思想的代表。民国初年，李石曾、吴稚晖、蔡元培、汪精卫、张继等人曾大声疾呼派学生到法国去留学，以扭转“美雨压倒欧风”的留学传统。[2] 他们认为，这有助于了解真正的西方文明。正是基于中国社会对法国思想的日益重视，1915年新文化运动开始时，新知识分子大多把法国启蒙思想当作理想状态和西方（英美）自由民主的进一步发展。即使有人发现洛克契约论与卢梭思想不同，但他们仍是把卢梭学说当作对洛克思想的发展。[3] 正因为如此，陈独秀把法兰西视为欧洲文明之母，把“人权说”、“进化论”和“社会主义”说成西方近代思想最重要三大成就，并将其发明权统统归为法国。他说：“此近世三大文明，皆法兰西人之赐。世界而无法兰西，今日之黑暗不知仍居何等。”[4]《新青年》特意取了法文刊名 *LA JEUNESSE*，形象地表明法国式自由民主理念在知识分子心目中处于统领西方近代文明的地位。

为什么到1915年前后中国先进的知识分子会把法国式启蒙思想当作西方思想的代表，并认为它同英美经验主义是没有矛盾的？关键在于：在此以前，英美自由主义、法国启蒙思想和马克思主义在先进知识分子心目中一直处于共存状态，故他们很难发现这三种思想的重要差异。简言之，由于人们对西方认识的逐步深

---

〔1〕 陈三井：“孙中山与近代法国”，载《近代史研究》1997年第2期。

〔2〕 吴稚晖：“海外中国大学末论”，载陈三井编：《勤工俭学运动》，（台湾）正中书局1981年版。

〔3〕 高一涵：“民约与邦本”，载《新青年》，第1卷第3号（1915年11月15日）。

〔4〕 陈独秀：“法兰西人与近世文明”，载《新青年》，第1卷第3号（1915年11月15日）。

入，以及依据逆反价值选择并整合西学，是一个同步过程，它导致逆反价值对西方思想选择性接受，被当作对西方认识的深化。这样一来，随着逆反价值逐步占主导地位，到新文化运动开始时，新知识分子所认同的西方近现代价值，基本上属于法国启蒙思想一系，英美传统被想当然地归为法国式启蒙思想的一个部分。[1] 而且，从逆反价值整体来看，自由、平等和民粹主义只是否定了儒家伦理中父权、君权和精英主义，而对天理世界的全盘逆反，还必须包括拟佛教和乌托邦主义，它指向取消社会制度和私有财产。因此从中国知识分子理解西方思想的内部意义结构来讲，只要放弃二元论，重返"天人合一"结构和"道德价值一元论"，就很容易从法国式启蒙立场走向无政府主义和共产主义。事实上，1919 年后正是科学一元论对逆反价值的整合，进一步推动了中国知识分子认同马克思主义。

8.8　第二次融合的三个阶段

中西马克思主义兴起机制之比较——中国现代思想形成的三

〔1〕 因为人们常常看不到 1900 年至 1915 年就是中国文化学习英美经验主义的时期，故往往把新文化运动前期误以为认同英美经验主义的（高力克："《新青年》与两种自由主义传统"，载《二十一世纪》1997 年 8 月号）。这种概括最大的问题是把法国式自由主义和马克思主义混为一谈。法国启蒙思想无论多么激进，仍属于自由主义。即使是最激进的启蒙思想家，都没有完全否定资本主义经济制度。例如，卢梭所认同的平等理想在政治上仅仅是指个人权力永不会大到足以行暴，而经济平等只是没有一个人可以富到足以购买另一个公民（Jean-Jacques Rousseau, *The Social Contract* , bk. II [Harmondsworth: Penguin Books, 1968], chap. XI）。既然《新青年》在 1919 年发生的转向是从自由主义转向马克思主义，把 1919 年前的《新青年》界定为属于英美自由主义传统就不合逻辑。我们无法解释《新青年》如何从英美自由主义立场直接转向马列主义。相反如果把《新青年》早期立场归为法国的自由主义，困难就迎刃而解。因为法国式的自由主义蕴含着转向社会主义和马克思主义的内在可能性。

阶段——二元论儒学与英美传统互动——新文化运动和意识形态更替——新意识形态的中国化——马列主义、毛泽东思想作为中国现代文化形成的一个阶段——我们可以用开放的心态评价中国现代思想形成的诸阶段吗——思想史研究对文化建设的意义

对照马克思主义在西方兴起过程与中国知识分子从崇尚英美思想到法国式启蒙再转向共产主义,可以发现两者有着微妙的差别。在西方,马克思主义和极权主义的兴起,是近代社会和思想危机的产物。从思想史内在理路看,一个西方自由主义知识分子转向信仰马克思主义,必须完成两个转折。一个为权利道德化,即将权利运用到经济领域,并用经济地位不平等来论证权利的虚妄。第二个转折为放弃二元论认同一元论。这两个转折基本上都同19世纪西方近现代社会和思想的危机直接相关。我们知道,19世纪上半叶西方社会激烈动荡,资本主义社会的弊病日益暴露,它促使民粹主义和乌托邦主义急骤成长,各式各样的社会主义和乌托邦思想极度繁荣。正是基于资本主义市场经济的不平等,青年时代的马克思开始怀疑法国大革命提出的目标并没有实现。也就是说,权利道德化在19世纪上半叶已经出现,它是同对现代市场社会的种种弊病的批判连在一起的。虽然早在19世纪40年代,马克思已用黑格尔的辩证法和费尔巴哈的唯物论重构社会主义理论基础,将其整合为统一的思想体系。但是只要人们的思维模式为二元论所笼罩,马克思主义方不可能迅速传播。事实上,马克思主义在西方兴起的第二个前提是19世纪80年代出现的西方近代思想危机。进化论普及动摇了17世纪末二元论多元主义的不可怀疑地位,在科学一元论批判二元论的大潮中,马克思主义终于成为显学。

表面上看,中国对西方近现代思想的吸收与上述过程同构:知识分子从认同英美自由主义转向马克思主义也经过了权利道德化

和一元论对二元论的取代两次转折。但是推动这两个转折的社会文化动力,中西存在着根本差异。在中国,只要逆反价值由隐变显,成为知识分子接受西方观念的主导结构,权利道德化和一元论对二元论的取代就可以自动实现。换言之,在西方促使权利道德化的是市场社会的危机,一元论取代二元论则可归为科学革命对文化的冲击,它们均属于现代社会在进一步发展中所碰到的问题。而在中国,权利道德化和科学一元论兴起的内在推动力主要来自于价值逆反。由逆反价值吸收外来思想重构道德意识形态,本是中国社会一体化结构固有的文化融合机制。它同社会现代转型所碰到的困境只有部分联系。虽然中国文化在 19 世纪末受到的挑战以及儒学现代转化的尝试和失败都与社会现代转型困境有某种关联,但原则上只要中国碰到外来文明的强大冲击,原有道德意识形态不可欲,就会发生价值逆反,成为吸收外来文化建构新意识形态的巨大力量。这一机制在魏晋南北朝已得到充分显现。

魏晋南北朝时期,全盘性价值逆反的后果是意识形态更替,而新文化运动中逆反价值对外来思想的选择性吸收和再诠释,结果也是实现意识形态更替。可见,第二次融合的中心环节和第一次融合相同。只是在魏晋南北朝之际,由于常识理性尚未形成,全盘性价值逆反所建构的新意识形态不能实现社会整合,故第一次融合只是通过意识形态更替重塑中国文化的深层结构。第二次融合开始时,常识理性已十分成熟。在它的限定下,价值逆反造就了革命乌托邦。而且,价值逆反只有在儒家意识形态现代转化的尝试失败后全面展开,所以意识形态更替的前提是儒学现代转化尝试的失败。这样一来,儒学现代转化成为文化融合核心机制展现的准备阶段。而且在常识理性入世精神推动下形成的新意识形态是具有社会整合功能的,故新意识形态一旦形成,就会立即推动社会重新整合。第二次融合也必须包括社会整合过程对新意识形态的改造。也就是说,正因为常识理性成为中国文化的深层结构,使得

第二次融合比第一次融合复杂,它是由如下三个阶段组成的:

1895 年到 1914 年这 20 年为第一阶段,主线是儒学现代转化所形成的二元论结构和西方主流思想——英美传统的互动。虽然康有为、梁启超力图将儒家的基本价值与西方现代思想互相调和,但这一阶段并没有形成稳定的现代文化。二元论实际上只是清廷在现代化冲击下为了保持自己权力的副产品。故二元论儒学对英美思想的吸收只能为中国文化的现代转型做思想上的准备。在某种意义上讲,恰恰是二元论儒学的失败才构成了中国现代文化形成的前提。多元主义在中国真正深入人心的过程则更漫长,它要等第二次融合完成后、新意识形态被迫解构时才有可能开始。

第二阶段是新文化运动这 10 年(1915 ~ 1925 年),逆反价值通过对法国启蒙思想、科学一元论和马克思主义的选择性吸收与创造性重构,实现意识形态更替。对于中国现代文化的形成来说,这一阶段可以说是既成功而又迅速。短短 10 年间,中国知识分子不仅实现了宇宙观、社会正义和道德内容的更替,而且同时完成了文化叙述方式的变化:白话文取代了文言文。直到今天,中国人仍生活在五四所创造的新价值和意识形态话语之中。

第三阶段为新意识形态在社会整合过程中的自我改造,它可以归结为新意识形态被纳入儒学强化事功的基本结构。我们称之为新意识形态的中国化并用它来进行社会整合。正是在第三阶段,中国人用新意识形态重建了中国社会,并深为民族独立而自豪。但随着现代政治文化的形成,中国人日益感受到它带来的巨大压力和阴影。

第二次融合在这三个阶段的展开中,每一新阶段都是对前一阶段的否定。新文化运动是对二元论儒学的否定,而 30 年代国民党的新传统主义又是对五四思潮的某种否定,毛泽东思想则建立在对国民党官方意识形态的胜利之上。它使得 20 世纪的中国思想史是一部不断批判否定前人的历史。但是只要将这三个阶段联贯起来,我们就会看到在批判和否定后面隐藏着百年来不可抗拒的总趋势,这就是在西方现代文明冲击下,中国文化力图寻找一种可欲的新道德理想。首先,它表现在建立一种既可以保持独立又可以加速现代化的意识形态之上;找到这种意识形态之后,中国人又将其看作安身立命的终极意义,并开始了追求其内在目标的运动。今天,第二次融合的结果——毛泽东思想已经解构,20 世纪末中国文化在新的西方冲击下开始了新的转型,我们又应怎样评价第二次融合,特别是如何看待在现代社会寻找道德理想这一努力呢?

要回答这个问题,应该先了解现代性和道德的关系究竟怎样。首先,我们必须清醒地认识到:现代社会并不主要是依靠道德组织起来的。权利作为一个非道德的正当性,使个人自主从传统文化的宗教和道德桎梏中解放出来。正因为如此,现代社会才具有传统社会不可能想象的创造力。因此,我们可以从中国与世界两个方面来评价 20 世纪中国现代思想形成及其解构的意义。对于西方世界而言,中国文化第二次融合虽然只是中国文化特有的历史经验,但是它对于正在来临的新世纪也许有普遍的教益。西方社会从未受到过如中国那么强有力的道德理想主义的笼罩,也比中国更早认识到丧失道德基础所带来的现代社会问题。现代社会为了将追求私人利益和目标的个人组织成有序的社会,不得不依靠庞大而繁琐的法律体系。由于法律并不是道德,也不来源于道德。20 世纪的现代社会正面临法律代替道德所引发的种种问题。也就是说,现代社会和过去人类存在过的一切社会一样,是不能没有道德的。为此,当代西方哲学家开始重新寻找现代价值的道德基础。一些哲学家甚至提出道德权利(moral rights),它同积极权利

(positive rights)不同,是一种“应然”。[1] 这时中国文化在20世纪重构道德基础的历史经验上无疑为西方提供了一面镜子。今天西方思想界用来概括20世纪共产主义革命经验教训的,主要是由纳粹反人类、反道德罪行总结出来的极权主义理论。这种极权主义理论几乎没有考虑到道德理想主义可能对个人自由的损害。也就是说,中国文化第二次融合的历史,至少可以向西方揭示道德理想主义在现代社会的巨大动员能力和暗藏的危机。

中国文化的第二次融合发生在西方现代社会的危机和极权主义兴起的大背景之中。今天极权主义的解体很容易使人们将过去的追求看做历史的错误,甚至是必须忘却的噩梦。而历史研究的基本任务正在于恢复我们的历史记忆。此外,思想史的探讨还比历史研究多了一重意义,就是使人们获得一种开放的心灵。在任何一个时代,人都是他那个时代普遍观念和价值的奴隶。如果没有思想史,最杰出的人物至多只能从某一个时代普遍观念的批判中获得思想解放的力量。思想史却要求人们反思和怀疑各式各样历史的和现存的思想和价值,并在这人类用于驾驭自然和社会最不思议的力量中,寻找各民族思想观念变化的模式。而在这方面,中国近现代思想变迁无疑是一块未曾开垦的处女地。至今我们对人类思想变迁普遍模式的了解,基本上是从西方历史经验获得的。我们则力图从中国文化融合外来文化的经验中,洞察人类思想变迁的普遍模式,以克服西方经验中心论的局限。显然,本书仅仅是探索的开始,并没有达到预定的目标,因为本书的主题是研究第一次融合与第二次融合所表现出来的共同规律,而第一次融合基本上全部属于思想变迁内在理路所讨论的范围。在第二次融合过程中,无论是第一阶段推动儒学实行现代转化的动力,还是第三阶段

---

〔1〕 Maurice W. Cranston, *What are Human Rights*? 2d ed. (London: The Bodley Head, 1973).

社会整合需求对新意识形态的改造,都属于社会组织与观念的互动。而现代常识理性的出现,更属于文化深层结构的变化。因此,在研究第二次融合时,像分析第一次融合那样,仅仅着眼于逆反价值对外来文化的选择性吸收和创造性重构是不够的。我们还必须去研究常识理性、意识形态和社会组织三个层面是怎样互动的。显然,这已经不是本书第一卷的范围,我们将在第二卷、第三卷展开这三个阶段的分析,并在中西历史经验的比较之中,广泛评价今天西方历史、哲学、社会学和各种文化理论。我们相信,离开中国文化和文明两千年的历史经验,任何普遍理论都不可能是完善和正确的。

对于中国人而言,第二次融合机制的深入剖析还有更重要的意义,因为融合外来文化的经验和独特机制一直是人们引以自豪的传统。确实,在19、20世纪中,它曾作出惊人的创造,使得中华民族能迅速地进入现代世界。但我们必须看到,利用价值逆反塑造新道德本质上是一种盲目的力量。仅仅依靠它并不能实现中国文化的现代化。今天,第二次融合建立的意识形态已经解构,中国文化正在进行新的现代转型。在这中西文化再次碰撞的历史关系中,传统的文化融合机制是否会再次显现?它在21世纪中国文化建设中将扮演什么角色呢?所有这一切都不是现在所能回答的。但有一点十分清楚,如果中国文化建设只是凭盲目的力量推动,那么,我们将难以避免历史上发生过的悲剧和灾难重演。赫胥黎(Aldous Huxley)说过:“人们不大记得的历史教训,正是历史给人的一切的教训中之最重大者。”思想史的教训正是一个民族最难以发现并不大记得的教训。

附录一　图表目录

附录二　参考文献

中文部分

《梭风》,第 30 期。

《学汇》,第 346 期,1923 年 11 月 11 日。

上山春平:"朱子的人性论与礼论",载《中国哲学史研究》1986 年第 3 期。

于化民:《明中晚期理学的对峙与合流》,(台湾)文津出版社 1993 年版。

山井湧:"明末清初的经世致用之学",卢瑞容译,载《史学评论》1986 年第 12 期。

川原秀城:"戴震と西洋历算学",载《中国思想史》1989 年第 12 号。

中国史学会编:《中日战争》(四),上海人民出版社 1957 年版。

中国史学会编:《中日战争》(五),上海人民出版社 1957 年版。

尹贞粉:"丘濬大学衍义补的理论体系及其特点",载《汉学研究》1992 年第 10 卷第 1 期。

太平洋客(欧榘甲):"新广东(广东人之广东)",载张枏、王忍之编:《辛亥革命前十年时论选集》(第一卷,上册),(香港)三联书店 1962 年版。

太虚："太虚自传"，载《太虚大师全书》（第五十八册），（台湾）太虚大师全书影印委员会 1970 年版。

孔颖达：《周易正义》（卷五），脉望仙馆刊本 1887 年版。

孔繁：《魏晋玄谈》，辽宁教育出版社 1991 年版。

文庆等纂辑：《筹办夷务始末》，同治朝，卷四十六，（台湾）国风出版社 1963 年版。

方以智：《物理小识 · 天类》，台湾商务印书馆 1978 年版。

方尔加：《王阳明心学研究》，湖南教育出版社 1989 年版。

王中江：《严复与福泽论吉》，河南大学出版社 1991 年版。

王夫之：《四书训义》（卷二）。

王夫之：《尚书引义》（卷四）。

王夫之：《张子正蒙注 · 乾称篇下》（卷九），中华书局 1975 年版。

王夫之：《诗广传 · 周颂》，中华书局 1965 年版。

王汎森："戊戌前后思想资源的变化：以日本因素为例"，载《二十一世纪》1998 年 2 月号（香港中文大学中国文化研究所）。

王汎森：《古史辨运动的兴起》，（台湾）允晨文化实业股份有限公司 1987 年版。

王汎森：《章太炎的思想（1868 ~ 1919）及其对儒学传统的冲击》，（台湾）时报文化出版事业有限公司 1985 年版。

王栻："严复与严译名著"，载商务印书馆编辑部编：《论严复与严译名著》，商务印书馆 1982 年版。

王栻：《维新运动》，上海人民出版社 1986 年版。

王栻：《严复传》，上海人民出版社 1976 年版。

王植：《正蒙初义 · 苏昞序》，《四库全书》，上海古籍出版社 1987 年版。

王阳明：《传习录》（下），台湾商务印书馆 1967 年版。

王瑶："玄言、山水、田园——论东晋诗"，载《中古文学风貌》，

(香港)中流出版社 1973 年版。

王晓毅:《放达不羁的士族》,陕西人民出版社 1989 年版。

王樾:《谭嗣同变法思想研究》,台湾学生书局 1990 年版。

亓冰峰:《清末革命与君宪的论争》,(台湾)中国学术著作奖助委员会 1966 年版。

丘濬:"大学衍义补原序"、"进大学衍义补表",载《大学衍义补》,(台湾)文洲阁四库全书本,商务印书馆影印 1971 年版。

冉云华:"太虚大师与中国佛教现代化",载《太虚诞生——百周年国际会议论文集》,(香港)法住出版社 1990 年版。

包默(Franklin L. Baumer):《西方近代思想史》,李日章译,(台湾)联经出版事业公司 1988 年版。

司马彪:《后汉书 · 志第十九》(郡国 · 一),第十二册,中华书局 1965 年版。

史壮柏格(Roland N. Stromberg):《近代西方思想史》,蔡仲章译,(台湾)桂冠图书股份有限公司 1993 年版。

史华兹(Benjamin I. Schwartz):《寻求富强:严复与西方》,叶凤美译,江苏人民出版社 1989 年版。

四无:"无政府主义可以坚决革命党之责任心",载《新世纪》第 58 期。

田伏隆、唐代望:"马克思学说的早期译介者赵必振",载《求索》1983 年第 1 期。

皮锡瑞:《经学通论》,中华书局 1982 年版。

皮锡瑞:《经学历史》(三),周予同注释,中华书局 1961 年版。

石元康:"二种道德观——试论儒家伦理的形态",载刘述先编:《儒家伦理研讨会论文集》,(新加坡)东亚哲学研究所 1987 年版。

石锦:"清末自强观的内容、分野及其演变(1840 ~ 1895)",载《近代中国——知识分子与自强运动》,(台湾)食货出版社 1977

年版。

伊士顿(Stewart C. Easton):《西洋近世史》(一),李迈先译,(台湾)幼狮文化事业公司1989年版。

休谟(David Hume):《人性论》,关文运译,商务印书馆1980年版。

全祖望:“顾亭林先生神道表”,载《鲒埼亭集》(卷十二,第四十一册),(台湾)文海出版社1968年版。

安田二郎:《中国近代思想研究》,转引自岛田虔次:《朱子学与阳明学》,陕西师范大学出版社1986年版。

朱维铮:“《民报》时期章太炎的政治思想”,载《复旦学报》1979年第5期。

朱维铮:“孔子与教育传统”,载《音调未定的传统》,辽宁教育出版社1995年版。

朱维铮:“从《实理公法全书》到《大同书》”,载《音调未定的传统》,辽宁教育出版社1995年版。

朱维铮:“刘师培的脚印”,载《音调未定的传统》,辽宁教育出版社1995年版。

朱学勤:《道德理想国的覆灭》,三联书店1994年版。

朱熹:“知言疑义”,载《胡宏集》,中华书局1987年版。

朱熹编:《近思录》(卷一),商务印书馆1934年版。

朱谦之:《革命哲学》,泰东图书局1921年版。

牟宗三:《才性与玄理》,台湾学生书局1983年版。

牟宗三:《中国哲学十九讲》,台湾学生书局1983年版。

牟宗三:《心体与性体》(一),(台湾)正中书局1968年版。

米尔恩(A. J. M. Mile):《人的权利与人的多样性——人权哲学》,夏勇、张志铭译,中国大百科全书出版社1995年版。

老子:《老子·象元第二十五》,载刘殿爵、陈方正主编:《老子逐字索引》,商务印书馆(香港)有限公司1996年版。

何冠彪:“关于明季殉国人数的问题”,载《故宫学术季刊》1992年第10卷第1期。

何冠彪:“顾炎武、黄宗义、王夫之入祀文庙始末”,载《汉学研究》1991年第9卷第1期。

何启民:《魏晋思想与谈风》,台湾学生书局1976年版。

何震、刘师培:“论种族革命与无政府革命之得失”,载《天义报》(第六、七卷),1909年9月1日、15日。

何怀宏:“现代社会与道德原则的普遍化”,载《二十一世纪》,香港中文大学中国文化研究所1993年6月号。

余明光:“董仲舒与‘黄老’之学”,载《道家文化研究》(第二辑),上海古籍出版社1982年版。

余英时:“古代知识阶层的兴起与发展”,载《中国知识阶层史论·古代篇》,(台湾)联经出版事业公司1980年版。

余英时:“名教危机与魏晋士风的演变”,载《中国知识阶层史论·古代篇》,(台湾)联经出版事业公司1980年版。

余英时:“东汉政权之建立与士族大姓之关系”,载《中国知识阶层史论·古代篇》,(台湾)联经出版事业公司1980年版。

余英时:“清代思想史的一个新解释”,载《历史与思想》,(台湾)联经出版事业公司1977年版。

余英时:“现代儒学的回顾与展望——从明清思想基调的转换看儒学的现代发展”,载《中国文化》1995年第11期。

余英时:“汉晋之际士之新自觉与新思潮”,载《中国知识阶层史论·古代篇》,(台湾)联经出版事业公司1980年版。

余英时:《中国近世宗教伦理与商人精神》,(台湾)联经出版事业公司1987年版。

吴予敏:“论周礼的建构及其对村社礼俗传统的扬弃”,载《学人》(第一辑),江苏文艺出版社1991年版。

吴光:《黄老之学通论》,浙江人民出版社1985年版。

吴稚晖:“海外中国大学末论”,载陈三井编:《勤工俭学运动》,(台湾)正中书局1981年版。

吕坤:《呻吟语卷四之一 · 天地》,《呻吟语 · 菜根谭》,岳麓书社1991年版。

吕坤:《吕坤哲学选集》,侯外卢编,中华书局1962年版。

吕澂:“初期大乘佛学”,载《印度佛学源流略讲》,上海人民出版社1979年版。

吕澂:《中国佛学源流略讲》,中华书局1979年版。

吕锡琛:《道家、方士与王朝政治》,湖南出版社1991年版。

希克(John Hick):《宗教之解释——人类对超越者的回应》,王志成译,四川人民出版社1998年版。

李中华:“裴頠及其《崇有论》新探”,载《学人》(第二辑),江苏文艺出版社1992年版。

李少兵:“佛学与现代新文化——中国现代史上佛化新青年与非宗教新青年论战述评”,载《中国文化》1996年第13期。

李孝悌:《清末的下层社会启蒙运动(1901~1911)》,(台湾)中研院近代史研究所专刊[67],1992年版。

李良玉:《动荡时代的知识份子》,浙江人民出版社1990年版。

李侃:《近代传统与思想文化》,文化艺术出版社1990年版。

李长莉:《先觉者的悲剧——洋务知识份子研究》,学林出版社1993年版。

李纪祥:《明末清初儒学之发展》,(台湾)文津出版社1992年版。

李焯然:“大学与儒家的君主教育——论‘大学衍义’及‘大学衍义补’对大学的阐释与发挥”,载《汉学研究》1989年第7卷第1期。

李汉武:“黄宗义与魏源——黄宗义启蒙思想历史命运的一个侧面”,载《黄宗义论》,浙江古籍出版社1987年版。

李泽厚:“论严复”,载《中国近代思想史论》,人民出版社 1979 年版。

李颙:“靖江语要”,载《二曲集》(卷四),中华书局 1996 年版。

李颙:“学髓”,载《二曲集》(卷二),中华书局 1996 年版。

汪叔子编:《文廷式集》(下册),中华书局 1993 年版。

汪晖:“个人观念的起源与中国的现代认同”,载《中国社会科学季刊》,(香港)1994 年秋季号。

汪晖:“严复的三个世界”,载《学人》(第十二辑),江苏文艺出版社 1997 年版。

汪荣祖:《晚清变法思想论丛》,(台湾)联经出版事业公司 1983 年版。

汪荣祖:《章太炎研究》,(台湾)李敖出版社 1991 年版。

沃克(David M. Walker):《牛津法律大辞典》,北京社会与科技发展研究所组织翻译,光明日报出版社 1988 年版。

周予同:“‘春秋’与‘春秋学’”,《群经概论》;载朱维铮编:《周予同经学史论著选集》(增订本),上海人民出版社 1996 年版。

周予同:“博士制度和秦汉政治”,载朱维铮编:《周予同经学史论著选集》(增订本),上海人民出版社 1996 年版。

周予同:“经今古文学”,载《周予同经学史论著选集》(增订本),上海人民出版社 1996 年版。

周予同:“纬书与经今古文学”,载朱维铮编:《周予同经学史论著选集》(增订本),上海人民出版社 1996 年版。

周予同:《中国经学史讲义》(中编),载朱维铮编:《周予同经学史论著选集》(增订本),上海人民出版社 1996 年版。

周伯戡:“早期中国佛教的大乘小乘观”,载《文史哲学报》,台湾大学 1990 年第 38 期。

周启荣:“从‘狂言’到‘微言’——论龚自珍的经世思想与经今文学”,载《近世中国经世思想研讨会论文集》,(台湾)中研院近代史研究所 1984 年版。

周启荣、刘广京:“学术经世:章学诚之文史论与经世思想”,载《近世中国经世思想研讨会论文集》,(台湾)中研院近代史研究所 1984 年版。

周敦颐:《周子全书》(卷八,上册),台湾商务印书馆 1978 年版。

孟子:《孟子·万章下》,载刘殿爵、陈方正编:《孟子逐字索引》,商务印书馆(香港)有限公司 1995 年版。

房玄龄:《晋书·卷一百·孙恩传》(第八册),中华书局 1965 年版。

林朝成:“魏晋玄学的自然观与自然美学研究”,台湾大学哲学研究所 1992 年博士论文。

林满红:“嘉道年间货币危机争议中的社会理论”,载《中央研究院近代史研究所集刊》(上册,第 23 期),(台湾)中研院近代史研究所 1994 年版。

金雁、卞悟:《农村公社、改革与革命——村社传统与俄国现代化之路》,中央编译出版社 1996 年版。

金钟美:《天、人和王充文学思想——以王充文学思想同天人关系思想的联系为中心》,社会科学文献出版社 1994 年版。

金钟润:“近代中国的进化思想研究”,台湾师范大学历史研究所 1991 年博士论文。

金观涛:“中国文化的乌托邦精神”,载《二十一世纪》,香港中文大学中国文化研究所 1990 年 12 月号。

金观涛:“中国文化的常识合理精神”,载《中国文化研究所学报》,香港中文大学中国文化研究所 1997 年第 6 期。

金观涛:“中国文化的理性精神及其缺陷”,载刘青峰编:《历史的反响》,香港中文大学中国文化研究所 1990 年版。

金观涛:“中国近现代经济伦理的变迁”,载《亚洲研究》1994

年第 8 期。

金观涛:“创造与破坏的动力:中国民族主义的结构及演变”,载刘青峰编:《民族主义与中国现代化》,(香港)中文大学出版社 1994 年版。

金观涛:“儒家文化中的经济伦理结构和转型”,载《文化中国》第 2 期,(加拿大)文化更新研究中心出版委员会 1994 年版。

金观涛:“儒家文化的深层结构对马克思主义中国化的影响”,载王元化编:《新启蒙》,湖南教育出版社 1988 年第 2 期。

金观涛、刘青峰:“理想主义与乌托邦——《大同书》中儒家与佛教的终极关怀”,载《二十一世纪》,(香港)中文大学中国文化研究所 1995 年 2 月号。

金观涛:《开放中的变迁——再论中国社会超稳定结构》,(香港)中文大学出版社 1993 年版。

金观涛:《兴盛与危机——论中国社会超稳定结构》(增订本),(香港)中文大学出版社 1992 年版。

俞启定:《先秦两汉儒家教育》,齐鲁书社 1987 年版。

哈柏玛斯(Jürgen Habermas):《合法化危机》,刘北成译,严敏惠校阅,(台湾)桂冠图书股份有限公司 1994 年版。

契嵩撰:《辅教编》(卷四),(台湾)新文丰出版公司 1979 年版。

姜义华:“我国何时介绍第一批马克思主义译著”,载《文汇报》1982 年 7 月 26 日。

姜义华:“论‘礼’及其文化内涵”,载《中国文化》1996 年第 14 期。

施路赫特(Wolfgang Schluchter):《理性化与官僚化——对韦伯之研究与诠释》,顾忠华译,(台湾)联经出版事业公司 1986 年版。

柯文(Paul A. Cohen):《在中国发现历史——中国中心观在美

国的兴起》,林同奇译,中华书局 1989 年版。

柏林(Isaiah Berlin):《自由四论》,陈晓林译,(台湾)联经出版事业公司 1986 年版。

洪万生、刘钝:"汪莱、李锐与乾嘉学派",载《汉学研究》第 10 卷第 1 期。

洛维特(Karl Löwith):《世界历史与救赎历史》,李秋零、田薇译,(香港)汉语基督教文化研究所 1997 年版。

胡成:"略论道咸时期的学术精神",载《学人》(第九辑),江苏文艺出版社 1996 年版。

胡适:《戴东原的哲学》,商务印书馆 1932 年版。

胡震亨:《唐音癸籤 · 谈丛三》,古典文学出版社 1959 年版。

范晔:《后汉书 · 卷七十 · 孔融传》(第七册),中华书局 1965 年版。

范晔:《后汉书 · 卷四十九 · 王充传》(第六册),中华书局 1965 年版。

韦伯(Max Weber):《支配的类型〈韦伯选集 III〉》,康乐编译,(台湾)允晨文化实业股份有限公司 1985 年版。

韦伯:《宗教社会学》,刘援、王予文译,张家铭校阅,(台湾)桂冠图书股份有限公司 1993 年版。

韦伯:《中国的宗教:儒教与道教》,简惠美译,(台湾)远流出版事业股份有限公司 1989 年版。

韦政通:"颜李学研究",载《人生》1961 年第 266 期。

韦政通:《中国十九世纪思想史》(上册),(台湾)东大图书股份有限公司 1991 年版。

韦政通:《中国思想史》(上、下册),大林出版社 1980 年版。

韦政通:《董仲舒》,东大图书公司 1986 年版。

韦政通主编:《中国哲学辞典大全》,世界图书出版公司 1989 年版。

唐长孺:“魏晋玄学之形成及其发展”,载《魏晋南北朝史论丛》,三联书店 1955 年版。

唐凯麟:《走向近代的先声——中国早期启蒙伦理思想研究》,湖南教育出版社 1993 年版。

孙中山:“饬内务部通饬所属禁止买卖人口令”,载《国父全集》(第四册),(台湾)中国国民党中央委员会党史委员会 1973 年版。

孙中山:《民权主义·第二讲》,载《国父全集》(第一册),(台湾)中国国民党中央委员会党史委员会 1973 年版。

孙广德:《晚清传统与西化的争论》,台湾商务印书馆 1982 年版。

容肇祖:《魏晋的自然主义》,东方出版社 1996 年版。

岛一:“孔孟和荀子在天人论方面的异同”,魏常海译,载《中国哲学史研究》1983 年第 1 期。

岛田虔次:《朱子学与阳明学》,蒋国保译,陕西师范大学出版社 1986 年版。

师复:“素食主义浅说”,载《民声》,第 7 号(1914 年 4 月 25 日)。

徐洪兴:《思想的转型——理学发生过程研究》(中篇),上海人民出版社 1996 年版。

班固:《汉书·卷三十·艺文志第十》(第六册),中华书局 1962 年版。

班固:《汉书·卷五十六·董仲舒传》(第八册),中华书局 1962 年版。

真:“三纲革命”,载《新世纪》第 11 期。

真:“革命与进化”,载《新世纪》第 20 期。

郝大维(David L. Hall)、安乐哲 (Roger T. Amers):《孔子哲学思微》,蒋戈为、李志林译,江苏人民出版社 1996 年版。

马克思:“路易·波拿巴的雾月十八日”,载《马克思恩格斯选集》(第一卷),人民出版社 1966 年版。

马良怀:《崩溃与重建中的困惑——魏晋风度研究》,中国社会科学出版社 1993 年版。

高一涵:"民约与邦本",载《新青年》,第 1 卷第 3 号(1915 年 11 月 15 日)。

高力克:"《新青年》与两种自由主义传统",载《二十一世纪》,(香港)中文大学中国文化研究所 1997 年 8 月号。

高平叔编:《蔡元培全集》(第一卷),中华书局 1984 年版,第 105 页。

高振农:《佛教文化与近代中国》,上海社会科学院 1992 年版。

高楠顺次郎、渡边海旭编:《大正新修大藏经》(卷七十),大正一切经刊行会 1930 年版。

高慕轲(Michael Gasster):"辛亥革命前的无政府主义者",陈家秀译,载萧公权等著:《近代中国思想人物论——社会主义》,(台湾)时报文化出版事业有限公司 1980 年版。

匿名作者:"七国",载《新世纪》第 48 期。

康有为:"刊布春秋笔削大义微言考题词",载汤志钧编:《康有为政论集》(下册),中华书局 1981 年版。

康有为:"康南海自编年谱",载中国史学会编:《戊戌变法》(四),上海人民出版社 1957 年版。

康有为:《大同书》,中华书局 1935 年版。

康德著:《道德底形上学之基础》,李明辉译,(台湾)联经出版事业公司 1990 年版。

张弓:"中国中古时期寺院地主的非自主发展",载《世界宗教研究》1990 年第 3 期,中国社会科学出版社。

张永堂:《明末方氏学派研究初编——明末清初理学与科学关系试论》,(台湾)文镜文化事业有限公司 1987 年版。

张永堂:《明末清初理学与科学关系再论》,台湾学生书局 1994

年版。

张君劢:“新儒家政治哲学”,载《自由钟》1965年第1卷第3期。

张君劢:《立国之道》,出版社不详,1939年版。

张岱年:《中国哲学大纲》,中国社会科学出版社1985年版。

张岱年:《中国哲学发微》,山西人民出版社1981年版。

张东荪:“中国哲学史上佛教思想之地位”,载《中国哲学思想论集——两汉魏晋隋唐篇》,(台湾)牧童出版社1976年版。

张东荪:《道德哲学》,中华书局1934年版。

张寿安:“戴震义理思想的基础及其推展”,载《汉学研究》1992年第10卷第1期。

张寿安:《以礼代理——凌廷堪与清中叶儒学思想之转变》,(台湾)中研院近代史研究所专刊1994年(72)。

张寿安:“黄式三对戴震思想之回应”,第五届清代学术研讨会论文(1997年11月15～16日)。

张跃:《唐代后期儒学的新趋向》,(台湾)文津出版社1993年版,第79页。

张灏:“中国近代思想史的转型时代”,载《二十一世纪》,(香港)中文大学中国文化研究所1999年4月号。

张灏:“中国近代转型时期的民主观念”,载《二十一世纪》,(香港)中文大学中国文化研究所1993年8月号。

张灏:“宋明以来儒家经世思想试释”,载《近世中国经世思想研讨会论文集》,(台湾)中研院近代史研究所1984年版。

张灏:“晚清思想发展试论——几个基本论点的提出与检讨”,载周阳山、阳肃献编:《近代中国思想人物论晚清思想》,(台湾)时报文化出版事业有限公司1980年版。

张灏:《危机中的中国知识份子——寻求秩序与意义》,山西人民出版社1988年版。

张灏:《烈士精神与批判意识——谭嗣同思想的分析》,(台湾)联经出版事业公司 1988 年版。

劈齐:“万国社会党大会略史”,载《民报》,第 5 号(东京,1906 年 6 月)。

曹聚仁:《中国学术思想史随笔》,三联书店 1986 年版。

梁治平:《寻求自然秩序中的和谐——中国传统法律文化研究》,上海人民出版社 1991 年版。

梁启超:“戊戌政变记”,载《饮冰室合集・专集》(第一册),中华书局 1936 年版。

梁启超:“新史学”,载《饮冰室文集》(之九),台湾中华书局 1960 年版。

梁启超:“新民说”,载《新民丛报》,第 1 ~ 11 期、第 38 ~ 41 期、第 46 ~ 48 期(日本横滨,1902 ~ 1903)。

梁启超:“论学术势力之左右世界”,载《饮冰室合集・文集》(第三册),中华书局 1941 年版。

梁启超:“戴东原哲学”,载《饮冰室文集》之四十,台湾中华书局 1960 年版。

梁启超:《中国近三百年学术史》,中华书局 1937 年版。

梁启超:《清代学术概论》,台湾中华书局 1963 年版。

许里和(Erik Zürcher):《佛教征用中国》,李四龙、裴勇译,江苏人民出版社 1981 年版。

许冠三:“船山学术思想生命年谱”(下),载《王船山的致知论》,(香港)中文大学出版社 1981 年版。

郭少棠:《西方的巨变:1800 ~ 1980》,香港教育图书公司 1993 年版。

郭正昭:“从演化论探析严复型危机感的意理结构”,载《中央研究院近代史研究所集刊》(第七期),(台湾)中研院近代史研究所 1978 年版。

郭国灿:“近代尚力思潮述论”,载《二十一世纪》,(香港)中文大学中国文化研究所 1992 年 6 月号。

陈三井:“孙中山与近代法国”,载《近代史研究》1997 年第 2 期。

陈少明等:《被解释的传统——近代思想史新论》,中山大学出版社 1995 年版。

陈方正:“‘五四’是独特的吗?——近代中国与欧洲思想转型的比较”,载《二十一世纪》,(香港)中文大学中国文化研究所 1999 年 6 月号。

陈平原:“晚清志士的游侠心态”,载《学人》(第三辑),江苏文艺出版社 1992 年版。

陈正炎、林其锬:《中国古代大同思想研究》,上海人民出版社 1986 年版。

陈永明:“慷慨赴死易、从容就义难”,载《九州学刊》1994 年第 6 卷第 3 期。

陈建华:“现代中国革命话语之源”,载《二十一世纪》,(香港)中文大学中国文化研究所 1997 年 6 月号。

陈乾初(确):《瞽言・无欲作圣辨》,《陈确集》(下册),中华书局 1979 年版。

陈寅恪:《与刘叔雅论国文试题书》,《金明馆丛稿二编》,上海古籍出版社 1982 年版。

陈寅恪:《陈寅恪魏晋南北朝史讲演录》,万绳楠整理,黄山书社 1987 年版。

陈清敏:“清季自强运动时期‘清议’之研究”,(台湾)东海大学历史研究所 1988 年博士论文。

陈燕谷:“汉代今古文经学的春秋观”,载《学人》(第二辑),江苏文艺出版社 1992 年版。

陈独秀:“法兰西人与近世文明”,载《新青年》,第 1 卷第 3 号

(1915年11月15日)。

章太炎:“五无论”,载《民报》,第16号(东京,1907年9月)。

章太炎:“四惑论”,载《民报》,第22号(东京,1908年7月)。

章太炎:“俱分进化论”,载《章氏丛书》(下册),(台湾)世界书局1958年版。

章太炎:“总同盟罢工论序”,载《章氏丛书》(下册),(台湾)世界书局1958年版。

章太炎:《检论》(卷四),“哀焚书”、“清儒”,载《章氏丛书》(上册),正编上,(台湾)世界书局1958年版。

麦金太尔(Alasdair MacIntyre):《德性之后》,龚群、戴扬毅等译,中国社会科学出版社1995年版。

麻天祥:《晚清佛学与近代社会思潮》,(台湾)文津出版社1992年版。

傅柯(Michel Foucault):《知识的考掘》,王德威译,(台湾)麦田出版有限公司1993年版。

傅斯年:“译者感言”,载《新潮》第1卷第3号。

劳思光:《中国哲学史》(二),(台湾)三书书局1981年版。

劳思光:《中国哲学史》(三上),(台湾)三书书局1981年版。

劳思光:《新编中国哲学史》,(台湾)三书书局1997年版。

博兰尼(Karl Polanyi):《巨变:当代政治、经济的起源》,黄树民译,(台湾)远流出版事业股份有限公司1989年版。

嵇文甫:“王学的分化”,载《晚明思想史论》,(台湾)国文天地杂志社1980年版。

嵇康:《养生论》,载《诸子集成补编三》,四川人民出版社1997年版,第149页。

彭大成:《湖湘文化与毛泽东》,湖南出版社1991年版。

普塞(Michael Pusey):《哈柏玛斯》,廖仁义译,(台湾)桂冠图书股份有限公司1989年版。

汤一介:《郭象与魏晋玄学》,湖北人民出版社 1983 年版。

汤用彤:"王弼圣人有情义释",载《魏晋玄学论稿》,人民出版社 1957 年版。

汤用彤:"崇有之学与向郭学说",载《理学·佛学·玄学》,北京大学出版社 1991 年版。

汤用彤:"魏晋思想的发展",载《魏晋玄学论稿》,人民出版社 1957 年版。

汤用彤:《汉魏两晋南北朝佛教史》,商务印书馆 1938 年版。

汤因比(Arnold J. Toynbee):《历史研究》(下册),陈晓林译,(台湾)远流出版事业股份有限公司 1987 年版。

汤志钧编:《章太炎年谱长编》(上册),中华书局 1979 年版。

程方平:《隋唐五代的儒学》,云南教育出版社 1991 年版。

程颢、程颐:"二先生语二上",载《二程全书》(一册),中华书局 1966 年版。

程颢、程颐:"河南程氏遗书卷第二上"(第一册),载《二程集》,中华书局 1981 年版。

华特金士(Frederick M. Watkins)、克拉姆尼克(Isaac Kramnick):《意识形态的时代——从 1750 年到现在的政治思想》,张明贵译,(台湾)联经出版事业公司 1983 年版。

贺昭:"王船山的历史哲学",载项维新、刘福增编:《中国哲学思想论集》(第五册),(台湾)牧童出版社 1976 年版。

间野潜龙:"明代儒学と阳明学",载《明文化史研究》,同朋舍 1979 年版。

冯友兰:"宋明道学中理学心学二派之不同",载《三松堂学术文集》,北京大学出版社 1984 年版。

冯友兰:《中国哲学史》(下册),(香港)三联书店 1992 年版。

黄朴民:《董仲舒与新儒学》,文津出版社 1992 年版。

黄克武:"'皇朝经世文编'学术、治体部份思想之分析",台湾师范大学历史研究所 1985 年硕士论文。

黄克武:“理学与经世——清初‘切问齐文钞’学术立场之分析”,载《中央研究院近代史研究所集刊》(第 16 期),(台湾)中研院近代史研究所 1987 年版。

黄克武:《一个被放弃的选择:梁启超调适思想之研究》,(台湾)中研院近代史研究所 1994 年版。

黄克武:《自由的所以然:严复对约翰弥尔自由思想的认识与批判》,(台湾)允晨文化实业股份有限公司 1998 年版。

黄宗义:“泰州学案”,载《明儒学案》(卷三十二),台湾商务印书馆 1968 年版。

黄宗义:“泰州学案”,载《明儒学案》(卷三十二),台湾商务印书馆 1968 年版。

黄宗义:《明夷待访录 · 原臣》,商务印书馆 1937 年版。

黄宗义:《明夷待访录 · 原法》,商务印书馆 1937 年版。

黄宗义:《明夷待访录 · 学校》,商务印书馆 1937 年版。

黄顺二:“梁任公的社会思想”,载萧公权等:《近代中国思想人物论——社会主义》,(台湾)时报文化出版事业有限公司 1980 年版。

杨幼炯:“民初各派社会主义之政治思想”,载萧公权等:《近代中国思想人物论——社会主义》,(台湾)时报文化出版事业有限公司 1980 年版。

杨祖汉:《儒家的心学传统》,(台湾)文津出版社 1992 年版。

沟口雄三:《中国前近代思想的演变》,林右崇译,(台湾)国立编译馆 1991 年版。

葛兆光:“从无信本,立一切法——戊戌前后知识人的佛学兴趣”,载《二十一世纪》,(香港)中文大学中国文化研究所 1988 年 2 月号。

葛兆光:“论晚清佛学复兴”,载《学人》(第十辑),江苏文艺出版社 1996 年版。

葛兆光:《七世纪前中国的知识、思想与信仰世界:中国思想史第一卷》(第四编),复旦大学出版社 1998 年版。

董仲舒:“人副天数五十六”,载刘殿爵、陈方正主编:《春秋繁露逐字索引》,商务印书馆(香港)有限公司 1994 年版。

董仲舒:“同类相动五十七”,载刘殿爵、陈方正主编:《春秋繁露逐字索引》,商务印书馆(香港)有限公司 1994 年版。

董仲舒:“郊义第六十六”,载刘殿爵、陈方正主编:《春秋繁露逐字索引》,商务印书馆(香港)有限公司 1994 年版。

董仲舒:“阴阳之义第四十九”,载刘殿爵、陈方正主编:《春秋繁露逐字索引》,商务印书馆(香港)有限公司 1994 年版。

邹容:“革命军”,载周永林编:《邹容文集》,重庆出版社 1983 年版。

梦蝶生:“无政府党与革命党之说明”,载《民报》,第 7 号(东京,1906 年 9 月)。

宁稼雨:《魏晋风度——中古文人生活行为的文化意蕴》,东方出版社 1992 年版。

汉娜·鄂兰(Hannah Arendt):《极权主义的起源》,林骧华译,(台湾)时报文化出版企业有限公司 1995 年版。

熊十力:《佛家名相通释》(卷上),(台湾)广文书局 1974 年版。

熊月之:《西学东渐与晚清社会》,上海人民出版社 1994 年版。

马丽安·巴斯蒂:“辛亥革命前卢梭对中国政治思想的影响”,载刘宗绪主编:《法国大革命二百周年纪念文集》,三联书店 1990 年版。

赵刚:“告别理学:顾炎武对朱学的批判——与余英时先生商榷”,载《学人》(第九辑),江苏文艺出版社 1996 年版。

刘大杰:《魏晋思想论》,中华书局 1939 年版。

刘宗周:“语类二”,载《刘子全书》(卷七),“原性”,(台湾)华文书局1968年版。

刘述先:“论儒家‘内圣外王’的理想”,载刘述先编:《儒家伦理研讨会论文集》,(新加坡)东亚哲学研究所1987年版。

刘述先:《朱子哲学思想的进展与完成》,台湾学生书局1982年版。

刘述先:《黄宗义心学的定位》,(台湾)允晨文化实业股份有限公司1986年版。

刘义庆:《世说新语校笺·汰侈》,徐震堮校笺,中华书局1984年版。

刘义庆:《世说新语校笺·容止》,中华书局1984年版。

刘义庆:《世说新语校笺·惑溺》,中华书局1984年版。

刘广京:“一八六七年同文馆争议——洋务运动专题研究之一”,载《复旦学报》(社会科学版)1982年第5期。

刘广京:“晚清人权论初探——兼论基督教思想之思影响”,载《新史学》1994年第5卷第3期。

刘广京:“魏源之哲学与经世思想”,载《近世中国经世思想研讨会论文集》,(台湾)中研院近代史研究所1984年版。

慧能:《六祖坛经·般若品》,(台湾)佛光出版社1979年版。

楼宇烈:“黄宗义心性说述评”,载《黄宗义论》,浙江古籍出版社1987年版。

乐正:《晚清四部经世文编变革取向的测定报告》,1994年提交(香港)中文大学当代中国文化研究中心之报告,未刊。

欧榘甲:“论政变为中国不亡之关系”,载中国史学会编:《戊戌变法》(三),神州国光社1955年版。

蒋俊、李兴芝:《中国近代的无政府主义思潮》,山东人民出版社1991年版。

蒋述卓:《佛经传译与中古文学思潮》,江西人民出版社1990

年版。

蒋祖怡:“三十年对王充的研究”,载《王充卷》,中州书画社 1983 年版。

蒋义斌:《宋代儒释调和论及排佛论之演进》,(台湾)商务印书馆 1988 年版。

蔡仁坚:“中国科学教育的先驱——颜习齐”,载项维新、刘福增编:《中国哲学思想论集》(第五册),清代篇,(台湾)牧童出版社 1978 年版。

蔡元培:“通信”,载《新青年》,第 3 卷第 1 号(1917 年 3 月 1 日)。

郑永福、田海林:“‘天演论’深微”,载《近代史研究》1985 年总第 27 期。

邓小军:《唐代文学的文化精神》,文津出版社 1993 年版。

邓克铭:《宋代理概念之开展》,(台湾)文津出版社 1993 年版。

鲁迅:“关于翻译的通信”,载《二心集》,人民文学出版社 1980 年版。

卢梭:《社会契约论》,何兆武译,商务印书馆 1980 年版。

萧公权:“理想与现实——康有为的社会思想”,载萧公权等著:《近代中国思想人物论——社会主义》,(台湾)时报文化出版事业有限公司 1980 年版。

萧公权:《中国政治思想史》,(台湾)联经出版事业公司 1982 年版。

赖永海:《中国佛性论》,上海人民出版社 1988 年版。

钱穆:《中国近三百年学术史》(上册),台湾商务印书馆 1957 年版。

钱穆:《国学概论》(上册),商务印书馆 1933 年版。

钱穆:《从中国历史来看中国民族性及中国文化》,(香港)中文大学出版社 1979 年版。

阎步克:“秦汉之际法、道、儒之嬗替片论”,载《学人》(第四辑),江苏文艺出版社 1993 年版。

戴震:“古经解钩沈序”,载《戴震文集》(卷十),(香港)中华书局 1974 年版。

戴震:《孟子字义疏证》,中华书局 1982 年版。

谢重光:“晋唐寺院的商业和借贷业”,载《中国经济史研究》1989 年第 1 期。

迈斯纳(Maurice Meisner):《李大钊与中国马克思主义的起源》,中共北京市委党史研究室编译组译,中共党史资料出版社 1989 年版。

钟肇鹏:《识纬论略》,辽宁教育出版社 1992 年版。

蛰伸:“德意志社会革命家小传”,载《民报》,第 2 号(东京,1906 年 5 月)。

瞿同祖:《中国法律与中国社会》,中华书局 1981 年版。

颜元:“存学编卷一 · 学辨二”,载《颜元集》(上册),中华书局 1987 年版。

颜元:“驳气质性恶”,载《四存编 · 存性编》(卷一),古籍出版社 1957 年版。

颜尚文:《隋唐佛教宗派研究》,(台湾)国立台湾师范大学历史研究所 1980 年版。

魏源:《皇朝经世文编 · 五例》,(台湾)世界书局影印,同治十二年版,1964。

镰田茂雄:《简明中国佛教史》,郑彭年译,上海译文出版社 1986 年版。

罗钦顺:《困知记》,载《四库全书》(第七百一十四册),上海古籍出版社 1987 年版。

罗福惠:“近代湖湘文化鸟瞰”,载冯天瑜主编:《东方的黎明——中国文化走向近代的历程》,巴蜀书社 1988 年版。

谭嗣同:"三十自纪",载《谭嗣同全集》,中华书局 1981 年版。

谭嗣同:"上欧阳中鹄书",载《谭嗣同全集》,中华书局 1981 年版。

谭嗣同:"仁学",载《谭嗣同全集》,中华书局 1981 年版。

谭嗣同:"王船山的学术思想与仁学",载《湖南文献》1977 年第 5 卷第 2 期。

谭嗣同:"治言",载《谭嗣同全集》,中华书局 1981 年版。

谭嗣同:"致汪康年书·三",载《谭嗣同全集》,中华书局 1981 年版。

谭嗣同:"与徐仁铸书",载《谭嗣同全集》,中华书局 1981 年版。

严耕望:"唐人习业山林寺院之风尚",载《唐史研究丛稿》,(香港)新亚研究所 1969 年版。

严复:"原强",载《直报》,1895 年 3 月 4 ~9 日。

严复:"辟韩",载《直报》,1895 年 3 月 13 ~ 14 日。

严复:"与梁启超书",载《严复集》(第三册),中华书局 1986 年版。

严复:"论十三·论性",载《天演论》,商务印书馆 1981 年版。

严复:"论十六·群治",载《天演论》,商务印书馆 1981 年版。

严复:"论世变之亟",载《直报》,1895 年 2 月 4 ~ 5 日。

严复:"导言二·广义",载《天演论》,商务印书馆 1981 年版。

严复:"译《天演论》自序",载《天演论》,商务印书馆 1981 年版。

严复:《天演论》(真幻、佛法按语),商务印书馆 1981 年版。

苏启昌:"张佩纶与晚清清流集团",(台湾)东海大学历史研究所 1987 年博士论文。

苏云峰:"张之洞的中国官僚系统民主化构思——对张之洞的再认识",载《近代中国史研究通讯》(第 8 期),(台湾)中研院近代史研究所 1989 年版。

苏舆:《春秋繁露义证》,钟哲点校本,中华书局 1996 年版。

释东初编:《中国佛教近代史》(上册),(台湾)东初出版社 1992 年版。

顾炎武:"裴村记",载《顾亭林诗文集》,(香港)中华书局 1976 年版。

顾炎武:《日知录》(卷一),台湾商务印书馆 1978 年版。

顾炎武:《日知录》(卷七),台湾商务印书馆 1978 年版。

顾颉刚:《汉代学术史略》,东方书社 1941 年版。

英文部分

Arendt, Hannah. *On Revolution.* New York: The Viking Press, 1965.

Balz, Albert G. A. *Descarter and the Modern Mind.* N. P.: 1952, 1967.

Bastid, Marianne. Qing Yi 清议 and the Self-Strengthening Movement,载中研院近史所编:《清季自强运动研讨会论文集》(下册),(台湾)中研院近代史研究所 1988 年版。

Bechert, Heinz and Richard Gombrich, eds., *The World of Buddhism.* London: Thames and Hudson, 1984.

Becker, Carl. *The Heavenly City of the Eighteenth-Century Philosophers.* New Haven: Yale University Press, 1932.

Berkeley, George. *Three Dialogues Between Hylas and Philonous.* Oxford: Oxford University Press, 1998.

Braudel, Fernand. Histoire et Sciences Sociale. *Annales, Économies, Sociétés, Civilisations* (October-December 1958).

Bury, J. B. *The Idea of Progress.* New York: Dover Publications, 1955.

Chang, Hao. Three Conceptions of Statesmanship in the Ch'ien-

Chia Era. 清华大学“中国思想史上的经世传研讨会”参考资料。

Chow, Kai-wing, Yang Shen and Chiao Hung. Various Uses of Philology in the Ming Period.《汉学研究》1992 年第 10 卷第 1 期。

Cohen, Paul A. *Between Tradition and Modernity: Wang Tao and Reform in Late Ch'ing China.* Cambridge, Mass.: Harvard University Press, 1974.

Cranston, Maurice W., *What are Human Rights?* 2d ed. London: The Bodley Head, 1973.

Dawson, Christopher. *Progress and Religion.* London: Sheed & Ward, 1931.

Descartes, René. *Descartes: Philosophical Writyings*, ed. Elizabeth Anscombe and Peter Thomas Geach. London: Nelson, 1966.

Dijksterhuis, E. J. *The Mechanization of the World Picture*, trans. C. Dikshoorn. Princeton, N. J.: Princeton University Press, 1961.

Eisenstadt, S. N., ed. *The Origins and Diversity of Axial Age Civilizations.* Albany: State University of New York Press, 1986.

Elman, Benjamin A. *Classicism, Politics, and Kinship: The Chang-Chou School of New Text Confucianism in Late Imperial China.* Berkeley and Los Angeles: University of California Press, 1990.

Elman, Benjamin A. *From Philosophy to Philology: Intellectual and Social Aspects of Change in Late Imperial China.* Cambridge, Mass.: Council on East Asian Studies, Harvard University, 1984.

Fieldhouse, David K. *Economics and Empire*, 1830-1914. London: Macmillan, 1984.

Gerschenkron, Alexander. *Economic Backwardness in Historical Perspective.* New York: Frederick A. Praeger, Publishers, 1965.

Ginsberg, Morris. *The Idea of Progress.* Westport, Conn.: Greenwood Press, 1972.

Greenleaf, W. H. *The British Political Tradition.* London: Methuen & Co. Ltd., 1983.

Habermas, Jürgen. *The Theory of Communicative Action, vol.* 1, *Reason and the Rationalization of Society, trans.* Thomas McCarthy. Boston: Beacon Press, 1984.

Huxley, Thomas Henry. Agnosticism. *The Nineteenth Century*, vol. XXV (February 1889).

Jaspers, Karl, *The Great Philosophers*, vol. 1. New York: Harcourt, Brace & World, 1962.

Kant, Immanuel. *Religion within the Limits of Reason Alone*, trans. Theodore M. Greene and Hoyt H. Hudson. New York: Harper, 1960.

Kumar, Krishan. *Utopia and Anti-Utopia in Modern Times.* Oxford: Basil Blackwell, 1987.

Landes, David S. *The Unbound Prometheus—Technological Change and Industrial Development in Western Europe from* 1750 *to the Present.* London: Cambridge University Press, 1969.

Locke, John. An Examination of P. Malebranche's Opinion of Seeing all Thigs in God. *The Work of John Locke*, vol. VIII. London: Routledge/Thoemmes Press, 1997.

MacIntyre, Alasdair. A *Short History of Ethics.* New York: Macmillan Publishing Company, 1966.

MacIntyre, Alasdair. *After Virtue.* Notre Dame, Ind.: University of Notre Dame Press, 1984.

Paau, Shiu-lam. The Vogue of France among Late-ch'ing Chinese Revolutionaries: Metamorphosis and Interpretations.《中国文化研究

所学报》(第十七卷),香港中文大学中国文化研究所 1986 年版。

Parsons,Talcott. "The Intellectual":A Socital Role Category. *On Intellectuals*, ed. Philip Rieff. New York:Doubleday,1970.

Rosen,Edward. Calvin's Attitude toward Copernicus. *Journal of the History of Ideas*, vol. 21,1960.

Rousseau,Jean-Jacques. *The Social Contract.* Harmondsworth: Penguin Books,1968.

Rowe,William T. The Public Sphere in Modern China, *Modern China*, vol. 16,no. 3(July 1990).

Seliger,Martin. *Ideology and Politics.* London:Allen and Unwin Ltd. ,1976.

Spencer, Herbert . *Principles of ociology.* Hamden, Conn. : Archon Books,1969.

Webb,Sidney. Historic. *Fabian Essays in Socialism.* London: George Allen and Unwin,1931.

附录三　索引

图书在版编目(CIP)数据

中国现代思想的起源：超稳定结构与中国政治文化的演变 / 金观涛，刘青峰著.——北京：法律出版社，2011.5（2025.9重印）
ISBN 978-7-5118-2038-9

Ⅰ.①中… Ⅱ.①金…②刘… Ⅲ.①政治思想史—研究—中国 Ⅳ.①D092

中国版本图书馆CIP数据核字（2011）第060413号

中国现代思想的起源：超稳定结构与中国政治文化的演变
ZHONGGUO XIANDAI SIXIANG DE QIYUAN: CHAOWENDING JIEGOU YU ZHONGGUO ZHENGZHI WENHUA DE YANBIAN

作　者：金观涛　刘青峰
责任编辑：易明群　黄倩倩
装帧设计：乔智炜
出版发行：法律出版社
编辑统筹：学术·对外出版分社
责任校对：杨锦华
责任印制：胡晓雅　宋万春
经　销：新华书店
开　本：A5
印　张：14
字　数：331千
版　本：2011年6月第1版
印　次：2025年9月第13次印刷
印　刷：河北晔盛亚印刷有限公司
书　号：ISBN 978-7-5118-2038-9
定　价：78.00元

销售电话：010-83938349　客服电话：010-83938350　咨询电话：010-63939796
地　址：北京市丰台区莲花池西里7号(100073)
网　址：www.lawpress.com.cn
投稿邮箱：info@lawpress.com.cn
举报盗版邮箱：jbwq@lawpress.com.cn
凡购买本社图书，如有印装错误，我社负责退换。电话：010-83938349